21世纪小学教师教育系列教材

总主编　张民选　惠　中

教育心理学

（第二版）

主编　岑国桢

中国人民大学出版社

·北京·

图书在版编目（CIP）数据

教育心理学（第二版）/岑国桢主编.
北京：中国人民大学出版社，2010
（21世纪小学教师教育系列教材）
ISBN 978-7-300-12049-2

Ⅰ.①教…
Ⅱ.①岑…
Ⅲ.①教育心理学—小学教师—师资培养—教材
Ⅳ.G44

中国版本图书馆CIP数据核字（2010）第072773号

21世纪小学教师教育系列教材
总主编　张民选　惠　中
教育心理学（第二版）
主　编　岑国桢
Jiaoyu Xinlixue

出版发行	中国人民大学出版社		
社　　址	北京中关村大街31号	**邮政编码**	100080
电　　话	010－62511242（总编室）		010－62511398（质管部）
	010－82501766（邮购部）		010－62514148（门市部）
	010－62515195（发行公司）		010－62515275（盗版举报）
网　　址	http://www.crup.com.cn		
	http://www.ttrnet.com(人大教研网)		
经　　销	新华书店		
印　　刷	北京易丰印捷科技股份有限公司	**版　　次**	2006年11月第1版
规　　格	170 mm×228 mm　16开本		2011年1月第2版
印　　张	23	**印　　次**	2017年2月第3次印刷
字　　数	408 000	**定　　价**	39.00元

总 序

在中国，由中等师范学校培养小学师资的传统源远流长。1896 年，盛宣怀在上海创办南洋公学，内设师范院培养各级教师，拉开了中国师范教育的序幕。1902 年，张謇创办通州师范学校，中国出现了培养近代小学师资的师范学校。新中国成立以来，我国逐步建立起三级师范的教师培养体制，即由中等师范学校培养小学师资，高等师范专科学校培养初中师资，师范大学培养高中师资。在相当长的一个历史时期，这一体制适应了中国经济、社会和国民教育发展的现实，中等师范学校成为我国师范教育的一个重要组成部分，培养了大批合格的小学师资。

20 世纪 80 年代以来，中国师范教育的社会背景正在逐步发生变化。一方面，教师专业化形成强劲的世界性潮流，极大地推动了教师教育理念和制度的创新，许多国家和地区对小学教师的学历要求越来越高，小学教师培养早已突破中等师范教育的范畴，进入高等教育领域；另一方面，改革开放使中国经济和社会进入快速发展的新阶段，特别是东南沿海地区和一些中心城市，逐步形成了对高学历小学教师的现实社会需求，开始了对高学历小学教师培养的实践探索。1984 年，江苏南通师范学校招收初中毕业生，学制五年，培养大专层次的小学教师，是这一探索的起点。1985 年，上海建立了全国第一所培养专科程度小学师资的上海师范高等专科学校，为上海地区培养高学历的小学师资。1998 年，南京师范大学晓庄学院、杭州师范学院教育系开始了培养本科学历小学教师的探索。1999 年，上海师范大学、南京师范大学、杭州师范学院和东北师范大学先期被教育部批准开设本科小学教育专业，表明小学教育专业已被正式纳入我国高等教育体系。

进入新世纪，教育部明确提出了我国教师教育发展的目标：到 2010 年基本形成以本科院校为依托的专科、本科和研究生三个层次，以本科和研究生为主的教师教育新格局；2015—2020 年基本实现教师教育的本科化，全国中小学教师平均学历水平得到大幅度提升；到 2010 年，全国城乡新增小学教师中，具有本科学历者平均达到 70%；通过新教师补充和在职教师培训，使在职小学教师基本具备大专以上学历。在这样的背景之下，我国三级师范教育体系迅速向二级甚至一级师范教育过渡，培养高学历小学教师获得较大的发展空间。据不完全统计，目前开设小学教育专科专业的学校已达130多所，开设小学教育本科专业的学校已达60多所，同时，函授、夜大、自考、电大等在职小学教师学历提升教育的发展速度也十分惊人。

小学教育专业是我国高等师范教育体系中一个全新的专业，加强教学基本建设是专业建设的中心问题之一。课程是组织教学的基本单位，教材则是课程的载体，加强小学教育专业的教材建设则是保证教学质量的重要方面。近年来，这一问题引起了培养学校和出版社的重视，已出版了部分教材，取得了一定成绩。但是，由于高学历小学教师的培养模式、课程体系仍在探索阶段，课程结构的调整必然导致教学内容的变化，这些都应体现在新的教材中。有鉴于此，我们组织编写了这套"21世纪小学教师教育系列教材"。

在本套教材的编撰过程中，我们始终坚持以下原则：

（1）科学性。教材的选题必须科学、合理，能够反映21世纪高等教育领域课程体系和教学内容改革的成果，反映我国基础教育课程改革和小学教师教育的发展趋势；编写框架的设计应科学、新颖，编写内容的选择应反映本学科研究的新成果、新动向，适应21世纪我国小学师资培养的要求。

（2）实用性。教材的内容应坚持理论与实践相结合，注意紧密联系我国小学教师专业发展和小学教育教学的实际，注意对实践经验的理论总结；教材的形式应改变纯理论演绎的传统方式，采用理论与实践有机结合的、灵活多样的表达方式，以利于学生的使用。

（3）开放性。在教育国际化的大背景下，教材编撰必须具有国际视野，注重汲取国际上特别是发达国家小学教师教育和初等教育领域的研究成果；同时将教材编撰与小学教育专业建设紧密结合，及时反映专业建设的成果，并组织各方面的专家参与此项工作。

本套教材的组织编写，得到了教育部师范司和全国从事小学教师教育工作的兄弟院校领导的大力支持，得到了中国人民大学出版社领导的直接关心，上海市教师教育高地建设项目也给予了一定资助，在此，我们一并表示衷心感谢。我们希望"21世纪小学教师教育系列教材"的编撰出版，能够进一步推进小学教育专业建设，为我国小学教师教育事业作出一定的贡献。

张民选　惠　中

2006年10月26日于上海

第二版前言

本书系在2006年版的基础上编撰而成，保持了原书的框架和行文论述讲求科学性、前沿性、应用性的特点。

本书与第一版的主要不同之处在于：为全书的五编分别撰写了简短的“编首语”作为每一编的开端，以扼要介绍该编的要旨；原书中“道德情感发展、价值观形成与教育”一章分解为“道德情感的发展与教育”和“价值观的形成与教育”两章，以体现德性心理研究的有关进展；对教师心理编中三章的顺序做了调整，以凸显围绕教师发展的主旨；对一些章节的编排做了某些增补或调整；在行文上对所有章节的内容均做了必要的梳理。

为了方便教学，本次设计制作了相应的多媒体课件，同时对应于各章还编写了多种形式的练习题，以供执教老师选择使用。

岑国桢

2009年10月

第一版前言

在教育心理学走过百年发展路程[①]之际，能为小学教育（本科）专业建设编撰《教育心理学》一书，本人内心充盈欣喜又深感肩负重任。

20世纪80年代以来，我国教育心理学的发展呈现出勃勃生机，教育心理学领域涌现了包括许多教材在内的大量著述。综观目前我国的教育心理学教材，不仅种类繁多而且特色鲜明，有的全面铺陈、资料翔实，有的相对突出某一分支领域；有的兼顾诸多领域和现实需要，有的围绕知识学习突出课堂教学；有的基于教育要求围绕学生娓娓道来，有的从教师角色功能切入逐一阐述。

近十余年间，本人两次参与了李伯黍、燕国材教授主编的《教育心理学》[②]一书的编撰工作。突出"德育心理"这一分支领域并列专编逐章详述是该书的特色之一。本书编撰将承袭这一特点，这固然与自己对该领域有所研习、较为熟悉有关，更主要的是我国学校教育历来重视德育，近年来国家对未成年人的思想道德教育尤为关切和重视[③]，以德育为核心的育人重任呼唤心理学提供应有的科学支撑，而德育心理这一分支学科的研究成果也能够为此提供一定的服务。本书"道德认识的发展与教育"、"道德情感发展、价值观形成与教育"和"道德行为的发展与教育"三章，即属"道德心理"领域。

本书中"绪论"、"心理发展与教育"、"学习的心理学理论观"、"学习迁移"、"学习动机"五章，均属教育心理学的基本问题、基本原理。学习并把握这些章节的基本内容是必要的，它有助于我们从科学心理学的视角去树立正确的教育

---

① 美国心理学家桑代克在对学习过程进行科学实证的心理学研究的基础上于1903年出版了《教育心理学》一书，迄今已逾百年，1913—1914年此书扩充为三卷本而初步建构起教育心理学学科体系框架，迄今也将近百年。

② 参见李伯黍、燕国材主编：《教育心理学》，2版，上海，华东师范大学出版社，2001。

③ 如新华社2004年3月22日全文播发《中共中央国务院关于进一步加强和改进未成年人思想道德建设的若干意见》。

观、教学观、学生观。

“学习心理”自教育心理学学科体系形成以来一直是该学科内容的主要组成部分；“教学心理”则在近二三十年来成为与之相伴的教育心理学的重要内容。故本书设有“陈述性知识的学习”、“程序性知识的学习”、“问题解决与创造力培养”、“学习策略”四章，属“学习心理”领域；设有“教学设计的心理学问题”、“教学环境”、“个别差异与因材施教”三章，属“教学心理”领域。

本书最后一个部分“教师角色与人际关系”、“教师心理素质与心理卫生”、“教师发展”三章，属“教师心理”领域。教师是深化教育教学改革、全面推进素质教育的一个关键因素。教师只有更好地了解和把握自身、提升和发展自我才能更好地发挥这一关键作用。

上述本书五个部分共18章，其编撰追求如下的理念：既能满足现实需要、为教育实践服务，又能高于现实、导引教育工作的理念和引领教育工作者的实践。为此，本书围绕以下特点进行论述：第一，科学性，即阐述的概念、原理以科学心理学研究为依据，表述正确、严谨。第二，前沿性，即撰写的内容与学科发展的大背景相联系，追踪学科发展的动态，反映重大前沿性问题。第三，应用性，即坚持具有可读性，坚持与解决问题的取向相联系，坚持与当前教育改革的现实需要相观照。

需要指出：本书虽为小学教育（本科）专业建设而编撰，但是由于教育心理学的众多内容具有普适性，故本书同样适用于其他师范类专业的学生，也适用于其他各级各类学校的教师和教育管理者使用，还适用于社会各种机构和各类组织中的教育工作者使用。

还需指出：教育的对象是学生，他们是活生生的成长发展中的存在，教育无疑是人类社会中最为复杂的一项工作，揭示教育中的心理现象和规律绝非易事；事关人类生活品质的教育事业将持续发展，深入的教育改革将持久进行，需要解决和研究的心理学问题层出不穷，教育心理学确实有着宽广的发展空间。我们希望，随着有关研究和教育心理学的学科发展，随着生机勃勃的教育实践工作的推进，教育心理学教材包括本书会与时俱进地在未来得以充实和更新。

岑国桢

2006年3月

目录

基础理论编

第1章　绪　论 ……………………………………………………………… (3)
第一节　教育心理学的发展 ………………………………………………… (3)
第二节　教育心理学的若干学科问题 ……………………………………… (8)
第三节　教育心理学与教师、教育 ………………………………………… (13)
第2章　心理发展与教育 …………………………………………………… (17)
第一节　心理发展概述 ……………………………………………………… (18)
第二节　心理发展与教育 …………………………………………………… (22)
第3章　学习的心理学理论观 ……………………………………………… (29)
第一节　概述 ………………………………………………………………… (30)
第二节　学习的联结理论 …………………………………………………… (34)
第三节　学习的认知理论 …………………………………………………… (39)
第四节　学习的其他理论 …………………………………………………… (44)
第4章　学习迁移 …………………………………………………………… (51)
第一节　概述 ………………………………………………………………… (52)
第二节　学习迁移理论 ……………………………………………………… (55)
第三节　促进学习迁移 ……………………………………………………… (59)
第5章　学习动机 …………………………………………………………… (65)
第一节　学习动机概述 ……………………………………………………… (66)
第二节　学习动机的理论 …………………………………………………… (71)
第三节　学习动机的培养和激发 …………………………………………… (78)

德育心理编

第6章　道德认识的发展与教育 …………………………………………… (89)
第一节　道德认识发展概述 ………………………………………………… (90)
第二节　皮亚杰的道德认知发展观 ………………………………………… (92)
第三节　科尔伯格的道德发展阶段论 ……………………………………… (98)

第四节　道德认知的教育 …………………………………………………… (102)
第 7 章　道德情感的发展与教育 ……………………………………………… (107)
第一节　道德情感概述 ………………………………………………………… (108)
第二节　若干重要的道德情感 ………………………………………………… (110)
第三节　道德情感的培养 ……………………………………………………… (117)
第 8 章　道德行为的发展与教育 ……………………………………………… (123)
第一节　道德行为发展概述 …………………………………………………… (124)
第二节　观察学习与道德行为 ………………………………………………… (128)
第三节　思维表征、自我管理与道德行为 …………………………………… (131)
第四节　道德行为的教育 ……………………………………………………… (135)
第 9 章　价值观的形成与教育 ………………………………………………… (142)
第一节　概述 …………………………………………………………………… (143)
第二节　价值观形成过程及其取向、指征 …………………………………… (148)
第三节　价值观教育 …………………………………………………………… (151)

学习心理编

第 10 章　陈述性知识的学习 ………………………………………………… (161)
第一节　概述 …………………………………………………………………… (162)
第二节　陈述性知识学习的理论 ……………………………………………… (168)
第三节　陈述性知识的学习过程 ……………………………………………… (171)
第四节　概念与规则的学习 …………………………………………………… (177)
第 11 章　程序性知识的学习 ………………………………………………… (184)
第一节　概述 …………………………………………………………………… (185)
第二节　智慧技能的学习 ……………………………………………………… (188)
第三节　动作技能的学习 ……………………………………………………… (192)
第 12 章　问题解决与创造力培养 …………………………………………… (200)
第一节　概述 …………………………………………………………………… (201)
第二节　问题解决 ……………………………………………………………… (204)
第三节　创造力的培养 ………………………………………………………… (211)
第 13 章　学习策略 …………………………………………………………… (219)
第一节　学习策略的含义、意义及种类 ……………………………………… (220)
第二节　认知策略 ……………………………………………………………… (222)

第三节 元认知策略 …… (225)
第四节 资源管理策略 …… (229)
第五节 学习策略的教学 …… (230)

教学心理编

第 14 章 教学设计的心理学问题 …… (235)
第一节 教学设计概述 …… (236)
第二节 教学目标 …… (237)
第三节 教学内容（上） …… (242)
第四节 教学内容（下） …… (245)
第五节 教学途径 …… (249)
第六节 教学对象、传媒 …… (254)
第 15 章 教学环境 …… (259)
第一节 教学环境概述 …… (260)
第二节 学生群体 …… (265)
第三节 教学中问题行为的控制 …… (272)
第 16 章 智力差异与教学 …… (278)
第一节 概述 …… (279)
第二节 智力差异（上） …… (281)
第三节 智力差异（下） …… (286)
第四节 面向智力差异的教学 …… (291)

教师心理编

第 17 章 教师发展 …… (299)
第一节 概述 …… (300)
第二节 教师发展阶段 …… (303)
第三节 教师发展途径 …… (306)
第 18 章 教师角色与人际关系 …… (314)
第一节 教师角色 …… (315)
第二节 教师人际关系 …… (320)
第 19 章 教师心理素质与心理卫生 …… (327)
第一节 教师心理素质 …… (328)

第二节　教师心理卫生 …………………………………………… (332)

参考文献 ……………………………………………………………… (343)
第一版后记 …………………………………………………………… (352)
第二版后记 …………………………………………………………… (353)

基础理论编

编首语

本编有五章，分别阐述了教育心理学学科的基本问题及有关的基本原理。

“第 1 章　绪论”，回顾了教育心理学学科发展的历史和现状，介绍了该学科研究之对象、方法、任务等方面的特点，阐述了学科研究在理论、实践方面的意义。

“第 2 章　心理发展与教育”，阐述了心理发展的基本问题及其与教育之关系的要义。

“第 3 章　学习的心理学理论观”，从心理学角度对学习进行了界定和各种分类，概述了有关学习何以发生及其发生条件的各种心理学理论观。

“第 4 章　学习迁移”，剖析了学习的迁移现象，介绍了解释学习迁移的各种理论观点及其对提高教育教学效果的启示和意义。

“第5章　学习动机”，阐述了学习动机的要素、作用、性质、心理学理论观等基本问题，从心理学视角提出如何调动学生的学习动机。

学习上述诸章，有助于形成基于科学心理学的应有的教育观、教学观、学生观。■

第1章

绪 论

内容提要

◎ 教育心理学经历了从经验到科学的发展历程。

◎ 教育心理学当前发展趋势表现在三个方面。

◎ 教育心理学有自身的性质、特点和研究的对象、任务和方法。

◎ 教育心理学有助于教师履行好岗位职责和促进自身专业发展。

◎ 教育心理学有助于人们对教育热点问题的认识和提高教育机构的工作效果。

主要概念

教育心理学，实验教育学派，S—R型研究，R—R型研究，准实验研究，学习型社会

第一节 教育心理学的发展

教育心理学学科发展史

任何学科尤其是人文社会学科的发展，都离不开社会发展和社会实践的需

要，也必有其自身独特的发展轨迹。教育心理学的学科发展亦然。

人类的社会发展和教育活动，从一开始就推动着对教育心理学问题的探究。如，我国古代思想家和教育家孔子、荀子等曾经提出了“教学相长”、“因材施教”、“长善救失”、“化性起伪”等教育思想。古希腊的苏格拉底也曾提出“我不是给人以知识，而是使知识自己产生的产婆（精神助产士）”。这些都是他们按照人的心理特点进行教育实践活动后对教育心理学思想的总结。

（一）教育心理学发展的探索期

近代，有众多杰出学者非常重视教育教学中的心理现象和问题。他们在自己的教育实践和理论探索中阐发的许多教育心理学思想，迄今仍然闪烁着耀眼的光辉。

如，捷克的夸美纽斯（J. A. Comenius）在其代表性著作《大教学论》中认为，教材要适合儿童的发展水平，教学要遵循由具体到抽象的原则，可以把儿童按照能力和性格分为六类施以不同的教育等。

又如，瑞士的裴斯泰洛齐（J. H. Pestalozzi）在其《论教学方法》一书中首次提出了“教育要心理学化”的思想，认为这样才能达到发展个性和造就完人的教育目的。在其后的《葛笃德怎样教育她的孩子》一书中，他指出教学安排要注意学生的年龄特点和能力水平、教学方法要遵循直观性原则和重视调动学生的学习主动性。

再如，德国的赫尔巴特（J. F. Herbart）在教育心理学化思想的影响下，认为要重视学生的多方面兴趣，提出了类似于今天“认知”、“认知结构”的两个概念——“统觉”、“统觉团”，还勾画了教学形式四阶段的模式，即给学生讲授新知识的明了阶段、把新旧知识相联系的联想阶段、进行概括和得出结论的系统阶段以及根据所学知识完成作业的方法阶段，与上述四个阶段相对应的是注意、期待、探究、行动四种心理活动。

还如，美国的詹姆斯（W. James）致力于把心理学知识运用于教育实践，对人的本能、习惯、个别差异、模仿、迁移等均有论述。

此外，苏联的乌申斯基在自己研究的基础上，也论述了教学原则和方法，强调教学要适合儿童的年龄特征。

（二）教育心理学的诞生

推动教育心理学的科学研究，促进教育心理学学科形成和发展的直接力量则源自实验心理学的兴起及其在教育领域中的实践。

1879 年，冯特组建了世界上第一个心理实验室，标志了心理学的诞生，实验心理学成为了一门独立的学科。此后，欧洲的一批教育家努力运用心理学的实验、统计、比较等方法来研究儿童的身心发展及其相应的教育问题，并形成了一个实验教育学派。该学派是实验心理学与教育实践紧密结合的产物，可以说是教育心理学诞生的先驱。该学派研究了儿童身心发展的特征和过程，研究了学习的疲劳和提高学习效率的问题，探讨了如何使教材教法心理学化和如何使教育教学活动个性化的问题。比纳（A. Binet）和西蒙（T. Simon）是实验教育学派在法国的主要代表人物，他们开发了影响深远的智力测验，运用智力测验所确定的儿童智力水平来为确定适合入学的年龄段、学校的课程设置、班级的教学组织和教师的教学方法提供依据。可以说，实验教育学派的研究在理论和实践两方面，为教育心理学成为心理学和教育学的独立分支学科奠定了坚实的基础。

20世纪初期，美国心理学家桑代克（E. L. Thorndike）在实验心理学思想指导下进行了一系列工作，较为深入系统地对动物和人的学习过程进行了科学实证的心理学研究，分析了大量的资料并总结了相应的成果，逐渐建立了一套较为完整的教育心理学的学科体系。1903年，桑代克出版了《教育心理学》一书。1913—1914年，此书扩充为《人的本性》、《学习心理学》和《工作、疲劳与个别差异》三卷本。由于桑代克的系统研究基于科学的心理学研究、其成果明显具有来自科学实证研究的特征，而且其建构的教育心理学学科体系框架对其后的教育心理学产生了持久的影响，因此他被公认为教育心理学的奠基者和创始人。

二、教育心理学在中国的发展

教育心理学在中国的发展与中国社会的发展变化有着紧密的联系。

（一）解放前，我国教育心理学的发展

1908年，房宗岳翻译了日本学者小泉又一所著的《教育实用心理学》，这是近代我国最早出版的教育心理学著作。20世纪20—40年代，我国出现了一批教育心理学教材和译著。如，1924年廖世承编著了《教育心理学》教材，其后高觉敷于1929年、潘菽于1935年、陈选善于1938年、肖孝荣于1940年、艾伟于1945年均编著过教育心理学的教材。这一时期的译著有：1926年陆志伟翻译的桑代克的《教育心理学概论》，1933年陈德荣翻译的盖茨（A. L. Gate）的《教育心理学》，1939年吴绍熙翻译的霍林沃斯（H. L. Hollingwoth）的《教育心理学》。此外，我国学者也进行了智力测验、语文识字和阅读心理等的研究。

解放前，老一辈心理学家的上述工作使教育心理学知识在我国得以传布，也出现了结合中国现实的若干教育心理学研究。在这些工作中，译述居多，进行的研究也明显烙有追随西方的印记。总之，与其他众多学科一样，当时教育心理学

的发展显得较为薄弱。

（二）解放后，我国教育心理学的发展

解放后，我国教育心理学的发展经历了曲折的道路，大体经历了初步发展、跌入低谷、走向繁荣三大阶段。

1949年至1966年为初步发展阶段。该阶段的前半段（1949—1958年），教育心理学界通过学习苏联、学习马克思主义来审视教育心理学的研究，明确了研究工作的方向问题，但同时也出现了“批判心理学的资产阶级方向”的“左”的干扰。该阶段的后半段（自1959年始），随着“双百”方针的贯彻，教育心理学工作者开展了围绕中小学教学改革的心理学问题的研究、召开了教育心理学专业会议并成立了相应的专业委员会，师范院校相继重新开设了教育心理学课程，解放后的首部《教育心理学》教材由潘菽主编并印了讨论稿，至1966年“文化大革命”前，教育心理学呈现出了似可颇有作为的景象。

1966年至1976年，是教育心理学发展跌入低谷的阶段。时值十年“文化大革命”，心理学被称为“伪科学”，心理学研究机构被取消、心理学研究队伍被解散，教育心理学同整个心理学一样遭遇了空前浩劫。

1976年“文化大革命”结束之后，教育心理学与其他学科一起迎来了科学的春天，走上了繁荣发展的道路。在此期间，教育心理学的研究队伍得到扩展、队伍的整体素质有了很大提高，全国师范院校均开设教育心理学课程，绝大多数省、市、自治区均有研究生层次的教育心理学专业的教育。当时的教育心理学研究涉及了几乎所有的领域，如德育心理、学习心理、教学心理、教师心理、心理卫生、学科心理、特殊教育心理等。每年发表的关于教育心理学方面的学术论文和研究报告数以百计。在有关专题领域先后出现了一批研究专著，如李伯黍的《品德心理研究》(1992)，冯忠良的《结构-定向教学的理论与实践》(1992)，章志光的《学生品德形成新探》(1993)，张大均的《教学心理学研究》(1998)，皮连生的《知识分类与目标导向教学——理论与实践》(1998)，岑国桢、顾海根、李伯黍的《品德心理研究新进展》(1999)，李伯黍、岑国桢的《道德发展与德育模式》(1999)，陈旭、曾欣然的《现代品德情境测评与德育实验研究》(2000)等。在教育心理学的教材建设方面，相继出版了潘菽的《教育心理学》(1980)，邵瑞珍的《教育心理学》(1988/1997)，韩进之的《教育心理学》(1989)，李伯黍、燕国材的《教育心理学》(1993/2001/2009)，陈琦、刘儒德的《当代教育心理学》(1997)、《教育心理学》(2005)，张大均的《教育心理学》(1999/2004)，冯忠良、伍新春、姚梅林、王健敏的《教育心理学》，吴庆麟的《教育心理学》(2003)等。

三、教育心理学的发展趋势

20 世纪初，教育心理学成为一门独立的心理学分支学科。其后数十年间，教育心理学有了长足的进步，但是也显露出了内容较为庞杂、体系尚不清晰，对人的高级认知的学习心理问题研究不够深入，对学生的社会性发展的教育心理问题研究不够重视等问题。尽管这些都是学科发展中的问题，但在一定程度上影响了教育心理学在学术界的学科地位及其在教育实践中的指导应用。

20 世纪 60 年代后，教育心理学的发展趋势可以从成熟、发展和应用三大方面来描述。

（一）教育心理学更显成熟

学科体系渐趋明晰、内容相对集中，是教育心理学发展更显成熟的主要体现。从某种意义上说，任何与教育有关的心理学问题，如身体发育、生理状况、心理发展、亲子关系等，均与教育心理有关。显然，如果把这一切都囊括进来，反而会销蚀教育心理学的学科特色。今天，教育心理学的体系和内容的组织都是围绕着学校的教育教学，即学生如何有效地学习和教师如何有效地教育进行的。尽管不同的研究者对学与教两个方面的侧重可能会有所不同，但是这样的一条主线是明确而清晰的。

学派对峙和缓、各派兼收并蓄，是教育心理学发展更显成熟的又一主要体现。心理学领域存在着各种理论流派，如行为的、认知的、人本的等，教育心理学亦然。对教育心理学的许多问题，不同的理论观点会用自己的一套概念、原理予以说明，有时会有不同的甚至差异甚大的解释。今天，尽管流派之间仍有分歧，但是均能努力注意吸取其他理论的长处和合理的东西，不走极端。

（二）教育心理学不断发展

教育心理学在研究深度上的开掘，是教育心理学在发展方面的一大特点。如，学习心理通常集中在学生的知识学习和技能形成两方面，今天对元认知的过程和理论的研究，对学习策略、问题解决策略、教学策略等的研究，对创造性学习的研究等，体现了对教育心理学问题的研究达到了新的深度。

教育心理学在研究范围上的拓展，是教育心理学在发展方面的另一特点。以往，教育心理学较多地专注于学生的学习心理问题。今天，教育心理学的研究范围在拓展，日益关注并进行了对教学、品德、心理健康、美育等诸多领域的心理学问题的研究，有的还形成了相应的分支学科，如教学心理学、品德心理学等。

教育心理学在研究时段上的延伸，是教育心理学在发展方面的又一特点。教育心理学通常以基础教育阶段的中、小学生为主。今天，教育心理学研究对象的时段在向两端延伸。一端是向学前阶段的延伸，出现了学前/幼儿教育心理学；另一端是向后延伸，出现了高等教育心理学。

（三）教育心理学关注应用

重视对教育的社会心理问题的研究，是教育心理学关注应用的体现。教育心理学阐述了知识学习、技能掌握、品德形成和社会性发展的现象和规律。但是，在学校教育教学实践中要取得成功，还必须同时考虑众多的社会心理因素。今天，教育心理学研究的一批热点问题，如归因问题、教师期望、学生对学习环境的适应、团体教学的有效性等，都与教育的社会心理问题有关，体现了教育心理学力求能贴近现实生活，并能有效地指导学校实践工作的发展趋势。

重视对年龄特点、个别差异、个别化教学等心理学问题的研究，是教育心理学关注应用的又一体现。学校的教育教学要取得实效，还必须顾及学生的年龄特点和个别差异，要重视针对个体的教育和教学，今天教育心理学在这方面的深入探究和成果体现了该学科联系实践、服务教育的价值取向。

第二节　教育心理学的若干学科问题

学科性质、研究对象、学科特点、研究任务、研究方法等都是教育心理学学科的基本问题。

一、教育心理学的学科性质与研究对象

（一）教育心理学的学科性质

今天，对教育心理学的定义，国内外学者尚未形成统一的文字表述。但是，大家对教育心理学的学科性质的看法是一致的，即教育心理学是介于心理科学与教育科学之间的一门交叉学科。它要研究的是教育领域中的心理学问题，它既是心理学的一门分支学科，也是教育学的一门分支学科。作为心理学的一门分支学科，教育心理学具有应用性特性，它要对教育领域中的各种问题从心理学角度研究后提出认识、应对和预测的方法。作为教育学的一门分支学科，教育心理学具有基础性特性，它要为教育学努力揭示的各种教育现象和规律提供科学心理学的依据和支撑。

把握与相关学科的关系，有助于我们更好地理解教育心理学的学科性质。教育学是与教育心理学有密切关系的一门学科。教育学提出的一切理论都离不开教

育心理学研究成果的支持，心理学的研究也离不开教育要求的导向和规定。但是，教育心理学着重研究的是作为教育依据的个体/群体的心理现象和规律，而非教育本身，如教育的宗旨、目的、原则、方法、形式等，它们都是教育学研究指向的目标。普通心理学也是与教育心理学有密切关系的学科。普通心理学揭示的是所有人的心理现象和规律，它是教育心理学的基础学科。教育心理学则主要针对学生和学生在学习活动中的心理活动，它要遵循普通心理学揭示的规律，其研究却又能充实普通心理学的内容。发展心理学与教育心理学也有密切关系。发展心理学揭示了人一生的心理发展轨迹，其中学龄阶段的心理发展是教育心理学阐述问题的依据，而教育心理学的研究成果又是发展心理学学科发展的营养和源泉。

（二）教育心理学的研究对象

教育心理学要研究的心理学问题与社会对教育的要求有密切关系，同时也与心理学发展水平所能进行的研究工作紧密相连。今天，我国教育心理学要研究的主要心理学问题有：教育心理学的若干具有普适性的基本问题，如学科问题、心理发展与教育的关系、学习以及迁移的理论、学习动机等；在教育影响下学生品德发展和形成的心理特点及其规律；在学校教育安排下学生学习知识、形成技能、解决问题、掌握学习策略的心理过程及其规律；教师进行教学设计、安排教学环境、协调人际关系、针对个别差异进行教育的心理学规律；教师需要关注的职业角色、基本素质、专业发展、心理卫生等有关问题。这些都是教育心理学的研究对象。

本书撰写的18章涵盖了上述教育心理学的众多问题，它们分别属于教育心理学领域中的基本理论、品德心理、学习心理、教学心理、教师心理诸部分。

二、教育心理学的学科特点与研究任务

（一）教育心理学的学科特点

综合性是教育心理学的第一个学科特点。教育心理学要求对教育过程中的心理学问题综合地予以考察。如，关于知识的学习，感知、注意、观察、思维、想象等心理活动的规律都起着作用，都应重视，但是教育心理学要具体阐明如何帮助学生学习概念、公式和原理，体现了综合性说明、解释和解决问题的学科特点。

实践性是教育心理学的第二个学科特点。这是教育心理学作为心理学的一门应用性分支学科的性质所决定的，这一特点决定了教育心理学必须探究学校的各

种实际问题，如学习动机、成绩差异、分班教学、课堂纪律、人际关系等。教育心理学离开了教育教学实践就失去了生命力，它也以解决教育中的心理学问题、直接满足教育实践需要为其主要目的。

发展性是教育心理学的第三个学科特点。人们日益认识到“四化需要人才、人才需要教育、教育需要教师”，认识到“教育要面向现代化、面向世界、面向未来”，认识到接受终身教育和建设学习型社会的重要性和必要性。中国正在全面建设小康社会，人民大众对教育的需求日益高涨。今天，没有谁会怀疑教育是一项朝阳事业。毫无疑问，教育的发展必然极大地促进作为其基础学科的教育心理学的发展。

（二）教育心理学研究的任务

服务教育实践是教育心理学研究的首要任务，这是由教育心理学的学科性质和特点决定的。社会在发展、时代在变化，教育实践要满足社会需要、要适应时代要求。今天，深入进行教育改革、全面推进素质教育将是我国教育的长期而艰巨的任务。教育实践面对众多有待需要解决的问题，如，构建新的课程体系、培养创新意识和能力、探索研究型课程和教学、编撰新教材和运用现代传媒、重视心理素质和培养、关注审美心理和需要、促使学生全面发展、促进教师专业成长等。教育心理学要努力对这些问题进行心理学的科学研究，为对这些问题的理论思考和实践探索提供心理学的科学依据。教育心理学应在服务教育实践中作出其应有的贡献。

推动学科自身建设是教育心理学研究的又一重要任务。在服务教育实践的过程中，教育心理学的研究成果无疑是滋养自身学科发展的营养源泉。走过近百年历程的教育心理学一直在发展变化，其发展变化的动力自然离不开教育的社会需要，但是其发展变化的内因则来自对研究成果的吸取。教育心理学的发展变化可以体现在体系上，如教学心理学领域的形成；也可以体现在理论上，如结构主义学习理论、元认知和各种策略的提出；还可以体现在方法上，如对准实验研究的提倡和使用。随着未来研究领域的拓展和理论思考的深入，教育心理学研究应该也能够承担起重任，推动学科建设在各方面取得长足的进展。

促进母学科的发展也是教育心理学研究的一项任务。教育心理学是心理学和教育学两门学科的交叉领域。教育心理学的研究应该遵循教育学和心理学两大领域的学科要求。同时，教育心理学研究的成果也能够为教育学和心理学两大学科的发展提供有用的材料和依据。如，道德认知心理的研究、道德移情的研究可以丰富德育原理的内容，依据知识的智力观提出的知识分类与目标导向教学可以丰富教学论的内容，它们都能起到促进教育学学科发展的作用。再如，品德心理的研究成果是充实社会性发展和个性心理的有用材料，学习动机尤其是成就动机的研究是充实动机理论的有用材料，它们都能起到促进心理学学科发展的作用。随着教育心理学研究的拓展和深入，它必定能够更好地承担起促进母学科发展的重任。

三、教育心理学的研究方法

教育心理学的研究方法涉及方法学、思路和方法技术三个层次的问题。

(一) 科学方法学的认识论原则

人类社会的发展离不开教育，个体的成长发展也离不开教育。作为教育对象的人，是世界上最为复杂的生物；作为社会现象的教育，是世界上最为复杂的社会活动。所以，教育心理学研究既是极为重要的，同时又是难度极高的一个领域。为此，研究者首先要坚持科学方法学的认识论原则。

按照科学方法学的认识论原则，现实世界具有有序性和因果性的本质。前者指世界是一个有组织、有结构的整体，人们面对的万事万物尽管丰富多彩、千姿百态，但它们都是世界这一有条不紊的整体中的一个部分；后者指现实世界所发生的众多事件都是受因果关系支配的，任何事件的发生、发展和变化必然存在着先于它的原因，也必会产生相应的后果。遵循世界具有有序性的认识，在教育心理学的研究中就不会困惑于某些现象的复杂和多变，就不会因此而畏难退缩；遵循世界具有因果性的认识，在教育心理学的研究中就不会困惑于研究过程中所经历的曲折和挫折，就不会对问题的科学探究失去信心。对世界的科学认识，能使我们坚信通过教育心理学研究，最终就能揭示教育领域中各种问题背后的心理事实、本质和规律，需要我们思考的是如何端正研究思路和选择恰当的研究方法。

(二) 科学方法论的逻辑思路

有了科学认识论的观点，教育心理学研究还要遵循科学方法论的基本思路。科学方法论的基本思路是：(1) 观察各个个别事件，广泛收集有关资料；(2) 在对已有资料思考的基础上，有时可能凭借直觉或预感，找出带有某种规律性的现象；(3) 根据这一带有规律性的现象提出某种“假说”；(4) 围绕这一“假说”进一步收集资料并进行观察和验证；(5) 对加以验证了的“假说”予以甄别，决定接受、修正或扬弃，努力提升这样的“假说”，使之达到规律和理论的层次。

上述是对科学方法论之基本思路的大体描述。其实，其中的每一步都会对前面的各个环节产生反馈和调节的作用。如，在收集资料验证“假说”时可以反思原先的现象，接着提出经过修正后的“假说”。另外，在提出了最初的“假说”后，也可以通过演绎继而提出二级“假说”，并对二级“假说”予以验证。

上述科学方法论的基本思路，指出了从观察事物的表面现象到认识其本质、再到找出其规律并上升为理论的一般逻辑过程。在教育心理学研究中，不管采用何种具体的技术方法，都应该遵循上述科学方法论的基本思路。

（三）具体的方法技术

教育心理学研究的方法技术多种多样，如，经验总结、调查法、测量法、观察法、访谈法、问卷法、实验室实验、自然实验等。

了解和把握事物的因果关系是科学研究的一个重要目的，只有这样才能发挥科学研究力求对相关现象和事件进行说明、解释和预测的功能，教育心理学研究亦然。从能否探求并洞悉因果关系这一点来考察，上述种种方法可以归结为两种类型的研究：一是S—R型研究；二是R—R型研究。

S—R型研究是指研究者主动控制刺激（S）即自变量，来引发被试的反应（R）即因变量。实验研究就属于S—R型研究。在控制了无关变量的条件下，如果得到了共变的证据，即自变量与因变量的共同变化与研究预期假说相一致、时间上自变量变化在前而因变量变化在后，那么按S—R型研究的结果就可以做出因果性的解释。

R—R型研究是指研究者对被试某方面的表现（R）加以测量，再对与此相关的其他方面的表现（R）加以测量，然后分析两者的关系。通常的经验总结和问卷调查就属于R—R型研究。

如确定某一时间为研究节点的话，S—R型研究的信息分别在这一时间节点之前和之后，研究者在观察和记录后加以比较分析；R—R型研究的信息都是在这一时间节点之前就已经发生或存在的，研究者把它们收集后予以分析。由于没有对相关因素的控制，R—R型研究所得资料并不能证明彼此之间的因果关系，但是它们能够有助于研究者了解相关现象和事件是否存在着某种程度的关联性。

从揭示因果关系的角度考虑，最好选用S—R型研究。但是，对于教育心理学的研究来说，研究的问题通常与众多因素有关，这些因素又常常与社会、文化有密切联系，要进行因素控制严格的S—R型研究极为困难。由于教育心理学具有很强的社会、文化特性，即使竭尽全力开展了控制有关因素的S—R型研究，其所得结果也可能会带来相应的生态效度问题。

为此，教育心理学提倡开展准实验研究，即在现实的教育生活情境中运用

S—R 型研究的设计来开展研究。与实验研究相比，它只对主动变量即研究者可以控制的变量（如教学的内容、方法、次数等）加以变化，对被试方面的变量以及其他无关变量根据客观条件均不作严格控制。系统观察法、自然实验法就属于准实验研究。一般来说，准实验研究得出因果关系结论的可靠性虽然不如 S—R 型研究，但是如能采用一些特定的技术和方法，其结论也可以较好地说明有关变量之间的因果关系。

所以，对于教育心理学的研究，在条件允许时应该积极开展 S—R 型研究，因为它有助于揭示因果关系；R—R 型研究虽然不能说明因果关系，但能揭示有关现象的关联性，这有助于进一步深入探究可能存在的因果关系；在教育实践中，可以较多地运用准实验研究，它既贴近教育的客观现实又能在一定程度上说明某种因果关系。

当然，不论选用何类研究和何种方法，教育心理学研究者均要恪守符合伦理、客观真实、系统组织、服务实践、体现创意的研究原则。

第三节 教育心理学与教师、教育

一、教育心理学与教师岗位职责

在学校教育中，教师肩负着重要职责。“工欲善其事，必先利其器”。教师要做好自己的工作，学好教育心理学是一门必不可少的功课。

培养学生良好品德是教师的一大职责，《中共中央国务院关于进一步加强和改进未成年人思想道德建设的若干意见》（2004）更凸显了教师履行这一职责的重要和迫切。品德发展和教育中有复杂的心理学问题，品德心理学揭示了个体品德形成的心理现象和规律，它有助于教师真切地把握学生个体品德发展的轨迹和有效地对学生进行道德教育。

传授知识、培养能力、开发智力、培育创新意识和能力，是教师的又一重要职责。这主要是通过教—学这一师生互动过程来实现的，既需要了解学生在学习中的心理现象和规律，也需要了解教师在教学中的心理现象和规律。学习并掌握教育心理学中关于学习心理和教学心理的内容，会有助于教师有效驾驭教—学的过程，如明确恰当的教学目标、组织合适的教学内容、使用适宜的教学传媒、选用适当的教学方法等。

此外，了解教育心理学关于教学环境的心理学问题、学生人际关系和师生关系的心理学问题、学生个别差异的心理学问题等，都会有助于教师更出色地履行自己的崇高职责。

二、教育心理学与教师专业成长

教师作为学校教育工作者，要努力使自己成为专家型的教师。对专家型教师的要求大体是：具有丰富的知识和一定的创意且善于教授、长于课堂控制和班级管理、善于获得学生信息并加以分析诊断。学习教育心理学中关于教师心理素质的内容会有助于教师达到这样的要求。

教师作为社会的一员也生活在社会大环境之中。当今，科学技术的迅猛发展、文化生活的丰富多元、社会结构的急剧变化等，都促使教师必须时刻努力学习，必须加倍努力适应，同时这些也使教师面临着前所未有的压力。学习教育心理学中关于教师心理健康的阐述会有助于教师妥善调适自己的心理活动和心理状态、应对可能面临的心理困扰和问题。

今天，我国教育界的有识之士提出应该“向教育科学研究要质量”，这既体现了当今提高教育质量的一种思路，同时也反映了教育实践对教师专业成长的一种要求。这种要求促使教师必须了解包括教育心理学在内的教育领域各学科的研究动态，促使教师在学习教育心理学时不可停留在“知其然”，也不能满足于“知其所以然”，还要指向“研究其所以然”。学习教育心理学会有助于教师了解教育心理学的学科发展、有关的理论观点、有争议的热点问题和前沿性的研究课题。教师结合教育教学的实践开展教育科学研究，以教育科学研究的理念指导教育教学的实践，那么他们对教育心理学的学习和掌握必然会达到新的高度、广度和深度，也必然会更有力地促进自身专业的成长。

三、教育心理学有助于对教育热点问题的剖析和认识

随着社会经济的迅速发展，尤其是物质生活的改善和精神生活的提升，人们对教育的需求日益迫切，社会对教育的期望日益提高。随着科学技术的突飞猛进，尤其是信息科学和网络技术的飞速发展，知识的总量急剧增加，传授和接纳知识的途径空前多样。在这样的社会大背景下，教育要发展、要适应。教育在发展的过程中，必然会伴随出现不少热点问题。如，重点和非重点学校的设置问题、学校中分设快班慢班的问题、学生课余的家教问题、学校和学生使用网络进行教育的问题等。

正确剖析和认识上述这些问题，既需要深邃的历史眼光、宽广的现实视野，还需要利用包括教育心理学在内的众多学科的知识、原理和研究成果。如，教育心理学关于同质分组的研究和成果，能为设置重点非重点学校、分设快班慢班提供心理学的分析参照。又如，教育心理学关于教学传媒和网络心理的研究和成果，能为指导学校和学生如何认识和使用网络提供有益的参考。

四、教育心理学有助于社会教育机构开展有效的工作

面向21世纪的教育其发展具有社会性特征，今天重视并提倡建设学习型社会就是这一特征的反映。建设学习型社会涉及众多相关的机构，有宏观层面的经济社会发展规划部门，也有微观层面的学校、社区、企业、家庭，还有诸如少年文化宫、少年科技站、青保办（保护青少年合法权益办公室）、关工委（关心下一代工作委员会）、共青团组织、工会组织、妇联组织、广播影视影像的制作部门、书籍报刊的出版部门等机构。在建设学习型社会的进程中，学校应该是主战场，学校教育工作者应该是一支主力军，但是也离不开其他部门的工作。这些部门在规划、实施学习型社会建设时，教育心理学的基本知识会有助于这样的工作更加符合学习者的学习心理、更加符合教育者的教学心理，会有助于这样的工作形成更为强大的合力，会有助于这样的工作产生更为优化的效果。

小结

自从人类有了教育活动就有了对教育心理思想的探索，对此国内外先贤均有闪烁着耀眼光辉的教育心理思想的阐述。近代，在科学心理学诞生的影响下出现了实验教育学派，该学派的工作推动了教育心理学从经验走向科学的发展历程。之后，因桑代克运用科学心理学的实证研究方法建构了教育心理学的学科体系，他被认为是教育心理学学科的奠基者和创始人。

1949年中华人民共和国成立前，我国教育心理学学科发展羸弱。新中国成立后，其发展走过了曲折的道路。“文化大革命”后教育心理学走上了学科繁荣发展的大道。今天，教育心理学的发展表现在学科更显成熟、学科不断发展、学科关注应用三个方面。

教育心理学是介于心理科学与教育科学之间的一门交叉学科。教育心理学是心理学的一门应用性分支学科，又是教育学的一门基础性学科。教育心理学学科特点有三：综合性探讨教育中的心理学问题；应用心理学原理解决实际问题；自身不断发展以满足教育要求。教育心理学研究的主要任务有三项：服务教育实

践；推动自身学科发展；促进母学科发展。

教育心理学研究要遵循科学方法学的认识论原则，遵循科学研究的一般逻辑思路，了解不同类型方法的长处和短处。

学习教育心理学有助于教师更好地履行岗位职责和自身的专业成长，也有助于人们对教育热点问题的认识，还有助于社会有关机构开展有效的教育工作。

思考题

1. 简述科学教育心理学奠基人工作的主要贡献。
2. 今天教育心理学的发展趋势主要表现在哪些方面？
3. 教育心理学研究要遵循怎样的一般思路？如何考虑选用的研究方法？
4. 学习教育心理学有些什么意义？

第2章

心理发展与教育

内容提要

◎ 人的心理发展主要指心理功能的变化，其发展有其自身的特点。

◎ 心理发展可以用参数、模式加以描述，其动力来自内外因的相互作用。

◎ 心理发展需要生物学基础，更受其他各种因素的影响。

◎ 心理发展一方面是以逻辑思维为主的认知发展，另一方面是社会性和人格的发展。

◎ 心理发展与教育的关系有重要的理论和实践意义，必须把握这一关系的若干要点。

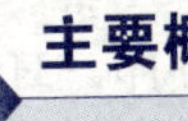

主要概念

发展参数，发展的生物基础，认知发展，社会认知发展，人格发展，最近发展区，早期教育

第一节　心理发展概述

一、心理发展的实质、特点

（一）心理发展及其实质

心理发展，是指个体随年龄的增长而发生的心理功能方面的变化。所以，个体的心理发展与生理变化两者之间有着密切的关系。生理的变化，是一个多因素的过程，但是它主要受生物因素的制约，它是个体心理发展的生物学基础；心理的发展，也是一个多因素的过程，但是它更多地受社会因素的制约，但也离不开生理发展变化这一物质支持。

从心理学分析，我们的教育要求和培养目标既要重视学生个体的生理/身体发展变化，也要重视他们的心理发展，主要是他们的认知发展、情感和社会性发展。

按照科学认识论的观点，心理发展与其他事物的发展一样，是一个从低级到高级、从简单到复杂的过程，是一个既有量变也有质变、新质取代旧质、不断变化的过程。就心理发展而言，某一具体的心理功能的变化总有量的积累，在量的积累达到一定程度后就会导致旧质的改变和新质的出现，心理功能在这样的嬗变后就进入新的发展阶段。这一过程反映了心理发展的实质。

（二）心理发展的特点

个体心理发展的特点主要有：

（1）兼具连续性和阶段性。个体出生后其心理发展就持续不断、终其一生；同时，在持续一生的心理发展过程中，具体的心理功能会表现出处于具有质的差异的不同发展阶段。

（2）兼具普遍性和差异性。心理发展的事实和规律具有普遍性的特点，任何正常的人都不例外；同时，具体心理功能对个人而言都有其独特的意义，人与人的发展会显现出不同的差异性。

（3）兼具稳定性和可变性。心理发展中阶段嬗变会遵循一定的顺序，具有不会颠倒和被超越的稳定性，个体心理发展的差异性也具有相对的稳定性；同时，在各种内外因素的作用下，心理发展的起点、终点、速度、方向会发生这样那样的一定程度的变化。

二、心理发展的描述、动力

（一）心理发展的描述

心理发展可以用参数、模式来加以表述。

参数，指用来刻画心理功能发展一般特点的有关指标或指征。这样的参数有发展速度、时间、顶点、分化和阶段。

发展速度，指心理功能随着时间而变化的情况。心理功能不同，发展速度各异。其中，时间表明心理功能在何时开始发展、在何时达到了最高水平。

顶点，指心理功能所能达到的最高点。心理功能达到的顶点可以与起点、速度无关。

发展的分化和阶段，指心理功能的质的变化，它一般难以用数量来表示。

模式，指综合运用上述参数来描述或表示具体心理功能的发展特点。这样的模式主要有四个（见图2—1）。

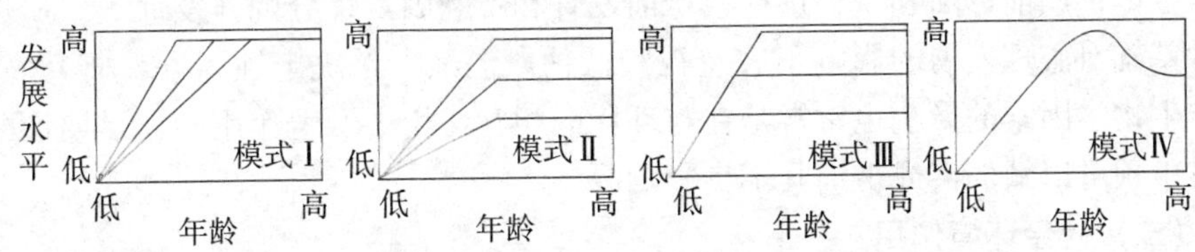

图2—1　心理发展过程模式示意图

模式Ⅰ，表示心理功能从同一时间开始、发展速度不一样、在不同时间达到相同的顶点。

模式Ⅱ，表示心理功能有不同的发展速度，且在相近时间达到了不同的顶点或最高水平。如，智力的发展，人们会以不同速度进行，达到不同的水平，且达到顶点的时间大致均在青年期。

模式Ⅲ，表示心理功能以相同的速度发展，但达到了不同的顶点或最高水平。如，人们的学习经历、儿童早期言语能力的发展、知识的学习等。

模式Ⅳ，表示心理功能发展随年龄增长有不同的发展速度，也没有稳固的顶点。如，那些需要反应快速、灵活的认知能力，即相当于卡特尔（R. B. Cattell，1963）指出的液态智力，会随年龄增长发展变得缓慢、且在老年后会有所下降。

上述模式勾画了不同心理功能发展的状况，还可能存在其他的模式，均说明心理发展是多方面的、复杂的，会有不同的发展路径和程式。

（二）心理发展的动力

与任何事物的发展变化一样，心理发展的动力来自内因与外因的相互作用。

内因是心理发展变化的根据，外因则通过内因对心理发展变化起着作用。

对于学生的心理发展来说，在学生主体与客观事物之间相互作用的过程中，即学生不断积极活动的过程中，学生总是处于已有的某一心理发展水平或心理状态；同时，社会和教育时刻在向学生提出相应的教育要求，这些要求会不断地引起学生新的需要。学生期望获得的需要与其已有的心理水平之间的矛盾，是学生心理发展的内因或内部矛盾，这一内因或内部矛盾是学生心理发展的动力。

三、心理发展的影响因素

影响个体心理发展的因素很多，概括起来有以下四方面：

（一）遗传生物学基础

一定的遗传生物学基础是个体心理发展的前提或自然条件，它为心理发展从物质方面提供了可能性。这样的遗传生物学基础有：由基因组成的含有遗传信息的染色体；产前诊断和生育选择；产前发育和不利因素；分娩并发症等。遗传生物学基础对心理发展的影响不容忽视和低估，但绝不是决定性因素。研究表明，遗传生物学因素的影响也常常是在与环境的相互作用中发生作用的，早期诊断和及时干预可以减弱甚或抵消其不良影响。

（二）社会环境作用

人在社会环境中生活，人的心理发展是在社会环境中的发展。

社会环境是个体心理发展之重要的外部因素，它能使心理发展的可能性变为现实性。社会环境的因素众多而复杂，如生产方式、文化背景、风俗习惯、生活方式和条件、家庭教育、学校教育等。其中，最重要的是社会生产方式，即一定的社会生产力和生产关系，它对其他社会环境因素有制约作用。如，生产力的发展影响着社会经济和教育科学文化的发展水平，进而会影响个体心理功能的发展。当然，人在环境中不是被动的接受者。研究表明，夸大环境的影响作用，认为它能决定心理发展的一切是荒谬的。

（三）学校教育影响

学校教育本身也是一种社会生活条件。但是，学校教育是影响心理发展的一种特殊的环境因素。因为，个体心理发展在达到成熟水平前有一段相当长的时期，即儿童期、少年期、青年初期，正是接受学校教育的学龄期。而且，学校教育对心理发展的影响是有目的、有组织、有计划、有系统的，有助于消除心理发展过程的自发性和盲目性，增强自觉性和目的性。学校教育影响巨大，但进而认为教育万能也是片面的，是环境决定论的一种变式。

(四) 主观努力程度

人的心理发展还与个体的主观努力分不开。主观努力也是个体心理发展的一个内部条件。在遗传生物学的基础上，在社会环境的作用尤其是学校教育的影响下，一个人主观上是否努力、发挥主动性和积极性的程度如何，常常对其心理发展起着促进或延缓、积极或消极的不同作用。这种主观努力主要体现在是否主动积极地从事实践活动，因为只有通过实践活动，一个人才能发挥自身具有的素质条件、利用客观提供的环境条件、接纳学校施与的教育要求。

上述因素可以分为个体内部的和外部的两类。遗传生物学基础、主观努力程度属于影响个体心理发展的内部类因素，两者分别具有物质的和精神的属性；社会环境作用、学校教育影响属于影响个体心理发展的外部类因素，后者是前者的一种特殊情况。关于上述因素对于心理发展的影响，曾经存在“谁起决定作用”（即“which”）的问题。在认识到它们都是心理发展必不可少的条件后，转而探讨“各起多大作用”（即“how much”）的问题。今天，人们认识到应该研究的是它们“如何共同作用”（即“how”）的问题，因为上述诸因素是彼此相互交织、不断相互作用来影响人的心理发展的。

四、关于心理发展的阶段问题

(一) 划分心理发展阶段的依据

根据心理发展的质的变化，科学地把握心理发展阶段即心理发展的年龄特征，对于教育实践和教育心理学的研究有着重要的意义。

个体心理发展的阶段问题，研究者从不同角度先后提出过不同的划分。心理学认为，生理活动是心理活动的自然基础，心理活动是生理活动尤其是人脑高级神经活动对客观现实反映的结果，这样的结果表现为认知等心理活动的变化，也表现为个性和社会化的发展。心理学还认为，人的心理发展与人的实践活动是统一的，活动要与心理发展的水平相一致，心理发展只有通过活动才能得以实现。

所以，考察心理发展的年龄特点，要考虑个体的成长发育，尤其是神经系统和大脑的发育；也要考虑个体认知等心理活动的变化和个性、社会化的发展；还要考虑个体在不同阶段的实践活动的主要内容和特点。

(二) 心理发展阶段的划分

按照个体在生理、认知、个性和社会化诸方面表现出较为一致的特点，人在出生后的心理发展可以划分为下列阶段：

乳儿期（0～1 岁）；

婴儿期（1～3岁）相当于先学前期；
幼儿期（3～6、7岁）相当于学龄前期；
童年期（6、7岁～12、13岁）相当于学龄初期；
少年期（12、13～15、16岁）相当于学龄中期；
青年初期（15、16～25岁）相当于学龄晚期；
成年期（25～65岁）包含青年期和壮年期；
老年期（65岁至死亡）。

第二节　心理发展与教育

一、认知发展与教育

认知发展是心理发展的一个重要方面。认知，是指在头脑中进行认识的内部加工过程及结果，这一内部加工过程以逻辑思维能力为主。皮亚杰（Jean Piaget）、维果斯基（Lev Semenovich Vygotsky）是该领域研究的代表人物。这里就他们的理论观及其对教育的启示做一概述。

（一）皮亚杰的认知发展观与教育

皮亚杰的认知发展观的要点有：认知发展产生于儿童对物质世界的直接反应和积极操作。认知发展有赖于每个儿童头脑中特有的心理结构即图式，也反映在图式的变化上。认知的发展变化是通过适应和组织两个过程实现的。适应（adaptation），是个体直接操作外部环境来建构图式以适应环境，它是对外的。组织（organization），是个体在头脑中重新统合已有图式来建构内部联系更紧密和心智功能更有力的新图式系统，它是内生的。认知的发展有四个阶段，它们是感觉运动阶段（出生到2岁）、前运算阶段（2～7岁）、具体运算阶段（7～11岁）、形式运算阶段（11岁以后）。

皮亚杰的认知发展观促使心理学家、教育学家重新认识儿童，认识到儿童是积极的求知者。教育要充分关注儿童正在经历着的复杂的认知发展和变化。其认知发展观对教育至少有以下三点启示：

第一，要重视启发式学习。课堂教学要做好各种专门的设计，来促进开拓性和发现性的活动，让学生自主地与环境相互作用，让他们展现自身的能力和发现自己要学的东西。

第二，要重视学习准备状态。教师的教和学生的学应建立在儿童已有的思维水平之上，新的知识和技能的学习是无法强加的，要避免成人式的、公式化的机械记忆。

第三，要重视个体差异。学生之间的发展序列一般是相同的，但速度会不同，教学活动必须为个人或小组而不是仅为全班做好一般性准备。

（二）维果斯基的认知发展观与教育

维果斯基认知发展观的要点有：语言在认知发展过程中非常重要，语言符号系统指向个体内部时影响着人的心理结构和行为，指向外部时影响着社会相互作用即与他人的交往。心理发展具有社会性，受着文化、社会、历史发展规律的制约，心理发展是环境和教育共同影响的结果，心理发展也是个体的外部活动不断内化的结果。心理发展其功能从低级逐渐向高级转化表现在四个方面：随意功能的变化；抽象—概括功能的变化；重组各种心理功能形成以符号为中介的心理结构；心理活动的个性化。

与皮亚杰一样，维果斯基也重视个体的积极参与和心理差异，但其认知发展观更重视教育中的协作和社会背景的重要性。维果斯基还认为，教育不仅仅是改善已经出现的结构，而应该指向“最近发展区”，即儿童现有水平与经过帮助可以达到的水平之间的差距。根据维果斯基的认知发展观，在教学实践上已出现三项改革活动：

第一，交互式教学。教师采用提问、总结、阐明、预测的认知策略来指导学生学习，帮助学生的学习能够成功地指向“最近发展区”。

第二，合作型学习。把学生组织成伙伴小组，让小组伙伴通过解决观点差异、共同承担责任、协作性对话使学习朝着共同目标“最近发展区”前进。同时，要通过文化价值和亲身实践、通过集体主义的培养来提高合作学习的能力。

第三，建设学习者班级社区。把班级建成学习者社区，能为交互式教学、合作型学习提供所需的良好背景，这样的社区里可以有校内外的其他成人，他们和儿童一起发挥各自专长、彼此合作、共同发展。这样的社区可以建立多层次的相互联系，并使“最近发展区”得到拓展，当然这离不开学校文化的全力支持。

二、社会认知、人格发展与教育

社会化和人格发展是心理发展的另一个重要方面。这里，就社会化中重要的社会认知发展、人格发展的有关理论及其对教育的启示做一概述。

（一）社会认知发展与教育

社会认知的发展，是个体对自己、对他人、对人际关系的理解和认识随着年龄的增长而发生的变化。

（1）对自己的认知。

个体对自己的认知主要在自我概念、自尊、自我控制三方面。

自8～11岁起，儿童自我概念的描述和评价的依据从具体情感、态度、外表特质向重视人格特征转变。进入青春期，他们的自我概念变得更为抽象。教育中，要重视儿童的基本认知能力的发展，要为他们及时提供必要的信息反馈，这有助于儿童自我概念的发展。

自尊，是个体对自身价值的评价，它会随时间而变化。儿童在小学低年级刚开始社会比较，其自尊会有所下降。四年级以后他们的自尊会稳步上升，青春期后他们都会有自信和自豪的表现。教育中，对儿童要始终热情和支持、持有合理的期望，进行必要的归因导向，还要注意社会文化的影响，这样有助于儿童具有较高的自尊。

儿童自我控制的能力出现于5～6岁，在小学、中学、大学发展快、升幅大，高三和大学阶段的学生调控自己的行为和情感的水平已接近成人。个体的自我控制开始时受外部的言语指导和诱因的影响，之后逐渐发展到根据自身要求和内部诱因来控制行为。教育中，要重视言语指导对儿童的自我控制所起的重要作用，也要帮助儿童善于制定有效的计划，还要提高儿童对延迟满足的适应能力。

（2）对他人的认知。

个体对他人的认知，表现在对他人行为的意图动机、对他人的人格特征、对他人的社会身份诸方面的理解上。学龄初期，儿童对“与己异类”的人群会持有消极的态度和偏见。学龄中期，儿童能以不同的方式进行社会分类，偏见会下降。生活在“人以群分”的社会的儿童容易产生偏见。

教育要重视儿童的观点采择能力，即区分自己与他人的观点，进而根据有关信息对他人的观点做出准确判断的能力。对这种能力的训练可以发展对他人的理解的能力，也有助于形成恰当的自我概念，进而促进儿童的社交能力。

（3）对人际关系的认知。

对友谊的理解是个体人际关系认知的一个重要方面。儿童对友谊的理解开始建立在共同游戏和分享玩具之类的具体行为上，到学龄中期建立在相互信任的基础上，进入青春期则认为亲密和忠诚最为重要。

教育要重视儿童的友谊，亲密的友谊能促进儿童社会认知技能的发展、能消除他们在日常生活中可能面临的紧张感、能使他们对学校生活持有更为积极的态度。研究表明，女孩比男孩更强调友谊中情感的相互融洽和彼此信任，对此教育中也应予以关注。

理解和解决社交冲突是人际关系认知的另一个重要方面。它涉及对社交信息的编码和译码、明确社交目的、采取和评价社交策略诸能力，儿童进入小学后这些能力逐步有质的提高和变化。

教育中要重视社交问题解决的训练，提高这方面的技能可以发展儿童心理调节的能力。

（二）人格发展与教育

人格是各种心理特征的总和，是一个人的总的精神面貌的独特表现。弗洛伊德（Sigmund Freud）和埃里克森（Erik Erikson）是人格发展理论的两位代表性人物。

（1）弗洛伊德创立了心理分析理论，他设想人格由本我（id）、自我（ego）、超我（superego）三部分组成。本我，由生活本能主宰，具有生物性，按“快乐原则”行事；自我，是从本我中分化出来的一部分，具有心理性，按“现实原则”监督自我，获得现实允许的需要满足；超我，是“道德化”了的自我，具有社会性，按社会要求指导自我去制约本我。人格的发展就是这三部分彼此相互作用的结果。人格发展的动力则是本能尤其是性本能。在童年历程中，性驱力集中的部位依次从躯体的口腔到肛门、性器区，分别为口腔期、肛门期、性器期。入学后进入潜伏期，这时性本能消失，超我进一步发展，儿童从家庭外的成人和伙伴那里获得价值观。青少年时进入两性期，这时潜伏期的性冲动再度出现，如果前面各阶段发展顺利，那么家庭生活就会和谐并承担起社会责任。这一理论强调了早年经历对个体毕生发展的重要性，凸显了家庭关系对个体发展的重要意义。

尽管弗洛伊德的人格发展观受到了广泛责疑和批评，但他的一些观点对教育仍有一定的启示。如，要关注个体发展的早年经历，从降生起就要重视个体需要的满足。又如，要重视人际关系，尤其要密切亲子关系、要营造良好家庭氛围，它们是人格发展的重要环境。再如，在每一发展阶段，父母、成人都应把握好满足儿童基本需要的“度”，既不能忽视也不可溺爱。

（2）埃里克森的新心理分析理论重视社会文化因素和个体的独特生活经历对人格发展的作用。他认为，人格发展是由八个阶段组成的过程，每一阶段的发展任务就是解决一对基本矛盾，八个阶段的基本矛盾分别是：基本信任 vs. 基本不信任；自主 vs. 羞怯；主动 vs. 内疚；勤奋 vs. 自卑；同一性获得 vs. 同一性混乱；亲密 vs. 孤独；繁衍 vs. 停滞；完善 vs. 失望。每一阶段，矛盾能够得到解决就具有积极品质，否则会出现消极品质，并会影响后续阶段的发展；同时，后续阶段的发展情况既可以弥补先前阶段发展的不足，也可能会削弱先前的发展成果。

埃里克森的理论从人的生命周期考察人格发展，对于人们从终身发展的视角从事教育工作很有启示意义。其理论所描述的人格发展各阶段前后关联，且每一阶段均希望和危机并存，这告诫教育工作者必须充满信心又要有忧患意识。对于学校教育而言，其理论特别提醒要重视勤奋感和自我同一性的培养。

三、心理发展与教育的关系

心理发展与教育的关系又被称为发展与教育的关系。在前面所述内容的基础上，下面就这一关系做一简要的阐述。

（一）一个重要的理论和实践问题

心理发展与教育的关系，是一个既有理论意义、又有实践意义的重要问题。

其理论意义是，正确理解和把握心理发展与教育的关系是教育基本理论建设的需要。

如，教育以教师的教和学生的学为基本的表现形式，以影响学生的身心发展为直接目的，是师生双方共同进行的一种特殊的社会交往活动，教育要研究如何使这样的表现形式和社会交往能达到预期的目的，心理发展与教育的关系无疑能为此提供心理学的理论依据。

又如，教育要随时代变化、社会进步而发展，今天在经济全球化的影响下教育正面临价值取向的定位、学校文化的重构、学校制度的反思、课程开发的拓展等重大课题，对这些问题的理论思考就离不开对心理发展与教育这一关系的把握。

再如，在推进素质教育的进程中，如何促使学生素质的全面发展，同时又突出培养思想道德品质、创新意识和能力两大重点，这同样需要心理发展与教育的关系为其提供理论支撑。

其实践意义是，正确理解和把握心理发展与教育的关系是有效指导教育实践的需要。

如，按照心理发展具有连续性和阶段性，教育就必须持续、连贯，要坚持终身学习和终身教育的方略；同时必须重视学生的发展阶段和年龄特点，讲究不同的内容、方法、途径。

又如，按照心理发展具有普遍性和差异性，教育就必须以心理发展的普遍规律为依据；同时又要把握人与人之间的各种差异，坚持“一把钥匙开一把锁”。

再如，按照心理发展具有稳定性和可变性，教育就必须保持相对的稳定性，变化不可过于突然和频繁；同时对学生心理发展的可塑性要充满信心，通过循循善诱使其向积极的方向发展。

还如，按照心理发展具有综合性和独特性，教育就必须从人的整体需要来考虑心理素质的全面发展；同时要关注心理发展中有关的“关键期”或“敏感期”，开发好学生的潜质和潜力。

总之，把握心理发展与教育的关系是使教育有效、高效的一个必要条件。

（二）两个方面是矛盾的统一体

教育，是按特定教育目标、运用适当方法、以一定的教育内容去影响学生的过程；发展，是个体合乎规律的心理功能发生积极变化的过程。尽管两者各有自己的本质属性和客观规律，但两者关系十分密切。我们总希望心理发展与教育基本相适应，但客观上两者的关系还存在另外四种情况，即发展可能落后于教育、发展可能超前于教育、教育影响相同而发展存在差异、发展水平相仿而教育影响不同。

心理发展与教育的关系，是学生成长、成才这一问题的两个方面。心理发展有自身规律，但其发展趋势、速度、能达到的顶点则受着教育的影响。在学校中，心理发展总是通过教育来实现的，已有的发展水平既是后继学习和接受教育的条件之一又反映了先前教育的成果。心理发展和教育两者相互依存、辩证统一。我们不能离开教育讲发展，因为教育是发展的一个重要条件；也不能离开发展讲教育，因为发展是教育的一个重要基础。同时，我们不能把教育看作是发展的唯一条件，也不能把发展看作是教育的唯一依据，因为两者均受其他诸多因素的制约。

（三）把握好这一关系的若干要点

在心理发展与教育的关系上，有必要把握以下几点：

（1）教育的规律之一是，教育效果受人的心理水平所制约，教育措施要通过学生当前的心理水平、心理状态起作用。但是，“心理学的存在”对教育来说，与其说是为了指出可接受性的范围（即发展水平、年龄特征），还不如说是为了扩大这一接受性的范围。所以，教育既要依据学生当前的心理发展水平去展开，又要竭力使这样的展开能指向未来即维果斯基所说的“最近发展区”。

（2）心理发展的规律之一是，教育对心理发展有重大的影响。但是，教育的这种影响只能从它必须遵循心理发展规律的基础上来理解。即教育愈能考虑发展的规律，则其效果愈好，反之会低效、无效、甚至可能适得其反。另外，我们还要看到其他因素如环境、生物及自身成熟诸因素的影响，对它们也不能低估。

（3）要恰当理解和进行早期教育。早期教育不是越早越好，至少在婴幼儿神经系统发育阶段，如大脑神经髓鞘形成时主要是“养”而不是“育”。早期教育的重点应在适时和恰当上下工夫。因为，个体心理发展涉及诸多方面，每个方面的发展均有其自身特点，早期教育只有针对相应的心理功能、选择合适的起点并运用适当的方法才能有效。

（4）在教育实践中，要充分重视师生双方的主观能动性在心理发展和教育过程中的重要性。学生是心理发展和教育过程的主体，教师是这一过程的导引者、“助产士”，两者的主观能动性决定着心理发展、教育的性质和效果。为此，教师必须关注自身的成长和发展，加强思想道德修养、提高教育科学素养，以便更有效地调动学生的自觉性和能动性。

最后，心理发展与教育的关系说明，教育既是科学，又是艺术，唯有从科学与艺术两者的结合上把握教育，方能使教育达到理想的境界。

小结

心理发展，是指个体随年龄的增长而出现的心理功能方面的变化。

心理发展主要有三个特点：一，兼具连续性和阶段性；二，兼具普遍性和差异性；三，兼具稳定性和可变性。

影响个体心理发展的因素很多，概括起来有：遗传生物学基础、社会环境作用、学校教育影响、主观努力程度。

心理发展涉及认知发展、社会认知发展和人格发展。皮亚杰、维果斯基各自提出了对认知发展的理论观，并指出了教育上相应的注意点。社会认知涉及对自己的认知、对他人的认知、对人际关系的认知，对这些方面的社会认知在教育上也有各自需要注意的地方。弗洛伊德、埃里克森各自提出了对人格发展的理论观，并指出了教育上相应的注意点。

发展与教育的关系是一个既有理论意义又有实践意义的问题，必须把握好这一关系的若干要点。

思考题

1. 何谓心理发展？心理发展有何特点？
2. 心理发展除了需要生物学基础，还受哪些因素影响？
3. 概述皮亚杰、维果斯基的认知发展观及其在教育上的注意点。
4. 社会认知发展包括哪些方面？教育上应注意什么？
5. 概述弗洛伊德、埃里克森的人格发展观及其在教育上的注意点。
6. 发展与教育的关系为什么重要？应把握这一关系的哪些要点？

第3章

学习的心理学理论观

内容提要

◎ 心理学对学习的界定是，因受强化练习而发生的反应潜能上较为持久的变化。

◎ 学习有不同的层次、类型和不同的心理学理论观。

◎ 学习的联结理论观主要有：试误—联结说、条件作用—联结说。

◎ 学习的认知理论观主要有：格式塔—顿悟说、认知—发现说、意义—接受说。

◎ 学习的其他理论观主要有：观察学习说、信息加工说、建构主义说、人本学习观。

◎ 学习的各种心理学理论观各有其要点以及对教育教学的含义。

主要概念

学习，试误，经典性条件作用，操作性条件作用，顿悟，格式塔，意义学习，观察学习，建构主义，人本主义

第一节 概 述

一、什么是学习

（一）学习的心理学界定

关于何谓学习，人们常会按日常经验或各门学科的界定去理解。从心理学的视角看，一般认同美国心理学家金波尔对学习的界定，即学习是指“因受强化练习而发生的反应潜能上较为持久的变化”。

理解上述心理学对学习的界定，需要把握以下几点：

（1）个体通过学习发生的变化应该是较为持久的变化，其他如疲劳或兴奋所造成的暂时变化应当排除在外，即不是任何行为的变化都是学习。

（2）变化不仅是外部的、显现的、可以直接观察测量的，还可能是内隐的、潜在的、难以直接观察测量的。

（3）行为的持久变化何以发生、如何发生均离不开强化，强化对于学习至关重要。

（4）强化是在行为的练习过程中实施的，行为的外显或内隐的持久变化也都要通过个体的练习才能得以实现，所以那些由于个体先天倾向和机体成熟所导致的变化均不属于学习。

（二）学习的不同层次

从上述心理学的界定考察个体的学习，它有以下四个层次：

（1）最广义的学习。它指有机体在生活过程中获得个体之行为经验的过程。人和动物的学习均涵盖在这一层次之内。

（2）次广义的学习。它指人类的学习。与最广义的学习相比，学习的这一层次指出了人的学习具有不同于动物的学习特点，应该给予关注、重视。

（3）狭义的学习。它专指学生的学习。相对于人的学习，学生的学习有其自身的特点。目的明确、计划周详、组织严密、实施系统，是学生学习的主要特征。

（4）最狭义的学习。它主要指知识的获得和技能的形成，且与学校课堂教学相联系。

教育心理学主要涉及的是后两个层次的学习，即学生的学习和他们在学校课堂的学习。当然，心理学对前两个层次学习的研究，也有助于我们对学生学习的理解。

二、学习的类型

学习是复杂的社会现象和个体活动。它涉及不同的主体、目标、水平、内容、形式、条件等。由此出现了对学习的不同分类，下面概述若干主要的分类。

（一）按学习主体的分类

从学习者考察，学习有动物学习、人类学习和机器学习三种。

动物学习与人类学习有着紧密联系，它们为求得生存而适应环境的那些学习与人类颇为相似。当然，作为种系发展最高端之人类的学习会表现出许多不同于动物的特征。

机器学习，是指计算机系统如何获得、加工信息并解决问题的过程，亦称人工智能。尽管机器学习或人工智能可以代替和扩展人脑的某些活动和功能，但它们不会伴随着出现相应的意识、情感、兴趣等心理活动。

（二）按学习水平的分类

人类学习的不同复杂程度体现了不同的学习水平。美国教育心理学家加涅（R. M. Gagne）据此把学习分为体现不同水平的八类：

（1）信号学习。这是一种最简单的学习，是学会对某种信号能够做出特定反应，经典性条件作用就是一种信号学习。

（2）刺激—反应学习。主要是形成操作性条件作用，能够做出辨别反应，强化对此起着关键作用。

（3）连锁学习。这是把两个以上的“刺激—反应”组合成系列，可以完成较复杂任务的学习，这需要反复练习和及时强化。

（4）言语联结学习。其实质与连锁学习相同，只是其连锁的是语言单位且是通过言语活动来完成的。

（5）多重辨别学习。能辨别各种刺激特征的异同，并做出相应的反应。

（6）概念学习。这是与多重辨别学习相反的学习，即学会对刺激分类、能够对某类刺激具有的共同特征做出相同的反应。

（7）规则学习。亦称原理学习，规则或原理均体现了两个及以上概念之间的内在联系，这类学习就是把握规则或原理中相关概念之间的种种联系。

（8）问题解决学习。亦称为高级规则学习，是运用所学规则或原理解决问题。

（三）按学习经验的分类

这是从学习者的学习经验来对学习加以分类。

从学习经验的来源看，有接受学习、发现学习两类。

接受学习，学习经验来自接受，是学习者通过别人的传授（新经验）和自己的建构（自己原有经验与新经验相互作用）来获取经验。

发现学习，学习经验来自发现，学习者通过自主活动和探究来获取新经验、重组原有经验。

从学习经验的性质看，有意义学习、机械学习两类。

意义学习，是学习者利用自己原有的经验进行的学习，以促使新经验与原有经验之间建立联系。

机械学习，是学习所得经验与学习者原有经验没有实质性联系的学习。

（四）按学习结果的分类

按照加涅对学习结果的分类，学习可以分为五类：

（1）言语信息。这是关于事实性知识的学习。这类知识常以句子、命题方式来表达，与了解“什么”有关。

（2）智慧技能。这是关于运用符号并与环境相互作用的学习，与掌握“怎么”有关。

（3）认知策略。这是关于对自己的学习过程加以控制、调节和管理的学习，包括了解、组织、调控自己的心理活动和心理状态，如选择性注意、如何编码等。

（4）运动技能。这是学习如何由肌肉、骨骼、躯体、四肢去完成协调统一的活动，这通常要经过一定的练习。

（5）态度。这是关于学习态度的学习，学习态度是影响着学习活动的内部心理状态，形成相应的学习态度对当前或后继的学习活动都有促进作用。

（五）按学习内容的分类

一般来说，按照学习内容的不同，学习可以被分为知识学习和技能学习两大类。

知识学习，是追求符号的意义、学习获得事实的意义。

技能学习，是学习在特定目标指示下的一套操作程序，学习获得方法的步骤。技能又有动作（运动）技能和智力（心智）技能两种。

动作技能的学习，是掌握一个动作连锁。

智力技能的学习，是掌握一个解题的产生式系统。

现代认知理论学家认为：广义的知识是学习的内容，它有两类。

其一，陈述性知识，即上述的那种了解事实“是什么”的狭义知识。

其二，程序性知识，即关于“如何做”的知识。

一种程序性知识，指导着思维和智力活动该“如何做”，称为智慧技能知识，相当于上述的智力（心智）技能。

另一种程序性知识，指导着躯体活动该“如何做”，称为动作技能知识，与上述动作（运动）技能相当。

近期，有学者认为，除了广义知识的学习，或除了知识和技能的学习，还有解决问题的学习，这是一种没有固定模式、需要重组已有的知识技能、发挥心理潜能的学习。

还有学者指出，社会规范（道德品质）的学习也是学习的一项重要内容。

三、学习心理观简介

（一）学习心理观种种

在科学心理学诞生前，已经存在着解释学习现象的多种理论观点。

今天，心理学领域的学习理论均试图说明学习的以下三个问题：（1）学习是什么？即学习的本质是什么。（2）学习怎样进行？即从什么维度来考察学习过程。（3）学习因何发生？即学习需要什么条件。围绕这些问题，心理学各家各派开展了深入研究，得出了各种理论观点。

综观心理学关于学习的各种理论观点，一类是具有行为主义倾向的理论观，如试误—联结说、条件作用—联结说等。另一类是具有认知学派倾向的理论观，如格式塔—顿悟说、认知—发现说、意义—接受说等。还有一类理论观，或是难以归入上述两大理论流派，如替代学习说、人本学习观等，或是上述两大流派晚近发展的观点，如信息加工说、建构主义观等。本章后继各节将对其逐一予以介绍。

（二）学习理论和人的学习

在科学心理学的发展过程中，各种学习理论的提出在时间上有先有后。但是，各种理论的出现，前后之间不是简单的彼此否定和相互替代，而往往是后者指出了先前理论的不足和问题，通过新的探究对先前的理论予以一定的丰富、补充和发展。

心理学的各种学习理论观有助于我们正确认识学习的性质、过程、条件。

各种学习理论观均有自己的研究依据，均符合科学逻辑，但是它们仍然存有一定的局限和特定的适用性。因为，有机体尤其是人的学习，是世间最为多样、丰富、复杂的现象之一。

从人的种系发展和个体发展考察，人的学习既有反射水平的学习，即能在刺激与反应之间做出单一联结的学习；也有认知水平的学习，即能掌握一定的知识及相应活动系列的学习。前者如以现实对象为信号建立条件反射，后者如运用语词符号及其他代码表征事件、获得经验。

人的学习基本上是这两种学习的交织过程。不过，人在童稚阶段反射性学习占优势，随着生理、心理的发展和成熟，人的高级类型的认知水平的学习就会渐成优势。

需要指出的是，在上述两种水平的学习中，人都会伴随产生特定的情感和态度反应，特定的情感和态度也会对先前和后继的学习产生影响，这在社会性学习方面尤其如此。我们应该重视情感、态度在学习中的地位和作用，人本主义学习理论的提出正是这一趋势的反映。

第二节　学习的联结理论

学习的心理学联结理论主要有试误—联结说、条件作用—联结说。条件作用形成的联结有经典性条件作用、操作性条件作用两种。

一、试误—联结说

（一）桑代克的研究

学习的试误—联结说是教育心理学奠基人桑代克提出的。他的依据是动物在称为“迷箱”中的学习行为。“迷箱”是一个放置动物的笼子，笼子外面放着食物，笼门关着，饥饿动物如猫只有踩到踏板才能走出笼子取到食物（见图3—1）。这里，从动物能否有恰当的行为（踏到踏板）、从而摆脱困境（走出笼子）以满足需要（取到食物）来考察学习是否发生。

实验发现：一开始，笼中的动物如猫表现出许多忙乱、无效的动作；一段时间后，它恰巧踩到踏板，立刻走出笼门去取食；被再次放回笼子后，猫仍然表现出忙乱、无效的动作；但是多次重复后，它踩到踏板走出笼子取到食物的时间越来越短（见图 3—2）。这表明该动物的学习行为发生或形成了，用狗、鸡、白鼠等其他动物做的实验结果相似。

对此，桑代克的解释是：在学习情境中，动物的行为开始按照自身冲动做出反应，具有试误性质，随着错误反应的逐渐减少，最后形成了稳定的刺激—反应联结，其机制是尝试错误即试误。

图3—1 桑代克"迷箱"之一

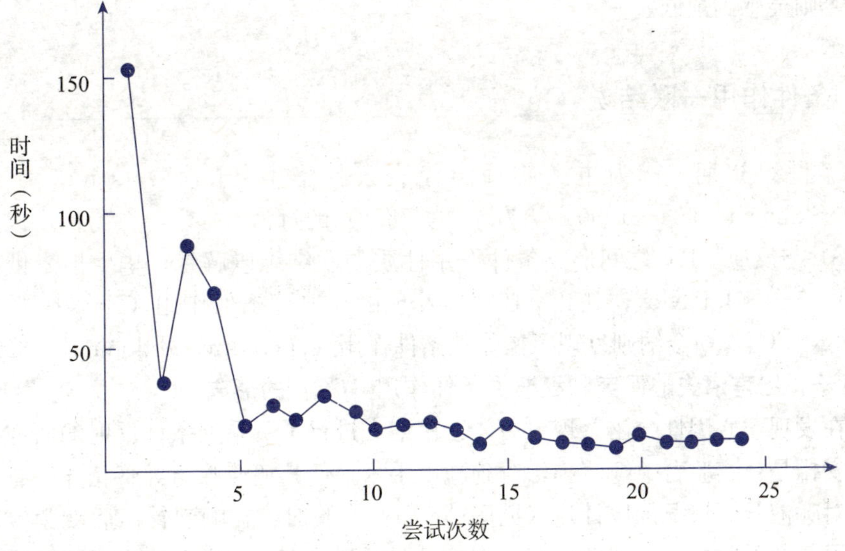

图3—2 猫的尝试错误学习过程

（二）主要观点

桑代克认为，学习即试误，是形成刺激与反应的联结。

具有试误—联结性质的学习过程有六个阶段：

（1）动机阶段。有机体的内外因素促使其活动指向能满足自己的需要。

（2）问题。环境中存在的困难，是对有机体需要满足的一种阻抗。

（3）试探。个体试图克服环境阻抗而表现出尝试错误性质的行为。

（4）偶然成功。一次偶然正确的行为使有机体满足了需要，它会因受强化而保留。

（5）淘汰与选择。不能得到奖赏的行为被淘汰，满意的行为被保留，期间强化起着主要作用。

（6）整合与协调。把复杂的反应整合成统一协调的行为。

桑代克还总结了学习的三条规律：

一是效果律。它是指在学习过程中，给学习者以满意的情况，其刺激与反应的联结就会增强；给予其烦恼的情况，其联结则会减弱。

二是练习律。它是指通过学习者的练习和运用，刺激与反应的联结会增强，否则会减弱。

三是准备律。它是指学习者处于准备状态，对形成刺激反应的联结感到满意，否则会感到烦恼。

二、条件作用—联结说

20世纪初期，行为主义心理学代表人物华生（J. B. Watson）、斯金纳（B. F. Skinner，1904—1990）认为，人类和动物的行为包括学习行为都可以用刺激（S）与反应（R）之间形成条件作用性质的联结予以解释。华生推崇俄国学者巴甫洛夫（I. Pavlov，1849—1936）发现的经典性条件作用（classical conditioning，CC），斯金纳则发现了操作性条件作用（operant conditioning，OC）。

（一）巴甫洛夫的研究和经典性条件作用（CC）的形成

在发现“心因性分泌”现象后，巴甫洛夫进行了一系列条件反射的研究。其实验安排是：实验台上缚着狗，对狗施以手术，使其唾液腺与导管相连，有关设施可对唾液分泌情况加以计量（见图3—3）。实验时，在响起铃声后就紧接着喂食，重复若干次后发现即使没有食物，只要听到铃声，狗也会流出唾液，这表明铃声与分泌唾液之间形成了联结，分泌唾液是对铃声的一种条件反射。

分泌唾液是不随意、非习得的无条件反射（UCR），是先天性的生物行为，

图3—3 经典性条件反射实验

可以由无条件刺激物（UCS）如食物来激活。铃声，起先是中性的刺激物（NS），在与无条件刺激食物多次配对呈现后，它就能替代食物与唾液分泌建立联系，这就是经典性条件作用的形成。其形成需要无条件刺激与原先的中性刺激几乎同时出现。这时，原中性刺激替代了条件刺激（CS），由条件刺激引发的反应就是条件反应（CR）。

刺激替代是经典性条件作用形成的原理。

（二）斯金纳的研究和操作性条件作用（OC）的形成

巴甫洛夫的研究集中在刺激方面，斯金纳的研究则集中在有机体的反应方面。他用名为"斯金纳箱"的装置做了一系列实验（见图3—4）。

在实验箱里，饥饿的白鼠表现出桑代克实验中动物类似的反应，但只要白鼠把前腿抬起压到杠杆上，食槽就会滚进一颗肉丸，箱外的记录器记下白鼠按压杠杆和得到食物的详细情况。这一装置是对桑代克"迷箱"的改进，箱内的杠杆作为刺激具有良好的辨别性，抬起前腿按压杠杆既不同于啃、咬、抓等动作，又是新的不难掌握的动作，白鼠在操作之后得到的结果会影响接下来的行为表现。如果白鼠在一次按压杠杆后得到了食物和水，食物和水就起到了强化作用，继而再次按压杠杆的可能性就会增加。最后，白鼠按压杠杆的操作性行为反应与获得强化物的刺激之间建立了联系，即形成了操作性条件反应。

反应替代或反馈、强化均可称为操作性条件作用形成的原理。因为，在上述过程中，有机体是通过自己的操作活动获取有关行为结果或信息反馈，进而决定了自己的后继反应活动，以求得需要的满足。如果外界没有对该行为而是对另一行为提供强化刺激，那么接着该行为发生的可能性就会下降，而另一行为出现的可能性则会增加。

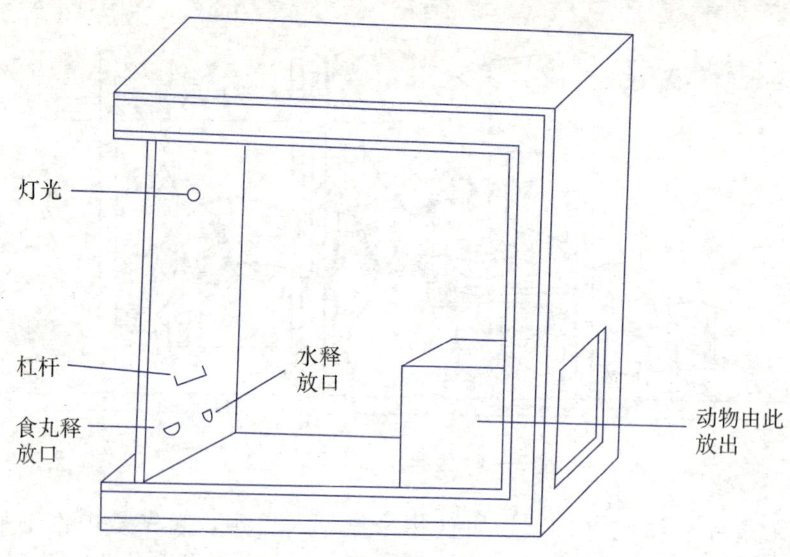

图 3—4　斯金纳实验箱之一

（三）条件作用的规律

经典性条件作用和操作性条件作用的形成过程和原理不同，但两者都是条件作用，它们具有如下的共同规律：

（1）习得律。

在 CC 中，条件刺激必须与起强化作用的无条件刺激同时或几乎同时呈现，有机体才能习得条件反应。在 OC 中，操作反应之后要及时提供强化物刺激，有机体才有可能习得条件反应。

（2）消退律。

在 CC 中，条件刺激重复出现多次，无条件刺激没有随之出现，那么以前已经形成的条件反应将趋弱并最终会消失。在 OC 中，操作反应之后，如果不及时提供强化物的刺激，那么以前能够表现的操作反应会趋弱并最终会消失。

（3）泛化律。

在 CC 中，条件反应一经形成，其他类似于最初条件刺激（铃声）的刺激（钟声）也会引起条件反应。在 OC 中，操作反应（按压杠杆）获得强化而形成后，会做出相似的反应（按压其他物件）。

（4）分化律。

与泛化律相反。在 CC 中，有机体能够只对与无条件刺激匹配的刺激（铃声）做出反应，对其他近似刺激（钟声）予以区分后能不做出反应。在 OC 中，面对环境中的众多信息，能辨别其中有线索作用的、对自己有意义的信息并做出反应、获得强化刺激，而无视其他信息。

（5）高级条件作用律。

这体现在两方面。一是，在已经形成的条件作用的基础上，可以进而形成二级及二级以上的条件作用。二是，除了通过实物可以形成条件作用之外，还可以运用“第二信号系统”（语言，主要是语词）来形成条件作用。

三、教育教学的含义

当个体处于一个全新的、陌生的环境，或者缺乏必要的条件，或者面对难度较高的课题任务之时，其学习常常具有试误性质，可以用试误—联结说来解释。

经典性条件作用能使有机体认识到某个无关刺激可能是另一个有关刺激的信号，这有助于辨识周围事物之间的关系，有助于对有益或有害的刺激加以预见和趋避，从而更好地适应环境。

操作性条件作用能使有机体了解自己的行为与随之发生的偶联事件的关系，这有助于个体按照自己的预期来采取行动，有助于个体积极主动地行动来操纵环境，从而能相对主动地去求得自身需要的满足。

试误—联结说、条件作用—联结说，都是行为主义理论的学习观。这一理论流派的学习观把内驱力、线索、反应、奖赏（强化）视为学习的四大要素。内驱力是学习行为的动力，推动个体以某种方式做出反应。线索是已分化的、能加以辨别的刺激物，可以导引个体的特定反应。反应相当于前面提到的练习律或积极反应原理。奖赏相当于前面提到的及时强化和反馈。

行为主义的学习观认为，环境对学习行为具有决定性作用。为此，学校、教师应该仔细安排学习环境和特定刺激，以求引发学生表现出符合预期的学习行为。教育教学中，应该由合格的人来选择当代社会有用的知识和技能作为教材，教师应该力求在适当的时间、提供适当的刺激使学生按照预期的方向改变行为、进行学习。学生的学习行为和学习结果有赖于教师对学生反复进行讲述、说明、指导、控制、奖惩，甚至强制从事某种活动。

第三节 学习的认知理论

这里，介绍三种主要的心理学关于学习的认知理论：格式塔—顿悟说、认知—发现说、意义—接受说。

一、格式塔—顿悟说

（一）柯勒的典型研究

柯勒（K. Kohler）、韦特海墨（M. Wertheimer）和考夫卡（K. Koffka）是心理学格式塔理论的代表人物，他们一系列的实验研究为学习的格式塔—顿悟说提供了依据。如，实验用笼子的顶上挂有香蕉，笼内放着几只空箱子。在笼里，名叫基加的黑猩猩很想取香蕉进餐，但尝试几次均未成功。休息时，基加几次在箱子上或坐或卧，未见利用箱子的迹象。但是，当躺在一只箱子上的另一头黑猩猩起身走开时，基加立即搬起箱子放到香蕉下，站到箱子上去取香蕉，却因箱子不够高没有取到。基加无奈地坐在箱子上休息。休息中，基加突然跃起，把一只箱子叠到另一只箱子上，登上箱顶取到了香蕉。还如，类似研究中改用竹竿，竹竿有长有短、放置于不同的地方，以此观察动物解决问题获取食物的过程。

据此，柯勒认为，动物为满足需要解决问题时的操作含有智力活动，在表现出外显行为之前，其头脑里进行着内隐的认知活动。当动物突然发现如何能够解决问题时，顿悟就发生了；一旦顿悟了，问题就能顺利解决，学习也就发生并成功了。

（二）主要观点

（1）顿悟发生的机制是心理具有格式塔的功能。格式塔是德文“Gestalt”的音译，其原意是整体结构之意，意译为“完形”。即心理对外部刺激具有组织功能，能填补存在的缺口而重新组织有关信息，进而形成对事物的完整的认识。见图3—5中的a。

（2）知觉在学习中占有重要地位。对情境的了解和把握离不开知觉，人和动物的知觉是对外界事物的整体认识，知觉时会遵循一定的组织原理，如接近、相似、连续等。见图3—5中的b、c。

（3）知觉到的情境是一个具有新质的整体。其含义有二：知觉到的情境不只是物理性质的、更是心理性质的，即不只具有物理维度还具有心理意义；知觉到的情境的内涵要比其组成成分更为丰富，即“整体大于部分之总和”。见图3—5中的d。

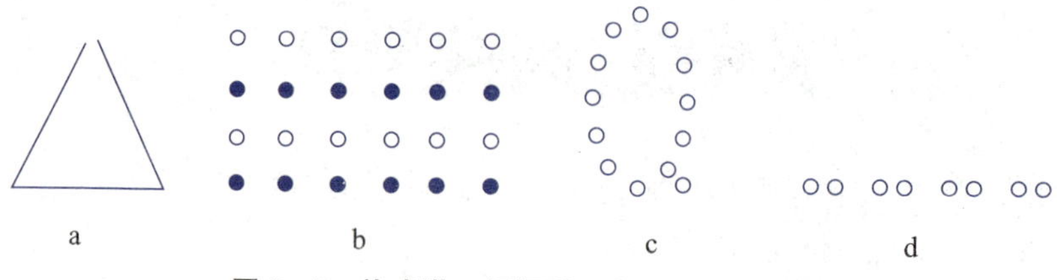

图3—5　格式塔—顿悟说之若干观点示意图

总之，学习是个体利用自身智慧、领悟整个情境与自身需要的关系的过程。学习，是学习者知觉经验中已有认知结构的改组，是新的认知结构的形成。

二、认知—发现说

布鲁纳（J. S. Brunner）是一位在心理学界和教育界均有重要影响的美国学者。他长期研究思维和知觉方面的认知学习，关注学校教育和学生学习，重视学习理论对现实教学的指导和在教学实践中的应用。他提出认知—发现学习理论，其要旨为：通过发现学习，可以使具有基本结构特点的学科知识变成学习者头脑里自己的认知结构。其理论要点如下：

（一）学习的实质、表征

布鲁纳认为，学习过程中，学习者不是在被动地接受知识、不是在被动地受到强化形成刺激—反应联结的，而是在主动地获取知识、在积极地把新知识与头脑中已有的认知结构联系并建构知识体系的。

学习者的知识体系的框架是其头脑中的“表征系统”或叫“内在模式”。学习就是把获得的信息与已有的这样的框架相联系。人类智慧的发展经历了三种表征系统的阶段：(1) 动作式表征。这是指运用适当的动作反应去体现学习获得的经验，具有操作性的特点。(2) 映象式表征。这是指运用意象或图解来反映和表示自己的认识，具有与形象紧密联系、需要想象力的特点。(3) 象征式表征。这是指运用抽象符号主要是语言来反映经验内容。

（二）学习的编码、过程

布鲁纳认为，人类具有归类的能力，所以能认识复杂的环境。在学习中，不仅要把感觉输入归入某一类别，还要据此进行推理，思考这一类别与相关类别的关系，由此就构成了含有输入信息即所学对象的编码系统。编码系统的特征是，各种相关类别是有层次编排的，类别的层次越低、相对就越为具体（见图3—6）。这样的编码系统会随着学习的进展而变化和重组。

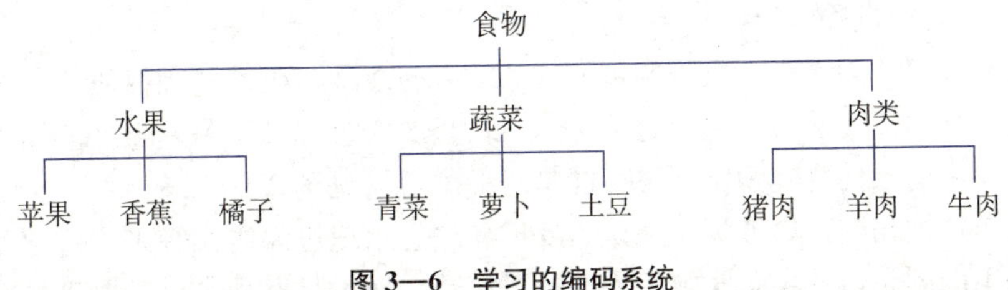

图 3—6 学习的编码系统

基于对学生学习活动之具体过程的研究，布鲁纳认为，学习一门学科会含有三个几乎同时发生的过程：(1) 新知识获得。这可以是在原基础上增加，也可能是对原来的补充或提炼，这样的获得一般是渐进的过程。(2) 知识转化。这是把学到的信息转换成其他形式，既可以适应新的学习任务，又增加了知识积累。(3) 评价。这是考察获得知识的方法是否恰当，运用知识是否正确，是对知识的合理性做出判断。

(三) 教学的目的、方法

布鲁纳认为，教学的最终目标应该是促进学生"对学科结构有基本的理解"。一门学科的基本结构，是指其基本的概念、原理、方法及其联系。学生掌握了一门学科的基本结构，就容易学习整个学科的具体内容。

布鲁纳重视主动学习的意义，强调学习的主动性。他提出"发现是教育儿童的主要手段"，发现法是学生掌握学科基本结构的最好方法。他主张学校教育教学要使学生成为自己知识的发现者。发现法没有固定的程式，灵活性、自发性较大，需要根据不同学科和不同学生的特点来进行。

三、意义—接受说

奥苏贝尔（D. P. Ausubel）是与布鲁纳同时代的著名教育心理学家，他提出了意义—接受的学习理论。这一理论基于对意义学习和接受学习两种学习方式的分析，提倡学生的学习主要是有意义的接受学习，对课堂知识的教学产生了重大影响。其主要观点体现在以下几方面：

(一) 主张意义学习

考察学习材料与学习者认知结构的关系，可以把学习分为意义学习和机械学习两种。意义学习，是指两者能够建立实质性的、非人为的联系，即新材料能与学习者认知结构中已有的表象、符号、概念、命题相联系。否则就是机械学习。教学要关注学习的主客观条件，尽可能使学生的学习是意义学习。

(二) 重视接受学习

奥苏贝尔认为接受和发现两种方式的学习与意义、机械两种性质的学习并不是对应关系。接受学习也可以是意义学习，只要符合意义学习的条件。如果不符合意义学习的条件，发现学习也可能是机械学习（见图 3—7）。

与布鲁纳相同，奥苏贝尔也认为要把新信息组织进编码系统来进行学习。与布鲁纳不同的是，他主张学习更应该通过接受、而不是发现来进行，接受新信息的学习应该主要通过演绎的过程。他认为，只要教师对学习材料精心挑选、有序

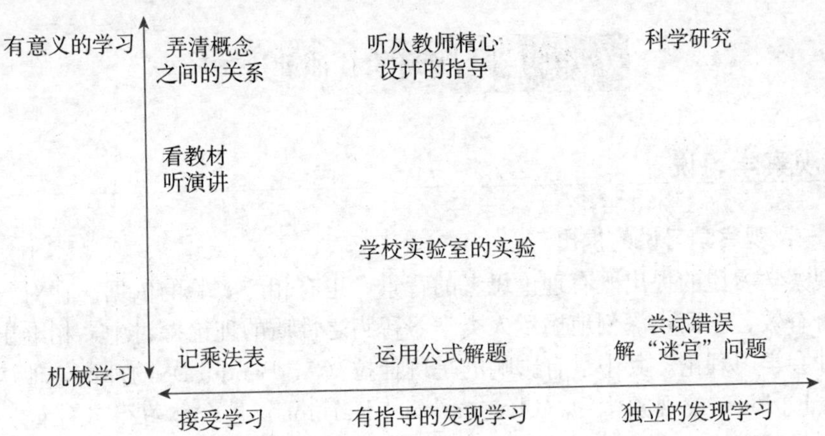

图3—7 按“意义—机械”与“发现—接受”两维度对学习类型的分析

组织，学生就可以进行意义学习，接受到最有用的东西。接受学习尤其适用于有意义的言语学习即言语信息学习，而这正是学校教学的主要任务。

四、教育教学的含义

格式塔—顿悟说、认知—发现说、意义—接受说，都属认知心理学的学习观。这一理论流派的学习观对教育教学的共同含义是：能关注学习者本人的卷入或参与的问题；重视学习者对学习意义的认识，也重视学习者学习的个人学习目标问题；重视教学情境的安排，要求这种安排能参照学习者已有的认知结构、水平，帮助他们理解所学的知识。

按照格式塔—顿悟说，教学要让学生能够完整地了解问题情境，要清楚学习者所具有的知识经验背景，要为学习者提供必要的条件和丰富的信息。

按照认知—发现说，教学不是让学生被动地接受知识，而应该让学生主动地选择、记住、改造知识，进而促进今后的学习。教学要从学习者智慧发展阶段来考虑学习材料的选用，要了解学生已有知识的编码系统来促使学生同化所学的概念、原理，要安排学生学习各门学科的基本结构，并鼓励他们主动探究、发现知识。

按照意义—接受说，要求学生死记硬背是最无效的教学策略，教学要努力为学生创造意义学习的条件，教材要经过精心选择和组织，使其成为学生能接受的最有用的材料。

第四节　学习的其他理论

一、观察学习说

（一）观察学习说的提出

观察学习说的提出既有理论思考的背景，也有相应实验的依据。在对行为主义能否有效、全面、深刻地揭示人类学习行为之性质的理论探讨中，相继出现了一些社会学习理论。其中最有影响的是班杜拉（A. Bandura）的理论，他认为模仿（imitation）或观察学习（observational learning）是个体习得各种行为的基础。他和同事进行的一系列实验研究支持了这一观点。

如，有一个典型实验研究，该实验有两个阶段。第一阶段，参与研究的儿童分为甲、乙两组，都被安排看录像片，该片前半段都是有个大孩子打一个充气玩具娃娃，后半段中甲组看到来了一位成人用糖果奖励大孩子，乙组则看到来的一位成人指责呵斥了大孩子，看完录像片后，两组儿童逐一走进放有充气玩具娃娃的房间，结果发现，甲组儿童都学着录像片里大孩子打玩具娃娃，乙组儿童则很少去打。第二阶段，对甲、乙两组中学录像片中大孩子的均予以鼓励，谁揍了玩具娃娃就用糖果奖励谁，结果两组儿童都去揍玩具娃娃了。研究分析指出：第一阶段，观察了榜样的示范行为后，两组儿童其实都已经获得了攻击行为，乙组之所以没有表现出来，是因为他们看到的录像片中该行为受到了惩罚；第二阶段，当条件出现变化后，乙组儿童也一样表现出了攻击行为。

（二）观察学习说的要点

除了通过言语交往、通过直接强化而学习之外，人类还能够通过模仿进行学习，即观察榜样的示范行为来习得行为，尤其是技能方面的学习。观察学习中，榜样得到的强化或惩罚对观察者也起着同样的作用。与直接强化相比，观察学习中学习者获得的是一种间接强化，榜样在其中起着替代性作用。个体的知觉能力、记忆能力、抽象概括能力等认知发展水平，会影响他们的模仿和学习能力。随着年龄增长，个体对模仿对象的选择性会逐渐提高。通过观察榜样的自我表扬、自我谴责以及对他人行为价值的反应，个体还能形成相应的社会认知，即对他人和自己的认识，后者与自我效能感即对自己能力和性格的看法有关。

这样的观察学习有注意、保持、再现、动机四个心理过程，这些过程分别属于获得和操作两个阶段，它们各受其特定的因素所影响。

二、信息加工说

(一) 信息加工说的提出

20世纪中期，受信息论和通信技术的影响，心理学家开始把人类学习乃至所有心理活动视为一个对信息的加工过程，认为人就是类似于加工信息的装置和系统。学习的信息加工说就是在这样的背景下出现的。

在信息加工说中，信息，指感官在外部刺激作用下所得到的消息；信息加工，指信息进入人脑后发生的各种转换和变化；编码，指头脑中组织信息时发生转换、变化时的各种特定规则。正是通过编码，信息才在头脑中得以变换形式、状态、能量，并在头脑中进行储存、再认和提取，编码是信息加工的核心。

(二) 信息加工的过程

学习的信息加工说以计算机模拟为工具，把人的学习看作是一个对信息进行探测、编码、储存和复现的过程（见图3—8)。

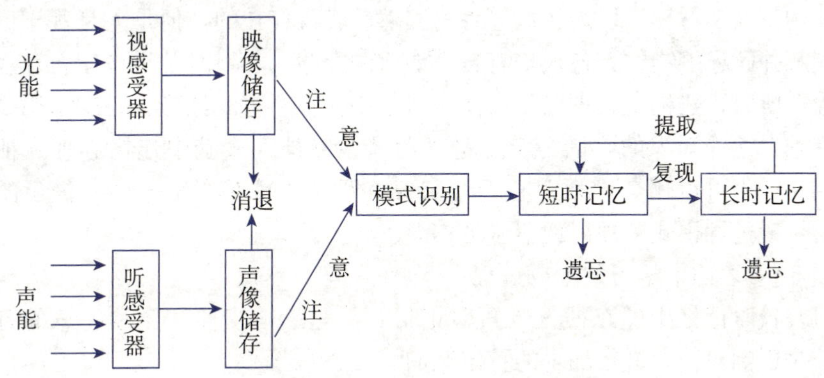

图3—8　学习的信息加工流程示意图

在探测阶段，外界信息或学习内容以光、声等形式作用于人的感官，选择性注意把心理活动指向、集中到特定对象，对经过感觉登记后的信息予以筛选，滤去无用和“噪音”信息。在编码阶段，主要是模式识别过程，此时人凭借头脑中的刺激模式，辨认经过注意加工后的信息并形成知觉经验。在储存阶段，经过模式识别的信息保持在人的记忆系统中，短时记忆保持时间短、信息大多以语音和原来的物理形态存在，长时记忆保持时间长、信息经过再编码以语义网络“印刻”在大脑中。在复现阶段，一旦学习者需要，储存的信息就被提取，如果需要却无法提取则说明出现了遗忘。

三、建构主义说

（一）建构主义说的提出

学习的建构主义说是较晚近出现的一种学习理论观。其提出是学习理论从行为主义发展到认知主义之后，对学习的心理机制继续深入思考和探究的结果。

先前的行为、认知两大理论流派的学习理论各有自己突出的重点。行为主义考察学习时重视外部事件、环境因素和强化，它无视学习中发生的内部心理过程。认知理论强调了学习过程中发生在人脑内部的认知过程，但仍然持有客观主义的传统，认为世界是由客观事物的特征、客观事物的关系所构成，学习就是外部事物的特征和关系内化成学习者的认知结构。20 世纪 70 年代末，布鲁纳等学者把苏联心理学家维果斯基的思想介绍到美国，极大地推动了建构主义的发展。

（二）建构主义说的要点

建构主义学习理论认为，世界事物固然是客观存在的，但是人是基于已有经验来理解并解释事物的，各人均有自己形成的经验，学习时结果也就会存在一定的差异。所以，建构主义理论更关注学习是如何在原有的经验、心理结构及相应信念基础上建构知识的，认为学习是学习者主动地在头脑中建构心理表征的过程。这一过程可以用美国教育心理学家威特罗克（M. C. Wittrock）提出的学生学习的生成过程模式来加以说明（见图 3—9）。

图 3—9 表明了学习的生成过程：

（1）长时记忆中的东西进入短时记忆，一是影响当前知觉和注意的有关内容，二是影响对信息进行加工的特定倾向。

（2）上述内容和倾向构成学习动机，促使学习者主动对感觉经验进行选择性的注意和知觉，这种兴趣需要随意控制。

（3）对事物意义的理解即生成学习，除了选择性知觉获得的信息，还需要与长时记忆中的有关信息建立联系，以便主动地理解新信息的含义。

（4）主动建构新信息的意义，就是既要把新信息与感觉经验对照，也要把它与长时记忆中的已有相关信息相联系。

（5）经检验，若建构意义不成功，应回到感觉信息，考察先前环节的成效。

（6）经检验，若建构意义成功，那就是达到了意义的理解。

（7）新信息被理解，从短时记忆归属到长时记忆，同化到原有认知结构中、或导致原认知结构重组。

当然，上述过程说明了生成学习的两个前提：一是离不开与学习者先前经验

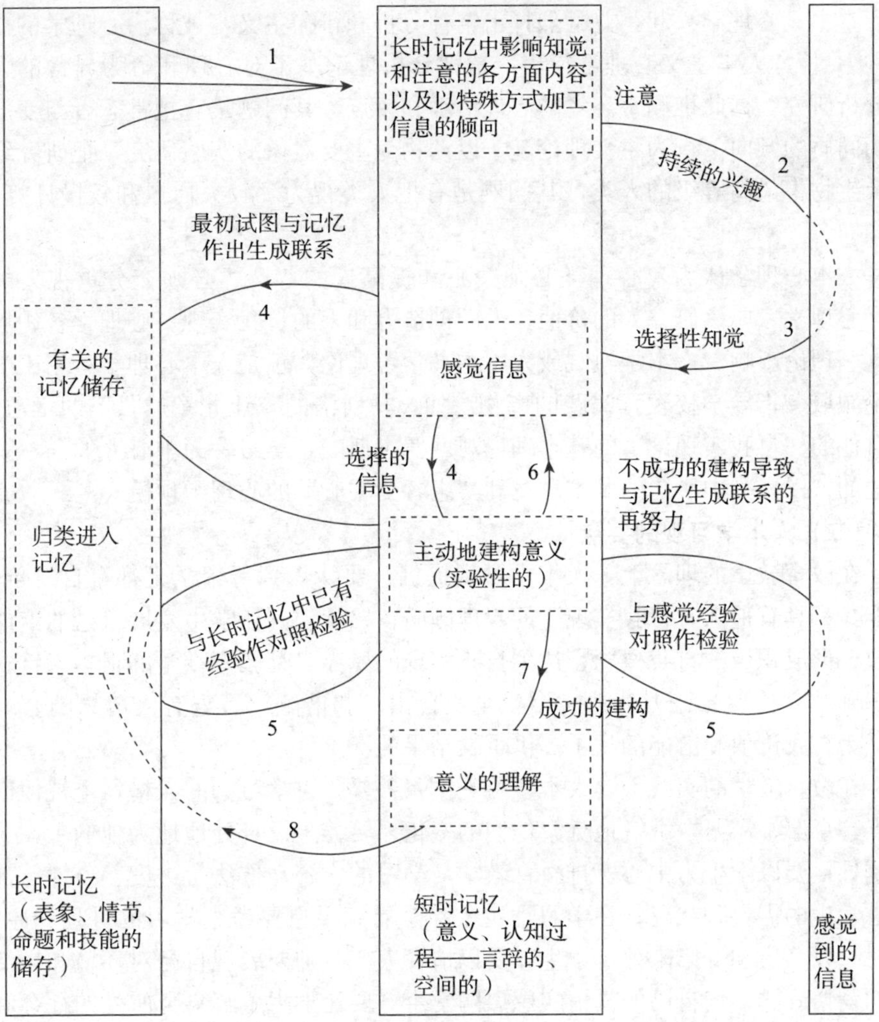

长时记忆中影响知觉和注意的各方面内容以及以特殊方式加工信息的倾向

1

注意

持续的兴趣

2

最初试图与记忆作出生成联系

4

选择性知觉

3

有关的记忆储存

感觉信息

选择的信息

4

6

不成功的建构导致与记忆生成联系的再努力

归类进入记忆

主动地建构意义（实验性的）

与长时记忆中已有经验作对照检验

与感觉经验对照作检验

7

成功的建构

5

5

意义的理解

8

长时记忆（表象、情节、命题和技能的储存）

短时记忆（意义、认知过程——言辞的、空间的）

感觉到的信息

图3—9　学习生成的过程模式示意图

相结合；二是学习者不是被动地接受信息，而需要对输入信息去主动选择、加以解释、得出推论。

四、人本学习观

(一) 人本学习观的提出

20世纪60年代，以马斯洛（A. Maslow）和罗杰斯（C. R. Rogers）为代表的人本主义心理学兴起，并猛烈抨击精神分析和行为主义，被称为心理学的“第三种力量”。人本主义心理学指出，精神分析理论基于对心理和行为异常的人群的分析研究，据此推测常态者的心理活动和特点，其问题是有把常态者与变态者视为同质的倾向。行为主义理论基于以动物为主要对象的实验研究，把研究结果推及生物中最高等级的人类，其问题是有把人类视为“较大白鼠和较慢计算机”的倾向。

人本心理学认为，心理学必须关心和提高人的尊严，必须充分重视人的意愿，心理学家应该研究人的价值、人的创造力和人的自我实现。心理学各领域均受这一理论影响。人本学习观或人本主义学习理论，正是人本心理学运用于学习理论领域、指导学校教育实践的产物。如，马斯洛的“让儿童成长”的学习观，来自他的“自我实现论”的基本理论观。罗杰斯的“学习者为中心”的学习观来自他的“以人为中心”的基本理论和“患者为中心”的心理干预模式。

（二）人本学习观的要点

在教育教学的理念上，人本学习观提倡：要认识到每个学生都有自身价值、潜能，都具有追求“自我实现”的心理倾向；要认识到让学生发展自己的潜能和价值、形成积极的自我概念、达到自我实现的境界，是教育教学的根本宗旨；要认识到教育教学要努力营造一个安全、自由、和谐融洽、富有人情味的心理环境，为自我价值和潜能的种子提供生长结果的沃土。

在教育教学的实践上，人本学习观主张：要尊重学习者的人格，重视他们的观点、意愿、需要，敏锐地觉察他们的变化，要善于设身处地地为他们考虑、善于诱导；要以学生为中心安排教育教学，学习的内容、方法、进度、条件等都要考虑学生的需要和状况；在学习评定上除了看结果更要考察学习的过程和原因，反对只以名次和等第来评价学生；要以情育人，教师要展现自己对环境和生活事件的爱憎好恶，用自己的真情实感熏陶学生；要让学生了解自身所处的社会和生活环境，尽可能丰富学生的经历和体验，促进认识的深化和价值观的形成；要重视对学生的道德教育，利用道德认知发展理论、价值观辨析理论等研究成果来开展学校的道德教育实践；要建立良好的师生关系，赐予与被赐予的关系、无原则平等的“朋友”关系都不可取，教师要成为学生学习和成长的鼓励者、促进者、帮助者，等等。

五、教育教学的含义

观察学习说指出，学习除了言语还可以通过模仿的途径来进行，这更适合说明技能学习的发生和形成。该理论揭示了榜样示范的作用和功能，即除了直接强化还有间接强化会影响行为的发生和变化，说明了教育不仅需要言教，更离不开身教的心理学原理。在社会性学习尤其是良好行为和道德品质的培养上，学校、家庭、社区以及社会传媒要特别重视各种榜样所起的作用，要时刻关注为学生的成长提供积极的行为范式。

信息加工说努力揭示学习过程中人如何接收、编码、储存、提取信息，以及相关的影响因素，这使计算机模拟成为研究学习和人工智能的重要工具，也促进了计算机和多媒体教学设计水平的提高。该理论努力研究信息加工过程中伴随产生的意识、体验、策略组织等问题，正在促进对人的学习心理机制从平面、线性到立体、动态的认识的转变。

建构主义说对学习的认知过程作了更为深刻的分析和思考，据此要求重视学习者的已有状况包括学习的准备状态；要求重视学习者的主动性，同时关注学习过程中学习者与学习内容之间的双向互动作用；要求教学时为学生提供必要的“支架（教师帮助）”，促使学生能够逐渐承担起学习管理任务，最后撤去支架；要求教学不能脱离实际、要与现实联系、要为学习创设相应的情境；要求重视师生、学生之间的社会性交互作用，鼓励合作型、交互型学习。

人本学习观十分强调学习的情感、态度、价值观问题，十分重视良好人际关系和心理环境的作用，这是其他学习理论未予以重视、但却极为重要的方面。按照该理论，学习应该对人具有意义，这就要求通过学习使人的潜能得以发挥、使人的价值得以体现；在让学生获得知识、技能和发展智力的同时，要使学生的人际关系和情感世界得到丰富和发展；教育教学要关注价值观和态度体系对学习的作用，同时通过学习培养学生的价值取向和道德品质。

小结

按照心理学观点，学习是指“因受强化练习而发生的反应潜能上较为持久的变化”。学习有不同的层次，教育心理学涉及的学习层次主要是学生在学校里知识、技能、品德的学习。学习按照其主体、水平、经验、内容、结果不同，而有不同的分类。

阐述学习何以发生、学习如何进行的机制，存在着多种心理学理论。一派是联结理论，主要有试误—联结说、条件作用—联结说。试误—联结说认为，学习是通过尝试错误的过程建立的刺激—反应之间的联结。条件作用—联结说认为，学习是通过形成经典性条件作用或操作性条件作用使刺激—反应之间联结的结果。

另一派是认知理论，主要有格式塔—顿悟说、认知—发现说、意义—接受说。格式塔—顿悟说认为，学习是学习者顿悟了问题与条件之间的关系的结果，格式塔则是顿悟之所以发生的心理机制。认知—发现说认为，学习要使学科的知识变成个体头脑里的认知结构，并主张运用发现法来使学生学习学科基本知识、形成认知结构。意义—接受说认为，学习应该是意义学习，即新符号与学习者已有认知结构形成实质的、非人为的联系，主张创造条件使接受学习成为有意义的学习。

其他学习理论主要有观察学习说、信息加工说、建构主义说、人本学习观。观察学习说指出了学习的另一途径是榜样示范或观察模仿，其心理机制是替代性强化。信息加工说指出学习是一个信息接收、编码、储存、提取的过程，并指出了这一过程中相应的影响因素。建构主义说对学生的认知学习进行了更深入的分析，描绘了学习过程的生成模式。人本学习观力主教育教学要以人为本，要重视学生的情感和人际关系，要培养学生的价值观取向和良好道德。

各种学习理论均有其理论背景、实证或经验的依据，各自揭示了学习心理的不同规律，并对教育教学具有特定的指导性含义。学生学习是一项多内容、多层次、多因素的复杂活动，多种学习理论并存能丰富我们对学习的全面认识和对教育教学的恰当导引。

思考题

1. 如何从心理学层面把握学习的含义？
2. 可以从哪些方面对学习加以分类？
3. 心理学有哪两大类学习理论？它们各有什么具体的学习理论观？
4. 除了两大类心理学学习理论，还有些什么具体的学习理论观？
5. 各种学习的心理学理论观对教育有何含义？

第4章

学习迁移

内容提要

◎ 学习迁移是指一种学习对另一种学习所产生的影响，它具有普遍性。

◎ 对学习迁移可以从不同的角度进行分类，也可以运用适当的方法加以了解。

◎ 研究学习迁移不仅具有重大的实践意义，也具有重要的理论价值。

◎ 学习迁移的传统理论主要有形式训练说、共同要素说、概括化理论、关系转换说、学习定势说等。

◎ 学习迁移研究的新进展包括认知结构理论、产生式理论、结构匹配说等。

◎ 陈述性知识、心智/智慧技能、动作技能的学习迁移各有特点。

◎ 把握影响学习迁移的个体因素、客观因素，能促进学习迁移。

◎ 教学中要重视运用促进学习迁移的教学策略。

主要概念

学习迁移，正迁移，负迁移，顺向迁移，逆向迁移，形式训练说，共同要素说，学习定势，认知结构，产生式理论

第一节 概 述

一、学习迁移的含义、分类及其测量

（一）何谓学习迁移

学习迁移，指的是一种学习对另一种学习所产生的影响。这种影响发生在先前学习与后继学习之间，先前和后继的学习可以涉及众多方面，这种影响可以是积极的，也可以是消极的。

学习迁移的现象广泛存在于学习生活的各个方面。如，学会了骑自行车，会有助于学会驾驶摩托车，这是动作技能的迁移；学了加法会影响乘法的学习，而乘法学习之后又会反过来影响对加法的重新理解，这是知识的迁移；儿童在家里养成了爱劳动的行为习惯，也会在学校中表现出来，这是态度和行为习惯的迁移，等等。

总之，只要学习就必然会受到先前学习的影响或（并）对后继学习产生影响。所以，迁移对于学习来说是具有普遍性的一种现象，即学习迁移具有普遍性。

（二）迁移的分类

学习迁移的现象多种多样，对其可以从不同的角度予以分类。

（1）从性质考察。考察迁移效果的性质，可以将迁移分为正迁移、负迁移。

正迁移，指一种学习对另一种学习的影响是积极的、起促进作用的。如，掌握了平面几何会使立体几何的学习变得顺利；掌握了阅读技能会使学习写作技能变得容易。正迁移的积极作用可以表现为学习所花时间或练习次数的减少，也可表现为学习的深度增加或单位时间内的学习量增多，还可以表现为使学习具有了良好的心理状态。

负迁移，指一种学习对另一种学习的影响是消极的、起阻碍或干扰作用的。如，平面几何中有“垂直于同一条直线的两直线相互平行”的定律，学习立体几何时受其影响就会干扰学习效果；儿童形成的不良书写习惯很难纠正，这就是旧技能对掌握新书写技能的干扰。负迁移的消极作用可以表现为学习效率或准确性的下降，也可表现为学习所花时间和练习次数的增多，还可以表现为使学习处于不良的心理状态。

介于正迁移与负迁移之间的一种迁移状态可以称为零迁移。零迁移，指尚未

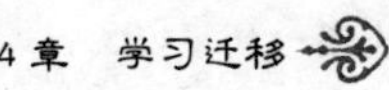

发现两种学习之间的影响。其实，由于学习迁移具有普遍性的本质属性，只要学习则其影响就必然客观存在，零迁移只是表明影响处于隐性状态而已。

（2）从方向考察。考察迁移影响的方向，迁移有顺向迁移、逆向迁移之分。

顺向迁移，指先前学习对后继学习产生的影响。如，先学习了物理学的“平衡”概念，会对以后学习化学平衡、生态平衡、经济平衡等产生影响。日常生活中的“举一反三”也是顺向迁移。

逆向迁移，指后继的学习对先前学习产生的影响。如，学习了“植物”、“微生物”的概念，会使原先学过的“动物”概念更为充实、清晰。

（3）从难度考察。考察迁移中两种学习的难度，可以将迁移分为横向迁移、纵向迁移。

横向迁移，指难度水平相似的两种学习之间的相互影响，也叫水平迁移。如，学习直角、钝角、锐角、平角等概念，学习它们时所需的抽象概括处于同一水平，学习这些概念时的彼此影响属横向迁移。

纵向迁移，指不同难度水平的两种学习之间的相互影响，又称垂直迁移。如，学习牛、羊等具体概念与学习哺乳动物这一抽象概念，它们之间的影响是纵向迁移。这种迁移会影响到具有普遍性的方法和原理的学习。

（4）从范围考察。考察迁移发生作用的范围，可以将迁移分为特定迁移、一般迁移。

特定迁移，指一种学习中习得的具体、特定经验直接影响另一种学习，又叫具体迁移。如，学习跳板跳水与跳台跳水之间的相互影响。

一般迁移，指两种学习在获得的一般原理、方法和态度方面的相互的影响，也称为普遍迁移。即将原理、方法和态度等具体化，运用到具体的事例中去。在学习中，一般迁移具有重要的意义，基本的原理、方法和态度具有广泛的普适性，会影响众多表面特征不同但结构特征相同的学习情境。

上述对学习迁移的分类有助于对各种迁移的全面了解和深入研究。

（三）迁移的测量

了解迁移就是了解学习之间的影响，它必须把练习的影响排除在外，这就需要通过科学设计来测量迁移的效果。测量迁移常用的设计安排如表4—1所示。

表4—1　顺向、逆向迁移的实验计划

顺向计划	实验组	先学课题A	后学课题B	测量课题B
	控制组	–	后学课题B	测量课题B
逆向计划	实验组	先学课题A	后学课题B	测量课题A
	控制组	先学课题A	–	测量课题A

迁移结果的计算常使用默多克（D. D. Murdock）的如下方法：

$$迁移率=\frac{实验组成绩-控制组成绩}{实验组成绩+控制组成绩}\times 100\%$$

当学习成绩以所花的时间或所需练习的次数作为指标时，上述计算方法可变为：

$$迁移率=\frac{实验组时间-控制组时间}{实验组时间+控制组时间}\times 100\%$$

或

$$迁移率=\frac{实验组次数-控制组次数}{实验组次数+控制组次数}\times 100\%$$

当我们进一步探索不同干预方法的迁移效果时，就需要作多个实验组的安排，如表 4—2 所示。

表 4—2　　考察不同干预对迁移影响的实验计划

控制组	前测	–	后测
实验组	前测	一种干预	后测
实验组	前测	另一种干预	后测

二、迁移的意义

学习的迁移历来受到心理学家的关注，这是教育心理学重要的基本理论问题之一。迁移的研究具有重要的理论意义和实践意义。

（一）理论意义

研究迁移现象、了解学习之间的相互影响，从一个侧面揭示了学习何以发生、学习如何进行、学习的相应结果会产生何种影响。这些均有助于揭示学习的本质、学习发生的条件、学习过程的内在机制，这些都是学习心理和教学心理的重要内容，也是教育心理学理论的重要组成部分。

同时，对迁移现象及其规律的研究，能帮助我们更为深入地探索教育与心理发展的关系，是教育、心理两个学科领域共同关注的一个基本问题。因为，学生的成长发展是通过学习而实现的，学习是教育与心理发展之间重要的中介环节，研究学习之间的相互影响会有助于我们深刻认识这一关系。

还有，有的心理学家指出，迁移研究是对所有综合性学习理论的一个严格而

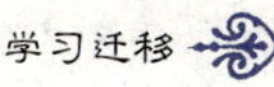

必要的检验。研究学习之间相互影响的迁移问题，能使我们真切地了解有关学习理论在说明、解释、预测、指导干预等方面的功效，这有助于我们对这些理论有较为深入的认识和全面的评价。

（二）实践意义

在实践上，研究迁移有助于指导教学并提高效果、促进学生更有效地学习。诚如有的心理学家认为，心理学关于迁移的研究乃是心理学对教育产生巨大影响的领域。有的心理学家指出，学校的教学效果更多地有赖于学生们所学材料可迁移的数量和质量，要使学生把他们学到的东西在未来生活的各种情境中予以有效迁移。

研究学习迁移之所以对实践有如此重要的意义，这是由学习迁移现象的普遍性这一特征所决定的。所以，在研究迁移现象和规律的基础上，人们已经提出了在教育教学中要实践“为迁移而教”的教育观、教学观，即我们的教育教学不能满足于只是让学生记住或理解知识、技能、规则，尤为重要的是使学生的学习能对过去和未来的学习产生积极的影响。

第二节　学习迁移理论

关于学习迁移的理论，既有传统的，也有近期研究新进展提出的。

一、学习迁移的传统理论

（一）形式训练说

这是最早的关于学习迁移现象的系统假说。它对说明学习迁移现象具有重要的历史价值。

形式训练说的心理学基础是官能心理学。官能心理学认为，人的“心灵”是由“意志”、“记忆”、“思维”、“推理”等官能组成的整体。“心灵”的各种官能是各自分开的实体，分别从事不同的活动，各种官能可以像肌肉一样通过练习来增强力量。一种官能的改进会加强其他所有的官能。所以，形式训练说把迁移看作是通过对组成“心灵”的各种官能分别进行训练来实现的，迁移的发生是自动的。

由此，形式训练说主张，把训练和改进“心灵”的各种官能作为教学的重要目标，学习的内容则并不重要，重要的是学习内容的难度及其相应的训练。如，提倡使用艰深的拉丁语和希腊语之类的古典语言、数学和自然科学中的难题作为学习的材料，并进行令人生厌甚至痛苦的训练。

形式训练说在欧美盛行了约200年，且至今仍有一定影响。但该理论因缺乏充分的科学依据而受到质疑和挑战。

（二）共同要素说

该理论的代表人物是教育心理学的创始人桑代克。1901年，他的“形状知觉”实验是共同要素说的经典研究。该研究以大学生为被试，考察了训练对判断各种大小、形状的图形面积的效果。首先，被试接受预测，要求估计127个矩形、三角形、圆形和不规则图形的面积，了解他们判断各种图形面积的能力。然后，用90个面积在10～100cm^{2}之间的平行四边形训练被试。最后，对被试进行两种测验，一是判断13个与训练图形相似的长方形的面积，二是判断27个曾在初测中使用过的三角形、圆形和不规则图形的面积。结果表明：这样的训练只是提高了被试对长方形面积的判断成绩，他们对三角形、圆形、不规则图形面积的判断成绩却没有提高。

在类似上述实验的系列研究基础上，桑代克提出了学习迁移的共同要素说，认为只有当两种学习因素中有相同的要素时，一种学习才会影响另一种学习。其后，另一心理学家伍德沃斯（R. S. Woodworth）把共同要素说修改为共同成分说，即只有当学习情境与迁移情境具有共同成分时，一种学习才能对另一种学习产生迁移。

（三）概括化理论

该理论的代表人物是心理学家贾德（C. H. Judd）。“水下击靶”实验是该理论的经典研究。1908年贾德的研究以五、六年级的学生为被试，对一组充分解释了光的折射原理，对另一组只让他们从尝试练习中获取经验。开始，练习投掷时将靶子置于水下12英寸处，两组学生成绩相仿，原理学习似乎没起作用，因为人人必须学会投掷标枪，学原理不能代替练习。但当靶子移到了水下4英寸处，两组表现出明显的差异，不了解折射原理的一组持续发生错误，学过折射原理的另一组能迅速适应新的投掷要求。贾德认为，有相关的理论知识背景者就能把水外、浅水、深水的全部经验加以整合，根据概括化了的经验去分析和解决现实中的新问题。

之后，有人对贾德的实验做了改进，把被试分成三组，Ⅰ组学习折射原理，Ⅱ组除了学习折射原理，还指导他们懂得目标在水中越深其真实位置离眼睛所见越远，Ⅲ组无任何学习和指导，三组进行了靶子置于水下6英寸、2英寸的测验，统计他们击中靶子所需的练习次数和迁移进步百分数，结果表明Ⅰ组优于Ⅲ

组、Ⅱ组又优于Ⅰ组。这不仅证实了贾德的理论，还表明概括与教学指导密切有关，教学中对概括予以指导会有助于正迁移的发生。

在上述研究的基础上，贾德的概括化理论认为，先期学习中所获得的东西之所以能迁移到后期学习，是因为在先前学习中获得了一般原理，这种一般原理可以部分或全部运用于前后两种学习活动中。两种学习活动之间存在的共同成分，只是产生迁移的必要前提，迁移的关键则是学习者在两种活动中概括出来的共同原理。概括水平越高，迁移的可能性就越大。

（四）关系转换说

该理论的代表人物是格式塔心理学家。1919年，柯勒的"小鸡（或幼儿）觅食"实验是支持该理论的经典研究。实验安排小鸡在深、浅不同的两张灰色纸下面寻找食物。先通过条件反射学习，使小鸡学会只有从深灰色纸下觅到食物才会获得奖赏。然后变换情境，保留原来的深灰色纸，用黑色的纸取代浅灰色纸。此时，如果小鸡仍然到深灰色纸下面寻找食物，可以证明迁移是由于相同要素的作用；如果小鸡从两张纸中颜色更深的那张黑色纸下面寻找食物，可以证明迁移是对关系做出了反应。结果表明：小鸡对新刺激即黑色纸的反应为70%，对原来的阳性刺激即深灰色纸的反应是30%。后来在以幼儿为被试的类似研究中，发现幼儿始终对黑色纸的刺激做出反应。

由此，格式塔心理学家认为，"顿悟"关系才是学习迁移的一个决定因素。迁移不是因两个学习情境的共同成分或原理而自动产生的，而是学习者突然发现两个学习经验之间存在的关系的结果。学习者所迁移的是顿悟，是把两个情境突然联系起来的意识，而个体在顿悟中起着重要的作用。

（五）学习定势说

该理论的代表人物是比较心理学家哈洛（H. F. Harlow）。他有一项著名的"猴子实验"，即训练猴子解决双客体辨别的课题。实验时，猴子面前呈现两个物体，如一个是立方体，另一个是三棱锥，在其中一个物体下面藏着葡萄干，几次尝试后猴子"知道"葡萄干藏在立方体下而不在三棱锥下。在解决这个问题后，立即呈现另一个类似问题，如一白一黑两个立方体，它必须重新学习来解决新的辨别问题。在解决了这个问题后，又再呈现一个新的辨别问题，如此持续多次。结果发现，当解决了多个这样的辨别课题后，猴子解决新问题的尝试次数越来越少、速度越来越快。研究者认为，这是因为"猴子已经获得了解决问题的学习定势"的结果。

学习定势说认为，两种学习的相互影响，是先前学习中形成的学习定势造成的。学习定势也称学习心向，是指学习者进行学习活动时的心理准备状态。在以往学习中形成的愿望、态度、知识经验、思维方式等都能构成学习者的心理准备状态，并对后继学习活动产生影响。

其后，研究表明人类比动物更容易形成学习定势。另外，学习定势对新的学习会有积极和消极两方面的作用。

二、学习迁移理论的新进展

（一）认知结构理论

这是奥苏贝尔根据其有意义言语学习的同化理论提出的迁移理论。奥苏贝尔认为，一切新的有意义学习都以原有学习为基础，不受学习者原有认知结构影响的有意义学习是不存在的，即一切有意义的学习必然包括迁移，迁移的影响则来自学习者原有的认知结构及其特征。

认知结构，广义上看，是一个人头脑中已有观念的全部内容及其组织；狭义上看，它是学生头脑中关于具体学科领域的所有知识内容及其组织。每个人的认知结构是不同的。

认知结构在内容和组织方面的特征称为认知结构变量。认知结构变量有三项：可利用性，指学习新内容时认知结构中是否有起固定作用的观念可以利用；可辨别性，指新学习内容与同化它的原有观念的分化程度；稳定性，指起固定作用的原观念的清晰和稳定的程度。

奥苏贝尔认为，对当前学习发生影响的不只是先前的某次学习，更关键的是个体在过去经验中积累的、按照一定层次组织的、适合当前学习任务的认知结构变量。

（二）产生式理论

这是信息加工心理学家安德森（J. R. Anderson）提出的迁移理论。该理论认为，学习迁移之所以产生，主要是因为个体过去学习已形成的产生式系统与当前学习所需的产生式系统有着一定的重叠。

产生式，是指当一定条件满足后就能产生一定的行动，即“C—A”，它反映了某个条件与某个行动之间的规则。这里，作为条件的C不仅是外部刺激，还包括学习者记忆中的认知内容；作为行动的A，不仅是外部的动作反应，还包括学习者头脑中的心理运算。一个“C—A”就是一个产生式。进行学习活动需要一系列的产生式即产生式系统。

安德森认为，这一迁移理论是桑代克共同因素说的现代版本。当时，桑代克没有找到能表征人的学习的适当形式，只用外部的刺激和反应即“S—R”来表

征是不能反映学习的本质的。信息加工心理学用产生式和产生系统表征人的学习，抓住了迁移的实质，用两种学习之间共有的产生式的数量可以解释产生迁移的原因。

（三）结构匹配说

这一迁移理论包括了“结构映射说”和“问题空间匹配说”。

詹特纳（Gentner）于1983年提出了迁移的结构映射说。这一观点认为，迁移主要是通过类比产生的，而类比包含了结构组合和映射的过程，是对学习对象之间的结构特征、各种关系进行匹配而产生的。也就是说，迁移是通过对两种学习情境所蕴涵的结构与等级组织的关系产生映射过程的结果。

认知心理学家莫兰（T. P. Moran）、格里恩（Greeon）等人在研究问题解决中提出了迁移的问题空间匹配说。他们认为，迁移是通过问题空间的类比来实现的，个体通过已掌握的问题空间与新问题的某些部分相匹配，就是将原问题空间中已掌握的有关算子、关系或路径等匹配到新问题空间的相应部分中，从而促进了新问题的解决，使学习迁移得以发生。

第三节　促进学习迁移

一、各种学习过程中的迁移

（一）主要的学习过程

迁移是在学习过程中发生的，要促进学习迁移就有必要了解不同学习过程的迁移特点。

心理学通常把学习过程分为知识的学习和技能的学习两大类。技能的学习有心智技能、动作技能两种。近期，认知心理学家安德森、梅耶（R. E. Mayer）提出了广义知识观，把通常所说的技能纳入其中（见图4—1）。

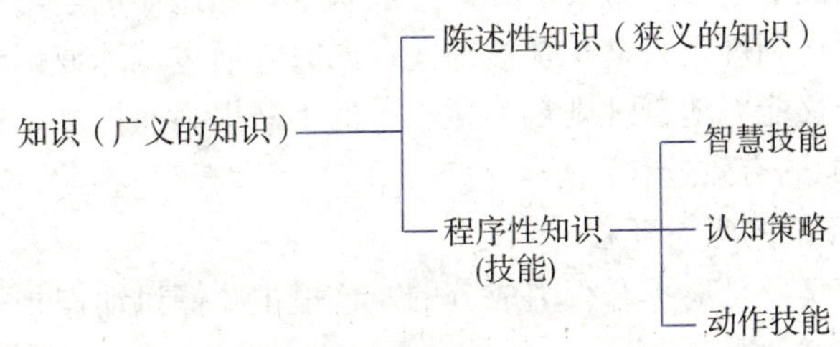

图4—1　广义知识观的分类

在广义知识观中，陈述性知识（狭义的知识）和程序性知识（技能）中的智慧技能、动作技能分别相当于通常所说的知识和心智技能、动作技能，其中的认知策略则是一种对内调控的反省认知技能。

下面仅就陈述性知识、心智/智慧技能、动作技能的迁移特点作一概述。

（二）陈述性知识的学习迁移

陈述性知识的学习迁移受到学习者认知结构变量的影响。如前所述，可利用性、可辨别性、稳定性是其三个变量。需要指出的是，其中的可利用性是影响学习迁移发生的关键，因为它是可辨别性、稳定性存在和发生作用的前提。

当认知结构缺乏可利用性这一变量时，可通过提供“先行组织者”予以解决。

先行组织者，指先于学习任务本身呈现的一种引导性材料，它既与将要学习的新内容、也与认知结构中已有观念有明确联系，它能在当前要学的东西与先前已学的东西之间架起“桥梁”或提供“纽带”、“锚位”。

先行组织者有“陈述性组织者”、“比较性组织者”两类。有关研究表明，提供陈述性组织者会影响认知结构的可利用性变量，提供比较性组织者会影响认知结构的可辨别性变量，先前学习达到的水平则会影响认知结构的稳定性变量。

（三）心智/智慧技能的学习迁移

心智/智慧技能的学习，是获得一系列产生式规则并形成产生式系统的结果。这一技能的学习迁移与运用所获得的产生式系统去解决新问题有关，其中的两个重要环节是“条件概括化”、“规则自动化”。

条件概括化，指通过样例学习把样例中的具体条件概括为普遍性条件，从而掌握解题的基本原理；规则自动化，指心智/智慧技能必须通过练习达到熟练操作时才能真正掌握，此时也就是达到了规则自动化的程度，进而才能出现有效的迁移。

条件概括化、规则自动化既是熟练掌握心智/智慧技能的两个基本要求，也是这一技能学习发生迁移的重要前提。一般来说，通过样例学习能够较快地达到条件概括化，而达到规则自动化要慢一些；同时，通过试练或试干学习才能达到规则自动化；迁移能力随着规则自动化水平的不断提高而提高，并出现真正有效的心智/智慧技能的有效迁移。

（四）动作技能的学习迁移

动作技能的学习是离不开智力成分的。这里主要探讨动作技能中躯体肌肉熟练运动的迁移。

学习动作技能，不管是断续动作还是连续动作，本质上都是学习一种“刺激—反应”的联结。动作技能的学习迁移，是一系列刺激—反应的联结的转移，即躯体肌肉动作程序的转移。

动作技能的迁移大体如下：回忆组成总括技能之各部分的下属技能，检索出能使下属技能运动起来的内部暗示，并进入短时记忆之中；将先前学会的和现时学会的所有下属技能的动作予以组合，形成更大的动作系统并推动反应器，最终实现动作技能的迁移。当然，这一过程中也含有智力技能的迁移。

二、影响学习迁移的因素

学习者和学习环境两方面的因素都会影响学习的迁移。

（一）个体因素

（1）学习者的年龄、智力水平。

心理学研究表明，年龄不同的个体处于不同的思维发展阶段，其学习迁移发生的条件和机制就会有所不同。如，处在具体运算阶段的学生，其学习迁移的发生有赖于具体事物的支持，学习迁移会更多地表现为两种学习内容之间较具体的相同要素间的相互影响。处在形式运算阶段的学生，已经具备抽象思维能力，学习迁移不必依赖两种学习具体要素之间的支持，当概括出共同的原理、原则时就会产生学习迁移。

学生的智力也是对学习迁移产生影响的一个重要的因素。智力含有概括、分析、推理等能力，所以智力较高者会较容易地发现两种学习相同要素之间的关系，易于总结学习内容的原理、原则，能较好地将习得的学习策略和方法运用到新的学习中。研究表明，学生智力越高学习迁移越明显。

（2）学习者的认知结构。

在学习过程中，认知结构一般是指个人在先前学习和感知客观世界的基础上形成的、由知识经验组成的心理结构。个体知识经验的准确性、知识经验之间联系的丰富性及知识结构的组织特征等，都会影响学生在学习新知识、解决新问题时提取已有知识经验的速度和准确性，从而影响迁移的发生。

（3）学习者的学习态度、学习定势。

在学习过程中，学习者如果认识到所学知识对以后学习和生活的重要意义，并且能联想到当前知识可能的应用情境，将有助于他们在以后的具体情境中运用已有知识来学习或解决问题。

学习定势也会影响学习的迁移。学习定势既可以成为积极迁移的心理背景，也可以成为消极迁移的心理背景。其关键是学习者能否具体分析当前的学习情境，能否找出有助于学习和解决新问题的已有知识和策略，能否找出影响灵活处理问题并创造性学习的已有定势并予以打破。

（二）客观因素

（1）学习材料的特征。

学习材料之间有无共同的要素和成分，是影响学习迁移的重要因素之一。研究表明，只有在原理上相似的两种学习材料中，表面内容、形式上的相同才能有可能促进正迁移的产生；当原理不相同时，表面内容、形式上的相似性很可能产生干扰，导致负迁移的产生。这一点在年幼儿童身上表现得尤为明显。

此外，如果学习的材料中包含了正确的原理、原则，或者具有良好的组织结构，或者具有一定的应用价值，或者能够引导学生概括总结，都会有助于学习者学习新知识、解决新问题。

（2）学习情境的相似性。

学习情境的相似性也是影响学习迁移的重要因素之一。学习情境如学习环境的布置、教学人员等条件的相似性，能不同程度地为学生提供原来学习的线索，从而促进迁移的产生。

研究表明，两个相似的学习情境有时并不能直接发生联想或产生迁移，迁移需要借助于一定的媒介来提供线索。此时，选择合适的媒介对迁移的产生及成效至关重要。

（3）教师的有效指导。

在教学过程中，教师如果有意识地创建相似的学习情境，引导学生发现不同学习材料之间的共同点，启发学生不断概括总结，指导学生在理论指导下来解决实践问题，教会学生如何有效学习等，都会有助于促进积极迁移的产生。一般来说，教师给学习者提供的有效指导越多，学习者就越能产生积极的迁移效果。

三、促进学习迁移的教学策略

（一）合理选择、编排教学内容

在教学内容的选择上，首先，要重视学习基础知识，即在教学中要重视基础知识或基础学科的教学。其次，要突出重要内容特别是基本概念、基本原理，包括基本的、典型的事实材料。大量的实验研究都表明，在教授概念、原理等基本知识的同时，配有典型代表性的事例，并阐明概念、原理的适用条件，会有助于迁移的产生。

在教学内容的呈现方面，只有通过合理的编排才能充分发挥迁移的效果。除了要突出重点内容之外，还要加强概念、原理乃至教学章节之间的横向联系，即依据知识的系统性、科学性来体现概念之间、原理之间、前后知识之间的内在关系和联系。在教学中教师如能充分引导学生找出各种知识之间的关联，并指出它们之间的异同点，将会促进迁移的产生。

（二）合理安排教学程序

合理安排教学程序是使教材发挥功效的最直接的环节。无论是宏观的整体的教学计划，还是微观的局部的教学活动，都应该处理好教学的先后次序。这一点非常重要，否则会影响教学效率，使学生不易把握知识的内在联系，还使学习耗时费力，直接影响学生认知结构的构建，也影响到迁移。所以，在宏观上，应将基本的知识、技能作为教学的主干结构，并依次进行教学；在微观上，注重学习目标与学习过程的相似性，有意识地沟通具有相似性特点的学习。

（三）教授有效学习策略、发挥学习定势的积极作用

学习定势说指出，有效的学习经验可以使学习者学会如何学习，从而对以后的学习产生积极的影响。因此，在教学中应当引导学生总结学习经验，掌握科学的学习方法。在这方面，教师的指导作用不容忽视。教师要善于把各种学习方法教给学生，如理解知识的方法、复习和巩固的方法等。同时，要让学生把自己的总结与教师的指导结合起来，这样可以减少学生盲目探索而提高效率，也可以让学生根据自身的真切体验来把握学习方法，使学习方法产生最大的迁移价值。

学习定势还反映在从事某种活动的心理准备状态中。在教学中我们要充分发挥学习定势具有的积极作用，使学生在面对新课题时能较为迅速、有效地解决问题；同时，要看到学习定势还有产生消极影响的一面，它有可能使思维变得僵化、呆板，在情境发生变化时缺乏灵活性。因此，在教学中要关注课题的变化，要重视同一性与变异性的结合，使学习定势尽可能起到促进作用。

小结

学习迁移，指一种学习对另一种学习所产生的影响。学习迁移具有普遍性，即凡是学习就必然存在着迁移。研究学习迁移不仅具有重大的实践意义，也具有重要的理论价值。

学习迁移可以从不同角度进行分类：从效果看，有正迁移、负迁移；从方向看，有顺向迁移、逆向迁移；从难度看，有横向迁移、纵向迁移；从范围看，有特定迁移、普遍迁移。对迁移的效果可以通过实验设计予以了解。

学习迁移的传统理论主要有：形式训练说，认为迁移的关键在于训练人的心

理官能；共同要素说，认为迁移的发生及其程度决定于两种学习之间存在的共同要素；概括化理论，认为迁移的关键是能否从两种学习活动中概括出共同原理；关系转换说，认为迁移的发生是顿悟了两个学习经验之间存在的关系的结果；学习定势说，认为迁移是先前学习中形成的学习定势包括形成的愿望、态度、知识经验、思维方式等的心理准备状态使然。

近期研究新进展提出的迁移理论有：认知结构理论，认为知识迁移决定于认知结构中的可利用性、可辨别性、稳定性三个变量；产生式理论，认为两种学习迁移的原因可以用产生式的数量及其系统的某种重叠加以解释；结构匹配说，或从两种学习对象的结构特征、各种关系的匹配和产生的映射予以解释，或从两种问题空间中的有关算子、关系或路径等的匹配说明迁移。

为了促进学习迁移，必须把握有关的影响因素。影响迁移的个体因素有：学习者的年龄、智力水平，学习者的认知结构，学习者的学习态度、学习定势等；影响迁移的客观因素有：学习材料的特征，学习情境的相似性，教师的有效指导等。

为了促进学习迁移，必须把握的有关教学策略有：合理选择、编排教学内容；合理安排教学程序；教授有效学习策略、正确发挥学习定势的作用等。

思考题

1. 举例说明学习迁移的种类及其在学习中的意义。
2. 简述各种学习迁移的传统理论观的要点。
3. 简述学习迁移理论新进展所提出的主要观点。
4. 试述陈述性知识、智慧技能、动作技能的学习迁移的特点。
5. 从影响学习迁移的因素谈谈如何促进有效的学习迁移。
6. 促进迁移的教学策略有哪些要点？

第5章

学习动机

内容提要

◎ 动机来自人的内驱力、环境中的诱因，学习动机亦然。学习动机由认知内驱力、自我提高内驱力和附属内驱力三者组成。

◎ 学习动机对学习过程具有启动、维持和监控作用，对学习效果的作用与课题难度有关。

◎ 学习动机对学习作用的性质是中介性的，即对学习的作用是间接的、而非直接的。

◎ 学习动机可按社会意义、作用久暂、动力来源、普适程度、作用主次、社会性来加以分类。

◎ 学习动机的心理学理论有：本能论，驱力论，强化理论，成就理论，需要理论，归因理论，自我效能理论，认知失调理论。

◎ 培养学习动机的途径有：进行动机教育，设置明确目标，树立学习榜样，培养学习兴趣，利用动机迁移，进行归因训练。

◎ 激发学习动机的举措有：创设问题情境，及时提供反馈，培养自我效能，合理组织竞赛（合作），恰当进行奖惩，寄予适当期望。

主要概念

学习动机，内驱力，诱因，成就动机，认知内驱力，自我提高内驱力，附属内驱力，自我实现，归因维度，自我效能，认知失调

第一节　学习动机概述

一、学习动机的含义

（一）动机、内驱力、诱因

动机，是直接推动有机体活动以满足特定需要的内部状态，是行为的直接原因和内部动力。人的行为与其相应的动机有密切的关系，交往行为与交往动机有关、娱乐行为与娱乐动机有关、学习行为与学习动机有关。

学习动机，是激起学生的学习行为，维持已产生的学习行为，并使学习行为指向特定学习目标的一种内部过程或内部心理状态。

动机，或由人的内部驱力即内驱力促成，或由外部环境中的诱发因素即诱因引发。所以，动机与内驱力、与诱因关系密切。学习动机亦然。

内驱力，指在有机体需要的基础上产生的一种内部推动力，是一种内部刺激。有机体会产生各种需要，当需要没有得到满足时，机体内部就会因紧张而产生驱力，内驱力促使个体做出相应的行为反应，反应导致个体需要得到满足和紧张得以消解。例如，当个体有了摄食的需要又没有满足时，内驱力会驱使其做出摄食的行为反应，随着摄食需要的满足，内驱力降低，摄食行为也就停止了。可见，内驱力、需要两者关系密切，有时也常交替使用。但两者是有区别的，需要指的是主体感受，而内驱力则表现为作用于有机体行为的刺激。

诱因，是有机体产生特定行为的外部条件。它是引起动机的另一个重要因素。诱因可分为正诱因和负诱因两种。凡是驱使个体趋向或接近目标者为正诱因，如奖金、奖状、表扬等；凡是驱使个体逃离或躲避目标者为负诱因，如呵责、罚款、批评等。诱因还可分为物质的和精神的两类。前者，如奖品、奖金、罚款等；后者，如鼓励、表扬、微笑等。

（二）学习动机组成成分

知识和技能的学习是学生的一项主要任务，学生的课堂学习动机一直为教育心理学家所关注和研究。按照美国著名教育心理学家奥苏贝尔的观点，学生课堂学习的动机由三种内驱力（需要）所组成，它们是认知内驱力、自我提高内驱力

和附属内驱力。其实，这三种内驱力对于探究学生在其他方面的行为动机同样具有指导意义。

认知内驱力是一种基于以下需要的内驱力：获得知识、技能并善于发现问题、解决问题。认知内驱力常常以好奇心、求知欲、操作等心理因素表现出来。这一学习动机成分指向的是学习的任务和活动本身。换言之，学习的任务和活动本身就能提供对这一内驱力需要的满足，就是对相应动机的肯定和激励。

自我提高内驱力是一种基于以下需要的内驱力：要求通过学业成就赢得相应地位。自我提高内驱力往往以自尊心、荣誉感、胜任感、自信心等心理因素表现出来。这一动机成分使学生的学习行为指向学业成就，出色的学业成就被视为是赢得地位、维护自尊及良好自我意识的根源。

附属内驱力是一种基于以下需要的内驱力：为了获得长者（如父母、教师）和伙伴们的认可和赞许。附属内驱力通常表现为依附感。这一动机成分使学生有意识地要求自己的行为符合长者、权威和伙伴的标准，从他们的赞许和认可中获得的是一种派生的地位，即地位主要来自依附对象的给予、而非本人的成就。

随年龄增长，学生学习动机的三种组成成分会发生如下变化：认知内驱力，随年龄增长可能有所增强，但主要是随学习活动的扩展、深入及其成效提高而发展的；自我提高内驱力，在儿童入学后开始变得重要，随年龄增长会逐渐成为决定性成分；附属内驱力，在童年早期最为突出，在童年中期仍然是主要成分，到了童年晚期一方面强度会有所减弱，另一方面寻求的肯定会从父母、教师转向同龄伙伴。

许多情况下，学生的学习动机是上述三种成分混合组成的。

二、学习动机的作用

（一）对学习过程的作用

学习动机对于学习过程的作用概括起来有三种。首先是启动作用。这是指学习动机对学习起始动作用，使学习行为从无到有。在关于学习行为何以发生的心理学实验研究中（见第3章“学习的心理学理论观”），实验对象如各种动物均处于一定的饥饿状态，这样就能唤起它们的觅食行为，来满足自身需要、解除内心紧张，而且饥饿程度越高、它们的觅食反应越强。这充分表明了特定动机对于相应行为的启动作用。学生的学习亦然。学生具有了学习需要，无论这是源于认知内驱力，还是自我提高内驱力，或是附属内驱力，都会努力进入学习准备状态，集中身心能量来启动自己相应的学习行为。

其次是维持作用。这是指学习动机能使已有的学习行为朝着既定目标持续进行。如，苏联教育家马卡连柯的研究表明，一般情况下，5～6 岁学龄前幼儿很难做到保持某种姿势站立较长一段时间，但是在承担游戏角色后，他们保持同一姿势站立的时间是原来的 3～4 倍，这是参与活动的强烈动机使然。

最后是监控作用。这是指学习动机能使学习行为处于意识控制之下，并进行必要的监察和调控。学生的学习常常是动态的，如学习的目标和要求会发生变化，学习的环境和条件会发生改变，学习者的学习兴趣会发生转移等。学习动机能使学习者把握学习的动态情况，监控自己的学习活动，确保学习行为能够随着情况的变化恒定地指向预定目标。

（二）对学习效果的作用

学习动机对学习效果的影响是人们普遍关注的一个问题。一般而言，学习动机愈强，对学习活动的影响愈大，学习积极性愈高，学习的效果愈佳。但是，这并不意味着动机愈强，效果愈好。事实上，学习动机过强，有时学习效果会反而下降。如，考生上大学的动机过于强烈，进入考场便会因情绪紧张而产生“怯场”现象，降低了记忆和思维效率，连平时较为熟悉的题目都回答不出来。当然，如果对考试抱无所谓的态度，缺乏获胜的动机，考试也不会有好的结果。可见，学习动机过强或过弱对学习都是不利的，只有当学习动机的强度处于最佳水平时，才会对学习活动产生最理想的效果。

研究表明，学习动机强度的最佳水平不是固定不变的，它往往会因课题性质的不同而不同。一般有三种情况：（1）学习课题比较容易时，学习效果会随着学习动机强度的增强而提高；（2）学习课题比较困难时，学习效率反而会随着学习动机强度的增强而下降；（3）学习课题在学习者力所能及的范围内，学习动机强度的增强会有利于提高学习效率。这条规律是由耶基斯（R. M. Yerkes）与多德森（J. D. Dodson）通过心理学实验证实的，所以被称为耶基斯－多德森定律。见图 5—1。

（三）学习动机作用的性质

学习动机的作用具有怎样的性质？心理学分析认为，动机对学习的影响性质是中介性的，即它对学习活动、对学习效果的作用是间接的、非直接的。

如，在知识学习中，其中介作用表现为动机强者的知觉和反应的阈限下降、警觉水平提高，他们的心理准备和心理能量的发挥往往处于更佳的状态，他们更能集中注意去接受和加工外界信息、去思考问题。

又如，在知识保持中，动机影响的中介性表现为通过影响可利用性阈限来发挥作用，即它对保持的内容能否有效地加以提取产生影响。这样的影响可能是积

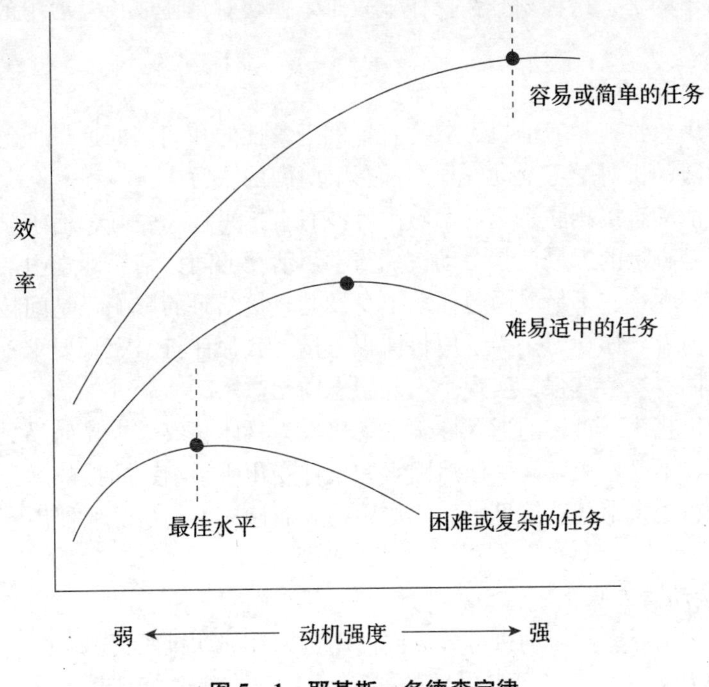

图 5—1 耶基斯一多德森定律

极的，也可能是消极的。动机过强，学习者过分紧张和焦虑；动机过弱，学习者松弛和懈怠，两者都会阻抑回忆和再认。其实，知识保持本身并没有变化，是两种动机状态使可利用性阈限变化了的缘故。

全面、正确地认识学习动机的作用，会有助于教师科学地组织教学活动，也会有助于对学生学习生活的恰当引导。

三、学习动机的分类

（一）按社会意义

按照社会意义，学习动机可分为正确、高尚的和错误、低下的两类。区分标准是以学习动机是否对社会、对群体有利。

把学习视为对社会、对群体多作贡献和应尽的义务，是正确、高尚的学习动机。

把学习视为获取个人名利、达到个人目的的手段，是错误、低下的学习动机。

需要指出的是，这种划分在操作上较难掌握，对正在成长发展中的儿童青少年尤须谨慎。

（二）按作用久暂

按照作用久暂，学习动机可分为直接的近景性的和间接的远景性的两类。区分标准是学习动机对学习活动的作用和影响时间的久暂。

与学习活动直接相联系、对学习内容怀有直接兴趣和爱好、追求学习活动的直接结果，是直接的近景性学习动机；与学习活动的间接结果即学习的社会意义和个人意义相联系、不易受学习活动本身及其直接结果的影响，是间接的远景性学习动机。前者，如学习是为了应付课程考试、教师评价、家长要求；后者，如学习是为了国家繁荣富强、实现个人理想志向。

两类动机相比：直接的近景性学习动机较为具体、效果也显而易见，但其作用不够稳定、不易持久，易受偶然因素和条件变化所影响；间接的远景性学习动机较为抽象、效果不会立竿见影，但作用稳定而持久，不易受偶然因素和条件变化所影响。

（三）按动力来源

按照动力来源，学习动机可分为内部动机和外部动机两类。

学习动力来自学习者自身内部的心理因素，是内部学习动机；学习动力来自学习者外部的环境因素，是外部学习动机。前者的心理因素有对学习的需要、愿望、好奇心、求知欲、兴趣、情感、信念、理想、自尊、自信、好胜心、责任感、义务感、荣誉感等；后者的环境因素可以是简单物体，如食品、物品、金钱等，也可以是复杂的事件和情境，如竞赛、评优、奖惩、名誉、威望等。

外部动机的力量有时不容小窥，但一般而言其维持时间较为短暂、影响力较弱，一旦外部条件“时过境迁”，相应的学习动机常常“灰飞烟灭”；内部动机的维持时间比较长久、影响力较强，如基于对某学科浓厚兴趣的学生会乐此不疲地学习、探究知识。

（四）按作用主次

按照作用主次，学习动机可分为主导性的和辅助性的两类。

学习活动背后的学习动机常常是复杂多样的，任何一位学生的学习都会存在不同的学习动机，并对学习活动发生影响。这些同时存在的动机的作用是不同的。

在学生的学习活动中发挥主导作用、居于支配地位的是主导性学习动机；在学生学习活动中发挥辅助作用、居于从属地位的是辅助性学习动机。主导性学习

动机的影响最为强烈、最为稳定；辅助性学习动机的影响相对较为微弱、不够稳定。还有，辅助性学习动机可能不止一个，同时并存的若干辅助性学习动机在强度和稳定性上也会存在差异。

（五）按普适程度

按照普适程度，学习动机可分为基本动机和特定动机两类。

基本动机，是在各种活动中都表现出来的较稳定、较持久的学习动机。它广泛存在于学生的多种活动中，如对不同课程、内容都具有强烈的学习动机，它贯穿于学生生活的始终，甚至可能延续至以后的职业生涯。基本动机与学生的价值观念、性格密切相关，故又称性格动机。

特定动机，是表现在某一具体活动领域的学习动机。如，只对某一门和某一类学科及其内容有强烈的学习兴趣。这类学习动机常常与学业成败、与师生关系的影响有关。如，当某门课程学得比较顺利和成功，就会形成只对该课程的学习动机；当得到某位教师的关怀和接纳，就容易形成只对该教师任教课程的学习动机。特定动机常常受外界情境的影响，故又称为情境动机。

（六）按社会性

按照社会性，学习动机分为交往动机和成就动机两类。

交往动机，是基于希望得到他人关心、认可、支持、友谊等的需要，其目的是能够与他人交往、能隶属于某个团体、获得社会性赞许。

成就动机，是基于力求胜任某项（些）活动来获得尊敬的需要，其目的是求得活动成功、获取知识、取得好名次和高等第。

第二节　学习动机的理论

学习动机历来是各派心理学理论关注的一个重要问题。在学习动机领域存在着多种心理学理论观点。

一、本能论

（一）背景

本能，指有机体在进化过程中形成的不学而能的、先天的行为或行为模式。18世纪末19世纪初，达尔文（Charles Robert Darwin）的进化论代表作《物种起源》使人们逐步接受人是由低等动物演化而来的、人与动物虽有差异也有相似之处的观点。人与动物在种系进化发展上具有连续性，动物的行为均为本能所推动，人的行为也必定会受本能的影响，由此出现了试图用本能来解释人的行为动因的理论观点。

（二）概要

提出本能论解释行为动因的著名心理学家有詹姆斯、麦克杜格尔（W. McDougall）、弗洛伊德、劳伦次（K. Lorenz）等。由于该理论无法证明究竟有多少种本能，很难找到区分习得行为与本能行为的界限，无法解释许多本能其实与过去经验密不可分等问题，本能论在 20 世纪 20 年代后就逐渐淡出人们的视野。

但是，第二次世界大战以后本能的研究又有重新活跃的势头。随着生物学研究的进展，人们认识到人类行为中遗传因素确实起到部分的决定性作用。今天，本能学家并不期望用本能来解释所有行为，其研究的重点转向了基因拥有的潜能如何影响特定行为，潜在行为在何种环境条件下可以转化为现实行为等问题。

二、驱力论

（一）背景

由于本能论的不足和局限性，心理学家致力于用其他理论来阐述行为的动因，驱力论应运而生。与本能论一样，驱力论也是以生物学观点为基础的早期动机理论。该理论关注的是人体内的各种物理条件、人的各种生理需要。心理学家赫尔（C. L. Hull）是这一理论的主要代表人物之一。

（二）概要

该理论认为，当人的机体缺失某一物质时就会失去平衡，并产生生理上的特定“需求”，由此进入相应的“内驱力”的心理状态，在驱力推动下人就会表现出适当的行为。驱力是各种基本动机的共同特征，驱力的减弱是行为的基本目标，动机决定于驱力和习惯强度的共同作用，即动机＝驱力×习惯强度。这里，习惯强度，指刺激与反应之间联结的强度。

驱力论虽然能够说明人的生理性需要与相关行为的关系，但是把人的行为原因主要归结为生理需要是不正确的、至少是偏颇的。而且，对于人类复杂的社会行为包括完成学业的行为、科学探究的行为、指向长远目标的行为等，该理论也缺乏解释力。

三、强化理论

（一）背景

行为主义心理学是学习动机的强化理论的背景。行为主义心理学用S—R的公式来解释人的行为，把动机看作是由外部刺激引起的一种导致行为的冲动力量，并用强化来说明动机的作用。经典性条件作用、操作性条件作用的理论都认为强化是形成和巩固条件反射的重要条件。人的特定的学习行为倾向完全取决于所受刺激以及该刺激与所获强化两者建立的稳固联系。

（二）概要

强化可以解释人的行为的发生，也可以解释人的行为的动机。强化可以使人在学习过程中增加重复某种学习行为的可能性。强化也是运用强化物的过程。强化物可以是令人愉快和喜欢的，也可以是令人厌恶和不快的。

从刺激物分析，强化有两种：更多、更频繁地使用令人喜欢的刺激物使学习行为增加或变强，这是阳性强化；把令人生厌的刺激物移开、撤除也可以使学习行为增加或变强，这是阴性强化。

从学习者的角度分析，强化有三种：学习者本人自身接受强化物的刺激，这是直接强化；通过观察榜样是如何受到强化的，由此学习者的行为也会发生相应的变化，这是间接强化或替代强化；强化物的使用由学习者根据一定的评价标准自己加以控制和安排，这是自我强化。

任何学习行为都是为了获得令人喜欢的刺激物或避免令人生厌的刺激物。在学习活动中，采取各种外部手段如奖赏、赞扬、评分、等级、竞赛等，可以激发学生的学习动机，引起相应的学习行为。

从刺激物的使用和安排来激发学习动机，强化理论有一定的积极意义。但过于强调强化的作用，忽视或无视人的学习主观能动性和学习兴趣的作用，是机械的、不正确的。

四、成就理论

（一）背景

这是继成就动机研究后提出的一种学习动机理论。20世纪30年代末，心理学家默里（H. A. Murry）提出了成就需要和成就动机的概念。他指出，人格的中心是由一系列需要构成的，成就需要是其中之一。成就需要产生成就动机，成就动机是一种努力克服困难、施展才能、力求又快又好地完成某事的愿望或驱力，它使人表现出追求较高目标、完成困难任务、竞争并超过别人的行为。其后，经过麦克利兰（D. C. McClelland）和阿特金森（J. W. Atkinson）等人的研究逐渐形成了一种学习动机的理论。

（二）概要

成就动机，指在人的成就需要基础上产生的、激励个体在自己认为重要或有价值的工作中乐意去力求获得成功的一种内在驱动力。这是一种后天获得的具有社会意义的动机，也是人类独有的一种动机，因为其前提条件是需要对有关活动做出价值判断。成就动机是学生的一种主要的学习动机。

阿特金森认为，成就动机具有两种倾向：一是力求成功倾向（Ts），表现为趋向目标的行动和获得积极情感体验；二是避免失败倾向（Tf），表现为逃避成就活动或情境、避免失败的结果和消极情感。

面临任务时，这两种倾向通常同时起着作用，力求成功倾向占据优势就会使人奋发向上，避免失败倾向占据优势会使人行动迟疑退缩，两种倾向势均力敌则会造成激烈的心理冲突。

力求成功的倾向是成就需要（Ms）、成功期望（Ps）、成功诱因值（Is）三者的函数，即 $Ts=Ms\times Ps\times Is$；避免失败的倾向是避免失败的需要（Mf）、避免失败的期望（Pf）、失败诱因值（If）三者的函数，即 $Tf=Mf\times Pf\times If$。一般来说，P 与 I 是互补的关系，即 $I=1-P$，因为课题越难则成功的主观期望越低，但成功后的满足感越强，诱因值越高。

五、需要理论

（一）背景

人本主义心理学是学习动机的需求理论的背景。马斯洛是这一理论的主要代表人物之一。人本主义心理学反对传统的精神分析和行为主义两大心理学流派，被称为心理学“第三种力量”。该理论认为每个人均有内在价值，都有发挥潜能和自我实现的心理需求，必须重视人的尊严、意愿、情感，重视研究人的价值、人的创造力和人的自我实现。与此相对应，马斯洛在教育方面提出了“让儿童成长”的学习观。

（二）概要

人的基本需求有五种：生理的需求、安全的需求、归属和爱的需求、尊重的需求、自我实现的需求。五种需求是个层级系统，即有先后序列之别，只有低层次需求满足后、才能产生高层次需求。自我实现是最高级的需求，包括了认知、审美和创造的需求，它在前四种需求的基础上产生。自我实现既指丰满的人性的实现，也指个人潜能或特性的实现。

在马斯洛看来，自我实现就是一个人力求变成他想能变成的样子。对于学生来说，他们的学习动力就来自自我实现，来自他们追求自我实现的努力。学生通过学习使自己的价值、潜能、个性得到充分的、完美的发挥、发展和实现。所以，沿着需求层次的阶梯、以指向自我实现为最终目标，努力逐一追求这些需求的满足尤其追求自我实现需求的满足，就成为学生不竭的学习动力的源泉。

六、归因理论

（一）背景

在从事一项活动或工作后，人们往往倾向于寻找自己或他人之所以取得成功或遭受失败的原因。这是人的一种自然心理倾向，也是心理学家对归因问题加以不懈探索的原因。

心理学家海德（F. Heider）最早对人们的归因的心理倾向提出了自己的理论观点。他指出，人们的行动是为了理解世界和控制环境，对于行动的成败人们认为或是他人影响、工作难易、奖惩、运气等环境原因造成，或是自身的人格、动机、情绪、态度、能力、努力等个人原因所致。前者是情境归因，会使人对其行为不负责任；后者是性格归因，会使人对其行为承担责任。

其后，心理学家罗特（J. B. Rotter）提出了制控点（locus of control）的概念，并据此把人分为内控制点者和外控制点者两类。内控制点者认为自己可以控制外部环境，成败都是自身因素造成，如能力、努力等。外控制点者认为自己无法控制周围环境，成败都是外部因素造成，如运气、压力等。

外控的极端是形成“环境根本无法把握”、“行为结果不可控制”的观念，这时就会出现塞利格曼（M. E. P. Seligman）所指出的“习得性无助感”。

（二）概要

在海德、罗特等研究的基础上，维纳（B. Weiner）增设了“稳定性”维度，提出了三维归因理论。它们是：第一，原因源的维度，有内归因和外归因；第二，控制性的维度，有可控性和不可控性；第三，稳定性的维度，有稳定性和非稳定性。

根据上述三个维度，可以推断出存在八种归因情况：（1）内部稳定的可控因素，如自控水平。（2）内部稳定的不可控因素，如能力高低。（3）内部不稳定的可控因素，如努力程度。（4）内部不稳定的不可控因素，如身心状况。（5）外部稳定的可控因素，如方法优劣。（6）外部稳定的不可控因素，如任务难易。（7）外部不稳定的可控因素，如他助多少。（8）外部不稳定的不可控因素，如运气好坏（见表5—1）。

表5—1　归因三维度模式

三维度	内部				外部			
	稳定		不稳定		稳定		不稳定	
	可控	不可控	可控	不可控	可控	不可控	可控	不可控
八因素	自控水平	能力高低	努力程度	身心状况	方法优劣	任务难易	他助多少	运气好坏

上述归因的每一种情况既反映了一个人对行为因果关系的认识，也可以据此推断一个人稳定的心理特征和个性倾向，还可以由此对一个人的后继行为做出预测。所以，了解学生的归因倾向、特点，对于把握他们的学习动机及其相应的学习行为具有重要意义。

七、自我效能理论

（一）背景

强化理论通常认为，某一行为之后的强化会提高该行为的出现概率。美国心理学家班杜拉认为这并不确切。行为出现的原因与其说是随后的强化，还不如说是由于认识到了行为与强化之间的相倚关系，形成了对下一步强化的期待。强化对学习的重要作用是能够激发和维持行为，但这种作用是通过人的认知形成了期待来实现的，这一期待就成了决定行为的先行因素。

班杜拉指出，期待分为结果的、效能的两种。结果期待，指人对自己的某一行为会导致某一结果（强化）的推测。如，学生认为认真听课会获得好成绩，他就可能认真听课。效能期待，指人对自己具有进行某一行为的实施能力的推测或判断。它意味着个体是否确信自己能够进行带来某一结果的行为。当确信“能”时，一个人就会有高度的“自我效能感”，就会去进行那一活动。如，学生不仅知道认真听课会有好成绩，而且感到自己有能力听懂时才会真正地认真听课。两种期待均有意义，但是效能期待或自我效能感更为关键。

（二）概要

自我效能、自我效能感（self-efficacy），指人们对自己是否能够成功地进行某一成就行为的主观判断。它与自我能力感是同义的。

研究表明，自我效能感具有以下功能：

(1) 影响学习活动的选择。自我效能感较高者通常会选择富有挑战性的学习活动。

(2) 影响学习活动的坚持性。自我效能较高者在学习过程中更能坚持指向目标的行为。

(3) 影响对困难任务的态度。自我效能感较高者敢于直面困难任务、相信通过努力能够克服。

(4) 影响学习活动的情绪。自我效能感较高者在学习活动中情绪饱满、热情开朗、有自信、有斗志。

在上述诸方面，自我效能感较低者则相反。自我效能感的这些功能均会影响一个人的学习动机、学习活动。

影响自我效能感的因素主要有：

(1) 成败的直接经验。学生的直接经验影响很大。一般来说，成功的学习经验会提高其自我效能感，失败的学习经验则会降低自我效能感。不过，这还与对成败的归因有关。如把成功归因为外部的不可控因素，就不会增强效能感；如把失败归因为外部的不可控的因素，就不会降低效能感。

(2) 替代性经验。自我效能感是个人与环境互动中形成的，当学生看到他人尤其是与自己相似者成功时，就会增强自我效能感；相反，则会降低自我效能感。一般来说，替代性榜样与自己相似性越大，其成败经验的替代作用也越强。

(3) 言语劝说。通过说理让学生相信自己具有能力，相信能够胜任学习活动、完成学习任务，这会增加学生学习活动的动力、克服困难的毅力。

(4) 情绪唤起。不同的情绪状态会影响一个人的自我效能感。要关注、调整学生的情绪状态，减少或避免消极情感的干扰，尽可能让他们处于积极的、至少是中性的情绪状态，使他们充分发挥自我效能感的功能。

八、认知失调理论

（一）背景

菲斯廷格（L. Festinger）于 1957 年发表的论文最早提出了认知失调理论。他指出，人有许多认知元素，如关于自我、行为、环境等的知觉、看法、信念，当这些元素之间发生不一致、不匹配（non-fitting）的关系时，就会产生认知上的失调。由于人的心理场具有保持一致性、维持平衡性的倾向，认知上的失调就会产生相应的失调体验，成为心理压力，推动人们做出减少压力的努力。所以，认知失调能够成为人们行为的动机、成为学生学习的动机。

（二）概要

认知元素之间的关系有三种情况：（1）相互一致协调。如，做小动作影响听课，我不做小动作。（2）相互冲突失调。如，做小动作影响听课，我做小动作。（3）无关。做小动作影响听课，今天是周日。两个认知元素处于第（2）种情况时就会发生认知冲突，人就会感到不适、压力和紧张。认知失调，就是指这种由认知冲突引起的内心失去平衡的一种心理状态。

面对认知失调，人会努力设法消除这种失调，恢复认知元素之间的一致和平衡。这一般通过以下途径：

（1）改变或否定其中某认知元素。如上例中，将“我做小动作”改为“我不做小动作”，或将“做小动作影响听课”变成“不做小动作我会打瞌睡”。

（2）重新评价认知元素。这是为了减弱它们的强度或意义，如上例中把“做小动作影响听课”变为“做小动作可能会影响听课”，或把“我做小动作”变为“我会少做一些小动作”。

（3）增添新认知元素。这是为了弥补原来认知元素之间的鸿沟，如上例中，增加“做小动作时自我感觉良好，作业我总能应付”，“做小动作的人不少，我只是其中之一”。

当然，行为动因除了来自个体的认知失调，还需要考虑各种社会、环境等的因素。但是，认知失调理论重视行为主体的心理状态，从认知角度探讨了行为发生和改变的可能动因，是有新意的。

对学生的学习动机来说，该理论启示我们：要重视学生的主体地位；要重视对学生价值判断的引导；要重视为学生提供各种有关的信息；要重视丰富学生的经验阅历。

第三节　学习动机的培养和激发

一、学习动机的培养

（一）进行动机教育

培养学习动机既有需要，也有可能。说有需要，是因为培养学习动机是学生成才和国家建设的要求，是振兴中华和民族复兴的需要，进行学习动机的教育历来是学校思想品德教育的有机组成部分。说有可能，是因为研究表明学习动机能

够通过一定的方法来培养和提高。

如，成就动机训练可有以下阶段：

第一，意识化阶段。通过与学生谈话、讨论，使学生注意到与成就动机有关的行为。

第二，体验化阶段。组织学生参加游戏或各种活动，从中领悟成败的体验、选择目标与成败的关系尤其是为了成功必须掌握的行为策略，如按自己水平来选择目标、把握不同目标的难度、了解达到目标的途径等。

第三，概念化阶段。在体验的基础上理解与成就动机有关的概念，如“成功”、“失败”、“目标”尤其是“成就动机”的概念。

第四，练习阶段。重复前两个阶段，多次重复能使学生加深体验和理解。

第五，迁移阶段。创设条件，组织学生把学到的行为策略应用到学习情境中。

第六，内化阶段。使获得成就成为学生自身的需要。

美国和加拿大的实践表明，该训练有一定的作用，其直接效果是学生对取得成就变得更为关心、能根据自己的实际情况去选择目标；其间接效果是提高了学生各科的学习成绩，且这些效果在成就动机较低、学习成绩又差的学生身上更为明显。

（二）设置明确目标

有目标才会有追求，有学习上的追求就会产生进行学习活动的动力。目标设置要明确，既要有总的学习目标，还要有分阶段的各个具体目标。

学习目标的高低与一个人的抱负水平有关，两者是正相关的关系。抱负水平，是人们要达到的既定学习目标的高度。如，学生在学习前估计自己能完成学业的程度，能取得的学习成绩或等第，就是其抱负水平的反映。一般来说，抱负水平高的学生会追求较高的学习目标、学习动机就更为强烈；抱负水平低的学生则相反。

目标明确后，要及时让学生理解目标对于他们的意义，明白目标能使自己学到什么、会给自己带来什么。同时，要重视帮助学生掌握达到目标的途径和方法，可以启发他们了解如何达到目标、可以提出种种具体的建议。

（三）树立学习榜样

榜样具有“润物细无声”的巨大力量。树立学习方面的榜样，可以是学校里的优秀学生，也可以是社会上的模范人物，他们有崇高的学习理想、有明确的学习目标、有浓烈的学习兴趣，敢于直面困难、不怕挫折、百折不挠、勇于创新等。这样的榜样会促进学生学习动机的形成和发展。

树立的学习榜样，一般既不宜高不可攀、难以企及，也不宜在能力水平或（和）人格特点上吸引力不强。另外，学生年龄不同，他们有不同的心理发展水平，树立榜样时就要考虑这种差异。

（四）培养学习兴趣

兴趣，是行为动力之不竭源泉。基于学习兴趣的学习常常伴有积极、愉悦的情绪体验，并会产生进一步学习的需要。这是一种指向学习活动本身的内部动机。怀有兴趣的学习更能持久、更能抵御外部诱因的影响。

培养学生的学习兴趣可通过适当途径入手。如，设法让学生懂得学习任务的生活意义。这有助于学生产生相应的认知需要，当然所用的方法要生动、活泼。例如，演示计算机在现代生活中的种种奇妙用途，会促使学生们迫切地想掌握使用计算机的方法和技巧，LOGO语言之所以有吸引力的一个原因就是学习者在掌握了几个简单命令后就能画出美丽的图像。

又如，组织学生参与。各种学习活动，包括各种课外活动小组、兴趣小组，在培养学习兴趣、增强学习动机上起着不可估量的作用。在我国青少年学生参加有关学科的各种国际竞赛的获奖者中，许多人就是在课外活动、兴趣活动中成长起来的。

（五）利用动机迁移

学习动机迁移，是指把其他活动的动机转移到学习上，或者把对某一课程的学习动机转移到另一课程的学习上。有经验的教师常常利用各种条件使学习动机发生迁移，培养学生特定的学习动机。例如，研究者在一个六年级班上，发现男生缺乏学习动力，但有想做海员的愿望，于是组织围绕海军的各种主题活动，要求他们学习与海军有关的各种知识，如历史、地理、航海、摄影、制模、军乐等，结果大大地促进了他们的学习需要和学习兴趣。

需要指出的是，利用动机迁移常常更适用于后进生，后进生通常长处较少，教师可以通过发现并利用他们身上的闪光点，设法把它迁移到学习上。当然，利用动机迁移的前提是原有的动机必须是正确合理的、有价值的。

（六）进行归因训练

研究发现，成就动机水平不同者会有不同的归因倾向；水平高者，相信努力与结果有关，会把失败归因于努力不够，即使失败了也不会灰心、不会有无力感，还会有积极行为；水平低者，认为努力了也不会有相应的结果，总把失败归因于能力不足，一旦失败就灰心丧气、产生无力感、放弃努力。为此，教师要关心学生的努力程度及其看法，要让学生相信努力能带来成功和进步。即使学生能力低些，也要让他们认识到更要努力。

按照布卢姆（B. S. Bloom）的掌握学习观，能力较低的学生还是能够完成学习任务的，只是需要较长的时间，尤其需要付出更大的努力。在做这样的归因引导时，教师要教给学生努力学习、克服困难的方法，还要尽可能为学生提供学习成功的机会。

教师对学生归因训练的步骤如下：了解学生归因倾向；组织学生活动，取得成败体验；要求学生对自己的成败进行归因；引导学生进行积极的归因。上述归因训练可以通过个别辅导、团体讨论、观察学习等途径进行，进行中还可以配合运用强化矫正的方法。

二、学习动机的激发

（一）创设问题情境

创设问题情境是激发学习动机的一种有效手段。问题情境，是指对学生具有一定难度、学生又甘愿为之付出努力且力所能及的学习情境，它会诱发学生的好奇心和探究心理。

创设问题情境时，要在学习的要求、条件与学生当前的求知心理、水平之间创造某种“不协调”，使学生形成探究问题、解决困惑的心理倾向。诚如有经验的教师所指出的，如能形成一种使学生似懂非懂、一知半解、不确定的问题情境，就是为有效教学奠定了一定的基础，因为此时的矛盾、疑惑最能引起学生的好奇心、求知欲，产生强烈的学习愿望。在某种意义上，成功的教学应该结合教学内容和要求不断创设一个又一个的问题情境，使学生的学习动机处于一次次被激发的状态，学生就会努力学习、不断进步。

要创设问题情境，对教师而言，首先，要熟悉教学的要求和内容；其次，要熟悉学生已有的知识经验和心理特点；最后，要把握好要求学生掌握的东西与学生已有的东西之间匹配的合适度，两者完全吻合就太容易，彼此距离过大就太难，两者都不能构成问题情境。

（二）及时提供反馈

学生追求学习目标、进行学习活动的过程中，及时提供反馈即让他们及时知道自己学习的结果，能明显地激发他们的学习动机。如，布克和诺凡尔（W. F. Book & L. Norvell）的研究中把 124 名大学生分为甲、乙两组，要求他们以尽可能快的速度正确地做同样的练习，如减法、乘法、写字母 a、找课文中的外文字，连续实验 75 次，每次 30 秒钟。在前 50 次练习中，对甲组采取三项措施：（1）知道每次实验的得分；（2）不断予以鼓励、督促；（3）分析发生的差错。但对乙组则无上述措施。在后继进行的25次练习中，把两组的措施加以对换。结果表明，在前50次练习中甲组成绩明显高于乙组，而在后25次练习中乙组成绩明显高于甲组，表明了及时反馈的明显作用（见图5—2）。

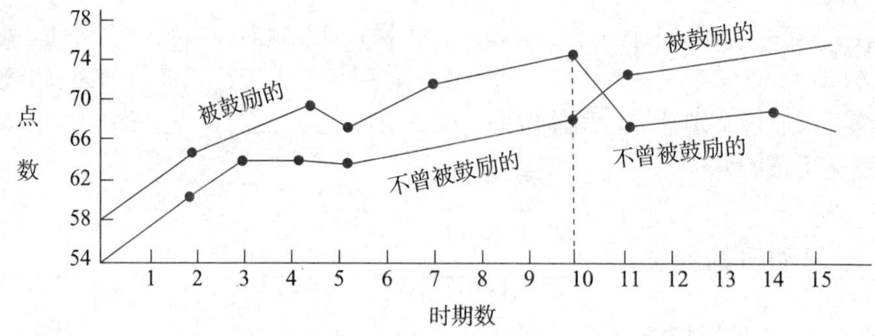

图5—2　了解结果与不了解结果的成绩比较

（三）培养自我效能

自我效能感高的学生，具有自信、倾向于选择挑战性任务、敢于面对困难并努力克服、不易焦虑和害怕；自我效能感低的学生，缺乏自信、回避挑战性任务和困难，且常常焦虑甚至恐惧。教师要设法提高学生尤其是后进生的自我效能感，这是激发他们学习动机的一条有效途径，具体可采取以下措施：

（1）选择难易适宜的任务。

学业不良者常常夸大学习中的困难，过低估计自己的能力，学习动力自然不足。教师要善于发现他们的长处和潜能，安排适宜的任务，提供机会让他们展示和获得成功，随着成功的经历和体验不断增多，他们的自我效能感就会跟着提高。

（2）观察榜样的成功经历。

观察与自己相仿的人的成功经历，能使学生丰富替代性学习和强化的经验，逐步树立起对自己学习能力和潜质的信心，自我效能感就会随之得到提升。

（3）理智面对失败。

失败有时难免，只有理智面对才能“吃一堑，长一智”。就学习动机的激发而言，要避免不适当的归因，避免使学生产生无助感和消极的心理防御状态。引导学生要对自己的努力始终充满信心、不要低估自己的学习能力、形成正确的自我效能评价，这样才能鼓起学生学习成功的信心。

（四）合理组织竞赛

竞赛有个人的和团体的，前者是个体之间的竞赛，后者是团体之间的竞赛。

此外，还有自我竞赛，即个体和团体都与各自的过去成绩相比。

研究表明：无论何种竞赛都能促进学习动机的激发、提高学习积极性。研究还表明：与无竞赛相比，竞赛的成绩更优；与团体竞赛相比，个体竞赛成绩更高。这是因为：一般来说，人们都具有胜过他人的自然心理倾向；与个体竞赛相比，团体竞赛时可能发生"责任扩散"的社会心理现象、个体可能会不那么竭尽全力。竞赛确实具有激励作用，但是竞赛的结果必有名次和等第，这就可能由此制造沮丧的"失败者"和自大的"常胜者"。为此要合理组织竞赛：

（1）组织竞赛要适度。

无论是个人的、还是团体的竞赛都不可多用滥用，频繁竞赛会加重学生学习负担，相应的紧张气氛也是学生心理负担的重要来源，还可能导致部分学生的骄气傲气或是灰心丧气。

（2）倡导团体竞赛。

团体竞赛的效果虽然不如个人竞赛，但它能培养团队精神、集体主义精神，在内部合作的氛围中能增进人际交往和友谊、促进个体的社会性发展，很值得提倡。当然，相应的态度教育要跟上，以避免出现"小团体"现象。

（3）鼓励自我竞赛。

鼓励学生个人、班级集体等的自身竞赛，要求自己"今天要比昨天好、明天更比今天好"。

（4）竞赛多样化。

竞赛集中在学生生活的某个方面是不可取的，除了各科学习之外，学生的体育锻炼、文娱活动、生活劳动、社会实习等方面均可组织竞赛，这可以让尽可能多的学生发挥各自强项、获得成功的机会，提高他们的自尊和自信。

（五）恰当进行奖惩

恰当的表扬、奖励或批评、惩罚都能激励学生努力学习。当然，奖励的效果一般优于惩罚的效果。同时，与奖励或惩罚相比，无奖无惩的情况对学生的学习动机最缺乏推动作用。心理学家赫洛克（E. B. Hurlock）把106名四、六年级数学程度相同的被试分为四个等组，在四种不同诱因情况下要求做加法练习。第一组为表扬组，对成绩好的加以表扬，对差的不予批评；第二组为批评组，对成绩差的加以批评，对好的不予表扬；第三组为忽视组，不管其成绩怎样均既不表扬、也不批评，但把他们安排在上述两组教室旁边，他们能间接地感受到他人在受表扬和批评；第四组为控制组，他们与上面三组完全隔绝，不知道三组的情况。实验结果显示：第一、二组成绩开始都有显著进步，大约提高35%～40%；第三组有些进步，但只是第一、二组成绩的一半。实验继续进行，第一组的成绩继续进步，最后成绩比原来提高79%；第二、三组的成绩反而有所下降；第四组的学生始终一般，只有些微进步，见图5—3。

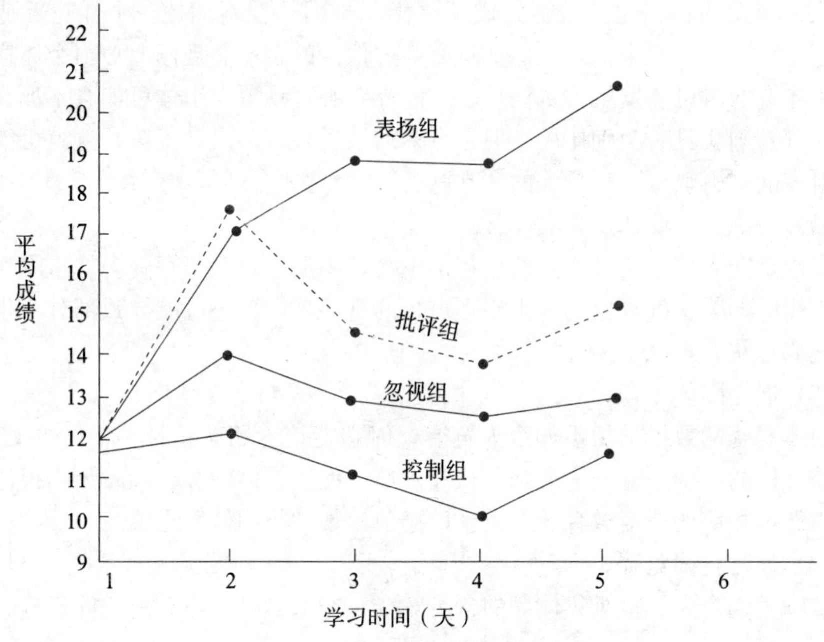

图5—3　不同诱因的学习成绩曲线

实施奖励和惩罚，应当考虑下列几点：

(1) 无论表扬或批评都不能滥用，都必须客观、公正，否则会对学习活动产生消极作用。

(2) 多用表扬、少用批评。对于后进生，更要善于发现其闪光点，抓住其点滴进步予以表扬。

(3) 针对学生的特点。如，男生易受批评的影响，女生则易受表扬的影响；成绩差的学生对表扬的反应更为积极，对成绩好的学生要严格要求、不宜多表扬；对傲气者要批评多于表扬，对胆怯自卑者要表扬多于批评等。

总之，奖惩的运用是一种艺术，必须机智灵活、恰到好处，方能使其收到应有的效果。

（六）寄予适当期望

期望亦称期待，它是人们主观上对成功概率的看法，是人们对自己或他人行为结果的某种预期性认知。对学生而言，有教师对自己的期望，也有自己对自己的期望。两种期望都有助于加强学生学习动机，提高学习积极性。但是，期望不易总是太高，否则难免达不到时就会影响情绪和信心；期望也不易总是太低，否则会使人产生压抑感和逃避学习的行为。

教师必须向学生指明学习上哪些可行、哪些不可行，使学生形成恰当的期望；善于协调，对那些因成功而期望过高的优秀生，要让他们适当地降低期望值，对那些因失败而期望过低的后进生，要使他们提高期望值；注意自身行为中哪些与高期望有关、哪些与低期望有关，在与学生互动中使自己的行为传递出符合学生实际的期望；发挥评价的激励功能，期望常常在教师评价中反映出来，教师要充分重视和运用评价来发挥其激励功能。

小结

动机来自人自身的内驱力和环境中存在的诱因，学习动机亦然。学习动机由认知内驱力、自我提高内驱力和附属内驱力三者组成。学习动机对学习过程具有启动、维持和监控作用，它对学习效果的作用与课题难度有关。学习动机对学习作用的性质是中介性的，即对学习的作用是间接的而非直接的。

学习动机有不同的分类。按社会意义有正确高尚的动机和错误低下的动机；按作用久暂有直接的近景性动机和间接的远景性动机；按动力来源有内部动机和外部动机；按普适程度有一般动机和特定动机；按作用主次有主导动机和辅助动机；按社会性有交往动机和成就动机。

学习动机的心理学理论主要有：（1）本能论。（2）驱力论。（3）强化理论。人的学习行为决定于先前所受的刺激以及该刺激与相应强化两者建立起来的联系，从强化物看强化有阳性、阴性的两种，从学习者看强化有直接、间接、自我的三种。（4）成就理论。学习动机来自人的成就需要，来自在自己认为重要或有价值的工作中获得需要的满足，它有追求成功和避免失败两种倾向。（5）需要理论。人的需要是有层次、有结构的，学习动机来自对各层次需要满足的追求，并指向自我实现这一最高层次。（6）归因理论。不同的归因会影响后继行为，归因可以从原因源、可控性、稳定性三个维度分析。（7）自我效能理论。人们对自己是否能够成功地进行某一成就行为的主观判断会影响学习动机，影响活动选择、活动坚持性、对困难的态度、活动情绪等。（8）认知失调理论。面对认知元素相互冲突失调的情况，人会努力设法消除、恢复认知元素之间的平衡，从而推动相应行为的发生。

培养学生学习动机的途径有：进行动机教育，设置明确目标，树立学习榜样，培养学习兴趣，利用动机迁移，进行归因训练。激发学生学习动机的举措有：创设问题情境，及时提供反馈，培养自我效能，合理组织竞赛，恰当进行奖惩，寄予适当期望。

思考题

1. 概述学习动机的三个心理要素及其发展特点。
2. 学习动机的性质是什么？有何教育意义？
3. 概述主要学习动机理论的要义。
4. 教师应从哪些方面考虑对学生学习动机的培养？
5. 教师应从哪些方面考虑对学生学习动机的激发？

德育心理编

编首语

本编有四章，从德性之心理构成要素及价值观出发阐述了学生德性即道德品质之发展与教育的心理学问题。

“第 6 章　道德认识的发展与教育”，就道德认识这一德性之心理要素介绍了皮亚杰、科尔伯格为代表的道德认知发展理论及道德教育方面的研究成果。

“第 7 章　道德情感的发展与教育”，围绕移情及内疚、羞愧、宽恕等阐述了道德情感这一德性心理要素的发展与道德教育。

“第 8 章　道德行为的发展与教育”，就道德行为这一德性心理要素概述了有关的心理学理论及其道德教育问题。

“第 9 章　价值观的形成与教育”，介绍了价值观辨析学派所揭示的价值观形成之心理过程及相应的道德教育之理论和实践。

学习上述诸章，有助于遵循心理学所揭示的规律来开展德育尤其是学校的道德教育工作。■

第6章

道德认识的发展与教育

内容提要

◎ 道德发展是个体心理发展尤其是社会性发展的一个重要方面。

◎ 道德认知是道德心理的构成要素，其发展是个体道德发展的一个重要方面。

◎ 皮亚杰开创性地研究了儿童道德判断，分析了儿童德性由他律向自律发展的轨迹及其原因。

◎ 科尔伯格创造性地继承了皮亚杰的研究，提出了道德认知发展阶段理论，基于研究成果进行了道德教育实践的探索。

◎ 可以从帮助学生理解掌握道德观念、提高道德因果关系认识、发展道德判断能力等方面开展对学生的道德认知教育。

主要概念

道德，品德，道德发展，道德认识检测，他律道德，自律道德，道德实在论，抵罪性惩罚，报应性惩罚，道德认知发展阶段特征，布莱特效应，道德教育小组讨论模式

第一节 道德认识发展概述

一、道德心理学概述

道德认识、道德行为、道德情感均是道德心理的重要构成要素，均是道德心理学的重要研究对象。

（一）何谓道德心理学

道德，是由社会的舆论和人们的信念支持的、调整人们相互关系的行为规范的总和。它通常包括一套准则或观念，如公正、关爱、诚实、守信等，为人们区分是非善恶提供了评判的标准。道德是伦理学研究的对象。

社会的道德要求一旦变成个体自身的道德品质，相应的道德准则或规范就会被这个人认同、接纳、践履，被内化为人格的一个组成部分，也就成了这个人的道德品质或品德。个体的道德品质或品德，是心理学研究的对象。道德心理学就是研究个体在道德品质或品德发展形成过程中的心理现象和规律的。

道德发展，指一个人的道德认识、道德行为、道德情感诸心理要素随着年龄增长而发生的变化。这一发展受着正规和非正规两方面教育的影响。前者，指精心安排教育措施来使儿童、青少年形成应有的道德品质；后者，指家庭、社区、书刊、影视、网络等对道德发展所起的作用。道德心理学负有在道德发展与道德教育之间架起桥梁的使命，努力使道德发展为道德教育提供良好基础，努力使道德教育更有效地促进道德发展。

（二）道德心理学研究的任务、方法

道德心理学研究的具体任务：揭示儿童、青少年道德发展中有关道德品质的形成过程和规律；揭示儿童、青少年道德发展在各个年龄阶段中出现的新东西，据此建立我国儿童、青少年道德发展的阶段模型；研究儿童、青少年在每一发展阶段中道德品质培养的具体内容；研究对儿童、青少年道德发展状况的评定和道德教育方法成效的分析；研究对少数品行不良者的原因分析、矫正和预防。

在方法上，道德心理学研究要遵循科学方法论的认识论原则，也会用到各种具体方法。这些具体方法可以归为两类，简析如下。

一类方法是经验总结，如个案研究、经验调查、案例分析、阅读个人传记、查阅履历、自由作文或绘画、写日记、组织班团队活动、查阅学校档案等。这类

方法的特点是不脱离儿童、青少年道德生活实际，能获得他们在道德发展上多方面的、大量的真实材料。但是，如何处理这些材料是经验总结面临的最大问题。因为材料丰富而庞杂，不易厘清各种关系，更主要的是处理时会受到研究者主观倾向性的影响，针对同样的材料会有“见仁见智”甚至得出不同结论的现象，这样就难以确保客观地认识道德品质形成和发展的规律。

另一类方法是实验研究，包括实验室实验、自然情境实验、情境模拟实验。这类方法的本质特点是对相关因素加以控制，把要研究的道德现象放在特定控制条件下观察。其优点是有助于探究因果关系、可对实验结果进行统计处理和检验、对研究可作重复验证。但它也有不足，对于道德研究而言，要儿童、青少年如实做出符合研究者要求的反应很不容易。且实验条件控制越是严格、所得结果的生态效度可能越低。为此，道德心理研究一般都不采用直接询问法，更多地采用了最早由皮亚杰应用的间接故事法。研究表明，如果故事编撰恰当、操作缜密，在不清楚情境故事投射的道德要求的情况下，儿童、青少年做出的反应一般就是他们过去的道德经验在意识中的显现。

二、道德认识发展概述

（一）道德认识发展的含义

道德认识是道德心理的主要构成要素，也是道德认知发展心理学家研究的聚焦点。

道德认识，要求一个人了解有关道德准则、掌握道德概念、形成一系列道德观念、对道德现象和事件做出判断和评价等。

在道德认知发展心理学者看来，道德认识主要是指一个人面对矛盾冲突的情境能自觉地意识到是非善恶，进而能就行动作出缜密的道德抉择。所以，一个人的道德品质，其本质是一种自觉的、自我评价的、受自己观念导引的人格倾向。

（二）道德认识的形成过程

道德认知发展心理学家认为，个体的道德发展经历了理性化和社会化两个过程。

理性化过程是一个“明善”的过程。一个人只有对“善”自觉意识、真正理解，才会按“善”行事。理性化过程就是形成道德认识的过程，主要也是道德判断和道德推理能力得到提高的过程。道德判断和道德推理都是道德思维的主要形式，都需要认清道德事实和把握道德规范。

道德推理，要求从已有事实、观念出发思考道德现象的原因和结果，它为道德判断提供依据；道德判断，要求对道德现象做出是非善恶的价值判断，它是道德推理的结果。

道德认知发展心理学者认为，认知物理世界的逻辑思维能力和认知道德问题的道德思维能力都是人的认知发展的重要组成部分。同时，逻辑思维能力与道德思维能力两者的发展具有蕴涵关系，即前者是后者发展的一个必要条件，后者的发展能从前者中找到依据。

社会化过程是一个建立“社会我”的过程，也是个体与他人、与群体进行社会交往和社会合作的过程。在这一过程中，一个人要根据特定的情况和条件承担起相应的社会角色、或扮演好相应的社会角色。角色承担和角色扮演会使人学会协调个人与他人、个人与群体的各种关系，会逐渐使一个人深入理解和把握人与人之间的各种道德关系。

（三）道德认识的检测

道德认知发展心理学者认为，道德推理和道德思维是一种认知结构，道德发展不是简单地对道德规范的直接接受，而是这一结构在矛盾冲突中不断同化吸收和调节平衡的过程。了解和检测一个人的这种道德认知的结构，需要考察面对人与人之间、人与群体之间各种冲突性的权利、义务以及各人不同的要求时，一个人优先考虑和选择什么。

为此，道德认知研究者设计的各种道德情境故事就是一种投射性的情境，用来引发一个人对冲突性的权利和义务的反应。研究表明，相对而言这样能够较为客观地检测一个人的道德认知结构水平。

第二节　皮亚杰的道德认知发展观

道德心理研究的理论构想和研究方法，始于 20 世纪 20 年代末期瑞士心理学家皮亚杰的开创性的研究和理论概括。

一、皮亚杰及其有关研究简介

（一）皮亚杰简介

皮亚杰是瑞士儿童心理学家，在童年时代就颇具独立思索和科学探究的精神。他少年早慧，10 岁左右就写下了一篇名为《白化病麻雀》的观察报告，且正式发表，该文尽管不足一页却显示了他可贵的创新意识和科学精神。

皮亚杰是因创立发生认识论这一新的学科领域而饮誉世界的。在60多年的学术生涯中，他锲而不舍地在认知发展领域内跋涉前进，力求探寻认识论上个体知识发生与发展的奥秘。皮亚杰及其后继者的发生认识论极大地丰富了关于人类自身认知活动的知识宝库。

在20世纪20年代末和30年代初，皮亚杰对儿童的道德判断进行了系统研究。他从发生认识论的立场出发，从认知的角度切入来研究个体的道德发展，并出版了《儿童的道德判断》一书。该书影响深远，其阐发的道德发展思想、运用独具创意的道德问题情境故事的研究范型，初步奠定了道德心理研究的科学基础，成为后来科尔伯格道德发展研究和理论框架建立的先导。

关于道德发展，皮亚杰的研究聚焦在儿童对游戏规则、行为责任以及在各种情况下对公正的看法和判断上。

（二）皮亚杰对游戏规则的研究

从某种意义上说，一个人的道德品质表现为认同、接纳了一套社会的道德规范准则并予以践行。

世界上几乎没有人不喜欢游戏的，几乎每个人都有游戏的经历和体验，孩童尤其喜欢游戏。一个人必须认同、接纳并践行游戏规则，才能使游戏顺利进行并由此使自身获得需要的满足。所以，皮亚杰研究儿童对游戏规则的态度意在探究个体之道德的起源问题。

皮亚杰和合作者分别接触了约20名4岁到12、13岁年龄不同的儿童，观察他们如何玩、或参与其中一起玩、或对他们进行询问、或与他们交谈，从两个方面研究了儿童对游戏规则的态度。一方面是，研究儿童对游戏规则的执行，即观察和询问他们是怎样应用规则的；另一方面是，研究儿童对游戏规则的意识，即询问他们是怎样理解游戏规则的。

皮亚杰发现，年龄不同的儿童在执行规则时会表现出不同的特点。年幼儿童认为自己在按游戏规则活动，事实上是按照自己的想象去执行的，给人留下了“各玩各”的印象，比如儿童会不理对方而突然说自己赢了。皮亚杰认为，这是由于该时期的儿童还没有产生真正的社会交往和社会合作关系，只是按照自己的想法去理解外界事物，他们虽然接受游戏规则，但没有把规则作为一种义务去遵守，规则尚未对他们产生真正的约束力。年长儿童会把游戏规则看作是大家在活动中应该共同遵守的行动准则，这是由于他们产生了真正的社会交往和社会合作关系的缘故。

皮亚杰发现，儿童对游戏规则的意识也是随年龄的增长而发展变化的。年幼儿童已经意识到规则的存在，但没有意识到在游戏活动中应该无条件遵循。年长儿童则意识到游戏规则是活动中应该执行的行动准则。

所以，分析儿童游戏行为时，必须善于区分以规则为满足的行为与意识到有义务遵守准则的行为。皮亚杰指出，正是这种对义务的意识标示了儿童道德发展的一个重要转折。

（三）皮亚杰对行为责任的研究

皮亚杰研究的另一主题是对行为责任的判断，即面对某一道德行为情境时是从行为意向上去评价，还是从行为后果上去判断。研究中使用了含有道德内容的对偶情境故事。

如，关于过失行为的对偶故事，其一是行为者有意违背准则但造成的财物损坏较小；其二是行为者无意违背准则但造成的财物损坏较大，要求儿童比较两者后判断哪个主人公更不好并说明理由。

又如，关于说谎行为的对偶故事，其一是行为者有意说谎但没有造成不良后果；其二是行为者无意中说了谎话但造成了不良后果，要求儿童比较两者后判断哪个主人公更不好并说明理由。

研究表明，对行为责任问题存在着两种明显的判断形态，年幼儿童常根据行为者在客观上造成的后果做出判断，年长者能根据行为背后的动机意向来做出判断。前者为客观责任，后者为主观责任。

皮亚杰发现，客观责任在年幼儿童身上首先出现，并随着年龄增长而逐渐减弱；主观责任出现稍迟，并随着年龄增长而递增，最后处于支配地位；两种行为责任判断的发展过程有部分重叠，重叠的时相是道德法则内化的时期。

我国学者也进行了一些有关儿童行为责任的研究，结果与皮亚杰有一致之处，即对于过错行为我国儿童也具有上述两种判断形态，且有类似的年龄发展趋势。但也有不同之处，即我国儿童这两种判断形态的转折年龄较早。

（四）皮亚杰对公正观的研究

儿童对各种公正问题的判断，是皮亚杰研究的又一重要主题。这些公正问题涉及如何处理过失行为、如何对待权威人物的安排、如何惩罚不良行为、如何对待“上苍公正”、如何对待伙伴交往等。

如，关于儿童对权威人物所作安排的判断反应，使用的故事材料取自教师、家长具有偏爱倾向的日常生活安排的事例。其中一个情境故事如下：

> 星期四下午，母亲要求她的女儿和儿子帮助她做家务，因为她感到疲劳。她安排女儿擦盘子，要儿子去拿柴。但是，这个男孩（或女孩）到街上去玩了。于是母亲便要另一个孩子一个人干这两件事，他（或她）会有些什

么想法?

从儿童的反应中皮亚杰发现，在这一类问题上“7 岁、10 岁和 13 岁是儿童公正观念发展的三个主要时期”，它们分别以服从、平等和公道为特征。具体说，年幼儿童未能把握公正观念，他们以权威人物的是非为是非，好坏的标准在他们看来决定于服从还是不服从。稍年长儿童的公正判断不再以服从为标准，他们以公平、平等作为是非的标准，他们从心底里希望“别人像自己对待别人那样对自己、自己像别人对待自己那样对别人”。年长儿童则能根据自己观念的价值标准用公道不公道来判断是非了，他们认识到应该考虑其他人的具体情况，应该从关心、同情出发去做出判断。皮亚杰认为，公道感其实是“一种高级的平等”，是公正观念的高级形态。面对道德问题时，思维发展达到形式运算阶段的少年才会表现出公道的判断反应。

又如，关于儿童对惩罚不良行为安排的判断反应，使用的情境故事均涉及儿童在家庭和学校里常犯的一些过错行为，故事最后提供 2～3 种如何处理的惩罚安排，要求儿童指出自己认为哪一种最公正有效。其中一个故事如下：

> 一天下午，一个小男孩正在他的房间里玩着。他爸爸怕他打破玻璃窗，就叫他不要在房间里玩皮球。他爸爸刚出门，这孩子便从橱里拿出他的皮球玩了起来。“呼”的一声，皮球被踢到了玻璃窗上，打碎了一块玻璃。当爸爸回家看到这一切时，他想到了三种惩罚办法：(1) 几天之内不重新配玻璃，因为时值冬天这房间里太冷就不能在里玩了。(2) 让这孩子自己拿钱买玻璃配上。(3) 一周内不许这孩子玩他的玩具。

从儿童的反应中皮亚杰发现，年幼儿童往往认为谁犯过谁就应该接受惩罚以抵罪，严厉的惩罚才是公正和有效的，对于所犯过失与如何惩罚两者之间的关系则不会加以考虑。皮亚杰把年幼儿童的这种惩罚观称为抵罪性惩罚。随着年龄的增长，儿童的抵罪性惩罚观下降，而报应性惩罚观增多。即，年长儿童能认识到，谁犯了过错外部不一定非给予惩罚不可，过错行为与社会生活是不相容的，是会被同伴嫌弃的，犯过者会遭到同辈集体的报应性惩罚。

我国有关研究发现，对过失行为我国儿童一般首先主张给予批评，但是当这一批评性惩罚观予以控制之后，我国的年幼和年长儿童同样会表现出皮亚杰所揭示的上述变化趋势。

二、皮亚杰的理论概括

（一）关于道德发展的两个水平

在大量研究的基础上，皮亚杰指出，年幼儿童和年长儿童的道德判断分别处于他律和自律两个水平。年幼儿童的道德判断是受自身以外的价值标准支配的，具有客体性，是一种他律水平的道德；年长儿童的道德判断能为自己主观的价值标准所支配，具有主体性，是一种自律水平的道德。

处于他律水平的6～10岁的年幼儿童，在对待游戏规则的态度上，具有强烈的尊重准则的倾向，认为这些准则在道德上是绝对的，是心目中的权威人物如父母、教师、上帝等制定的，准则是神圣的、不可更改的，人人都必须遵守。皮亚杰曾举下例来说明：当你带着一个6岁的儿童驾车时，你对他说，为了赶去医院急诊，超速行驶行不行？他就会指出，这可不行，因为违反了“交通规则”，这样做应该受罚。

在对行为责任的道德判断上，他律水平的儿童往往倾向于从行为的客观后果，而不是从行为者的动机意向去判断行为的责任。如，在皮亚杰的研究中，面对甲、乙两位儿童，前者无意违犯准则，只是因为行为笨拙而打破了15只杯子，后者有意违犯准则，在偷吃果酱时打破了1只杯子，年幼儿童大多认为甲比乙更不好。

在对惩罚的公正判断上，他律水平的儿童一般倾向于抵罪性惩罚。具有这种惩罚观念的儿童不考虑犯过内容与给予惩罚之间的联系。如，在皮亚杰的研究中，年幼儿童认为小孩说了谎就应该不给看电视。若小孩打破了人家的玻璃窗，那么应该挨打而不是让小孩拿出自己的零花钱来赔偿。

随着年龄增长，10～12岁儿童的道德判断就进入皮亚杰所说的自律道德水平。在对待游戏规则的态度上，他们能意识到遵守规则是一个人应有的义务，游戏规则是大家应该共同遵守的行动准则。同时，他们认识到社会规则是人为的共同约定，在道德上它并不是绝对的，为了满足特定的需要，人们只要彼此同意、协商一致，规则就可以更改甚至重订。

如上面驾车的例子中，自律水平的儿童会认为，尽管违反交通规则，但因急诊而超速行驶就不是不好的行为。

在对行为责任的道德判断上，自律水平的儿童已经能从动机意向去判断行为的责任了。如，对前面甲、乙两位儿童的事件，年长儿童大多会考虑到行为者的内心意图，认为乙比甲更不好。

在对惩罚的公正判断上，自律水平的儿童往往选择报应性惩罚，认识到给予犯过者的惩罚应该与其犯过行为有密切的联系，实施的惩罚应促成对过错的认识，使犯过者不再重犯。

（二）关于道德发展的原因

年幼儿童的道德发展何以处于他律阶段？年长儿童又何以会达到自律水平？这涉及道德发展的原因。对此，皮亚杰认为，他律水平的道德与个体的两种心理倾向密切有关。一是，年幼儿童的道德实在论倾向，即儿童具有的顺驯地服从外界法则的一种自然心理倾向；二是，年幼儿童的自我中心主义，即儿童具有的从自己的观点去看待世界，而不考虑别人会有不同观点的一种自然心理倾向。

皮亚杰认为，年长儿童的道德判断能从他律水平逐渐过渡到自律水平，主要有两方面的原因。一是个体认识上的成熟，削弱了自我中心主义的心理倾向；二是个体社会性的发展，削弱了道德实在论的心理倾向。前者，随着认知水平的发展、认识能力的提高，个体意识到人们会有不同于自己的想法、观点、愿望。后者，随着与伙伴、与成人的社会交往和社会合作，角色扮演和角色承担能力得到了提高，随着这种社会性的发展，个体就能够从各种角度看待问题，能够从人与人的关系出发而不是从不变的法则出发去做出道德判断。

（三）对道德教育的启示

通过对儿童道德判断的开创性研究，皮亚杰为道德发展尤其是道德认知发展的研究奠定了基石。尽管皮亚杰没有对道德教育有所阐述而使人略有遗憾，但他的关于他律道德向自律道德过渡的原因分析，对道德教育实践仍富有启示。

如，在皮亚杰看来，认知水平、认识能力的提高是促进自律道德水平发展的一个重要条件。因为，对事物的认知属于事实判断，对道德问题的判断属于价值判断，两者具有蕴涵关系，前者是后者的虽非充分但却必要的条件。据此，我们应该在认知发展的更为宽广的范畴中思考道德教育，要重视发展一般认知能力来为道德思维的发展准备必要的条件。

又如，在皮亚杰看来，道德判断有不同的年龄特点，那么道德教育上就应该有不同的要求、方式、方法。儿童的道德实在论是达到他律道德水平的一个原因，那么成人就不能对儿童滥用权威、约束和限制儿童的活动。自我中心主义是儿童达到他律道德水平的另一个原因，那么成人就应该为儿童提供与他人相互作用的机会，鼓励社会合作来发展他们的角色承担和角色扮演能力。

第三节　科尔伯格的道德发展阶段论

一、科尔伯格及其研究简介

（一）科尔伯格简介

1927 年，科尔伯格（1927—1988）出生于美国纽约富有的商人家庭。他高中毕业时正值第二次世界大战临近结束，在加入国家商船队周游世界期间，他深深地为犹太人被纳粹迫害的见闻所震惊，在船上参与了营救犹太人通过封锁线的危险任务，并因此被关入集中营，直到第二次世界大战结束才返回美国。这一经历促使科尔伯格以道德作为自己研究的中心，他曾说过，“人类历史上的大屠杀事件最能证明人类需要道德教育以及指导道德教育的哲学。我自己对道德和道德教育的兴趣，部分原因来自对大屠杀的反应”。

返回美国后，科尔伯格进入芝加哥大学深造，他看到行为主义和精神分析分别主宰了实验和临床两大领域，成为美国的主流心理学，而对认知、社会性和人格的研究包括皮亚杰的《儿童的道德判断》却不被重视。科尔伯格敏锐地意识到同时代学者忽略了西方科学理智传统中的一个最根本的问题，即了解儿童（幼稚人）或野蛮人是怎样变为有道德的人的。这恰恰就是科尔伯格意欲研究的个体道德的发展和形成的问题。

在皮亚杰的研究基础上，科尔伯格 1958 年的博士论文《10～16 岁时期思维与选择方式的发展》建构了他的道德认知发展理论的雏形，提出了道德判断测量方法（即两难故事和问题）和道德推理类型说（即发展成后来的道德思维结构发展的阶段）。1968 年科尔伯格被聘为哈佛大学教育学院终身教授直至 1988 年故世。他于 1974 年在该校建立了“道德发展与道德教育研究中心”，探究道德发展和道德教育问题。

（二）科尔伯格对道德发展的研究

科尔伯格沿用了皮亚杰的间接故事和临床访谈的研究方法，但在研究材料、具体对象、实施跨度和范围诸方面有所发展和创新。在研究材料上，科尔伯格编撰的情境故事采取了两难的形式。如，经典的“海因茨偷药”故事，其回答没有标准答案，要考察的是被试陈述的理由中所包含的道德思维，即他们是如何进行道德推理和道德判断的。这样的两难问题涉及权利、义务、责任、赏罚、财产、生命等基本道德观念之间的矛盾冲突。

在研究对象上，科尔伯格把被试年龄作了扩展，最初的研究被试是 72 名 10～16 岁男性儿童，其后的一些研究中被试扩展至青年甚至成人。他认为，道德上达到成熟和自律应该表现为，能够运用道德原则对道德问题的是非进行道德思维，即具有了一种进行道德推理和道德判断的能力。今天，论及道德发展时，人们更为普遍地运用科尔伯格的道德发展模式，这与其模式的研究不限于儿童还包括了青少年和成人密切相关。

在研究的跨度和范围上，科尔伯格进行了追踪研究和交叉文化研究。他对最初的 72 名被试进行了长达 20 多年的追踪研究。在社会发展剧变时，追踪研究更能较全面、确切地把握特定群体的心理发展轨迹和特点。同时，他还开展了交叉文化研究，涉及的国家和地区有美国、墨西哥、乌干达、希腊、土耳其、委内瑞拉、肯尼亚、印度、新西兰、巴哈马、英国、中国台湾等，其道德认知发展阶段模式在不同文化中的普遍性基本得到了检验和确认。

二、科尔伯格的理论概括

（一）道德认知发展阶段模式

在分析被试对道德两难情境问题反应的基础上，科尔伯格提出了道德认知发展阶段模式，其中包括六个阶段、分属三个水平。具体是：

水平Ⅰ是前道德水平，此时儿童为免受惩罚或获得奖赏而顺从权威性准则，它包含了阶段 1 惩罚和服从取向、阶段 2 朴素的工具主义取向；

水平Ⅱ是因循水平，此时儿童为了获得角色肯定或维护社会秩序而服从社会准则，它包含了阶段 3“好孩子”取向、阶段 4 权威和社会秩序取向；

水平Ⅲ是原则水平，此时道德标准已经内化成个体自己内部的道德命令，它包含了阶段 5 社会契约取向、阶段 6 良心或原则取向。

依据大量研究资料包括交叉文化研究成果，科尔伯格尤其突出其道德认知发展阶段模式的如下特征：

阶段序列向上发展具有普遍性，文化环境和社会因素仅影响发展速度和达到的水平；

每阶段代表一个结构整体，即处于某阶段的人会以该阶段的思维取向对各种道德问题进行推理并作出判断；

诸阶段是个层级整合体，即每一阶段是基于先前阶段的向上发展，但又蕴涵、包摄了先前阶段的思维；

阶段发展与智力有一定的关系，即两者虽然并不显著相关、但后者作为前者发展的前提条件之一会限制前者所能达到的发展水平；

阶段发展与行为有一定的关系，即阶段的向上发展会预示着行为上的成熟，这里的行为是指基于对规范和准则认同的自觉行动。

（二）道德发展阶段的年龄趋势

科尔伯格发现，随着认知上的发展，青少年对社会价值和社会理想会产生强烈的兴趣，导致他们在道德认识上表现出阶段性的发展。具体说，面对道德两难问题，儿童、青少年的道德推理和理由陈述会表现出年龄差异。图 6—1 引用美国学者的研究结果说明道德判断发展的阶段变化。

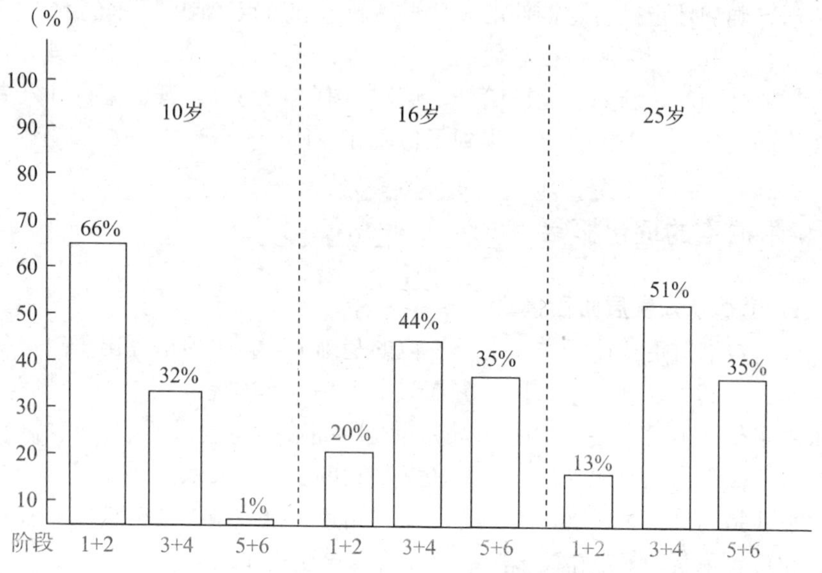

图 6—1　六阶段使用的道德判断的百分比

从图 6—1 可以发现如下的道德发展阶段的年龄趋势：

（1）在 10～16 岁之间，儿童青少年的道德发展出现了较大转变，阶段 1、2 的道德思维在 10 岁时占 66%，在 16 岁时只占 20%。

（2）在 16 岁时，道德发展出现双重转变。一方面，阶段 1、2 的道德思维比例急速下降，阶段 3、4 有较大增长（从 32%到 44%），表明 16 岁时明显处于习俗水平；另一方面，阶段 5、6 的道德思维比例也有相当大增长，10 岁时 1%、16 岁时达 35%。

（3）从 16 岁至 25 岁，青年期的道德发展只有微弱的改变，表明在青春后期和进入成年期道德成熟水平就相对稳定了。

(4) 对16～25岁青少年原则水平的道德推理分析表明，尽管该水平保持在35%且阶段5占优势，但阶段6的道德思维在25岁组比16岁组的增加了许多。这表明，在该年龄段期间，原则水平的道德推理有从阶段5向阶段6变化的倾向。

(5) 此外，可能由于家庭、社会和职业的交互影响，在16～25岁期间，处于习俗水平的女性通常倾向于阶段3，而男性倾向于阶段4，这是年龄、性别在发展阶段上有特定差异的反映。

(三) 道德教育观及其实践

与皮亚杰不同，科尔伯格十分重视道德教育问题。他致力于把研究成果运用到道德教育实践之中，对道德教育进行了理论思考和实践探索。

在理论思考方面，科尔伯格认为，在影响人的德性的诸心理因素中，道德判断和推理最为重要，甚至可以说是唯一具有道德性质的因素。因为，情感须在理性认知的导引下才有特定的道德意义和价值；行为只有基于理性思考和良好动机才有真正的社会意义和个人意义。科尔伯格还指出，道德判断和推理的发展变化是持续的、恒定的、不可逆转的，而情感表露和行为表现往往具有极大的情境性。同时，研究表明，个体的道德判断和推理具有向更高阶段发展的自然心理倾向。

据此，科尔伯格明确提出了认知发展的道德教育观，主张道德教育应该主要提高学生的道德思维能力。道德教育应该也能够促进儿童对道德问题和道德抉择进行积极的思维，就如同智慧教育以促进儿童对物理世界的问题进行积极思维为目的一样。

在道德教育的实践探索方面，科尔伯格及其合作者的主要工作将在本章第4节介绍。

三、后科尔伯格的研究动态

(一) 若干质疑与答疑

对科尔伯格的研究及其阐述，也有学者表示质疑。如，有人质疑研究使用人为编撰的两难情境故事是否能得到真实的反应。对此，科尔伯格及其支持者指出，研究时还可以使用生活中的真实事件，或由被研究者自主地陈述。但要看到，编撰的情境故事尽管未必是最理想的，但无疑是迄今最合适的刺激材料。研究表明，只要故事贴近生活现实，儿童、青少年觉得可信，那么此类故事是可以引发他们内心的真实反应的。

也有学者质疑，发展阶段是否有逻辑上的必然性，即发展达到的新阶段是否必然优于原阶段。对此，科尔伯格及其支持者认为，道德发展阶段原本就是日常道德生活中经验事实的反映，只要相信所有人都有自我实现的需要，那么当需要确立评判行为好坏的道德标准时，我们就无法避开以道德水平为标志的层级或阶梯，故逻辑上新阶段就会优于原阶段。

还有学者质疑，心理发展到了高级水平在道德上是否就能达到美德阶段。对此，科尔伯格及其支持者指出，所谓发展，其实无论是生物的还是社会的和心理的，都是朝向以社会生活为背景、形式和功能均更为统整的终极目标前进的过程，故心理发展达到高级水平应该是反映了一个人在力求满足社会美德对自己的要求。

（二）若干进展

在科尔伯格之后出现了若干重要的研究进展。如，在方法技术方面，有雷斯特（J. Rest）开发的确定问题测验（Defining Issues Test，DIT），林德（G. Lind）和威根赫特（R. Wakenhut）研制的“道德判断能力测验”，吉布斯等人（Gibbs et al.）研发的社会道德反映测验（Social Reflection Measure，SMR），卡罗等人（G. Carlo et al.）研制的“亲社会道德推理测验”，还有我国李伯黍、顾海根编制的“上海地区青少年道德判断能力测验”，这些都可以用来测量和研究个体道德发展。

又如，在研究取向方面，吉莉根（C. Gilligan）指出先前的研究均聚焦于“公正”取向，这是因为研究时在厘定主题、编撰故事、选择被试、分析结果等方面带有偏向男性的明显倾向。她在深入研究后指出，道德发展还存在着“关爱”的取向，女性尤为明显。

再如，美国学者特里尔（E. Turiel）、南希（L. Nucci）等人指出，道德发展和教育要注意与习俗领域、与个人领域之间的区分。道德发展涉及规范，而规范不仅与道德有关，也与习俗、个人有关，这就形成了不同的领域。道德领域，其规范与人们的福利和基本权利有关，如不能撒谎等；习俗领域，其规范与特定社会情境相联系、需要社会人员共同认可，能使有关社会活动有序运作，如婚嫁时的礼仪等；个人领域，主要是那些相对私密的、只影响自我的事务，如闲暇活动等，个人事务无所谓对错，处于社会规范之外。

第四节　道德认知的教育

关于道德认知的教育，可以从帮助学生正确理解和掌握道德观念、提高道德因果关系的认识、发展道德判断能力诸方面进行。

一、正确理解和掌握道德概念

（一）了解学生对道德问题的看法

进行道德教育应该首先了解学生实际在想什么，想的理由是什么，怎样看待自己的行为。因为，对同一社会道德问题，处于不同阶段的学生会有不同看法。对此，可以用直接询问、故事投射两种方法来查询学生的看法。

(1) 直接询问。以某一道德观念为主题，直接提出问题请学生回答，根据学生的回答再跟进询问，查明他们的理解状况和真实想法。直接询问类似医生问病情、查病史，带有诊断性质。运用这类方法要求具有高度的教育敏感性、深邃的智慧和广博的知识。

(2) 故事投射。如果难以获得学生对社会道德问题的真实看法，可以运用故事投射的方法，从学生对故事主人公的投射性反应中可以间接地考察他们的道德观念。当然，故事的内容应该是学生生活中发生的道德问题，能引发他们的真实想法，以获得比较真实客观的结果。有时，可以把这类故事编成纸笔测验的形式，在较短时间内获得较多的资料。

（二）启发学生反省道德经验

一个人道德品质的形成，既不是德性从内部自然展现的过程，也不是被动接受外部灌输的结果。它是自我与现实相互作用下，一个人的道德经验不断结构化的过程。道德教育如果不能引发学生自身的道德经验，从内部激起认知上的矛盾冲突，产生一种重建自己道德经验结构的需要，那么学生就会忽视、甚至拒绝这样的道德教育。所以，道德教育要帮助学生反省自己的道德经验。

随着道德实践的日益增加，青少年学生已经积累了丰富的道德经验。同时，由于青少年学生自我意识的迅速发展，他们每个人都已学会了把自身当作评价的客体。我们应该充分利用青少年学生的这些特征，帮助他们通过日记、周记或作文等作业来反省自己的道德经验。我国古人"吾日三省吾身"的修身体验，就是从个人自身做起的。

我们还可以提出与学生心理发展水平适应的道德情境和道德问题，让学生结合自己的道德经验，通过多种活动形式，如课堂讨论、知识竞赛等，组织他们反省追忆，从而转变他们的思想观念。

二、提高道德因果关系认识

（一）两类道德因果关系

在日常生活中，我们想要正确评价某人的行为，就必须要正确地了解此人行为的前因与后果。明了道德事件的因果关系，才会有助于做出正确的判断。就道德因果关系而言，有规定性和描述性两类。

规定性道德因果关系，是指一个人在道德生活中应当或不应当去践履的那种道德关系。这种规定性对于某个真心接受的人来说，具有律令性，它指令一个人“应该”或“不应该”做什么。如，“俭以养廉”、“己所不欲，勿施于人”等。

描述性道德因果关系，是指那种不具有规定性的道德关系陈述，它纯粹是描述性的。许多有关的道德事件或事态的陈述，都可以推出此类道德上的因果关系。如，如果一开始就向对方表示歉意，说声“对不起”，那么就可能得到对方的谅解。描述性道德因果关系只是描述性地陈述“是”或“不是”这样的行动。此类道德因果关系虽然并不能规范一个人的行动，但它能为人们面临特定道德情境时提供认识和行动的基础。

（二）用不同方式提高道德因果关系认识

一般来说，提高学生规定性道德因果关系认识，是要以德目（或行为规范）为中心来规范学生的道德行为。我国传统道德教育，一般以圣人君子的嘉言懿行作为德目来规范道德认识和行动。今天，传统美德条目在赋予时代特点后仍应予以确立，同时还可以结合实际情况拟订更为具体的行为规范、守则、公约。如果我们能以提高学生道德因果关系的认识为基点，那么确立德目或拟订行为规范的教育措施就会取得良好效果。

提高学生描述性因果关系认识，是要按道德关系的认识特点来提高行为决策水平。描述性道德因果关系也是人们决定行动的基础。这类道德因果关系在学生生活中时时处处发生着，教师可以通过用心观察，也可以设置投射性问题，收集、分析学生的认识特点，在此基础上可以有针对性地通过引导来提高他们的决策水平。

三、发展道德判断能力

道德认知发展理论认为，道德认识对道德发展具有引导机制，道德教育的核心是发展道德判断能力。

科尔伯格及其合作者在道德教育实践中提出了以下发展道德判断能力的模式：

（一）小组道德讨论

学者布莱特（M. Blatt）通过研究发现，人们的道德认知具有偏好或喜爱指向比自己高而且只高一个阶段的道德陈述的自然心理倾向。这被称为布莱特效应，在此基础上发展出了道德教育的小组讨论模式。

该模式有三个要素：(1) 课程要素。小组讨论的内容是能够引起学生认知冲突的道德两难故事，它们一般是反映学生生活中人与人、人与群体之间各种权利与义务矛盾冲突的道德问题或事件。

(2) 班组要素。小组由处于不同发展阶段的学生混合组成，每个成员能够接触到高于自己阶段的道德推理，使自己原有道德经验结构能得以触动，进而产生道德阶段向上发展的倾向。

(3) 教师行为要素。教师具备道德发展的理论知识，了解学生发展的年龄特点，能够像一位“精神助产士”那样循循善诱，启发学生自主思考、主动沟通、坦诚交流。

实践表明，这一模式能有效促进道德认知阶段的向上发展，也能在一定程度上促进道德行为趋于成熟。

(二) 社区民主管理

20世纪70年代，科尔伯格和他的合作者在美国的6所普通中学施行这一道德教育模式，遴选了6位教师和60名学生进行试验。这些学生主要来自专业技术人员家庭、工人家庭，有些是问题儿童。对这一“社区”的教育过程引进了民主管理结构，即制度、规定、纪律、准则等均由全体成员讨论制定，发生的任何矛盾冲突均由“社区”来裁定解决，有点类似柏拉图的理想国。

经过这一社区民主管理模式的教育，参与者学生的集体意识大为提高、思想行为发生积极变化、道德认识水平普遍有所提高、原有的道德阶段出现上升发展的倾向，其中问题儿童的不良行为得到了矫正，成为集体活动的积极参与者。

值得指出的是，这一民主管理结构的模式对班、队、团组织，对各种形式的夏令营、度假、郊游等活动均很有启示。

(三) 形成道德氛围

道德氛围指的是学校、家庭和社会三方面环境中的道德气氛。青少年的道德发展和价值观念的形成大多会受这种道德氛围的潜移默化的影响。这在科尔伯格道德教育实践中属于隐性课程的模式。

要形成道德氛围需要做到以下两点：

一是，组织学生参与学校、家庭和社会的道德活动，使他们在道德实践中能懂得设身处地、推己及人，能学会从他人的角度进行自我反思。这样的活动机会越多，对学生的道德发展就越有利。

二是，提高学生所在学校、家庭和社区机构的道德原则水平，按照特定的道德准则实施奖励与惩罚、分配权利与义务，这些场所、机构的内部成员越是公正或公道，这些场所、机构的道德氛围就越好。

此外，科尔伯格及其同事还提出运用模拟（simulation）、指导学习（didactic study）、观察和参与（observation and involvement）三种方法来提高学生的道德判断能力。在把道德教育与学科教学有机结合，把道德教育从中小学扩及其他各类学校和机构，如寄宿制学校、大专院校、少年教养所、监狱等方面，他们也进行了卓有成效的探索。

小结

当社会的道德规范、准则成为个体自身人格品质的一部分时，它就成为个体的道德品质或品德。道德品质的发展即道德发展是个体心理发展的重要方面。道德认知是品德的重要心理要素，其发展是道德发展的重要方面。

皮亚杰对儿童道德判断的研究涉及儿童的道德起源、行为责任和各种公正观念，具有开创性意义。他揭示了儿童道德发展处于他律水平和自律水平的表现，并分析了儿童道德发展从他律水平向自律水平发展的原因，这一分析对儿童道德教育富有启示。

科尔伯格通过研究，提出了道德认知发展阶段理论，描述了个体经历三个水平、六个阶段的道德发展模型，指出了道德认知发展的阶段特征。在道德教育的实践方面，科尔伯格及其同事还开展了富有启发意义的探索。

在道德教育方面，我们可以从帮助学生理解掌握道德观念、提高道德因果关系认识、发展道德判断能力三个方面来促进学生道德认知的发展。

思考题

1. 按认知发展心理学观点，个体道德品质形成有哪两个过程？道德认识如何检测？

2. 皮亚杰指出，个体道德从他律水平向自律水平发展有何原因？对教育有何启示？

3. 科尔伯格的道德认知发展模式有哪些水平、阶段？发展阶段有何特征？

4. 提高道德认识的教育可以从哪些方面进行？

5. 概述认知发展理论为何重视发展道德判断能力的道德教育。

6. 概述如何开展提高道德判断能力的教育。

第7章

道德情感的发展与教育

内容提要

◎ 道德情感是道德心理的另一构成要素，其发展是个体道德发展的又一重要方面。

◎ 道德情感有各种形式，品德心理着重研究移情以及内疚、羞愧、宽恕等几种特殊的道德情感。

◎ 通过提高认知能力、重视早期教育、利用美育和教师示范可以促进道德情感的形成。

◎ 移情、内疚、羞愧、宽恕等与一个人的道德情感的形成密切相关。

主要概念

道德情感，移情，内疚，羞愧，宽恕

第一节　道德情感概述

一、道德情感的含义

情感，在心理学领域中是既被频繁使用但又缺乏确切而公认之定义的一个概念。但大家共同认同的是，凡情感必为主体在主观上有所体验、必使主体处于特定情绪的负荷状态。

道德情感，是人的情感的一种高级形式。道德情感与道德体验有关，是一个人因道德需要满足与否而引发的内心体验，是人们根据社会道德规范评价自己和他人的言行时有所体验的一种情绪状态。

上述定义告诉我们：道德情感非一般情感，而是与理智感、审美感一样均为人的高级情感；道德情感与一个人的道德需要有关，由于需要决定了动机、动机决定着行为，所以道德情感与人的动机、行为有关；道德情感既与社会的道德要求有关，也与个体的道德评价有关。可见，道德情感是个体道德品质中较为复杂的心理要素，是人的道德认知和行动的重要的内部驱动力量。

在心理学领域，与道德认知、道德行为相比，情感方面的科学研究相对较为滞后，一般的经验思辨多于科学实证。其原因，与情感自身较复杂、研究难度较高密切相关。如，对情感的测量就比对认知或行为的测量更难，测量工具远未得到较理想的解决，测到的未必是情感，或测到的情感反应缺乏生态效度。社会性意义和价值意义极强的道德情感更是如此。

二、道德情感的类别

道德情感可以从内容、形式两方面进行分类。在内容上，道德情感有公正感、责任感、义务感、友谊感、荣誉感等。可以说，生活中有多少道德观念就有多少相应的道德情感。

在形式上，道德情感按照体验形式通常可以分为直觉性的道德情感、形象性的道德情感和伦理性的道德情感三类。

直觉性的道德情感，是由情境直接引发的一种情感。其特点是产生迅速、对行为具有迅速定向的作用。如，目睹他人的见义勇为行为，会油然而生一股激情并愿助其一臂之力。

形象性的道德情感，与具体的道德形象相连，是通过形象思维发生作用的一

种道德情感。其特点是生动具体、感染强烈，是道德行为的强大动力。如，文艺作品或大众传媒中的特定人物形象会引发人们的情感共鸣，会产生强烈的道德情感体验和行为倾向。

伦理性的道德情感，是一种在认识了道德理论基础上产生的自觉的、概括性的情感，是最高形式的一种道德情感。其特点是具有稳定性、深刻性和持久性。如，有德性修养的人在生活中会恪守信奉伦理原则，一旦违背就会自责内疚。

随着心理学的发展，有几种重要的情感如移情以及内疚、羞愧、宽恕等在道德情感领域日益受到关注，本章第二节将对此予以专门介绍。

三、道德情感的作用

列宁曾说过，没有“人的感情”，就没有也不可能有人对于真理的追求。没有道德情感，就没有人对道德品质或德性的追求。

道德情感，是一个人道德品质结构中的重要因素。可以说，没有道德情感就不会有正常的道德生活，也不会有和谐的社会和人类的发展。从与德性结构中其他心理要素的关系考察，道德情感的作用主要有以下两方面。

（一）道德情感是道德认识的激发力量和驱动力量

首先，道德情感对道德认识具有一种动机激发的作用，它能促使一个人去努力掌握有关的道德知识、主动积极地接受某种道德教育，促进道德知识的系统化并进而转化为道德观或道德信念。道德情感的这种激发功能常常是影响道德教育实效性的关键因素。

其次，道德情感对道德认识具有一种驱动作用，它使一个人在接受道德观念和道德准则之前带有某种特定的倾向性。这种倾向性会促使个体乐于接受某种道德观念和准则，而不愿意接受另一种道德观念和准则，或者乐于接受某个人的道德教育，而不愿意接受另一个人的道德教育。这类倾向性正是道德情感驱动作用的表现。

（二）道德情感的认识对道德行为具有调控作用

道德情感的认识，是指一个人对自己和他人之道德情感的觉知和理解。

人的情感具有信号功能，人们通过情感表达可以彼此了解各自的心理活动和心理状态，双方相互感染和影响。这种情感信息的交流对于人类的社会生活具有重要的意义。

在道德情感交流方面，个体首先要对自己和他人的道德情感能够及时觉知，即要具有一定的道德敏感性，然后要在觉知的基础上通过道德推理和判断来理解道德情感的真正意义。舒瓦茨（S. Schwartz）发现，在生活中人们面对他人表情做出的反应有很大差异，有的要在他人表现出十分明显的痛苦表情时才会对自己行为的影响有所认识，有的则能“见微知著”，能悟出他人一颦一蹙之细微变化中的含义。

无疑，人对道德情感的认识水平对道德行为起着调节和控制作用。有研究表明：那些能确切地辨别他人情感的小学生更能与他人合作；与普通人相比，罪犯的道德情感认识能力就明显较低。

第二节 若干重要的道德情感

在道德情感领域，近期研究表明移情以及内疚、羞愧、宽恕等与一个人德性的发展有着密切的关系，它们日益受到品德心理研究者和道德教育工作者的关注。

一、移情

（一）移情、道德移情的含义

移情，作为心理学的一般用语，是指在人际交往中人们彼此之间在情感上的相互作用。

移情，是一种间接性的情绪。人的直接性情绪，是刺激事件直接作用于个体自身的结果；间接性情绪，是刺激事件作用于他人身上而个体在感受后随之而产生的，是对他人而非本人情境的一种移入式反应。

移情，是一个人感知到对方的某种情绪、而自己也能体验到相应情绪的结果。移情，体现了一个人把自己置于另一个人的位置上去思考、去体验的能力。

当移情使个体产生具有道德意义的行为动机时，它就成为道德移情，即霍夫曼（M. L. Hoffman）所说的移情性道德感（empathic moral affect）。

道德移情与一个人移情性情感唤起的发展有关，也与一个人认知能力的发展有关。个体最初的移情性情感唤起是自动的、不随意的，不具有道德含义，如新生儿听到其他婴儿哭叫就会跟着哭叫。随着个体成长，通过使用语言和换位思考之类的认知活动可以激发人的移情性情感唤起，此时它会具有某种道德意义。当

面对他人遭遇到不幸如处于痛苦、危难等情境之中时，这样的情感唤起要成为一个人的道德移情就与其社会认知能力的发展有关了。

（二）道德移情的发展

道德移情的发展与上述情感性唤起和社会认知能力的发展有关，其发展阶段如下：

第一阶段是普遍性移情。个体不能意识他人与自我之间的不同，最简单的情绪唤起方式就能引发对他人不幸的体验，且如同自己也遭遇了不幸。

第二阶段是自我中心移情。能区分自我和他人，能形成自我的和他人的不同表象，但不能区分自我与他人不同的内部心理活动和状况，并认为他人的内部心理活动和状况是与自己一样的。

第三阶段是对他人情感的移情。随着使用语言和角色承担能力的发展，个体能够关注他人的不幸及相应的内心焦虑，能对涉及他人真实情感的诸多信息或线索做出反应，引发移情性情感。

第四阶段是对他人生活状况的移情。进入童年后期，一个人能从更为广阔的生活经历来感受他人的不幸或愉悦，他人当前的不幸会引起一个人的移情反应，当认识到他人长期蒙受不幸又不合情理时这种移情反应将变得更加强烈。

（三）道德移情的功能

移情，其本身具有亲社会动机的性质，它能引发助人行为、抑制攻击行为。我国的有关研究表明，移情与亲社会行为有显著的正相关，即与移情水平低者相比，移情水平高者会表现出更多的亲社会行为。

移情，是自我与道德行为之间重要的中介变量。当有人处于各种痛苦、烦恼的情境并需要外界施以援手时，一个人能否移情或具有多大的道德移情能力决定着他能否表现出相应的道德行为。当一个人能从痛苦者、受困扰者的角度看待他们的问题、明确他们情绪表达的意义、产生相应的情感体验，这个人就会更倾向于表现出利他的道德行为。反之，如果一个人不能移情，即如果不能承担痛苦者、受困扰者的角色，不能设身处地从他人的处境出发来思考和体验，这个人就可能会对需要帮助者或是冷漠、或是误解甚至贬低，认为他们是“咎由自取”、与己无关。

同时，移情还是内疚、羞愧、宽恕等道德情感的基础，即个体的道德移情是决定其能否产生内疚、羞愧、宽恕等道德情感的一个必不可少的重要条件。

可见，移情在人的德性发展和道德生活中十分重要，在某种意义上它是道德发展的基础、会伴随个体德性的发展而发展。

二、内疚/内疚感

（一）内疚/内疚感的含义

内疚/内疚感，是个体反省自身的行为违反了道德准则或伤害了他人而愿意承担责任时产生的一种消极的内心体验。

内疚/内疚感的体验可以是清楚的、自知自觉的，也可以是模糊的、仅是一种飘忽的焦虑之感。内疚/内疚感可以是轻微的、瞬息即逝的，表现为一种良心上的懊恼，也可以是由自我评价引起的长期持久的痛苦折磨。

内疚/内疚感何以产生？人们对此看法不一。有人认为，内疚/内疚感是一种基本情绪，是不学而能的、生物进化的结果，当一个人意识到违背了自己的行为准则时内疚/内疚感就油然而生。

有学者认为，内疚/内疚感是童年早期受父母惩罚引发的焦虑反应，反映的是对外部权威惩罚包括爱的丧失等的一种恐惧，这种焦虑或恐惧是“自我”不服从“超我”和“自我”不能约束“本我”而指向个体内心的结果，这种焦虑与道德准则联系时就是道德性焦虑。

有观点认为，内疚/内疚感是个体良心的发现，是个体觉知到自己应该对消极行为负责而产生的痛苦体验，是一种自我执行的惩罚，是良心使然。

也有观点认为，内疚/内疚感与人际交往有关，是在人际交往中意识到了伤害他人的事实后产生的一种消极体验。

有人认为，内疚/内疚感来自认知性的自我评价，是在评价了自己行为对他人影响的基础上意识到应该负有责任的结果。

还有人认为，内疚/内疚感的产生有两个要素，一是情感要素，即对他人痛苦的移情性反应；二是认知要素，即觉知到了自己应对这一痛苦负有责任，后一认知要素具体说又涉及对行为因果关系、对行为选择和控制及对道德准则的觉知。

可见，对内疚的阐述丰富而多样，但可以肯定的是，内疚常常与不道德或自私行为的发生密切相关，也与一个人的社会交往、认知和情感水平有关，更与个体良知即内化了的规范准则相联系。内疚或内疚感的消极体验是指向个体内部的，其来源强调的是个体的行为及其相应的规范，即一个人做了自己认为不应该做的不道德行为、或没有去做自己认为应该做的道德行为。

（二）内疚/内疚感的发展

人的内疚/内疚感并非生来就有，其发展是一个渐进的过程，受个体认知和移情的发展水平所影响和制约。

在婴儿期和幼儿早期，婴幼儿会因自己的行为造成别人哭泣而表现出类似内疚/内疚感的反应，但他们还不具有觉知到他人和自己内心状态的能力，不能把自身与受害者加以区分、不能断定自己的活动肯定伤害了他人，故此时的类似内疚/内疚感的反应尚不属于真正的内疚/内疚感。

4～5岁时，随着对他人内部状态觉知能力以及移情能力的发展，他们开始理解行为规范和要求，开始据此认识自己与受伤害者之间的关系，会因自己对他人造成的伤害而感到内疚。当然，此时他们所理解的道德要求还没有内化为自身的准则，其内疚/内疚感尚处于较低的水平。

6～8岁时，随着社会交往和社会化的发展，他们会发展出具有真实交往价值的内疚/内疚感，即会因为没有在人际交往中履行自己的义务或承担责任包括没有能够彼此互惠而表现出内疚/内疚感，并且继而会积极努力来予以弥补。

10～12岁时，随着自我意识和道德水平的提高，他们开始具有维护自身道德准则的内部力量，一旦他们觉知到自身行为违背或不符合道德准则时就会导致消极的内心体验，内疚/内疚感油然而生。甚至有时没有外部活动，只是觉得内心的想法违犯了准则或与“理想自我”背离时，一个人也会感到内疚。

需要指出的是，在童年早期，伤害的严重性常常是决定内疚/内疚感产生及其强度的唯一因素。进入童年后期，伤害的严重性和伤害行为的选择性、可控性共同决定着内疚/内疚感的产生及其强度；到成人期，伤害行为的选择性和可控性成为内疚/内疚感产生的基本因素。

（三）内疚/内疚感的功能

内疚/内疚感对人的心理、行为的影响很大。通常，内疚/内疚感一旦产生，就能立即转化为采取补偿行为的动机力量，促使一个人道歉、认错，并导致对受害者给予帮助以弥补过错或失误。内疚/内疚感之所以被认为是一种很有道德价值的情感，就因为它具有这种积极的社会意义。

内疚/内疚感能推动个体社会责任感的发展和心理上的成熟。一个人如果有内疚/内疚感，表明其内心已经具有特定的行为规范和准则，是一个有特定道德理想、能在道德上做出自我谴责的人，即通常认为的有良心和良知的人。

面对情境和自身行为，一个人应该内疚却不感到内疚或内疚微弱，是其德性发展存在着问题的反映，无疑会对其德性发展带来消极影响。同时，应该内疚却不感到内疚或内疚微弱，会使一个人不顾及甚至不考虑他人的利益和感受、伤及人际交往和人际关系，不利于个体适应社会生活。

需要指出的是，过度而持续的内疚/内疚感如果脱离生活现实也是不健康的，如总是把过错归咎于自身的自责倾向，就会使人长期生活在压力、紧张和痛苦中，不利于甚至危害人的身心健康。

三、羞愧/羞愧感

（一）羞愧/羞愧感的含义

羞愧/羞愧感，是个体知觉到自身行为达不到自己的理想要求时产生的一种消极的内心体验。羞愧/羞愧感，也会导致一个人的自我谴责，这不仅因为他认识到自己的缺点和不当行为，或认识到自我与理想之间的差距和矛盾，还因为他能反省对他人和社会造成的不良影响。

与内疚/内疚感一样，羞愧/羞愧感也指向个体内部。但是，内疚/内疚感主要源于违反了自己认同的道德规范，而羞愧/羞愧感主要源于对自身有关表现“不称职”而感到“丢人”、“丢脸”的觉知和评价。

如果说内疚/内疚感主要与人所认同的规范准则有关，那么羞愧/羞愧感主要与人所具有的能力有关。如果说内疚/内疚感主要基于对自我的认知和评价，那么羞愧/羞愧感或多或少与来自外界的评价或自己对外界评价的觉知有关。如，当一个人在高雅宴会上用错了刀叉，此时感受到的紧张和压力多少是与外界环境有关的，他因此会感到羞愧，但并不会内疚，因为他觉得自己并没有违反什么道德标准，只是自己感到或认为别人会感到他没有像其他人那样恰当使用餐具、在众人面前丢了丑而已。

（二）羞愧/羞愧感的产生

羞愧何以产生？有人认为，羞愧也来自认知性的自我评价，是在认识到自己对他人影响的基础上评价了自身的能力问题及应负责任的结果。有人认为，羞愧来自环境给予的评价，是一个人在感知到他人和社会的评价的基础上出现的一种情绪反应。

个体何时有羞愧感？我们如果把脸红和眼睛下视作为羞愧的生理性反应，那么羞愧可以说是与生俱来的。但是，一般认为，个体到两岁时才会出现认知性的羞愧情绪，这与儿童能否同化他人要求有关，与羞愧体验需要以自我评价和自我价值感为基础有关。随着儿童的成长，他们逐渐觉知到自己“是什么样”与“想要成为什么样”之间的距离，这样产生羞愧/羞愧感的次数会随之增多、强度会随之增加。进入青春期，个体特别关注自我评价、关注他人对自己的评价，所以青少年的羞愧感极易产生，且一旦产生就极为强烈。

（三）羞愧/羞愧感的功能

羞愧/羞愧感对个体具有动机功能，它能促成或增强一个人的退缩行为和抑制行为，使人表现出相应的逃避、隐藏、后退以及试图掩饰自我的行为。一般而言，在提倡自尊、追求自我完善的文化氛围和社会环境中，羞愧/羞愧感是个体自我反省、自我激励能力的一种表现，它能够起到积极作用，促使个体努力去自我控制，如抑制不良行为、促成亲社会行为。

需要指出的是，羞愧及其引发的后继心理活动也可能导致消极的意义。如，一旦羞愧产生而没有获得积极的回应如得到同情，羞愧者除了可能由于“面子问题”而试图掩饰或者回避痛苦，也可能会表现出愤怒和攻击行为即“恼羞成怒”来发泄内心不快，这是当事人试图对羞愧进行外归因来修复自我、试图重新获得一种自我控制感的缘故。显然，羞愧的这种防御性反应会抑制个体道德发展的成熟。

四、宽恕

（一）宽恕的含义

20 世纪 70 年代以来，人们认识到完整的德性除了公正、关爱还必须包括宽恕，道德心理学也开展了对宽恕的研究。

何谓宽恕或宽恕感？从经验角度看，受到他人严重伤害的个体通常会与对方抗争，宽恕就是个体停止这种抗争、并无条件地认同和接纳对方的一种情感。从心理要素看，宽恕是一个人不再有报复性的谴责和念头，内心消极情绪逐渐淡化、对立情绪逐渐缓解、中性甚至积极的情绪最终居于主导地位，不会有报复性行动，且可能愿意与对方共同参与某些活动。

宽恕不是忘掉，不等于和解，不同于原谅。宽恕并不是不顾及公正，恰恰相反，个体只有在认清不公正的性质和严重程度后，才有可能发生合理必要的宽恕。当然，真正能够宽恕，同时必须有仁爱之心即具备关爱的德性。

宽恕的特点主要有：宽恕是在受到持续而深重的身心伤害之后个体的一种选择，而非外部强加；宽恕需要时间，它是一个漫长而艰难的过程；宽恕并不以犯过者的悔过为必要条件；宽恕的对象即犯过者的过错并不一定是故意的；宽恕最终会使双方都发生这样那样程度不同的变化。

（二）宽恕的发展阶段

从个体心理活动分析，宽恕的发生在人的心理上是一个经历四个阶段的过程，即伤害体验阶段、伤害认知阶段、尝试宽恕阶段和产生宽恕阶段。研究表明，一个人能否宣泄而不是否认所受的痛苦，能否对现实作正确的认知，能否努力寻求新的应对策略，能否角色承担、移情和认知重组等都会影响上述的过程。

学者艾恩赖特（R. D. Enright）指出，从现象分析，宽恕有六种，且它们具有发展上的层级关系。这六种宽恕是：

（1）报复的宽恕。即只有伤害者受到同样的惩罚才会宽恕。

（2）有条件的或恢复原状的宽恕。即如果能得到失去的才会宽恕，或为了消除因不宽恕而产生的内疚时才去宽恕。

（3）期待的宽恕。即当外界压力要求宽恕时才会宽恕，或为了满足别人的期待才宽恕。

（4）法理要求的宽恕。即出于规则信念的要求才宽恕。

（5）社会和谐的宽恕。即为了减少社会中的摩擦和冲突才宽恕。

（6）爱的宽恕。即宽恕是因为它能发扬真挚之爱、对每个人的真挚之爱不能因为自己受到伤害而改变。

当然，上述六种宽恕的发展性特点和关系尚有待深入系统的研究。

（三）宽恕的功能

众所周知，慎独，即通常所说“人前人后一个样”、“有人没人一个样”，是自我的一种崇高境界，也是古往今来贤者圣人们修身养性的追求。一个人在德性或道德品质上能够慎独更为人们所敬仰和钦佩。

其实，宽恕也是人在德性或道德品质上的一种崇高境界。如果说，慎独指向的是人的内心、是一种求诸己的心理活动、心理状态，那么宽恕指向的则是他人、是一种要在他人身上有所体现和反映的心理活动、心理状态。可见，宽恕对于人的德性发展同样具有重要意义。

宽恕对于建设和谐社会十分重要。如果说公正关注的是理智和判断、关爱关注的是情感和移情，那么宽恕关注的是由于公正、关爱方面的问题所引起的心理矛盾。社会离不开公正和关爱，正是公正和关爱才使社会能够有序运作、才使社会具有亲和力和凝聚力，同时正是宽恕使社会生活中难免会发生的那些不够公正和关爱的矛盾冲突得以消解、或不至于郁结成患。

宽恕对于个体心理健康也同样十分重要。人的心理健康状况与其人际交往、人际关系密切相关。在人际交往和发展人际关系中，人与人之间频繁地相互作用，期间难免会发生不和谐甚至矛盾冲突的情况。有时，这种矛盾冲突可能会对人造成伤害。一个人对伤害事件和伤害者如果能够宽恕，即通常讲的能够大度和包容，这不仅体现了这个人在修养和德性上的境界，也能使其摆脱伤害带来的心结和阴影。一些人在受伤害后缺乏宽恕心理，往往会影响后继心理功能的正常发挥，进而影响自身的心理健康状况。

第三节　道德情感的培养

道德情感可以从多方面加以培养。这里，就心理学视角考察，就道德情感的一般性培养和若干重要道德情感的培养分别提出应该关注的要点。

一、道德情感的一般性培养要点

（一）关注情感在德性培养中的功效

曾有观点认为，德性的心理要素中，情感只是一股力量，一个人的认知活动起着导向作用，决定着其方向和价值。其实，心理学研究表明，情绪与认知两者是相互作用的，认知过程固然能引发并导引情绪，情绪也同样能对人的认知等心理活动施加重要影响。如注意、记忆中就存在着情绪一致性效应，即特定情绪状态下人们倾向于注意和记住与该情绪状态一致的事件，如愉快时会倾向于记住有关愉快的事件、悲伤时会倾向于记住有关悲伤的事件。

近期，认知神经科学的研究表明，一个人的道德思维还离不开其情绪活动，即人在特定情境中的情绪活动会影响其道德推理过程及做出的道德判断。①

因此，在德性培养中，对情感这一心理要素我们应该给予充分重视和关注。

（二）知情结合，促进道德情感发展

通常，道德情感总是在一定的道德认识基础上产生，并随着道德认识的发展而发展。如果人们对某种事物缺乏认识，就不会有对该事物持久的感情。一个人的道德认识水平常常制约着他的道德情感水平，高级的伦理性道德情感总是在个体掌握了道德伦理的基础上才会形成。因此，丰富学生的知识、提高他们的道德认识水平，是促使道德情感不断升华的一条重要途径。

（三）早期教育，培养道德情感萌芽

道德情感的产生和发展离不开儿童早期情绪的健康发展，个体早期经验，如母爱、社会刺激等，对道德情感发展有深远影响。心理学研究表明，婴儿一出生就有了原始情绪，婴儿期出现依恋感、最简单的同情，幼儿早期出现初级道德感。它们只是道德情感的萌芽，但却是今后儿童集体感、友谊感、爱国情感等高级情感发展的基础。

所以，道德情感教育要抓“早”，婴幼儿的自然情感如依恋感、安全感、自

---

① J. D. Greene，R. B. Sommerville，L. E. Nystrom，An FMRI investigaton of emotional engagement in moral judgment，*Science*，2000，(293)：2105－2108.

我认同感、归属感、秩序感等应该尽量予以满足，对儿童的基础性社会性情感要关注并培育，按照由浅入深、由近及远、由己及人的原则，逐步扩展、提高。如，爱的教育可以从“爱妈妈”开始，逐步扩展到爱同学、爱老师、爱学校、爱家乡，最后能够爱人民、爱祖国。

（四）关注美育，陶冶高尚情操

美育，是培养学生正确的审美观念、健康的审美情趣、稳固的审美情操的一种教育实践。

美育通过生动、鲜明的形象在给人以美的享受的同时，能起到陶冶情操的特殊作用，是道德情感教育的有效方式。

学校的美育是通过文学艺术的、大自然的和现实生活中的美来进行的。近代教育家蔡元培认为，美育可以“陶冶吾人之感情，使有高尚纯洁之习惯”。现代教育家苏霍姆林斯基认为，“美是一种心灵的体操——它使我们精神正直，良心纯洁，情感和信念端正”。

（五）教师垂范，发挥情感的感化作用

教育是师生共同参与、相互作用的过程，教师的情感生活、特点及相应的情绪表达对学生影响极大。“用爱来交换爱”，是马克思的名言。教育实践表明，师生之间的情感交流是教育力量的源泉。具体说：教师自身的情感品质及相应的表达对学生具有潜移默化的作用；学生感受到教师的真挚之爱，会激发起对教师的信任感、亲切感，乐于接受其教诲；学生感受到教师的真挚之爱，是他们获取肯定和表扬、鼓励和帮助的重要来源，由此引发的积极情感体验会激励他们奋发向上。

二、若干重要道德情感的培养要点

（一）关于移情

心理学研究指出了移情产生的条件和移情发生的机制。这里，据此提出相应的道德移情的培养要点。

移情产生的条件有三：对他人情绪情感的觉知；对他人情绪情感之情境的认知；具有相应的情绪情感的体验。据此，在一般性情绪情感发展的基础上，道德移情的培养应该：努力让儿童去注意、感知人们面对道德问题时所表达或显露的情绪情感，并有所体悟；努力让儿童去注意、感知人们面对道德问题时所处的特定情境，并体悟情境与相应的情绪情感之间的关系；努力组织适合儿童年龄特点的各种活动以丰富他们的经历，并体悟自身的感受。

移情发生的心理机制涉及条件反射、模仿、直接联想、象征性联想、角色承担以及它们之间的相互作用。据此，在一般性情绪情感发展的基础上，道德移情的培养应该：努力安排能导致道德移情的环境刺激，如高兴时可以让儿童与自己一起手舞足蹈、悲伤时让儿童与自己一起垂头丧气；努力提供道德移情方面的榜样示范，如组织儿童观看面对各种道德问题或事件时人们所表现和显露出的各种情绪情感；努力促成当前活动、事件与后继道德移情之间的直接联想，如做了助人好事后要求想象受助者会有的想法和感受；努力利用各种信息促成对当前活动、事件与后继道德移情之间的象征性联想，如利用各种媒体让儿童想象其呈现的信息所表达或蕴涵的情绪情感；努力为儿童提供角色承担的机会，如开展各种活动让儿童承担不同情境中各具特定道德情感的角色。

（二）关于内疚/内疚感

个体从具有懵懂的内疚/内疚感发展到成熟的内疚/内疚感受着诸多因素的影响。其中，对道德规范的认识、对行为结果的认识、对行为动机的认识、对行为改善的认识等对内疚/内疚感的发展有着重要影响。

据此，内疚/内疚感的培养应该：重视道德规范的教育，解决好“明善”的问题，让学生真正懂得什么是应该的和善的、什么是不应该的和恶的；重视对行为后果的认识，让学生懂得具体行为尤其是不当或错误的行为会导致不良性质的后果；重视对行为动机的认识，让学生懂得考察具体行为背后之动机意向的重要和必要，只有把握行为的内在原因才能更好地理解人们的具体行为；重视对行为改善的认知，让学生认识到“知过则改、善莫大焉”的道理，树立“问过则改”的决心。

关于内疚/内疚感的培养，霍夫曼提出的虚拟内疚值得重视。通常的内疚，是伴随着实际伤害行为或违规行为而发生的，又叫违规内疚。霍夫曼发现，生活中尽管自己没有伤害他人或没有违反道德规范，但如果觉得问题和事件可能与自己间接有关，这时所引发的内疚感就属于虚拟内疚。如在亲密关系中，一方会因另一方不明原因的悲伤而引发内疚；又如在隶属关系中，领袖或组织者会因成员受意外伤害而产生内疚；还如在发展过程中，有突出成就者会因自己使同龄人相形见绌而感到内疚；再如，突发紧急事件后，有人会因他人伤亡而自己幸存而导致内疚。

显然，具有虚拟内疚的人必然更易于产生违规内疚，而虚拟内疚与一个人的人际关系、过去经验、移情能力和道德水平密切有关。故可以从密切人际关系、增进团体凝聚力、丰富经历体验、提升移情能力和道德发展水平来促进人的虚拟内疚。

（三）关于羞愧/羞愧感

羞愧/羞愧感受个体内外两方面因素的影响，内部因素有自我关注、自尊水平、移情水平等，外部因素主要有旁观者特点、发生情境等。据此，道德羞愧/羞愧感的培养可以从关注上述因素入手。

自我关注，是个体对自我身心状况的意识、关心和专注，这方面的能力是个体产生羞愧/羞愧感的一个基本条件。自我意识的发展则是自我关注的前提。年幼个体的自我意识尚未发展，其害羞表现实质上是恐惧的流露而非内心的羞愧。随着自我意识发展，年长个体才会有不同于恐惧的羞愧之心。为此，羞愧/羞愧感的培养要考虑儿童的年龄发展特点，同时当个体自我意识发展后则需跟进培养其自我专注的能力。

自尊，是个体对自我价值和自我接纳的总体感受和评价。自尊水平，反映了一个人是否有人生理想、反映了自我期待程度的高低。研究表明，面对同样的道德情境或问题，自尊水平高者更容易产生羞愧/羞愧感。据此，应该帮助学生树立符合社会道德规范的人生理想、确立适合自身主客观条件的自我期待。

移情，作为一种共鸣性情感，离不开过去的经验，也需要把现在与过去、自己与他人相互联系。因此，面对相同的情境，移情水平高者更会"由己及人"或"反求诸己"，容易产生羞愧/羞愧感。据此，可以通过促进移情能力来培养学生的羞愧/羞愧感。

一般情况下，有旁观者比没有旁观者更容易引发人的羞愧/羞愧感。同时，旁观者在一个人心目越有地位就越容易使人产生较为强烈、持久的羞愧/羞愧感。与旁观者的关系较为一般即既不陌生也不很熟悉时一个人的羞愧/羞愧感容易产生或更为强烈。还有，一般情况下，公开场合比私密场合、有意义事件比普通事件更容易引发人的羞愧/羞愧感。据此，羞愧/羞愧感的培养要注意环境中的其他人员及其与当事人的关系、要注意环境的性质和发生的事件及其对当事人具有的意义。

另外，羞愧/羞愧感的培养中，引导学生建构理想自我的同时，要正确面对已经或可能产生的羞愧/羞愧感，并予以恰当应对。

（四）关于宽恕

宽恕，对于人的德性发展和心理健康有重要影响、对于社会和谐也具有积极的意义，进行宽恕的培养和教育显得非常重要，有人提出将宽恕教育作为学校道德教育的一项重要内容。

一方面，我们要看到宽恕的心理因素众多、过程复杂，因此对其培养的难度较高。另一方面，也要看到宽恕之产生还是有人性基础的，因为人类有社会集群性的特点，也存在着避免复仇并追求和睦的自然心理倾向。

如前所述，宽恕是以公正为前提的，缺乏公正感就不会产生合理的宽恕。当然，要真正做到宽恕，一个人还必须有仁爱之心即具有关爱的德性。所以，宽恕的教育要关注公正、关爱品德的培养。

宽恕，总是在发生了受伤害事件之后。宽恕的教育，首先，要及时引导有关个体对受伤害后是宽恕还是不宽恕两种后继状况加以比较。这一比较要尽可能全面和完整、要尽可能兼顾当前和未来、要合乎心理逻辑和生活情理。一定要在帮助当事人权衡利弊后再做出宽恕的抉择。然后，要跟进辅导有关的方式方法，帮助当事人把宽恕的想法和心态转变为生活的实际行动。

小结

道德情感，是指一个人因道德需要满足与否而引发的内心体验，是人们根据社会道德规范评价自己和他人之言行时体验到的一种情绪状态。道德情感，是人的情感的一种高级形式，也是个体道德品质的重要心理成分。

从内容考察，存在多少道德观念，就会有多少相应的道德情感，如公正感、责任感、友谊感等。从形式考察，道德情感有直觉性的、形象性的、伦理性的三种。

道德情感对道德品质的形成具有重要意义，它是道德认识的激发力量和驱动力量，对道德情感的认识能够对道德行为起到调控作用。

移情、内疚、羞愧、宽恕，是几种重要的道德情感。移情，是指人际交往中人们彼此之间在情感上的相互作用。内疚，是个体反省自身行为违反了道德准则或伤害了他人而愿意承担责任时产生的一种内心体验。羞愧，是个体觉知到自身行为没有达到自己理想要求时产生的一种内心体验。宽恕，是在受到他人严重伤害后，一个人能够停止抗争报复转而认同并接纳对方的一种情感。

移情、内疚、羞愧、宽恕均各有其发展过程，对人的道德品质的形成和发展都具有独特的重要功能。其中，移情发挥的作用尤为突出，它是其他几种特殊道德情感的基础。

道德情感的一般性培养，要重视情感在德性培养中的重要地位和作用；要着力提高道德认识特别是道德推理、道德判断的能力；要关注早期教育，为道德情感的发展奠定基础；要利用并渗透于美育，陶冶高尚情操；要率先垂范，发挥教师情感的感化功能。

移情、内疚、羞愧、宽恕等几种重要道德情感的培养，均各有其自身应该关注的要点。

思考题

1. 道德情感通常有哪几种形式？
2. 概述移情、内疚、羞愧、宽恕几种重要道德情感的含义。
3. 概述移情、内疚、羞愧、宽恕几种重要道德情感的功能。
4. 道德情感的一般性培养应该关注哪些要点？
5. 概述培养移情、内疚、羞愧、宽恕几种道德情感时分别应该关注的要点。

第8章

道德行为的发展与教育

内容提要

◎ 道德行为是道德心理的又一构成要素，其发展也是个体道德发展的一个重要方面。

◎ 道德行为的发生经历了解释情境、做出判断、道德抉择和履行道德行动计划四个心理过程。

◎ 关于道德行为存在着行为主义、认知发展、社会学习和整合等多种心理学观点。

◎ 观察学习有注意、保持、复现和动机四个过程，分属于获得和操作两个阶段。

◎ 观察学习对行为能起到示范、消退、抑制和去抑制的作用。

◎ 思维表征、自我管理对道德行为能发挥特定的重要作用。

◎ 选择好榜样、组织好呈示、控制好变量，能使榜样发挥良好的教育功能。

◎ 把握好自我管理的有关环节能够提高行为的自控能力。

◎ 矫正不良行为，要分析原因、把握心理因素、运用相应的方法。

主要概念

道德行为，道德行为四过程模型，道德敏感性，道德抉择，观察学习，思维表征，自我管理，行为矫正

第一节　道德行为发展概述

道德行为，是人的道德品质的又一重要构成要素。考察一个人的道德面貌，除了要看他有怎样的道德认识，还要看他有没有相应的行为表现和履行了怎样的道德行动。

一、道德行为发展概述

（一）何谓道德行为

道德行为，一般而言是一个人遵循社会道德规范的行为。从心理学分析，它是在一定的道德认识指引下或（和）在一定的道德情感激励下，一个人表现出来的对他人或（和）对社会具有道德意义的行动。

人的行为受其动机驱使，道德行为则受人的道德动机所驱使。道德动机，是一个人为达到某一道德目的而进行某种活动的驱动力，其基础是人的道德需要。

行动的实施有时需要一个人克服来自外界或来自自身的困难，这就要求行为者具有一定的道德意志。道德意志，是个体坚持排除各种障碍、困难来努力实现社会道德要求和满足自身道德需要的心理过程。

如果每当面临特定情境，相应的行为就会自动发生，这表明该行为已成为了习惯。道德行为习惯，是人在认知基础上习得的、具有自主性和重复性的、符合道德规范和准则的特定活动。

（二）道德行为的心理过程

人的道德行为是一个复杂的过程。它既包括外观的、看得见摸得着的具体行动，又涉及行为者内部的心理活动；它既与道德认识密不可分，又与道德情感紧紧相连；它因受个体之主导而属个体过程，又因受他人和环境之影响而具有社会性。

20 世纪 80 年代，关于个体如何从面对道德问题情境到最终表现出相应的道德行为，美国心理学家莱斯特描述了其整个心理过程。他就这一过程提出的关于

个体道德行为发生的四成分模式如下。

（1）解释情境。

面对发生的具体问题情境，一个人要弄清当前发生了什么、要估计或想象个体可能采取的各种行动及其后果。当把面对的问题情境视为具有道德意义的时候，一个人的所思所行才会与社会的道德要求、与个人的道德需要相联系。能否敏锐地意识到、或在多大程度上敏锐地意识到面临的问题情境的道德意义，反映了一个人的道德敏感性。没有道德敏感性，一个人会忽视甚至无视情境中的道德因素和含义。

（2）做出判断。

在理解道德问题情境后，一个人要进而考虑"应该"的行动方针，要确定什么行为才是道德的？或确定什么行为在道德上是更为可取的？这要求对特定的具体道德情境做出应该做什么的判断，这一过程主要是与道德判断有关的问题。

（3）道德抉择。

对情境做出道德判断，明确了应该做什么之后，一个人进而要决定行动计划，这是一个事关道德抉择的决策过程。这一决策过程受一个人的道德价值观念或道德价值取向的影响。其间，动机斗争会非常激烈。如果非道德的价值取向和动机富有诱惑力，人的道德抉择就会受其影响，即尽管懂得了"应该做什么"却会发生"未必决定去这么做"的情况。

（4）履行道德行动计划。

在道德抉择的基础上，一个人还要把道德意向变成实际行动。一个人实施道德行动要有明确计划，还需要准备面对执行过程中可能发生的种种困难和障碍，并通过意志努力去抵御诱惑、克服困难、战胜挫折。该过程与一个人是否具有勇敢、坚毅、自我控制之类的性格特质有关。它们可称为道德特质，它们对实施道德抉择、履行道德行动计划影响极大。

需要指出的是，在上述模式的四成分心理过程中，道德敏感性、道德判断、道德动机、道德特质分别是这些成分的重要心理要素，应予充分重视；上述模式并不意味着个体道德行动必定是从一个成分依次转入另一成分，每一成分均通过反馈回路会发生相互作用；模式揭示了四个成分之间存在着的逻辑关系，这为道德行为的分析和干预提供了有用的框架。

二、道德行为发展的理论观

关于道德行为的发展存在着多种心理学的理论观点。

（一）行为主义观

经典性条件作用说认为，条件刺激和无条件刺激的重复匹配出现会形成条件作用，其后会使人一想到不道德行为就引起焦虑，从而就可能会抑制不良行为、表现出良好行为。埃森克（Eysenck）指出，伴随不道德行为发生之前的惩罚会引发良心感、使人能抵制诱惑；伴随不道德行为发生之后的惩罚会产生内疚感、使人产生悔恨。

操作性条件作用说认为，强化同样对道德行为起着关键作用。强化，可以是阳性强化，即使用令人喜欢的刺激物来增加良好行为；也可以是阴性强化，即撤去令人厌恶的刺激物来增加良好行为。与强化相对应的是惩罚，惩罚可以是阳性惩罚，即使用令人厌恶的刺激物来减少不良行为；也可以是阴性惩罚，即撤去令人喜欢的刺激物来减少不良行为。一般来讲，应提倡使用强化，必要时才使用惩罚。

（二）认知发展观

道德认知发展观认为：从一个人的道德判断中，我们不能推断其未来一定会有相应的道德行动。但是，一个人道德观念上的成熟应该预示着其道德行动上的成熟。

需要指出的是，认知发展观阐述的上述道德认知与道德行为相一致的观点中，道德行为不是指那种对社会道德准则的顺从行为，而是指那种在矛盾冲突的道德问题情境中能做出明智抉择的决策行动。

儿童和青少年在道德上做出自主决策的行为水平，明显地反映在他们的道德判断能力发展水平中。大量研究结果证明，道德发展的认知模型与人的思想、情感、行为以及价值观之间均有密切的联系。

（三）社会学习观

这一观点的代表人物班杜拉用个体（P）、行为（B）及其环境（E）之间的交互作用，来说明行为和心理的发生发展（见图8—1）。

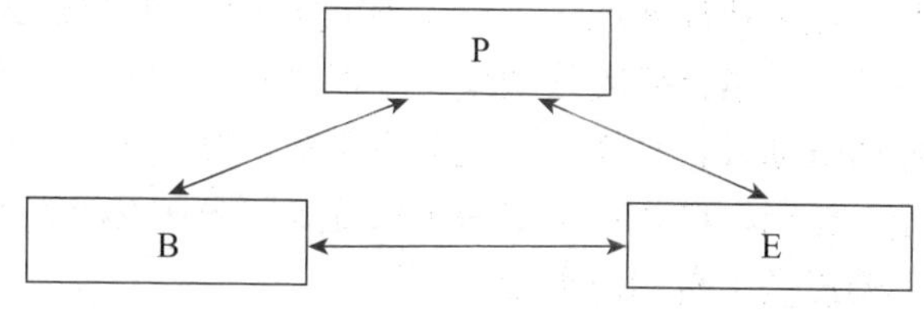

图8—1　班杜拉的交互决定论示意图

道德行为同样受一个人内部和外部因素的影响。人的许多行为包括道德行为，是在模仿社会行为模式和不断操作演练即通过观察学习形成、改变的。这一过程既需要外界提供榜样示范、诫例示儆，也需要自身具有一定的认知水平、加工能力和奖惩经验。

除了上述观察学习的途径，人的思维表征、自我管理也影响着道德行为。因为，人的任何行为包括道德行为，一般都有特定的动因。它们或者来自周围环境，或者来自机体状况，或者来自头脑中的认知性表象。

社会学习观认为，个体思维的认知性表象可以通过三条途径获得：一是通过观察榜样的示范行为；二是通过运用语词符号；三是通过自我调控自身的认知活动。后两条途径就与思维表征、自我管理有关。在后面第三节对它们将逐一介绍。

（四）整合观

20 世纪末，美国学者托马斯（R. M. Thomas）等人提出了道德发展整合论的观点。该理论认为，人的道德发展是个体与环境相互作用的结果，信息加工过程更合乎逻辑地表征道德推理、道德抉择过程以及由此产生的道德行为。

该理论主要由两大部分组成：一是人与环境相互作用的模式（见图 8—2）；二是表征道德行为赖以产生的信息加工过程的模式（见图 8—3）。该理论观的第二部分描绘了道德行为发生及相应的道德抉择的心理过程，突出了信息加工过程对道德行为的影响。

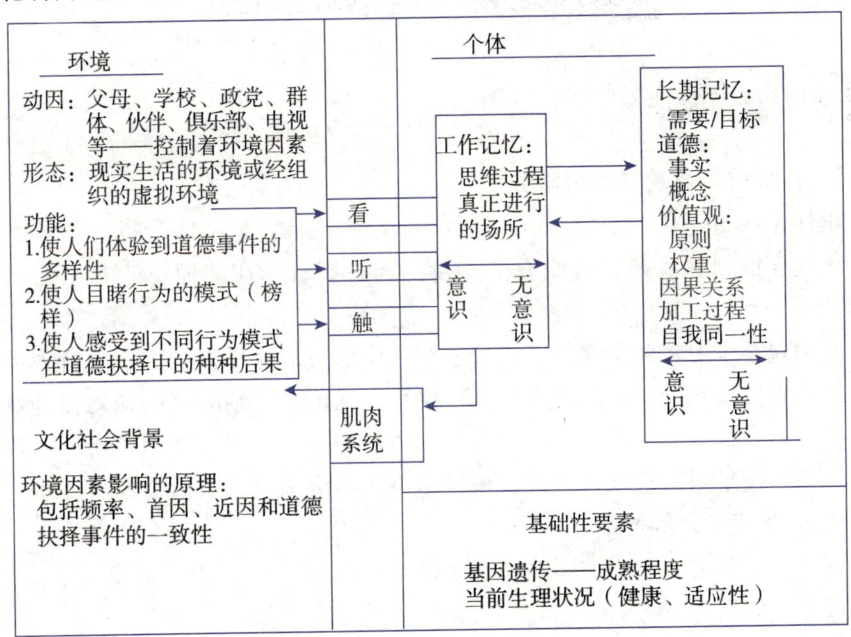

图 8—2　人与环境相互作用的模式

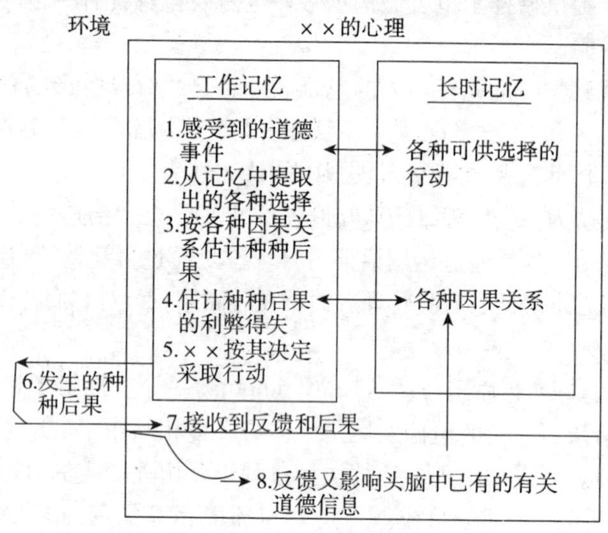

图 8—3　道德行为的信息加工过程

第二节　观察学习与道德行为

一、观察学习概述

（一）观察学习及其典型研究

班杜拉认为，观察学习（observational learning）是个体习得各种行为的基础。该观点得到一系列实验研究的支持。其典型研究在前面第 3 章第四节已有介绍。

所谓观察学习，就是学习者在社会交往中通过对榜样人物的示范行为进行观察、无须直接强化的学习。观察期间，榜样、示范者受到的奖励和惩罚也对观察者、模仿者发挥着同样的功能，但是其性质是间接的、替代性的。所以，观察学习又称为间接学习、替代性学习、榜样学习、示范学习、模仿学习。

（二）观察学习的影响

观察学习对道德行为的影响主要有以下几点：

（1）形成新的行为。

通过观察榜样行为，学习者会直接建立起新的行为。许多新的反应只要通过观察即可形成，相当部分的复杂行为的获得也可以来自观察。如班杜拉和库帕斯

(C. Kupers) 有项研究：组织一批儿童与成人玩打球游戏，玩的时候儿童可以随意地从旁边取得糖果，成人作为示范榜样则给自己确定了规则，只是达到了一定的分数如 20 分才去拿取糖果。结果发现，儿童通过观察也能给自己确定某个分数，达到后才拿取糖果。可见，通过观察，儿童可以学会为游戏设置规范并遵照执行的行为。

(2) 消退已有的行为。

通过榜样的替代性功能，儿童原来已有的行为可以得以消退。班杜拉曾运用榜样示范使当事人的恐惧性反应得以消退。其实，对学生的某些不良行为，如起哄、怪叫、起绰号等逗引他人注意的行为，可以使用榜样示范予以处理，减少此类行为发生的次数或强度、甚至使其不再发生。当然，消退不良行为时要结合对良好行为的强化，才会取得更好的效果。

(3) 对行为的抑制和去抑制。

通过观察榜样示范，使学习者已有的行为不表现出来，这就是观察学习的反应抑制或行为抑制的功能；如果使观察者原来抑制的行为重新表现出来，则是反应去抑制或行为去抑制。在班杜拉的典型研究中（第 3 章第四节），通过第一阶段的观察，其实两组儿童都已经获得了攻击行为，其中一组之所以没有表现出攻击行为，就是因为看到榜样受到惩罚而行为抑制的结果。第二阶段，原来没有表现出攻击行为的儿童也揍玩具娃娃了，这是攻击行为去抑制的结果，因为此时他们看到榜样的攻击行为非但不再受到惩罚、反而得到了奖励。

研究发现，行为抑制有两个特点。一是，男女存在某种差异。如果榜样行为是激烈的人身攻击，观察后女性比男性会有更为强烈的行为抑制。二是，行为抑制有某种泛化现象。如果榜样受到原因不明的惩罚时，观察者会抑制自己认为与此有关的其他行为。

(4) 促成行为的发生。

人的各种操作活动平时都储存在自己的“行为库”中，在适当的情境和条件下才会被提取并表现出来。当观察到榜样示范了自己会的、只是未予操作的行为，那么当面对类似于榜样的情境时，一个人就会从自己的“行为库”中提取该行为来操作和表现，以求得需要的满足。如，影视作品如果含有感官刺激强烈的暴力情境，儿童和青少年看后或会模仿学习新的攻击行为，或会触发已有的其他攻击行为而表现出来，后者就是观察学习起了促成行为发生之作用的缘故。

二、观察学习的过程、阶段

在一系列研究的基础上，班杜拉把观察学习分为四个过程，它们分属两个阶段。

（一）观察学习的过程

观察学习含有注意、保持、复现和动机四个过程。

（1）注意过程。

它是指在呈示的大量范例中一个人会选择什么进行观察，在这些范例中把哪些东西提取出来。在各种决定注意过程的因素中，相关联的示范的影响最为重要，它们限定了一个人的行为类型。如，性情粗暴者就不易注意文雅仪态、而容易学会粗鲁举止和攻击行为。其他如示范行为的性质和特点、观察者信息加工能力、已有的知觉定式等也会影响这一过程。

（2）保持过程。

它是指一个人把示范经验转换成表象或言语符号保持在记忆中，这些记忆代码在以后就能指导人的行为操作。保持时除了符号编码，演习也能成为重要的记忆支柱。通过观察习得的行为中，有些行为因受传统约束不宜通过外显途径来形成，对此人们只能在内心加以演练，即“看在眼里、记在心中”。

（3）复现过程。

它是指一个人能够把观察获得的榜样示范行为付诸行动。在把头脑中的观念转化为行动时，开始很少会正确无误，所以仅仅通过初步观察，行为动作很难显得娴熟完善。在大多数日常学习中，人们通常在开始时模仿一个较为近似的新行为，然后经过多次练习、信息反馈、自我矫正，才逐步提高该行为的水平，最后达到预期程度。

（4）动机过程。

它是指一个人是否真正愿意去践行自己已经获得的榜样行为，人的动机变量控制着这样的意愿。因为，观察获得的新知识并不能保证一个人自动地会去表现出相应的原型行为。如果榜样作为原型反复地表现出所期望的反应，成功时得到肯定褒扬，失败时得到指点和鼓励，那么这个原型行为最终就容易在大多数人的身上引起模仿反应。

社会学习理论对观察学习的四个过程及其相关因素进行了分析（见图8—4）。

（二）观察学习的阶段

观察学习的上述四个过程分别属于两个阶段：获得阶段、操作阶段。

获得阶段由注意过程和保持过程组成，它是指通过对榜样示范行为的注意和

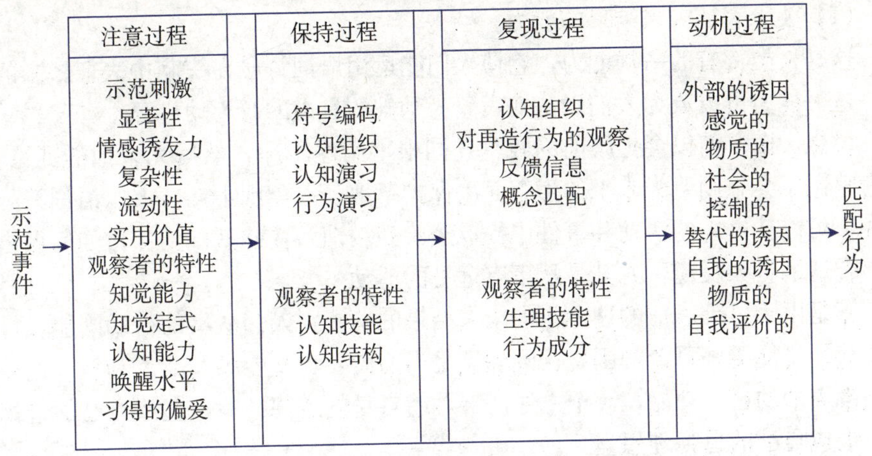

图 8—4　观察学习四阶段及相关影响因素

保持，观察者头脑中必然获得了榜样行为。操作阶段由复现过程和动机过程组成，它是指通过行为复现和动机驱使，观察者才会具体表现出所获得的行为。

获得榜样的示范行为是行为操作表现的前提，没有获得阶段就不可能有后继的行为操作。操作则是把头脑中获得的榜样行为加以外化，或具体化、物化。

观察学习中，一个人是否能获得行为，获得的是榜样的这一行为还是那一行为，都受着各种因素的影响。获得榜样的示范行为后，一个人可能加以操作而表现出来，也可能不加以操作而没有表现，这同样受各种因素的制约。这些影响因素将在本章第四节做一介绍。

第三节　思维表征、自我管理与道德行为

一、思维表征与道德行为

（一）思维表征概述

思维表征，是指一个人运用语词符号来获得或表示相应事物的认知性表象。

思维表征的对象或内容，既可以是客观的物理世界，也可以是现实的社会关系（包括人们的道德关系）。前者与知识、技能的学习和教学有关；后者与道德发展和道德教育有关。

语词符号是思维的外壳，语词符号本身并不是发挥思维表征功能的内部机制。现代社会学习理论指出，思维表征发挥功能是因为人们具有运用语词符号的两种能力。这两种能力是：表征未来结果的能力、确立行为目标的能力。

(1) 关于表征未来结果的能力。

这是人类特有的一种能力，它使人们能运用语词符号在头脑中表征未来的结果。这一能力可以成为人们以认知表象为基础的有力的行为动机源。

设想，山羊何以会把眼前的牧草连同根茎啃噬干净，然后无奈地群徙觅食？因为它们不会想到要为未来的生存而去保护草地。人类则不然，人以语词符号为媒介，可以从过去的活动和事件中提取经验和教训，在此基础上懂得如何做出恰当、合适的行为反应，尤其是从事有远见的活动。

正是由于思维表征的这一指向未来结果的功能，人们从事的行动既能获得预期收获、又能避开可能的困境；既能满足当前需要、又能顾及长远利益。正是由于思维表征的这一功能，一个人才能够总结自身的道德经验，塑造自己的道德面貌，形成自己的道德理想。

(2) 关于确立行为目标的能力。

这是一个人生存和发展的一种基本而重要的能力，它使个体的行动具有明确目标，从而避免了行动中的乱动和盲动。

动物的许多行为，如筑巢、孵幼、迁徙等，看来也有特定的目标，其实都是动物与生俱来的本能行为。对人类而言，人的许多行为都要求是自觉的、有目的的行动。因此，运用语词符号来确立行为目标的能力，可以成为人们以认知表象为基础的又一有力的行为动机源。

行为目标一旦确立，它就会指引着一个人为此而自觉地行动。当然，目标最终实现与否受着多种因素的影响。这里，从主观、客观两方面做一简单分析。

在客观上，目标的难易程度制约着目标的实现，一般人们倾向于把目标定在经过努力能够达到的水平上，因为定得过高，经过努力仍遭到失败，会打击一个人的积极性和自信心，降低其后继的行为动机。

在主观上，一个人的主观预期也影响着目标的实现。一般来说，若达到预期目标，一个人就会产生自我成就感，并继续努力行动。当然，人们通常不会长时间满足自己已获得的成就，他们会在已有基础上提高自己的预期水平，企求达到更高的目标。

(二) 思维表征对道德行为的影响

思维表征对道德行为的影响主要体现在如下三个方面：

(1) 凭借思维表征活动概括过去的经验，并影响一个人未来的道德行为。

人的道德经验既是过去道德生活经历体验积累的反映，也是今后道德发展的基础和相应的心理活动的背景。通过思维表征活动，一个人用语词符号总结了自己过去道德生活的所思、所行、所感，并按照是否具有社会意义和个人意义给予

不同程度的肯定或否定。这一思维表征过程必然有比较、分析、综合、评价等认知活动。这些认知活动使一个人的道德经验条理化，有助于他了解自身道德发展的背景、水平、条件、趋势，进而能使一个人形成特有的价值观系统或价值观取向，以及形成与之相应的内隐的道德行为模式。这样，当个体今后面临类似于过去经验的道德情境时，一个人就会表现出相应的道德行动。日常生活中，有的人忘我助人、见义勇为时毫不犹豫，这绝不是一时冲动，而是已经形成的内隐的道德行为模式使然。

(2) 运用思维表征活动树立道德理想，并支配一个人以后的道德行为。

思维表征活动在运用语词符号时具有超越时空的特点。这使一个人在概括过去经验时能形成相应的道德理想。

培养学生成为“五爱”、“四有”接班人，在某种意义上，就是通过思维表征作用使他们具有这样的道德理想和道德风貌。人们有了一定的理想，一般会大体表现出与此相一致的行为。尤其是当面对需要处理自由与纪律、公与私、义与利等矛盾冲突的道德问题时，一个人可以参照自己的道德理想来思考行动抉择的有关问题，如可以采取哪些行为？应该采取何种行动？行动的可行性怎样？行动的价值与代价怎样？等等。经过这种道德决策过程的道德行动，对一个人来说，是一种真正反映其风貌的道德行为。

(3) 利用思维表征活动明确当前行为目标，并影响一个人的具体行动。

思维表征活动反映着一个人所具有的确立行为目标的能力，是个体的行为动机源，促使他为实现该目标或理想而采取行动。不过，目标或理想的实现是一个动态过程，常常与一个人当前的主体状况和客观条件有关。

这样，在鼓励学生实现理想时，为使他们持久地维持行为动机，应该要求或帮助他们提出反映不同水平的子目标，明确当前的行动目标。总之，实现理想要靠实干。在确立总目标后，要明确当前的行为指向，沿着一个个子目标踏实前行，最终才能成功。

二、自我管理与道德行为

(一) 自我管理概述

如前所述，社会学习理论重视人、环境、行为三者之间的相互作用，指出了人不只是外部影响的反应者，他们选择、组织并转变着作用于他们的刺激物，他们会凭借自我生成的诱因和后果对自己的行为施加影响。这就是人的自我管理(控制、调节)能力，它使人成为其自身行为的动因。

自我管理何以能成为行为动因呢？这与下列三种心理机制密切相关：

（1）行为过程的自我参与。

人的行为、行为习惯的养成有外部控制和自我参与两种模式。外部控制，强调人的行为发生和改变由外部施加影响来实施；自我参与，强调人的行为发生和改变由自身积极主动投入来实现。后者就是行为过程的自我参与模式，它要求人本身是其行为的真正动因，对自己行为的目标、功效负责。其间，外界环境只是一种支持性条件。可见，自我管理离不开对行为的自我参与模式。

（2）行为过程的自主认知加工。

在分析认知功能与行为的发生、维持、改变的关系时，社会认知理论指出存在着自动（或不随意）的认知加工和自主（或随意）的认知加工两种模式。

自动（或不随意）的认知加工，是指对那些达到熟练水平的行为链或行为技能，个体会自动地进行认知加工，不需要耗费精力去集中注意、无须考虑反应抉择，在操作时甚至还可以同时进行其他活动。自主（或随意）的认知加工，指原来的行为链或行为技能不能满足人的主客观要求时，一个人需要对原有行为予以改造甚至更新，这时要求个体对外界信息进行收集、筛选、判断，并做出行为抉择，期间个体的认知功能常常需要一个人做出选择性注意、付出意志努力、并发挥人的主体性功能。可见，自我管理也离不开对行为的自主认知加工。

（3）对行为发生及其结果的内归因。

人们具有归因的自然心理倾向，即希望了解自己和他人的行为之所以发生及其结果的原因。如果从主观、客观方面去分析，归因就有内归因和外归因两种。外归因，是从一个人的环境方面去分析行为的发生及其结果，如受到的奖惩、他人的影响、运气的好坏、任务的难易等。内归因，是从一个人自身方面去分析行为的发生及其结果，如能力水平、性格特点、动机强弱、情绪状态、努力程度等。

内归因能促使一个人产生、增强行为发生或改变的动力。行为有功效时，内归因导致行为者有胜任感和成就感，产生重复该行为的倾向；行为无功效时，内归因会使行为者承担起责任，产生改变自身行为的强烈动机。可见，自我管理同样离不开对行为发生及其结果的内归因。

（二）自我管理对道德行为的影响

自我管理主要从三方面对道德行为产生着影响：

（1）自我管理过程有助于培养人的某些特定行为。

如前所述，在培养人的行为方面有外部控制和内部参与两种模式。外部控制在一个人成长过程中对于行为的习得和改变是需要的。但是，外部控制有时不能达到预期的效果，因为这种控制有时会造成行为者心理上的不快甚至对抗，还因为有些行为带有一定的私密性，有些行为常与内心深层次的思想观念有一定的联系，从外部对这些行为予以控制是很难奏效的，此时只有在自我管理中凭借内部参与模式才能较为有效地对其予以处理。

（2）自我管理过程会更有利于改变人的行为习惯。

如前所述，个体行为存在着自动性的、自主性的认知加工两种模式。自动性认知加工使人的行为的发生非常便捷，因为已经"习惯成自然"。但是，当环境条件有所变化，要求改变或重组原来的行为反应序列、或重新学习掌握新的行为方式时，就必须有自主认知加工的参与。所以，自我管理中通过自主认知加工活动，可以发挥一个人的主观能动性来改变原来的行为方式和习惯、形成新的行为方式和习惯。

（3）自我管理过程能增强行为的内部动机，进而必然影响道德行为。

如前所述，人对行为原因有两种归因，它们在心理上有不同的功效。外归因把行为成败主要归结为环境原因、较少归结为个人原因。这样容易造成推卸个人对行为后果应负的责任，有时甚至会责怪他人，似乎这样自己便可以得到原谅。内归因则不同，它从一个人自身方面寻找行为及其结果的原因，认为正是自己才应该对行为及其后果承担起责任。这样就会激发起一个人改变自身行为的动机和欲求。在内归因作用下产生的行为动机来自人的内部，它对人的行为的驱动作用更强烈、更稳定、更持久。对道德行为而言，内归因会使人有更强烈的愿望去表现出良好的行为并改变不良行为。

第四节　道德行为的教育

本节介绍通过学习榜样的示范行为、提高自我管理的能力来培道德行为，并论及如何矫正不良行为的问题。

一、学习榜样的示范行为

符合社会道德要求期望的榜样范例，形象、生动、鲜明，人们容易受感染和激励，具有巨大的教育作用。引导学生学习榜样行为，促进他们的道德发展，是学校道德教育的重要方法之一。进行榜样示范教育，一般需注意以下几个主要方面：

（一）慎重地为学生提供示范的榜样

我国古代大教育家孔子常常以尧、舜、周公、子产等人为榜样，教育其弟子们“见贤思齐”。今天，新时期学校教育中为学生树立的榜样，主要是英雄先烈、革命前辈、劳动模范、杰出青年、历史优秀人物以及学生中的先进典型。

为了使榜样教育取得更好的效果，给学生树立示范榜样时其形象应具有典型性、事迹要具突出性，既要有感染力，又要有思想性；既要有具体行动，又要有高尚情操。对青少年学生来说，示范榜样既应有广泛性、也要有专项性，要树立多方面的标兵。

（二）灵活运用制约模仿学习的变量

要使榜样教育富有成效，需要采取一系列行之有效的榜样教育的策略。这要求把握两方面的变量：一是，制约着获得榜样行为的变量。如，榜样的相似性、地位、声誉、显示的能力水平、热情的态度、有教养的言语举止等，还有观察者的加工保持信息的能力、焦虑水平、某些人格特征等。二是，制约着操作榜样行为的变量。如，强化示范行为、提供模仿的心理安全、促成对榜样的认同等，还有反复示范、主动复演、及时概括、反馈等。在对学生进行榜样教育时，把握好这些变量至关重要。

（三）善于运用榜样呈示的不同方式

恰当地运用好榜样呈示的不同方式，有助于增强榜样学习的效果。真实榜样，是示范者在观察者面前作真实的行为操作，其优点是容易引起并保持观察者的注意、可以突出关键部分、可以重复示范，故效果较好。不过，这要求示范者预先准备充分、确保示范无误，否则会降低效果。

在大多数场合，一般都使用各种传播媒介来进行榜样教育。通常，传播媒介对榜样形象和示范过程作了精致的编撰，突出了要求模仿的行为部分，采用这种现代化榜样教育的手段已为人们所广泛接受。

逐渐呈示榜样行为，是一种可以采用的有效手段。或者逐渐呈示所要求达到的行为的成熟水平，或者逐步呈示榜样行为的各个组成部分，两者都有助于观察者去掌握较为复杂的行为动作。

（四）遵循模仿行为发展的规律

对青少年学生的榜样教育，应按他们模仿行为的发展规律来进行。青少年模仿行为的发展趋势是：模仿由近及远、由小到大，模仿由无意识到有意识、由游戏性到生活实践再到学习知识技能、追随理想品格，由模仿外部特征到内部特质。所以，要针对不同年龄学生的模仿特点，采用不同的榜样教育策略。

（五）教育者要以身作则

孔子说过，“其身正，不令而行；其身不正，虽令不从”。此话指出了以身作则的榜样教育具有的重要功能。教育者本身就应该首先是学生学习的榜样，“为人师表”说的就是这个意思。教师不仅要成为一个“明善”的哲学家，还要成为一个道德教育的实践者。教师的身教对学生的行为起着极大的潜移默化作用。心理学研究证明，具有热情的态度和有教养的言语举止这两种品质的榜样，对任何观察者都普遍具有极大的吸引力。

二、提高自我管理的能力

提高学生自我管理的能力，是要使他们能够自主地调节自己的行为，独立自主地处理道德问题，使行为符合社会道德要求。这方面要把握好以下三个环节及有关的注意点。

（一）自我监督

在行为自我管理教育活动中，这一环节指要求学生对行为变化加以自我观察、分析和抉择。

自我观察，要求个体在活动中自己不断地对“我正在做什么？想些什么？感到怎么样？”作出回答，并进行记录。

在自我观察后，要求个体对自己的行为作进一步的自我分析，分析自己在活动过程中的行为表现、对行为性质的认识、引发的情绪状态，及其对自己有些什么影响。

在自我观察和自我分析的基础上，要求个体考虑面对各种可能发生的情况就“我应该做什么？”做出自我抉择。

（二）自我评价

这是对个体在活动中的行为表现做出评定的价值判断过程。这样的评价是在其他各个环节提供的信息基础上进行的，是在“我应该做什么？”、“我正在做什么？”、“我已做了些什么？”、“我还应该做什么？”之间作了比较分析后得出的。自我评价的结果既为后继的自我强化提供依据，也为其他环节提供了反馈信息。

（三）自我强化

这是个体以自我评价提供的信息为依据而做出的反应。这种反应可以是自我奖赏、自我鼓励，也可以是自我谴责、自我否定。在教育活动中，个体的这种自我强化常常是内隐的心理活动，例如，在心里对自己说“我得继续加油干！”“我怎么这样没能耐！”自我强化极大地影响着个体的动机状态。这方面运用是否得当，对道德教育活动之效果影响甚大。

需要指出的是，这些行为自我管理的环节并不是线性的，它们之间存在着互为反馈和相互影响的关系。另外，自我管理的这些环节都是从行为者角度出发进行的分析，突出行为管理以自我为主，但是作为一种道德教育它终究离不开教师必要的引导和帮助。

（四）有关注意点

在提高学生行为自我管理能力的教育中，教师还需注意如下事项：

第一，提高自我管理能力要在团结和睦的班集体中进行。这比要求自上而下的强制性训练有效。因此，教师的首要任务是建立一个氛围和谐良好的班集体。

第二，教师要事先拟订好提高行为自我管理能力所要达到的目标、所用的方法、所花的时间，以及预期的效果。

第三，在整个教育过程中，教师应主动向学生提示掌握行为自我管理的那些主、客观变量，以及它们之间的相互关系。

第四，教师应注意逐步让学生自己掌握和操作自我强化程序，并注意恰当安排自我强化的变化，以避免行为者产生餍足情绪。

第五，教师应帮助学生反思行为自我管理过程中每个环节的情况，有哪些收获、哪些不足，哪些独立完成、哪些求助于人，还应帮助学生巩固取得的成绩，鼓励在新的行为情境中加以运用。

三、矫正不良行为

对品行不良的原因、影响矫正的心理因素以及有关的矫正方法从心理学视角予以分析和把握，也是道德教育的一个重要方面。

（一）品行不良的原因

学生品行不良既有客观原因，也有主体因素。

品行不良者的客观环境原因，有家庭方面的，如父母溺爱、迁就，父母对子女管教过严、要求过高不切实际，家长教育方式方法的不一致，家长缺乏表率作用，家庭成员自身有不良习气，家庭结构发生剧变等。也有社会方面的，如亲朋关系、邻里交往、影视报刊、文艺作品、网络、其他大众传媒等。还有学校方面的，如教育观点偏颇、理念陈旧、方法不当等。

品行不良者的主体心理因素，主要有：（1）缺乏正确的道德观念。有的不能正确理解道德要求和道德准则，道德认识上显得无知，如把违反纪律视为“英雄行为”，把敢打群架等同于“勇敢”。（2）道德意志薄弱。有的在道德上并非无知、也能判断善恶，但道德意志薄弱，处置个人不合理欲求的能力较低、不能抵御外界诱惑，行动侵犯了他人利益和社会利益。（3）受不良习惯支配。一旦已经形成了某种不良行为习惯，面临类似情境时一个人就会自然而然地表现出该行为，还觉得挺自然。不良行为习惯任其发展就很可能导致品行不良。(4) 性格上的某些缺陷。有的人性格上具有任性、执拗、骄傲、自私等消极特点，容易我行我素、无视他人和集体的利益、做出侵犯他人利益或破坏社会公德的行为。(5) 某些需要未能得到满足。归属需要是人的一种重要需要。如果学校生活不能满足学生的归属需要，有的学生就会从校外生活去寻求，从而受到社会不良影响的侵蚀。

(二) 把握影响品行不良矫正的心理因素

从心理学分析，要取得品行不良矫正的预期效果有必要把握以下因素：

(1) 了解不良行为的动机。

同样的行动可能有不同的动机意义，如招惹女同学的行为，好动好玩、或恶作剧、或一时逞能、或对异性不文明等原因都有可能，只有了解行为的真正动机，才能采取相应的教育措施。

(2) 消除认知意义障碍。

受认知水平的局限，学生对道德要求可能做似是而非的理解。此时，要使教育内容贴近学生实际，对比正反两方面的事实、帮助认清不良行为的消极后果，消除其认知上的歧义和障碍。

(3) 消除情绪干扰障碍。

教育要求与当前需要尖锐矛盾时，学生会产生强烈的对立情绪，或激情式对抗、或非激情式对抗。教师应该理智地满足学生的合理需求，对激情式的对抗应先做“冷处理”，然后恰当疏导、消除隔阂。

(4) 消除习惯惰性障碍。

习惯惰性的反应如说脏话、动粗打人等会阻碍一个人接受正确的教育。对此，不能轻易原谅，但深究其动机未必就能奏效，可以进行正面的对比性教育，并结合运用行为矫正技术来加以干预。

(5) 消除自卑心理。

品行不良者常有自卑感，这会抵消教育应有的效果。对此，应敏锐捕捉其“闪光点”、“亮点”，即肯定成绩、发扬长处，这会有助于消除自卑、树立自信。

(6) 抓教机促转化。

不良品行发生后，教育最佳时机是在行为者意识到行为的严重性质和后果并有改正愿望的时候。此时，应循循善诱，及时地帮助分析、给予指导、肯定进步、不怕反复。

(7) 与外界诱因斗争。

在矫正不良行为的初期，应该持续一段时间对相关诱因予以严格控制。当行为者有了一定的进步并产生了与诱因斗争的决心时，可以创设条件与诱因接触，以提高抵御诱惑的能力。

（8）注意年龄特点和个别差异。

品行不良主要出现在15岁前的少年期，13～14岁是高峰，该年龄段应作为道德教育的重点。同时，年幼年长学生的心理特点不同，学生在兴趣、气质、能力、性格诸方面也有个别差异，这些都是教育时应予关注的地方。

（三）矫正不良行为的方法

在行为的心理学理论基础上，现已发展形成了一种心理干预模式——行为矫正。行为矫正，就是在学习理论指导下、制定特定程序来处理特定行为，促使这一行为发生某种符合预期的变化。

从这一模式来看，对于不良行为的处理主要是使其不发生、至少要尽可能少地发生。这时需要运用那些降低行为发生率的技术，如消退、暂停、反应代价、过矫正、餍足、刺激控制等方法。这类技术通常与使用那些令人厌恶的、至少是不愉快的刺激物相联系，即这类刺激物的使用带有惩罚的性质。

从行为矫正模式来看，矫正不良行为除了直接针对它使其减少、减弱或消除之外，还可以有另外的途径，这就是发展新的行为和提高良好行为的发生率。如果对不良行为而言，新行为、良好行为恰是其不相容行为，那么发展新行为和提高良好行为发生率就能够有效地抑制不良行为，久而久之，不良行为就会被新行为和良好行为取代。

在行为矫正模式中，发展新行为的技术有渐隐、塑造、（逆向）连锁等。当环境要求的良好行为在一个人的“行为库”中尚不存在时，可以使用塑造法、（逆向）连锁法。如果良好行为虽在“行为库”中存在，但不能在特定情境中表现出来时，则可使用渐隐法。

在行为矫正模式中，提高行为发生率的技术有阳性强化、阴性强化、间隙强化、偶联契约、代币制等。这类技术通常与使用那些令人喜欢的刺激物相联系，即这类刺激物的使用带有奖励的性质。

小结

从心理学分析，个体的道德行为不仅要求符合社会的道德规范和要求，还需要有道德认识的指引和受道德情感的激发。

莱斯特分析了一个人从面对道德问题情境到表现出道德行为的整个心理过程，该过程经历了解释情境、做出判断、道德抉择和履行道德行动计划四个阶段。该过程的每一阶段都有相应的重要心理要素。

对道德行为的发生发展，心理学领域存在多种理论观点，主要有行为主义观、认知发展观、社会学习观、整合观。

观察学习理论指出，一个人学习榜样示范行为经历了注意、保持、复现和动机四个过程；注意过程和保持过程属于获得阶段，复现过程和动机过程属于操作阶段；榜样示范后，人通过观察在头脑中必然获得了榜样行为，获得后一个人有可能去操作、也可能不去操作榜样行为。

思维表征是指一个人运用语词符号来获得或表示相应的认知性表象。思维表征具有两种能力：表征未来结果，确立行为目标。通过思维表征活动，一个人可以概括过去经验来影响未来的道德行为；也可以树立道德理想来支配以后的道德行为；还可以明确当前行为目标来影响一个人的具体行动。

自我管理之所以能成为一个人行为的动因，是因为存在着行为过程的自我参与模式、行为的自主性认知加工模式、行为发生及其结果的内归因倾向。行为的自我管理有助于培养某些特定行为、改变行为习惯、激发行为内部动机。

运用榜样示范进行道德教育应注意以下几点：慎重地为学生提供示范的榜样；灵活运用制约模仿学习的变量；善于运用榜样呈示的不同方式；遵循模仿行为的发展规律；教育者要以身作则。

提高自我管理能力的教育应着重关注自我监督、自我评价、自我强化三个环节以及有关的注意点。

在矫正品行不良时，应该把握以下的心理因素：了解不良行为的动机，消除认知意义障碍，消除情绪干扰障碍，消除习惯惰性障碍，消除自卑心理，抓教机促转化，与外界诱因斗争，注意年龄特点和个别差异。

思考题

1. 何谓道德行为？莱斯特指出道德行为经历了哪些过程？
2. 阐述道德行为有哪些主要心理学观点？
3. 概述观察学习的心理过程、阶段及其对行为能起的作用。
4. 思维表征对道德行为能起什么作用？
5. 自我管理对道德行为能起什么作用？
6. 提高行为自我管理能力要特别关注哪三个环节？
7. 矫正不良行为时应把握哪些心理因素？

第9章

价值观的形成与教育

内容提要

◎ 价值观，可以理解为一种持久的信念，它与一个人坚信这是值得的有关，它影响着人们的行为方式、手段和目的的选择。

◎ 价值观，与文化背景、社会发展有关，与人生观、世界观也有紧密联系。

◎ 价值观辨析学派指出，价值观形成是个体对特定观念“赋值”即认为这一观念对自己/社会具有“值得”的意义、或者说被赋予个人意义/社会意义的结果。其形成经历三个过程、七个子过程，含有知、情、意、行诸心理要素。

◎ 价值观形成中若只是通过了若干子过程，那只是表明形成了特定的价值观指征、具有某种价值观取向。人的价值观取向与其行为有着密切的联系。

◎ 价值观辨析学派的道德教育有其特定的目的、要求和做法，既有其积极的效果，也存在一定的局限。

主要概念

价值观，价值观取向，价值观指征，价值观辨析

第一节　概　述

一、价值观的含义

价值观，是一个内涵丰富、变量复杂的概念，历来是哲学、伦理学等学科思辨研究的重要论题，心理学对人的价值观进行科学研究只有数十年的历史。

20 世纪 30 年代，美国心理学家阿尔波特（G. W. Allport）和阜农（P. E. Vernon）根据德国哲学和心理学家斯普兰格（E. Spranger）的六种生活方式类型，拟订了一份价值观研究量表，用来测查这些类型的人的最高价值和基本兴趣。理论型的人，以寻求事物本质为人的最大价值，主要兴趣是经验的、理性的、批判的；宗教型的人，以过超然性质的生活为最大价值，主要兴趣在于创造最高和绝对满意的体验；社会型的人，以善于与人交往和帮助别人为最大价值，对增进社会福利最感兴趣；权力型的人，以利用别人和掌握权力为最高价值，他们有竭力获取权力、支配和命令别人的欲望；经济型的人，以谋求利益为最大价值，生活目的是获取财富，从经济观点评判断一切事物；审美型的人，以感受事物的美为人生最高价值，主要兴趣在于使事物变得更有魅力。显然，这是从兴趣的角度理解价值观。一个人的价值观肯定反映着人对相关事物的强烈兴趣。但是，兴趣的内涵不具有“应该这样”或“不应该那样”的特征，对矛盾冲突情境中的行为决策也不具有决定作用。

在 20 世纪 60 年代，美国心理学家马斯洛建立了需求理论体系，该理论认为人除了一般的生理需求，还有包括社会性需求和创造性需求在内的高级心理需求，它们都是人的自身内在价值。在人的价值系统中的这两类需求，前者是随生物谱系上升会逐渐减弱的本能性需求，后者是随生物进化会逐渐显示出来的潜能。这两类需要分五个层次，呈金字塔形排列。金字塔的最底部是生理需求，再依次是安全需求、爱与归属需求、尊重需求，顶端是自我实现需求。达到自我实现的人是个人价值得到充分发挥、个人人格得以充分发展的人。显然，这是从需求的角度理解价值观。一个人的价值观肯定反映着这个人的内部需求。但是，价值观并不等同于需求，动物也有需求，却不能说动物有价值观。需求必须通过认知过程并形成相应的认知表象，才能转化成为人的价值观念。如，生理上的性需求只有通过思维表征过程、产生有关这一需求的认知性表象，才能转化成为爱情、精神联盟、美满姻缘等价值观念，这种转化能力只有人才具有。因此，从一个人的需求推断其价值观时必须谨慎，因为两者并非同质。

20 世纪 70 年代，美国心理学家罗卡奇（M. Rokeach）的工作使价值观研究进入一个新阶段①，产生了较大的影响。罗卡奇认为，价值观是一种比较持久的信念，这种信念涉及一个人的具体的行为方式和目标状态，具有动机功能，不仅是评价性的，还是规范性和禁止性的，是行动和态度的指导，是个人的也是社会的现象。

罗卡奇把价值观分为工具性价值观和终极性价值观两类，它们构成了其价值观调查量表的内容。工具性价值观包括志向、思路广、能干、欢悦、干净、鼓励、宽恕、助人、诚实、富于想象、独立、有知识、逻辑性、爱、顺从、有礼貌、责任感、自我控制 18 种；终极性价值观包括满意的生活、刺激性的人生、成就感、世界和平、美的世界、平等、家庭安康、自由、愉快、内在和谐、成熟的爱、国家安全、快意、宗教信仰、自尊、社会认可、真正的友谊、智慧 18 种。这一分类体现了罗卡奇对价值观的深层结构的认识。有时候，人们以一种行为方式作为获取许多终极性价值观念的手段，如以利他性这种工具性价值观念作为获取社会认可、真正的友谊、宗教信仰以至家庭安康等终极性价值观念的手段。有时候，人们又会以许多行为方式作为获取一种终极性价值观念的工具。如为了获得社会认可，人们会以有礼貌、责任感、自我控制、诚实等多种工具性价值观作为手段。

一般来说，把价值观理解为一种持久的信念的观点被认为更为恰当。因为，一个人的信念含有“应该这样”或“不应该那样”的特征，它对人的心理活动尤其对行为决策起着重要作用。一个人的价值观可能外显，也可能内隐，但均与自己坚信这是“值得”的有关，它影响着人们的行为方式、手段和目的的选择，这是区分不同个体或群体之间差异的一大特征。

考察价值观涉及的领域，它涵盖了人类生活的所有方面，如道德、政治、经济、文化、宗教、职业、家庭、人生等。上述方方面面的价值观中，道德价值观无疑是最基本的一种，因为它对其他领域中维系良好的人际关系和人的心理状态起着不可或缺的作用。从培养学生德性出发，本章所述主要针对的是道德价值观问题。

二、有关概念

以下若干概念与价值观有着密切联系。

① 参见岑国桢编著：《青少年主流价值观：心理学的探索》，4 页，上海，上海教育出版社，2007。

（一）主流价值观、核心价值观

主流，与非主流相对。主流指事物的本质方面，它决定事物发展的方向。① 主流价值观，是某一社会或特定群体具有的，是某一社会或特定群体之价值观状况的反映，会影响某一社会或特定群体价值观的发展方向或趋势。核心，含有中心、领导、导引之意。近年来，随着改革开放和社会经济的发展，党和政府提出了构建社会主义核心价值观体系的号召，希望核心价值观既能反映时代特征和历史传统，又能在多元价值的社会生活各个方面居于中心位置、发挥其领导和导引的功能。

相对而言，主流价值观主要反映的是现实、是存在、是现状，它可能会预示着未来的发展趋势，但它更加关注“此时此地”的价值观状况；核心价值观主要反映的是要求、是标杆、是准绳，它能为当前服务但还必须兼及指向未来，它相对于主流价值观居于支配地位、具有指导作用。②

（二）价值观结构、价值观体系

个体在发展过程中，不断接受新观念并把它们内化为自己特有的价值观念，这些价值观会形成这样或那样的稳定的联系、并左右着个体实际生活中的行动抉择。个体拥有的众多价值观彼此之间所形成的这种联系就是其自身的价值观结构。每个人均有其独特的价值观结构，并成为其独特人格的一个组成部分。

社会在发展过程中，会提出符合发展要求的种种价值观以凝聚人心、统一认识、指导行动、形成评价准则、指导未来发展。社会的各种价值观彼此之间存在着种种联系包括优先顺序，它们就组成了社会的价值观体系。社会的价值观体系，是社会发展的客观存在。社会处于某一特定的发展阶段，就会形成具有其独特烙印的价值观体系。

价值观结构，反映的是个体的价值观状况，它随个体的成长发展而变化；价值观体系，反映的是社会的价值观状况，它随经济、社会、文化的发展而变化。社会的价值观体系是个体价值观结构之源；个体的价值观结构是社会价值观体系在个人身上的具体反映。在同一社会价值观体系之下，人们会有各自不同的价值观结构。

---

① 参见《辞海》，上海，上海辞书出版社，1990。

② 参见岑国桢编著：《青少年主流价值观：心理学的探索》，23页。

三、若干关系

价值观与文化背景、社会发展之间有着密切的关系，价值观与人生观、世界观也有一定的联系。

（一）价值观与文化背景的关系

价值观总是与国家、民族相联系的。价值观是民族文化包括民族精神和传统之核心内涵的反映，引导一个国家和人民的普遍理念和行为准则的价值观总有其特定的文化背景。

如，个性解放、私人财产不可侵犯、社会公正是法国社会的三项主流价值观，个性解放与18世纪中叶法国兴起批判封建专制和宗教神学、倡导自由和民主的启蒙运动有关，私人财产不可侵犯与大革命后人们接受卢梭《社会契约论》中强调的观点，即平等是自由的前提、其核心是财产私有制基础上的同等权利有关，社会公正则与法国长期受基督教文明的影响、公众大多具有慈善博爱、互助共济的思想有关。

又如，德国民众的自主价值观就与他们深受康德哲学思想影响有关，他们坚信自由意志、自主选择与自我决定是一个人与生俱来的权利。

再如，我们中华民族的和谐、仁义、忠信等价值观在总体上就与中华文化尤其是儒家文化有着紧密的联系。

（二）价值观与社会发展的关系

价值观是时代精神的反映，价值观必然会随着社会的发展而发生变化，这是一种规律。

如，20世纪80年代末90年代初随着苏联解体，国家统一的意识形态在俄罗斯人的价值观系统中逐渐崩溃，人们长期信奉和遵守的价值观念骤然显得过时或不合时宜，之后人们价值观念变化的总体趋向是越来越重视个体的实际利益，普京执政后这种状况有明显变化，爱国主义、强国思想正日益成为俄罗斯人的思想共识和价值追求。

又如，20世纪60—80年代美国不少青年玩世不恭、挥金如土、肆意挥霍，热衷或沉湎于“嬉皮士”的生活方式，就与当时放任自由、率性纵欲之类的价值观念流行于市井并成为主宰社会的思潮有关。今天，美国青年价值观倾向的一个明显变化是向往、追求传统和简朴的生活方式，这与美国社会发展密切有关，因为经济和科学技术的发展使社会和人们的期望不断提高，这固然使年青一代产生强劲的生活动力，但也给他们带来了前所未有的压力，促使年青一代在快节奏工作的同时努力寻求简单、朴实的生活方式来放松自己。

再如，在我国，传统社会的价值观体系主要以儒家的仁、义、礼、智、信等为核心，五四运动以来至新中国成立之后相当长的时期，我国的价值观体系有了急剧的转变，在党的领导下逐步形成了以马克思主义为指导、以中华民族的独立解放和繁荣富强为指向的核心价值观体系，而改革开放以来新的价值观念日益涌现，符合坚持科学发展和建设和谐社会需要、既能传承中华文化又能与世界文明对接的崭新的价值观体系正在形成之中。

（三）价值观与人生观、世界观的关系

人生观，是人们对人生价值、人生目的、人生意义的基本看法和态度。

古今中外存在众多的人生观。如，我国历史上就曾经有过“入世有为”、“出世无为”两种人生观。前者，以儒家思想创始人孔子为代表，主张人生在世就要施展抱负，逐渐形成了“修身”、“齐家”、“治国”、“平天下”的处世原则和追求“外圣内王”的理想人格；后者，以老庄思想为典型代表，主张应该坚持“无为无欲”的人生原则，以求达到恢复人的善良本性的目的。从价值观视角分析，对于儒家学派而言，“入世有为”既具有个人意义，也具有社会意义；对于老庄学派而言，则“出世无为”既具有个人意义，也具有社会意义。从价值观视角分析，认同某一人生观，其实质就是持有这一人生观。

人们的人生观通常集中在对生命、利益、幸福、友谊等人生重大问题的看法上。每个人的人生经历不同，对这些问题的看法就不同。有人饱尝艰辛后视人生为苦旅，有人历尽磨难后则能乐观地笑对人生；有人贪生怕死，有人则能视死如归；有人见利忘义，有人则能舍生取义；有人冷漠自私，有人则能助人为乐。从价值观视角分析，上述对比中，前者值得肯定，因为前者的人生观具有社会意义和个人意义，是正确、健康的，也是有价值的人生观；后者的人生观则是错误、颓废的。

世界观亦称宇宙观，是人们对整个世界的根本看法，是对于自然现象、社会现象和思维现象之一切观点的总的概括。

古今中外有许多世界观。各种各样世界观的斗争，归根到底是唯物主义与唯心主义、辩证法与形而上学的斗争。马克思主义世界观把唯物主义与辩证法科学地结合起来，形成了辩证唯物主义、历史唯物主义和唯物辩证法。它在观察、分析、认识现象以及解决问题时既是唯物的，又是历史的，还是辨证的，它能帮助我们正确地揭示自然界、人类社会和思维活动的现象和规律，它能指导我们正确地认识世界、更好地适应世界、恰当地改造世界。

与形形色色的其他世界观相比，毫无疑问，马克思主义世界观才是科学的世界观。从价值观视角分析，科学的世界观才对社会、对个人具有意义和价值，才是有价值的世界观。

一个人具有了某种人生观或世界观，必然经过了对它的评估和衡鉴，并赋予它一定的价值，反映着这个人对于人生、对于世界的某种信念。所以，人生观、世界观与价值观是紧密联系的。一个人的世界观、人生观，在某种意义上其实也就是这个人的价值观。

第二节　价值观形成过程及其取向、指征

一、价值观形成过程

根据道德心理和道德教育领域中价值观辨析学派的分析，人们通过学习、生活和社会的实践，头脑中会形成许许多多、各种各样的看法或观念。这些看法和观念中有的可能是一个人的价值观，有的则可能不是。两者的区别在于特定的观念是否为这个人所“赋值”，即是否认为它对自己或（和）对社会具有“值得”的意义。

某个观念只有被赋予个人意义即认为对自己具有意义、或（和）被赋予社会意义即认为对社会具有意义，那么这个观念才是这个人的价值观。所以，“某某观”成为“某某价值观”，其实是人们在心理上对该观点或观念赋值的结果。

上述的“赋值”会经历如下的心理过程：

(1) 选择。

1）自主地选择。

2）从可供选择范围内做出的选择。

3）考虑每一选择的后果后做出的选择。

(2) 赞赏。

1）喜欢这个选择并感到满意。

2）愿意公开这个选择与人分享。

(3) 行动。

1）按照这一选择行事。

2）作为一种生活方式加以重复。

显然，上述过程表明了所形成的特定价值观具有知、情、意、行诸方面的心

理特征。其中，含有三个子过程的“选择”过程，主要是个体的认知活动，含有两个子过程的“赞赏”过程主要是情感活动，含有两个子过程的“行动”过程则主要是意志和行为活动。

特定价值观经历上述过程而形成，其实质是个体对自己所持有的观念赋予了一定的价值，即赋予其一定的社会意义和个人意义的缘故。

需要指出的是，道德价值观的形成也一样。一个人选择某一道德规范，在经历了上述一系列心理过程之后，这一道德规范才会被内化而成为这个人的道德价值观。关于我国儿童青少年在公益劳动、诚信等德性价值观方面发展的心理学研究，正是基于这一思路。①

二、价值观取向、价值观指征

一个人选择了某一观念，经过上述一系列心理过程之后，这一观念就内化成为他的价值观念。这一过程不能一蹴而就，常常需要经历相当长时间的活动和实践、感受和体悟。如果还没有完全经过这些子过程，而只是经过其中一部分过程，那它还不是价值观念，而只是一种“价值取向”或“价值指征”。

价值取向，是从质的方面反映了一个人的某种偏好或倾向，如愿望、态度、兴趣、需要等。价值指征，是从量的方面反映某一观念在其内化为价值观之前中所经过的过程。

一个具有某种价值观取向、价值观指征的人通常或是专注于某种欲求的行为方式，或是力图达到某种欲求的目标状态，或是欲求通过某种行为方式以达到某种目标状态。

一个人具有的价值观取向、价值观指征，可能发展为相应的价值观，也可能停留在原有水平，还有可能被抛弃。只有当它成为价值观并构成了一个价值观念之系统，才具有相对的稳定性，才可以持久地指导人的行为。

在个体成长发展过程中，价值观及其结构系统是动态变化的。一个人的自我意识达到了一定水平，与人交往时就会逐渐形成一整套具有普遍性的、有组织的概念系统，形成对自己在社会生活中和人际关系中的位置的看法，形成处理各种问题时值得或不值得做的看法。当然，随着个体认知水平、生活环境、自我需要的发展变化，人的价值观及其结构系统也是会不断改变的。①

---

① 参见岑国桢编著：《青少年主流价值观：心理学的探索》，165～175、180～188页。

三、道德价值取向与道德行为

个体道德价值观形成过程中，如果只是经过了价值观形成过程中的部分子过程，同样也就有道德价值取向、道德价值指征的问题。

关于道德价值观、道德价值取向与道德行为之间的关系，德性心理学的研究获得了如下一些成果：

个体在社会化过程中形成的道德价值观或道德价值取向必然会影响其行为。斯陶布（E. Staub）等人的研究表明，与在道德价值取向测验中得分较低者相比，得分较高者在测验后几周内面对需要帮助者时会有更多的助人行为，这说明道德价值取向与道德行为有密切关系。

科尔伯格从道德认知发展的角度把儿童和青少年的道德价值取向分为个体的、社会的和原则的三种水平。个体水平者具有明显的功利主义倾向，行为常常以逃避惩罚和获得奖赏为目的，助人行为往往受自我利益驱使，期待回报，故还不是真正的利他行为。社会水平者“循规蹈矩”，以维护现有社会规范为目标，一般他们能有道德行为，但当行为与社会规范发生冲突，或者求助者因违犯社会规范而处于困境中时他们会放弃助人行为，对求助者不予帮助。原则水平者具有稳固的道德信念，能表现出始终如一的道德行为，当与世俗社会规范出现矛盾时仍会不惜“舍生取义”。

吉利根认为，道德发展除了有公正的道德价值取向，还存在着关爱的道德价值取向。前者，重视人们相互交往时应该依据的社会规范和准则、权利和义务，更突出客观逻辑和理性，与道德思维直接联系较多；后者，重视人们彼此相处时应该关心和爱护每个人，更突出个人直觉和感情，与道德情感有较多联系。具有公正价值取向者，行为往往基于人们共同的生活准则和共同的权利、义务。具有关爱价值取向者，行为则往往基于对他人的关心、照顾、帮助、呵护。

霍夫曼将道德价值取向分为常规的、人道主义的两类。前者，只根据是否违背社会常规而不考虑具体情况进行道德评价；后者，关心他人福利、灵活运用常规。具有常规价值取向者，尽管他们能有道德行为，但是当受助者有过错、需要不按社会规范助人时，他们会认为当事人罪有应得而很少会给予帮助。具有人道主义价值取向者，更能对他人的苦恼、需要做出反应，尽管他们懂得助人时考虑社会规范的重要性，但必要时能不受社会规范限制。

麦克肯尼（L. P. Mckinne）把大学生的道德价值取向分为赏善的、罚恶的两类。前者，以是否做好事为评价标准，认为对做好事者应予奖赏、对不做好事者应予惩罚；后者，以是否做坏事为评价标准，认为对做坏事者应予惩罚、对不做坏事者应予奖赏。具有赏善道德价值取向者，会强调用奖励来塑造人的行为；具有罚恶道德价值取向者，则倾向于通过惩罚来防范人的不道德行为。其实，奖励、惩罚对道德行为都具有一定的作用，但它们都是外铄的，当然惩罚更不理想。

第三节 价值观教育

一、价值观教育的意义

价值观，是推动并指引人们做出决定和采取行动的原则、信念和准则，它决定着人们认为、衡鉴并追求什么是好的、是值得的，进而左右其未来行为的方向，也能为其过去的行为提供解释。可见，价值观教育意义重大。

（一）对于建设和谐社会的意义

我国在全面建设小康社会的进程中，提出了建设和谐社会这一具有鲜明时代特征的要求。建设和谐社会，是我国走中国特色社会主义道路的本质要求。因为，我们不仅要解放和发展生产力，而且要消除贫困并臻于共同富裕的境界，而这只有社会和谐才能做到。建设和谐社会，也是我国当前社会发展的客观要求。因为，我国一方面经济持续高速增长，另一方面生态环境恶化、各种资源紧张、社会分层加剧、收入分配矛盾等问题凸显，这些都要求把构建和谐社会提上重要的议事日程。联合国教科文组织国际21世纪教育委员会主席雅克·德洛尔指出，"教育在和谐社会的持续发展中起着重要作用……它的确是促进更和谐、更可靠的人类发展的一种主要手段，人类可借其减少贫困、排斥、不理解、压迫、战争等现象"。①

建设和谐社会必须重视价值关怀。因为，随着社会的发展，人们的精神生活层面出现了不少问题。如，经济活动中，制造销售伪劣产品、做虚假广告、签骗人合同、无理毁约、"不说假话办不成大事"、"给好处办成事"等；职业活动中，敷衍塞责、玩忽职守，不讲质量、以次充好，徇私舞弊、失职渎职等；家庭生活中，沉湎于酗酒、赌博和搞封建迷信等不道德、不文明的行为，摆阔气、讲排场、盲目攀比、盲目高消费；等等。这些均与价值观问题有一定的联系，表明了重视价值关怀的必要性。

① 参见国际21世纪教育委员会：《教育——财富蕴藏其中》，北京，教育科学出版社，1996。

建设和谐社会必须确立核心价值观。因为，和谐社会离不开社会经济发展、离不开各族人民弘扬民族精神、离不开提倡创新精神和珍爱生命，这些都需要我们确立符合社会发展规律、顺应民心的核心价值观。同时，和谐社会也不是没有矛盾的社会，在处理人际关系时，我们也需要以核心价值观为准绳来理顺情绪、达成共识、协调行动、化解矛盾。

（二）对于推进素质教育的意义

在我国，推进素质教育是当今国家发展的战略要求。

在推进素质教育的进程中，必须关注价值取向。因为，教育的价值取向是教育的灵魂所在。在相当长的时期内，教育以“知识价值观”的取向为主导，即教育以学生掌握知识为唯一的价值追求。在工业文明社会，教育在“能力本位”理念下以“能力价值观”的取向为主导，即教育要让学生把知识转化为能力、变为社会更需要的现实力量。进入以高科技为支撑的知识经济和信息化时代，教育应该以“素质价值观”的取向为主导，因为教育还有比知识和能力更重要的东西如人文素养、人格品性、应对复杂问题的潜质、具有的核心价值观及其取向等需要关注。其中，价值观、价值观取向至关重要。在某种意义上，一个人是否有明确而坚定的价值观是判断其心理成熟与否、人格健康与否的重要标准。

在推进素质教育的进程中，必须形成核心价值观。对于受教育的学生、对于教育体系本身、对于教育的社会环境，核心价值观均具有重要的作用。从受教育的学生看，核心价值观的培养决定着其成长道路是否正确、生活是否幸福；从教育体系本身看，核心价值观决定着学校的办学理念和相应的教学观、人才观、成才观以及管理评价之模式；从教育的社会环境看，核心价值观决定着社会对教育方向的厘定和教育方针政策的导向、决定着对教育公平和效率的评价。

当前，在市场经济的环境下，青少年学生在价值追求方面出现了令人担忧的倾向。如，他们觉得金钱高于一切、人活着就是为了钱的拜金主义倾向，欣赏及时行乐、奢侈挥霍的享乐主义倾向，只讲江湖义气、不讲是非曲直的帮派主义倾向，只考虑一己私利、事不关己就高高挂起的极端个人主义倾向等。素质教育要达到自身价值追求的真正目的，任重而道远。

在推进素质教育的进程中，价值观、核心价值观是学生素质全面发展中的核心要素。价值观、核心价值观教育，应该是素质教育的价值追求。总体上，素质教育必须促使受教育者坚持科学的世界观、选择健康的人生观、形成积极向上的核心价值观。

二、价值观辨析的道德教育

价值观教育可以有多种途径和多种方法，下面就该领域中的价值观辨析学派及其理念和实践做一介绍。

（一）价值观辨析学派简介

在道德心理领域，美国的价值观辨析学派对价值观的形成过程、价值观的教育以及基于这一过程的价值观辨析方法进行了大量的研究，并努力在学校道德教育中加以实践。自20世纪60年代以来，这一学派的理论受到了道德心理学家和教育家的广泛重视。

价值观辨析学派的代表人物是纽约大学的拉斯（L. Raths）教授和他的学生西蒙（S. Simon）、哈明（M. Harmin）。他们三人合著的《价值观和教学》阐明了这一学派的理论要点和价值观辨析的教育方法。

价值观辨析学派是在特定历史背景下产生的。极权主义取向是西方道德教育的主要传统。根据"上帝"或某权威人士对善恶的判断，某宗教机构或政治组织即可规定相应的行为准则。这些准则是不容置疑、必须接受的，人们必须据此行事。与此相对应，道德教育只是死板的说教，仅仅灌输各种僵硬的教条。

随着工业化进程的加快和人们视野的逐渐开阔，面对涌现的各种外来文化及其价值观念，极权主义的道德教育方针陷入了困境。那些上帝或权威所规定的准则和信条很难适应不同的文化传统，而在多元文化的社会中也更难找到大家普遍认同的道德准则和价值观念。于是，在道德教育领域出现了文化相对主义，认为个体所有的行为都与其所处的文化的理想、目标和需要直接有关，传统文化规定了各种行为准则，个体的道德发展不过是一个逐步地接受它们并加以应用的过程。由于各种文化都有自己的一套道德准则体系，道德教育就是要让个体掌握自身所属文化的那一套道德准则体系。可见，文化相对主义只是将极权主义的上帝或独一无二的权威换成了具有不同风格和内容的传统文化。

文化相对主义及其主张，曾在道德教育领域显示出勃勃的生机。不过，它最终还是适应不了西方社会丰富多彩的道德伦理观念。因为，在同一社会中同时存在着多种多样的亚文化，它们彼此共存、相互作用，不同年龄、地位、团体、种族的人具有不同的道德观念，即使处于同一文化背景下的人们也会有不同的道德观。随着大众传播媒介的发展、工作变换的频繁和人口流动的便捷，人们接触各种不同价值观念的机会日益增多。人们开始怀疑以往的各种准则和观念，但面对纷繁多样的各种价值观却对如何做出自己的抉择深感困惑、彷徨。这无疑是对传统道德教育的冲击，但却为价值观辨析学派的理论发展和实践应用提供了机遇和空间。

（二）价值观辨析的道德教育

价值观对于人的道德行为起着主导作用。道德价值观是价值观的最基本的形式。

价值观辨析学派把人的价值观念看作是自身的一种内在价值，当它们在头脑中混浊一片时，人就不能清醒地意识到它们，因而就难以指导人的行为，为了让这些潜在的价值观念发挥作用，就需要对它们做进一步的辨析。

价值观辨析学派指出，学校和教师有责任帮助青少年学生认识到自身具有怎样的价值观或价值取向，帮助他们辨析和弄清自己的哪些价值观是可取的、符合社会规范的，哪些价值观念是不符合社会规范、需要摒弃的，最终使他们形成清晰的、正确的价值观。

价值观辨析学派认为，青少年的道德或行为问题有多种原因，有的可能因情绪紊乱所引起，有的可能与低智商有关，但大多数是受其自身不正确的价值观念的影响，或者是其价值观念在头脑中混浊不清、模糊一片造成的。通过价值观辨析的教育，可以改变此类青少年的道德或行为问题，使他们对社会具有积极的认识。

价值观辨析教育的根本点是：促使学生利用理性思维和情绪体验来检查自己的行为模式，以及辨析和实现他们的价值观念；帮助学生辨认自己的价值观念，以及它们与其他价值观念的关系，揭示并解决自己的价值冲突；鼓励将自己的价值观念与别人的交流，以及根据自己的价值选择来行事。

价值观辨析的道德教育为学生的价值观辨析发展了许多应用性的赋值策略。具体方法大致可归纳为：大组或小组讨论，个别作业和团体作业，假定的、设计的或真实的两难问题，排序与选择，敏感性训练与倾听技术，歌唱与美术，游戏与刺激，个人日记，交谈等。其中，自我分析的反应调查是一种较常用的技术，它包括阅读短文、提问、画图以及组织能刺激学生暴露其价值观念的其他活动。然而，不论何种策略和方法，它们都必须经过前面所说的包含七个子过程的三大过程。这是一个完整的“赋值过程”，一个人只有从头至尾经历了这样的过程，才能说他真正具有了某个价值观念。

价值观辨析方法基本上是诱导性的，教师的作用是帮助学生觉知到自己的观点。当然，教师也可以有自己的观点，但那只是作为一个范例，而不能作为正确答案一定要让学生接受。因此，价值观辨析的教育过程强调教师要重视以下要点：

第一，教师必须诱发学生的态度和价值陈述。

第二，教师必须无条件地不作判断、不加批评地接受学生的想法、体验、观点。

第三，教师必须通过提问来帮助学生思考自己的价值观念。

教师帮助学生辨析其价值观念的基本策略是“辨析反应”。辨析反应是一些口头提出或写在纸上的问题，让学生考虑后回答。

（三）价值观辨析教育方法举例

例一：“价值观表”。

目的：了解已有观念是否符合价值观的所有七个子过程？行动是否来自价值观？

做法：首先，发放一张表或要求制作一张价值观指征表，如表9—1所示。

然后，列出有关问题，如，（1）优先发展经济、然后考虑生态环境；（2）高中阶段学习要不要文理分科；（3）名牌高校要不要优先录取一位填写虚假民族获得加分的高考状元；等等。

继而，在“对特定问题的看法”栏中用关键词或短句表明自己对有关问题的观点和立场。

接着，就自己的看法逐一思考以下问题，即（a）该观点是否是你自己的；（b）你的看法是不是从各种观点中挑选出来的；（c）你的观点是否经过了正反两方面及其后果的考虑；（d）你是否为自己的立场感到自豪；（e）你有没有公开自己的观点与人分享；（f）你是否按自己这一看法行动；（g）在这一问题上你是否一直是这样做的。在该表9—1横栏a到g的每一空格中打“√”或“×”表示是或否。

最后，据此可以判断一个人在某一特定问题上的观点是否已经成为其价值观、或形成若干价值观指征的状况。

表9—1　　价值观指征分析

对特定问题的看法	a	b	c	d	e	f	g
（1）……							
（2）……							
（3）……							
⋮							

例二：续未完句子。

目的：帮助学生了解自己的某些态度、信念、行为、兴趣、抱负、喜怒，即有关的价值观指征，对它们有所意识。

做法：首先，呈示若干未完成句子，如，(1) 在周末，我喜欢……；(2) 如果只能活24小时，我……；(3) 如果有自己的小车，我……；(4) 我感到最高兴的是……；(5) 若有100万元，我……；(6) 从心底里我希望…… ；等等。

然后，根据自己的意愿和想法把句子续完整。

接着，可以在续完的句子后面标上不同记号来表示相应的意思。即，P——感到喜爱、赞赏；PA——公开承认；CA——存在各种选择；TC——经仔细考虑；CF——自由选择；A——已有相应的行动；PB——是生活中的行为方式。

最后，从标记的情况可以了解相应问题上形成的价值观指征情况。

例三：排序。

目的：懂得有些问题可以有多种选择，有些问题需要更周密的思考。

方法：呈示若干问题及可能的选择，要求按自己的喜爱、偏好做出排序和陈述相应的理由，组织相互交流，并可继续充实选项和补充理由。如：

(1) 周末你喜欢去哪里？

—— 去海边

——去森林

——去超市

(2) 怎样才能学得最好？

——通过课堂教学

——自己独立学习

——通过交流研讨

(3) 友谊中最重要的是什么？

——忠诚

——慷慨

——诚实

(4) 如你当总统，最优先考虑什么问题？

——空间计划

——扶贫计划

——国防计划

(5) 你最不喜欢的是什么？

——非常贫困

——身体虚弱

——名声不好

(6) 你有秘密会告诉谁？

——朋友

——老师

——父母

实践表明，与道德认知派的道德教育如小组讨论模式相比，价值观辨析有助于直接促进道德行为发生积极的变化。如，对于促进学生良好课堂行为、减少不良嗜好行为、提高自我认识、改变社会态度等方面，价值观辨析教育都具有较为明显的效果。同样值得肯定的是，这一道德教育在理论上强调了学生在教育过程中的主体地位。

然而，价值观辨析学派认为，人的价值观无所谓是非好坏，教育任务只是帮学生辨析清楚并能与人交流。这种价值中立即观念不分好坏、一概予以认同的观点，显然是不足取的、不能被认同的。

小结

价值观，是多学科所关注的重要问题。心理学对人的价值观进行了数十年的科学探究，指出把价值观理解为一种持久的信念更为恰当。价值观可以外显，也可能内隐，但均与一个人坚信这是“值得”的有关，它影响着人们的行为方式、手段和目的的选择。

主流价值观，主要是“实然”现状的反映；核心价值观，主要是“应然”要求的反映。学校德育要努力使社会的核心价值观成为青少年的主流价值观。

价值观与文化背景密切相关，是民族文化包括民族精神和传统之核心内涵的反映。价值观与社会发展之间也密切相关，是时代精神的反映，必然会随着社会的发展而发生变化。价值观与人生观、世界观联系紧密，人的世界观、人生观，说到底就是其价值观。

价值观形成是一个含有知、情、意、行的心理过程，是个体对特定观念“赋值”，即认为这一观念对自己/社会具有“值得”的意义、或被赋予个人意义/社会意义的结果。其形成经历了三大过程七个子过程。

价值指征，反映了某观念内化为价值观所经过的过程。价值取向，反映着一个人的某种愿望、态度、兴趣、需要等倾向。人的价值观取向与其具体行为有着密切的联系。

价值观教育对于建设和谐社会、推进素质教育具有重要意义。道德价值观是价值观的最基本的形式。价值观辨析学派的道德教育有其特定的目的、要求和做法，它发展了许多应用性的赋值策略，其具体方法基本上是诱导性的，既有一定的积极效果，也存在某些局限。

思考题

1. 概述价值观的含义以及它与人生观、世界观的关系。
2. 概述价值观形成的心理过程。
3. 概述价值观取向、价值观指征的含义。
4. 概述德性心理研究指出的道德价值取向与道德行为之关系。
5. 概述价值观辨析学派的道德教育之基本观点、特点及不足。

学习心理编

编首语

本编有四章，围绕学习之主要内容即陈述性知识、程序性知识、问题解决、学习策略，分别阐述了相应的学习过程中的心理学现象和规律。

“第 10 章　陈述性知识的学习”，介绍了陈述性知识的性质及其表征、陈述性知识学习的认知同化理论、陈述性知识的学习过程及主要形态。

“第 11 章　程序性知识的学习”，介绍了程序性知识的性质及其表征，概述了智慧技能、动作技能的学习过程及其相应的特点。

“第 12 章　问题解决与创造力培养”，阐明了问题解决、创造力的心理学含义、特征及两者的关系，介绍了心理学对问题解决、对创造力进行的研究及其所揭示的现象和规律。

“第 13 章　学习策略”，概述了学习策略的含义、特点、种类、发展阶段及相应的教学模式。

学习上述诸章，有助于学生形成基于科学心理学的学习观，并进而促进学生的学习。■

第10章

陈述性知识的学习

内容提要

◎ 心理学意义的知识指个体与其环境相互作用后获得的信息及其组织。对知识的性质、起源、种类、范围、获得等问题的总的看法称为知识观，不同的知识观对教学有不同的影响。

◎ 知识分为陈述性知识、程序性知识和策略性知识。陈述性知识是关于"什么"、"为什么"、"怎么样"的知识。知识的存在方式叫表征，表征有动作、图像、符号三种。对于符号性知识的更具体的表征有命题、命题网络、图式。

◎ 奥苏贝尔的认知同化理论阐述了有意义言语学习的心理机制，其核心概念是认知结构和同化，其主要观点涉及同化的条件、过程、类型。

◎ 陈述性知识的学习过程有获得、保持、应用三个阶段。获得阶段包含感知和理解知识；保持遵循记忆规律；应用有不同的层次。

◎ 概念学习、规则学习是陈述性知识学习的主要形态。概念学习有概念的形成、概念的同化两种方式。规则学习有发现学习、接受学习和观察学习三种途径，教学上有规—例法和例—规法。

主要概念

知识，表征，陈述性知识，程序性知识，认知结构，命题，命题网络，图式，同化，有意义学习，上位学习，下位学习，并列结合学习，知识理解，变式，接受学习，发现学习，观察学习

第一节 概 述

一、知识的含义与知识观

（一）不同层面的知识含义

知识是人类学习的重要内容，也是其他学习的重要基础。理解知识的含义对把握知识的本质、形成科学的知识观具有重要的意义。这里分别从哲学和心理学的层面考察知识的含义。

（1）知识的哲学含义。

知识，是“对事物属性与联系的认识”①。这是哲学层面从认识论（epistemology）范畴出发对知识的界定。从唯物主义认识论的角度看，知识是人对客观世界的现象及其规律的反映，是人对客观世界概括性认识的结果。

哲学的观点揭示了知识的质的规定性，但它并不能满足心理学研究人类知识学习的要求。

（2）知识的心理学含义。

心理学对知识的界定尚有不同的观点。知识指“主体与其环境相互作用后获得的信息及其组织”，是心理学界对其较为普遍认同的界定。② 对这一界定可做如下理解：

首先，知识是人与环境相互作用的产物。就学生的学习而言，学生与教师共同置身于教学的情境中，教师、教学情境、教学内容影响着学生，同时学生的主体特征也在影响着教师、教学的进程以及教学的结果。

其次，不是所有的信息都能成为知识。外界的信息要成为学生头脑中的知识依赖于两个条件：一是信息对学生来说是有意义的，它应该在学生的经验范围之内；二是信息要转化为知识需要学生通过自己的加工活动，这一加工任务应该在

① 顾明远：《教育大词典》（第1卷），144页，上海，上海教育出版社，1990。

② 参见皮连生：《教育心理学》，90～91页，上海，华东师范大学出版社，2004。

学生的能力范围之内。

最后，人们头脑中的知识是一个结构化的体系，该体系是按类别、有层次的组织。人们头脑中的知识体系被称为认知结构。

总之，哲学认识论对知识是从人类活动、社会发展角度予以考察的；心理学对知识是从个体发展和接受教育角度予以考察的。

（二）两种知识观

知识观，指关于知识的性质、起源、种类、范围、获得等问题的总的看法。教师的知识观影响教师对教育的种种看法和做法。知识观分为客观主义知识观和建构主义知识观两类。

（1）客观主义的知识观。

该知识观认为，世界独立于人的意志而存在，人对世界的认识不随个人的主观意志和时间的推移而变化。一旦人的认识成为知识，它就是真理。既然知识就是真理，就存在对与错、是与非的衡量标准。符合已成“定论”的知识的就是正确的，否则就是错误的。

客观主义的知识观的产生与社会科技和信息水平不发达有关。在这样的社会，学生获得知识的途径比较单一，主要来自课本和教师，学生难以验证知识的真伪对错，因此教师对于学生来讲处于知识的垄断地位，成为“知识的权威”。

（2）建构主义的知识观。

该知识观认为，知识首先以个体知识的形式存在，个体知识是个人主动建构的产物。由于每个人认识世界的角度、所依据的知识经验以及看问题的方法不同，对世界的认识就存在局限性和相对性，所以个体知识不一定是对客观世界真实、全面和正确的反映。如果个体知识通过人们的协商达成共识就成为人类知识（公共知识），进而可以传授给下一代。但是，人类知识并不是绝对正确、不可改变的。建构主义者由此认为，知识只不过是人们对于世界的假设、推测和解释，知识是协商的结果。

建构主义知识观也与社会科技和文化的发展有着密切联系。人类进入信息化时代和“知识爆炸”时代，学生获得知识和信息的途径和手段越来越多样化，教师走下了“知识权威”的神坛。同时，现代社会的教育多元化和教育民主化的浪潮冲击着传统的知识价值观、教育价值观以及师生关系观，进而提出了教育改革的要求。我国自 2001 年开始的基础教育改革的基本理念就深受建构主义知识观的影响。

（三）两种知识观对教学的影响

（1）对师生关系的影响。在客观主义知识观下，教师扮演着“知识权威”的角色，教师说的就是“真理”，学生总是“无知者”，师生关系是不平等的。在建构主义知识观下，教学中教师不再以“知识权威”的身份出现，师生双方是平等、合作的关系。

（2）对教学内容的影响。在客观主义知识观下，教学中教师讲授既定的课程知识，知识本身成为教学的主要内容。在建构主义知识观下，教学中知识本身相对不那么重要，重要的是学习获得知识的方法。

（3）对教学方法的影响。在客观主义知识观下，对学生来说最简便、经济的学习方式就是接受和记忆，教师讲、学生听和练被普遍认同。在建构主义知识观下，注重获得知识方法的教学则应以学生的探究活动为主，这种探究不仅指个人的探究，而且指集体的合作性探究。

（4）对学习评价的影响。在客观主义知识观下，教学突出知识的标准性，凡问题都有标准答案，通过测验来考察、评价学业成就和学习水平，公平客观的分数能够表明学生的情况，“分数中心”由此产生。在建构主义知识观下，知识的相对真理性决定了不能仅凭分数判断和评价学生的学习水平和学业成就，强调对学生的多元化评价和成长性评价。

二、知识的种类与表征

（一）知识的种类

美国教育心理学家安德森将知识分为陈述性知识和程序性知识两类。另一位美国教育心理学家梅耶将知识分为语义性知识、概念性知识、图式性知识、程序性知识和策略性知识。[①] 现在我国比较普遍采用前者的分类。

陈述性知识，主要是言语信息方面的知识，用来回答“什么”、“为什么”、“怎么样”之类的问题。如“农历有哪24个节气”、“中国抗日战争胜利的原因是什么”等。这类知识与人们日常生活中使用的知识概念较为一致，可以称为狭义的知识。

程序性知识，主要是指导人的行为和操作方面的知识，用来回答“怎么办”、“如何做”之类的问题。这类知识相当于传统心理学中的技能概念。它可以分为两种：一种是动作技能知识，它是用来指导学习者身体动作、完成外部行为操作的知识，如烹饪、缝纫、驾驶汽车、打字等知识；另一种是智慧技能知识，它是用来指导学习者进行思维等心理操作过程的知识，如解决“1/3－1/5＝?”、“已

① 参见梅耶：《教育心理学的生机》，12～13页，南京，江苏教育出版社，2005。

知：A∶B=C∶D，求证：AD=CB”等问题的知识。

需要指出的是，加涅将那些关于如何控制、协调自身认知活动的知识、能力从智慧技能中区分出来，称之为认知策略。与此相仿的是，梅耶也从程序性知识中区分出一种与认知策略相类似的知识，称之为策略性知识。

(二) 知识的表征

知识学习的结果总是以某种方式存在于大脑之中，这与知识的表征有关。

(1) 表征的含义。

知识是人对世界的认识，是观念性的东西，而观念性的东西只有以一定的方式存在才能被加工、储存、提取以及与外界交流。这种表示知识存在的方式被称为表征（representation），而表示知识存在方式的活动也被称为表征。因此，表征既是知识的存在方式，也是表示这种存在的认知活动。

表征分为向内的表征和向外的表征。前者指用一定的方式将外部的知识转化为自身内部的知识，主要表现为理解和记忆；后者指通过一定的方式将自己的思想、知识、情感等呈现出来，主要表现为表达、沟通等。

不同年龄、性别、职业、文化背景、受教育程度的个体在表征方面存在很大的差异。

(2) 表征的种类。

美国心理学家布鲁纳将表征分为动作表征、表象表征和符号表征三种。

动作表征，指用动作表示某种知识或含义，如交警的手势、聋哑人的手语、舞蹈、哑剧等，又如体育课的教师示范、化学课演示实验等。动作表征是婴幼儿表征的主要方式。

表象表征也叫模像表征，指用形象化的形式如图画、音乐或模拟方式表示某种知识，如数学教学中做线段图、语文教学中把课文情景画下来、给问路的人画示意图、用音乐“描绘”某种风景或“叙述”一个故事等。表象表征在儿童阶段表现得比较突出。

符号表征又称语义表征，是人类使用最多、最能系统表示知识的方式。如人类知识中的理论、定理、公式、定律等都是以符号来表征的，学生所学的知识大多也以此方式进行表征。表征的符号包括各种语言文字、数学符号、化学符号等。符号表征体现了人具有超越实物和表象、突破时空界限的抽象思维的特点。

需要指出的是，三种表征方式常常是相互结合或穿插出现的；三种表征对不同年龄的人、对不同性质的学习来说具有不同的适应性；动作表征和表象表征都需要符号表征（书面言语和口头言语）的引导、解释与说明，因为单凭动作或表象是很难对知识予以明确表征的。

三、陈述性知识的含义与表征

（一）含义

如前所述，陈述性知识是回答“什么”、“为什么”、“怎么样”之类问题的知识。它告诉人们各种事物的存在事实、成因及未来趋势。如“北京是中国的首都”、“1964年中国内地人口普查男女比例为103.8：100”、“中国第一个皇帝是秦始皇”等。一般来说，陈述性知识能够用语言加以陈述，也都有能够被提取的线索。

陈述性知识可以以动作、表象的形式加以表征，如用手指比画出一个圆表示“月亮”，用“汪汪”叫的声音表示小狗等，但大多数陈述性知识是用语言文字等符号来表征的。语言文字能够比较清楚地对客观事物以及比较抽象的概念加以描述和解释。命题、命题网络和图式是陈述性知识的符号表征形式。

（二）命题与命题网络表征

符号表征的知识一般由语句构成。语句总具有一定的含义，并且在很多情况下语句包含多重含义。语句的每一层含义叫做命题。换言之，命题是语句意义的最小单位或基本单位。

命题由论题与关系词构成。论题即命题所论及的对象，关系词即陈述命题所说明的论题的性质、特征、状态，或论题之间的关系。如“物质的三种形态可以相互转化”这一陈述性知识的论题是“物质的三种形态”，关系词是“可以相互转化”。“可以相互转化”说明了物质的三种形态之间的关系。稍复杂一些的命题还包括一个或几个条件成分。如“在0℃以下水转化为冰”中“在0℃以下”就是“水”转化为“冰”的条件。

对于语言材料的理解一般采用命题分析的方式。命题分析，是指将语言材料所包含的意义（命题）分解出来的认知活动。

命题分析有一定的形式。我们以P代表一个命题，以“东汉时期中国杰出的科学家张衡发明了闻名于世的候风地动仪”这一陈述性知识为例试作说明。上述语句包含了以下几层含义：（1）张衡是中国人；（2）张衡是东汉时期的人；（3）张衡是一位科学家；（4）张衡是杰出的；（5）张衡发明了候风地动仪；（6）候风地动仪闻名于世。这些被分析出来的句子从意义上讲就是命题，因为这些命题表达了原句所包含的各种意思并且不可再分。其命题分析形式见图10—1。

由图10—1可以看出，一个语句可能包括若干命题，这些命题之间存在共同的论题，这些拥有共同论题的命题将意义联合在一起，共同描述着事物间的复杂

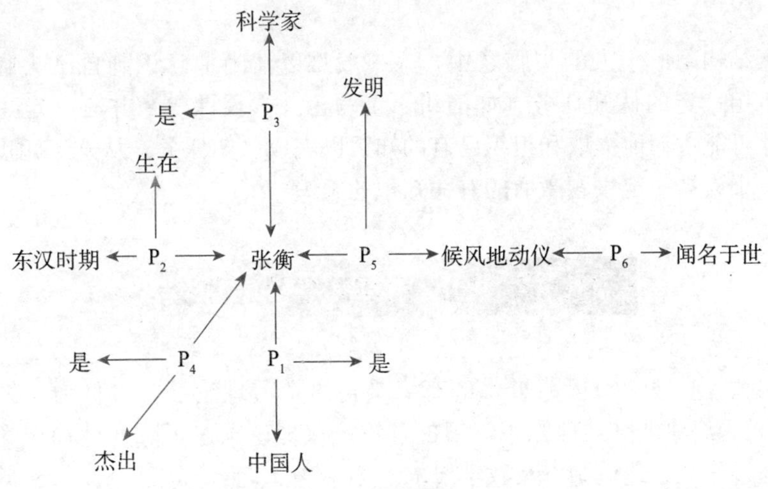

图 10—1　命题分析样例

关系，这就构成了命题网络（proposition network）。命题网络是比命题更为复杂的陈述性知识的表征方式。

（三）图式表征

一般来说，命题网络只能表征那些比较小的论题，对较大论题的表征方式是图式。

图式，是更为结构化的知识的表征。其基本特征是：首先，有一个比较大的主题；其次，有许多不同维度的知识按照一定的逻辑被串联在这一主题之下；最后，相关的知识分别被归类到不同维度之中。例如，“小学教师”这一主题可以设想如下：

小学教师

性质：一种教育小学儿童的职业……

入职条件：年龄在 18～55（60）岁之间、身体健康、心理正常、符合学历要求、获得小学教师资格证书，不论男女……

历史：就中国而言，无论官学还是私学，很长时间里教师都是由官员/公务员兼任的……

社会地位：不同时代、不同地区的小学教师的社会声望、经济水平有差异，但社会地位普遍比较高……

素质成分：优秀的小学教师必须具备良好的职业道德、渊博的知识、过硬的教育教学能力……

…………

以上结构隐形于人的头脑之中，人一般难以清晰地意识到自己头脑中的知识。当承担一定的认知任务（如演讲、撰写论文、授课等）并有一定主题提示时，人才可能主动地提取和组织已有的知识以完成认知任务。从这个角度讲，图式就是一个人被一定主题激活的有关知识的组织。

第二节　陈述性知识学习的理论

美国教育心理学家奥苏贝尔的有意义言语学习理论（又被称为认知同化理论），是较为经典的陈述性知识学习的理论。该理论阐述了陈述性知识学习的种类、心理过程、心理机制以及教学要求。

一、认知结构

（一）认知结构的含义

认知结构是认知同化理论的核心概念。

认知结构，是一种表示人头脑中知识形态的假设结构。它包含两层意思：一是专指个人头脑中的知识，也就是个人的知识。二是说明人头脑中的知识是有结构的，即人头脑中的知识相互之间是有一定联系的。

根据建构主义的思想，认知结构中的知识不是外部知识的简单“移植”，而是个体主动建构起来的。

（二）认知结构的特征

如果将认知结构设想为金字塔的形状，那么从静态特征考察，较为抽象、概括的知识处于塔的高层，较为形象、具体的内容处于塔的底层。即认知结构中越上层的知识越概括、越一般、越抽象、越系统，越下层的知识越具体、越特殊、越形象、越零散。在认知结构中，相对上层的知识称为上位知识，相对下层的知识称为下位知识。上位知识涵盖下位知识，下位知识隶属于某一类的上位知识。

从动态特征考察，认知结构具有概括化的倾向，即当人接触到具体事物时总是倾向于将其概括化并将具体的知识遗忘。比如，与某人接触后会不由自主地形成对该人的一般印象，如这个人比较爱干净、那个人比较豪爽等。这种倾向有其积极的进化意义，因为只有概括化的知识才能与已有的知识经验紧密地联系起来，概括化的知识能够为具体知识提供联想、提取和理解的线索，也只有将具体知识转化为一般知识才能在认知结构中留出更多的空间来加工新的信息。

二、有意义言语学习理论

（一）有意义言语学习的实质

奥苏贝尔认为，学生的学习主要是言语学习，即学习以语言符号为主要表征形式的知识。这种学习一般为接受学习。他同时认为，学生的接受学习应该是有意义的学习，即理解性的学习。鉴别学习是否有意义，关键是考察新知识与学生已有的知识经验之间是否建立了非人为的和实质性的联系。

非人为的联系，是指在新旧知识之间建立起符合逻辑的而非牵强附会、生搬硬套的联系。如，初学英语时有的学生用汉语给英语注音，将“Thank you very much”注成“三块油喂了猫吃”，有的学生根据汉语语法将“好好学习、天天向上”翻译成“good good study，day day up”，这些都属于人为的联系。

实质性的联系，是指新旧知识之间存在意义上的、内在的联系而非字面上的、表面的联系。如，学生在学习某一定理时能够用自己的话对该定理进行解释，其意思不变，这说明建立了实质性的联系。

（二）认知同化理论

以往都只是从生物学或生理学的意义上对同化（assimilation）予以理解。它是指新陈代谢过程中生物体从食物中摄取养料、使之转化成自身的物质或变为能量予以储存。

著名心理学家皮亚杰较早地将“同化”这一生物学的概念引入心理学的研究，奥苏贝尔则进一步发展了认知同化理论。奥苏贝尔以认知同化理论揭示了有意义言语学习的心理机制。他认为，同化是指外部的知识经过学生的理解转变为学生自己知识的过程，即是学生以已有的知识经验去理解新知识的过程。

（三）同化的条件

实现心理学意义上的同化既需要客观条件也需要主观条件。

(1) 客观条件。

它指学生所学习的知识具有逻辑意义。逻辑意义，指学习材料本身具有意义，也就是能够反映客观存在及其联系。通常来说，教师教给学生的知识本身是具有逻辑意义的，但有时这些知识对学生来说并不一定具有意义，其原因在于这些知识不在学生可理解的范围之内，或在于教师对知识的组织缺乏逻辑性而导致课堂教学内容整体上无意义。

（2）主观条件。

它主要包括两个方面：第一，学生头脑中要有相应的知识经验，包括与新知识相联系的有关知识、感性经验、学习经验等。这些知识经验是学生同化新知识的支撑点。第二，学生具有积极同化的倾向，即学生要有积极地去接受、理解新知识的动机。

（四）同化的过程

奥苏贝尔认为，同化过程是新旧知识相互作用的过程。他用一个非常简明的关系式揭示了这一过程：

$$A+a\longrightarrow A'a'$$

式中，a 指新知识；A 指已有的知识即旧知识；＋指新旧知识的相互作用；$A'a'$ 指新旧知识相互作用后形成的新的认知结构。其中 a' 指新知识在旧知识的作用下被同化即获得意义，A' 指旧知识在同化新知识的过程中被改造、被巩固或被赋予新的意义。

（五）同化的种类

根据同化过程中新旧知识的相互关系，学习可分为上位学习、下位学习和并列结合学习。

（1）上位学习。

上位学习又称总括学习，指新知识处在上位、旧知识处在下位，学习者用处在下位的旧知识去同化处在上位的新知识的学习过程。如，学生已经学习了萝卜、青菜、白菜、茄子、西红柿等，现在学习“蔬菜”这一概念。学生可以通过抽象已经学过的具体蔬菜的共同特点而理解“蔬菜”的概念。

（2）下位学习。

下位学习又称类属学习，指新知识处在下位、旧知识处在上位，学习者用处在上位的旧知识去同化处在下位的新知识的学习过程。如，学生已经掌握了“哺乳动物”这一概念，现在学习“鲸鱼”这一新知识。由于鲸鱼属于哺乳动物，学生可以根据哺乳动物的特点来理解鲸鱼的特点。

类属学习分为派生类属学习和相关类属学习两种。前者，指新知识纳入已有知识时只是使其得到证实或说明，其本质属性不变，如上述学习“鲸鱼”的概念；后者，指新知识纳入原有知识后使其本质属性得到扩展或深化，如学校教育的内容原来主要是德育、智育、体育，随着教育改革的深入，审美、心理等也成为教育的内容，这就使原来学校教育的知识发生了变化。

（3）并列结合学习。

它是指新、旧知识没有上、下位之间的关系，但有逻辑上的类比或类推的联系。如，学生学过了生理学上的同化，当学习心理学上的同化时就可以据此来理解心理学的同化概念。再如，教乘法交换律之前，教师总是先给学生复习加法交换律，这两个定律本身没有上下位关系，但学生可以用学过的加法交换律去理解乘法交换律。实际上，比喻、拟人、借代等修辞手法的学习或运用都具有并列结合学习的性质。

以上几种同化的形式在基础阶段的课堂教学特别是综合课中往往是不断转换的。如教师先讲例题再从例题中归纳出一般的计算法则，这属于上位学习。学习了一般的计算法则后学生做习题，则属于下位学习。

第三节　陈述性知识的学习过程

陈述性知识的学习过程包括获得、保持和应用三个不同的阶段，它们各有不同的任务、反应形式和规律，同时三者又是一个不可分割的整体。

一、陈述性知识的获得过程

陈述性知识的获得过程包括知识的感知过程与理解过程。

（一）知识的感知

（1）知识感知的含义与过程。

感知是感觉与知觉的统称，是人进行信息加工的第一阶段。学生学习时首先要识别知识所呈现出的外部形式，如老师说的是什么、黑板上和课本上写的是什么、多媒体课件上画的是什么等，这就是知识的感知。

任何知识都要以一定的物质形式刺激学生的感官（主要是视听器官），从而引起感受细胞的活动及相应的神经活动。以电信号形式传导的神经冲动到达大脑皮层的相应部位，学生以自己已有的知识经验对神经冲动信号进行识别，并做出“它是什么”或“它像什么”的判断。心理学将这种心理反应活动称为模式识别。

从信息加工的角度看，知识的感知过程就是在物理（化学）过程、神经传导过程和心理过程之间实现的编码（encoding）和解码（decoding）活动。

（2）语音与文字的感知。

语音，指具有一定意义的符号化声音。人能发出具有丰富含义的声音。听别人说话时我们首先要弄清楚对方“说的是什么”，在此基础上才能思考“说的是什么意思”的问题。前者属于语音的感知，后者属于语音的理解。

汉语言的语音特点是一字一音节。每个字的字音由声母、韵母和声调构成，三者的组合构成了特定字词的语音，与其所代表的事物之间在意义上具有等值关系。但是，汉语中同音字特别多，这使语境对汉语音的知觉有很大的影响。因此，教学中应特别注意发音要清晰、准确，使学生产生正确的语音知觉。

中国学生接触的文字主要是汉字。汉字由各种笔画构成，笔画是组成汉字的基本单位。一定的笔画构成了汉字的偏旁部首和不成字的部件。汉字有独体字、合体字之分，独体字不可分割，是学习汉字的基础。合体字由不同的基础部件构成，约占汉字总量的 90%以上。从另一角度看，汉字分为象形、会意、指事和形声四种，不同种类的字有不同的构字特点。

教师应教给学生基本的汉字的构字知识，以促进学生对汉字的知觉学习。现在许多小学进行的有关识字教学实验取得了较好的成果，师范生对此应有一定的了解。

（3）知觉学习。

知觉学习又称辨别学习，指学生通过大量的知觉活动逐步实现知觉的分化。知觉依赖于人的经验。经验越丰富，人所能辨认出的刺激物的细节就越多、知觉的经验体系也就越丰富。

（4）促进知觉学习的策略。

这方面主要有：1）按知觉规律提供刺激，呈现给学生的刺激要清晰、明确。如，教师发音要清晰准确、说话要响亮而有逻辑，使学生听得清楚，或能凭语境猜测到老师所说的内容。再如，教师的板书要工整、字形不宜太小、易混淆处应用颜色区分。现在多媒体使用频繁，课件设计应注意知觉规律，注意对象的大小、静态与动态的处理、对象与背景的对比等。

2）重视知觉的经验作用。刺激只有在人的经验范围内才能引起人的知觉。因此，教师上课应尽量使用常用的词汇，同时应教给学生一定的语音和文字知识以提高他们的知觉能力。

3）对知觉过程作言语指导。语言在知觉过程中具有提示、引导、整合的作用，教师应善于运用语言来提高学生的知觉能力。如，学生观察事物时教师应注意运用语言提示。

4）使用知觉学习的技术。为提高学生知觉能力，应做好以下几点：第一，练习。练习是知觉熟练化的必要条件，可以通过反复的知觉活动如反复书写、诵读等来提高有关的知觉能力。当然练习要多样化，不能一味地机械学习。第二，辨析。引导学生对知觉对象进行辨析，如进行对比、突出关键之处等。第三，及时反馈。对学生的知觉结果及时提供反馈信息，使学生的知觉得到及时强化和调整。

（二）知识的理解

（1）知识理解的含义。

知识理解的操作性定义是，学生能够用自己已有的知识经验和认知方式对新学的知识进行表征。这就意味着，不同的学生对新学的知识会有不同的理解，每个学生的理解都是建立在自己已有的知识经验基础之上的。教师应理解和尊重不同学生对知识的理解方式，使学生按照自己的本性和适应环境的独特性建构起自己的知识体系。

（2）知识理解的意义。

从某种角度讲，知识的理解是学生学习的中心任务。知识的理解对学生的意义有：第一，只有理解了的知识才能与已有的知识经验有机地结合在一起，进而转化成为自己的知识；第二，只有理解了的知识才能保持得更为长久，记忆的效果才更好；第三，只有理解了的知识才具有更广泛的应用价值，进而更有效地解决问题；第四，只有理解了知识才能更好地学习。

（3）知识理解的心理机制。

根据知识理解的定义，可以得出这样的结论，即凡是能够在各种表征形式之间进行转换而意义不变的操作都可视为理解。如，学生在数学学习中能根据应用题的题意正确地作图、能仿照例题编题目；在语文学习中能用自己的话对课文内容进行复述、能对课文内容的空白处进行补充、能用图画表现课文内容、能对课文内容进行概括（加小标题、归纳中心思想和段落大意等）、能用刚学过的词或词组造句等；在音乐学习中学生能根据所听到的音乐展开合理的想象并以行为（用语言描述、舞蹈、绘画等形式）呈示出来等。可见，学会表征是知识理解的心理机制，即学习就是学会表征。

（4）促进知识理解的策略。

这方面可运用的策略有：1）丰富学生的感性经验。感性经验是理性思维、特别是抽象与概括的基础。新知识越能与学生已有的感性经验相联系就越能激发学生表征活动的动机，也越能使学生对表征产生情感上的“共鸣”。

2）丰富学生的语言。心理学的双重表征理论认为，语言与表象相结合的表征方式是人类最基本、也是最经常使用的表征方式。因此丰富学生的语言、加强学生的语言表征能力是建构良好的认知结构的重要方法。

3）提高学生的想象能力。理解实际上是知识表征形式的转换，而转换的多样性和灵活性既与学生的知识经验的丰富程度有关，也与学生跨情境的联想能力有关。因此提高学生的想象能力对理解知识很重要。实际上，想象也是一种思维活动。在想象中学生的知识经验得到重新组合和结合，其认知结构得到改造，其认知潜力得到开发，这样新知识获得理解的可能性大大增加。

4）鼓励用多种表征方式表达理解。既然理解是表征方式的转换，教师就应尊重这样的事实，即由于知识经验、认知方式以及智力差异，每个学生的表征方式也是有差异的。教师不必强求表征的统一，而应鼓励学生用多种方式进行表征。

5）加强语言在各种表征过程中的作用。按照“双重编码理论”，人的记忆系统是由语义和表象共同构成的，语言能够加强各种表征形式之间的联系，使认知结构更加合理和牢固，因此表征过程中教师应加强对学生的语言训练。

二、陈述性知识的保持

（一）知识保持的含义与意义

（1）知识保持的含义。

知识保持，是指新知识在认知结构中存在一定的时间并能在需要的时候被提取出来。

保持是一个内隐的过程，人头脑中的知识存在与否我们不能直接观察到，只能通过回忆或再认等作业去推测保持的情况。然而人不能再认或回忆某些知识并不代表它们从人的记忆中消失。因此如何确定保持的状态，这方面的研究是有一定难度的。

按照奥苏贝尔的观点，知识的保持可从三方面加以考察：一是知识的可利用性，即认知结构中是否有相关的知识可被提取；二是知识的可辨别性，即认知结构中的知识能否准确地提取，提取知识时不会产生混淆；三是知识的稳定性，即认知结构中的知识能否在需要提取的时候提取出来。

（2）知识保持的意义。

人们在学习、工作、人际交往和日常生活中的苦恼之一是记不住想要记住的东西。知识的保持是知识应用的必要条件，没有保持就没有应用，也就没有解决问题的可能。同时知识保持过程也是人对认知结构中的知识进行整理和优化的过程。

（二）知识的保持过程

从信息加工的观点看，知识学习的过程实际上就是对外界输入的信息不断进行加工与保持的过程，信息的保持时间、保持方式与学习任务有着紧密的联系。

信息加工理论将学习看作是三个相关联的记忆系统——瞬时记忆系统、短时记忆系统和长时记忆系统——的活动。其中，短时记忆系统、长时记忆系统与学习密切相关。

短时记忆的特点是：加工任务与当前迫切需要解决的问题有关，一般当前问题解决之后有关的加工信息就在短时记忆系统中被清除；加工容量有限，若需要对后续信息进行加工就必须将前面的信息遗忘；以听觉表征为主；如果信息需要长时间保持，学习者将运用复述、编码等策略做进一步加工而使信息进入长时记忆，若信息有强烈的情感特点则即使未做进一步加工该信息仍有可能进入长时记忆。

长时记忆里的信息作为已有的知识经验在人的学习中发挥着重要作用。随着新知识的加入，长时记忆里的信息即旧的知识经验会发生变化。如，当新知识属于旧知识的下位知识时，旧的知识得到巩固或产生分化，知识分化扩展并强化了原有的知识结构，使其更加牢固。当新知识处于旧知识的上位时，通过新旧知识相互作用而形成的新的认知结构倾向于向旧的知识还原，即在这种学习中上位知识容易为下位知识所替代。

（三）知识的遗忘及遗忘学说

（1）知识的遗忘。

遗忘是与保持相反的过程。对遗忘现象的研究最早同时最著名的是德国心理学家艾宾浩斯（H. Ebbinghaus），他经过长期研究得出了遗忘曲线（见图10—2）。

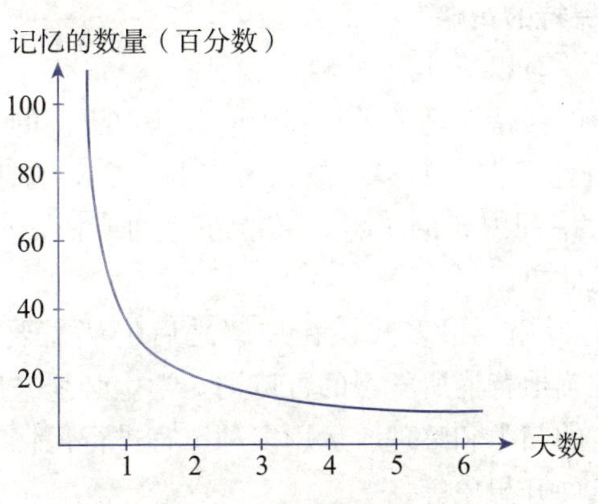

图 10—2　艾宾浩斯的遗忘曲线

艾宾浩斯遗忘曲线表明：学习后的不同时间里保持量是不同的。刚学完时保持量最大，学后的短时间内保持量急剧下降，然后保持量渐趋稳定地下降。该曲线提示我们：在学习某一知识之后要及时复习。

（2）遗忘学说。

心理学家从不同的角度探讨知识的遗忘现象，形成了解释遗忘现象的四种观点：

1）消退说。认为遗忘就是对刺激（S）不能产生反应（R），其原因是S—R的联结没有得到及时、持续的强化而被削弱了甚至完全断裂。该观点相当于拉马克的“用进废退”理论，为避免遗忘就应该多加练习和应用。

2）干扰说。认为遗忘不一定是联结消失，而是回忆的过程受到了干扰。该观点又称为抑制说，即由于其他刺激的作用使回忆或再认不能完成。抑制有前摄抑制、倒摄抑制。前者，指先前保持的知识对后续学习的知识产生干扰；后者，指后续学习的知识对先前保持的知识产生干扰。一般来说，时间接近、内容相似、要求相同的学习之间容易产生干扰，故学校应该注意课程、内容的安排。

3）线索说。认为不能回忆是因为没有找到回忆的线索。线索，指知识之间的联结点，它对回忆起着提示的作用。所以，学习应注意策略，在学习过程中要把握各知识点之间的关系。

4）动机说。上面三种观点主要解释了被动性遗忘即学生并不想忘记但还是忘了的原因，但学生有时具有主动遗忘的倾向。如，著名精神分析学家弗洛伊德认为，人都有趋乐避苦的倾向，在记忆上人们倾向于回忆快乐的事而忘记痛苦的事。教学中，使学生在愉快的情绪状态下学习，会获得较好的记忆效果。

（四）促进知识保持的策略

这方面的策略主要有以下几点：

（1）理解基础上的保持。理解了的知识能够获得更多的经验支持，所学知识不仅联结强度大，而且有丰富的提示线索和背景。如，在理解的基础上背诵诗词，学生既能加强对诗词内容的了解，又能在背诵或回忆时很快找到记忆的线索，从而提高保持的效果。

（2）记忆策略的运用。很多知识在理解之后仍然需要完整、准确地记忆。如，为了能完整、准确地背诵所学习的古诗词，学生必须采用的策略有寻找记忆材料的规律、做一定的归类和整理、运用多种感官进行记忆、将零散的材料用一定的方法串联起来、展开想象等。

（3）合理组织复习。遗忘曲线提示我们：要及时复习，要形成良好的复习习惯。复习应注意以下几点：第一，要有计划。这是形成良好复习习惯的重要条件。教师应帮助和指导学生制定计划，然后逐步过渡到学生自己制定复习计划。第二，控制复习的量。复习有集中复习和分散复习、整体复习和分段复习，无论哪种复习都应把握好量，避免不足或过量。研究表明，“过度学习”的量以150%左右为宜。第三，尝试复述。每复习一部分就尝试着记一记、背一背。第四，组成小组。通常几个同学在一起复习效果较好，良好的学习氛围有助于彼此督促、相互促进、解决问题。

三、陈述性知识的应用

（一）知识应用的含义

人们获得知识的主要目的是应用。知识的应用，是指使用获得的知识去解决同类或类似的课题的过程。知识的应用与知识的获得、知识的保持共同组成了知识学习的过程。知识获得、知识保持是知识应用的前提条件，知识应用则是了解知识获得、知识保持的重要环节。通过知识的应用可以检验学习过程的效果，发挥知识学习的真正作用，包括促进知识的广泛迁移。

学生的知识应用有课堂应用、实际应用两种形式。前者，在学校教学中十分普遍；后者，用于解决实际问题，在今天学生的兴趣活动、探究性学习中也很普遍。

（二）知识应用的层次

知识应用有三个层次：第一是套用，也称为照搬，即对于面临的问题学生的认知结构中有现成办法可加以直接运用。第二是变通，也称为改造，即对于面临的问题学生的认知结构中没有现成的办法可以直接运用，但有相关的办法可以借鉴，可以将此称为狭义的迁移。第三是创造，即对于面临的问题学生的认知结构中没有现成的办法可以直接引用，也没有相关的办法可以借鉴，要求学生形成前所未有的办法来解决问题。

关于知识的应用在本书的“学习迁移”和“问题解决与创造力培养”部分有详细的论述。

第四节　概念与规则的学习

概念与规则是陈述性知识的主要形式，也是课堂教学的主要内容。帮助学生掌握概念进而掌握规则，是教和学的一项主要任务。

一、概念的学习

（一）概念的含义及结构

（1）概念的含义。

概念，就是人对一类事物的共同特征的反映。人不仅能认识个别的、具体的事物，而且能在头脑中抽取出这些事物的共同点而形成相应的概念。按行为主义的观点，获得概念就是人能够对一类刺激做出同样的反应。

概念总是代表一类事物而不是一个或几个事物，因此当人们说一个概念的时候总是指相对抽象意义上的事物。

（2）概念的结构。

名称、定义、属性和例证是组成概念的结构要素。

概念的名称，起着为概念进行标记的作用，但名称与概念并不是一一对应的关系。有时，一个概念有若干个名称，如土豆又叫马铃薯、洋山芋、洋芋；有时，同一个名称不一定是同一个概念，如青菜在有的地方指一种绿阔叶、长白梗的蔬菜，在有的地方指所有绿色叶子的菜。

概念的定义，是直接、简明地揭示概念的含义的一种形式。

概念的属性，指概念所揭示的事物的主要特征。如，小学生就是在小学校里学习的人，这个定义揭示了“小学生”概念的两个属性：以学习活动为主、在小学校学习。

概念的例证，有正例和反例之分。正例，指具有概念本质属性的例子，如兔子、老虎、猩猩、人是哺乳动物的正例；反例，指不具有概念本质属性的例子，如青蛙、鱼、蛇是哺乳动物的反例。

（二）概念的意义与种类

（1）掌握概念的意义。

概念超越了具体对象和情境，是对事物形成的概括性认识。掌握概念能使人在一般的意义上认识事物、思考问题，使人能够对非直接观察到的事物的属性做出判断。掌握概念还是人与人交流的前提。人际交流必须以共同的概念为平台，如果双方缺乏概念的一致性则交流活动陷于瘫痪。

（2）概念的种类。

概念有不同的分类：1）具体概念与定义性概念。前者，指在客观世界中能找到相对应的实在事物的概念，如动物、雷达、水果等，其定义可以来自对具体事物的共同属性的抽象与概括；后者，指那些在客观世界中不能找到相对应的实在事物的概念，如人性、心理、营养等，其含义必须通过寻求其在人类概念体系中的位置、或者通过检索与其他概念之间的关系才能确定。

2）日常概念与科学概念。前者，又叫前科学概念，指在日常生活中形成的、未被精确定义和严格检验的概念；后者，又叫精确概念，指经过精确定义和严格检验的概念。日常概念对科学概念的获得既可能有积极作用，也可能有消极作用。

（三）概念学习的方式

（1）概念的形成。

概念的形成指学习者通过接触大量的实例，在该过程中提出有关概念的假设并通过反馈验证假设、逐步确认概念。

概念形成的一般过程是：教师出示实例，学生对实例所代表的概念进行假设，教师对学生的假设给予肯定或否定的反馈，学生根据反馈信息对预设的概念进行检验，从而肯定或否定预设的概念，对获得肯定的预设概念进一步去验证，被否定的概念则需要重新建立假设。在反复的假设、验证过程中学生掌握概念的意义。

（2）概念的同化。

概念的同化指学习者利用已有的知识经验对直接给出的概念定义进行分析和理解后掌握其意义。如，学生已经知道“哺乳动物”的特点，现在学习有关“鲸鱼”的知识，当知道鲸鱼也是哺乳动物时，学生可以根据已掌握的哺乳动物的概念去理解鲸鱼的特点。再如，学生已学过三角形的性质，现在学习三角形的种类，他们就可以根据三角形的性质去理解锐角的、钝角的等各种三角形。

（四）促进概念掌握的策略

（1）直观教学。

概念的掌握建立在一定的知觉经验基础之上。直观教学就是教师向学生提供形象化材料或作形象化说明以促进学生对概念的掌握。

直观教学手段有三种：1）实物直观。它是指运用实物或实景进行的直观。这种方式比较鲜明、生动地表现了事物的特征，直观效果比较好。但是，这种方式不易突出事物的主要或关键特征。另外，教师对用于直观的事物的变化难以控制，而且不够经济。

2）模像直观。它是指运用模型、图表、图画、音像等材料进行的直观。模像直观不如实物直观生动、鲜明，但容易突出主要特征，便于教师按意图加以控制。现代教学中多媒体运用十分普遍，这是一种集成化的模像直观。

3）言语直观。它是指运用形象化、通俗化语言进行的直观。言语直观在鲜明、生动方面不如实物直观，但因其使用方便而且经济、能起到其他方式所起不到的作用，所以应用率较高。但这种直观手段的运用效果受教师的知识经验和言语技能的影响。

（2）正例与反例的运用。

教师在概念教学中经常使用例证。概念的例证分正例和反例，它们对概念的掌握都起着至关重要的作用。正例提供了有利于概括的信息，反例则提供了有利于辨别的信息。教学中教师应重视例证的选择。

（3）变式的运用。

学生学习有时会出现概念的偏差，原因之一是教师提供例证时未运用变式。变式，指提供学习的正例在外部、表面的形式上加以变化而其本质属性保持不变。如，学习直角三角形时，如果总是呈现标准的直角三角形（见图10—3中的甲），会使学生认为直角三角形的直角必定在左下方，这就容易使学生把非本质属性当作本质属性从而形成错误的直角三角形概念。如果能提供大小、角度、直角方位等不同的直角三角形（见图10—3中的乙、丙、丁），这就有助于抓住“只要有一个角是直角的三角形就是直角三角形”这一判别直角三角形的唯一标准。

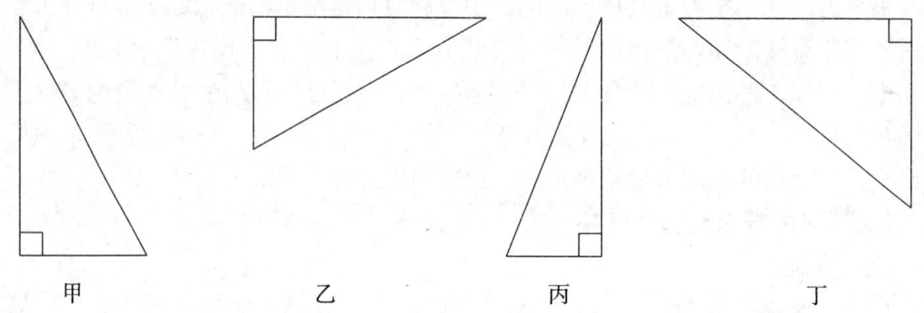

图10—3　直角三角形的标准图形及其变式

（4）思维训练。

针对学生掌握概念的思维训练主要有比较训练、概括训练、概念应用训练等。

二、规则的学习

（一）规则的含义

规则是现在经常使用但含义又颇为复杂的概念。其实，规则包含三层意思：

第一指客观规律。客观规律，指不以人的意志为转移的客观事物的内在联系，即人们说的自然法则。客观规律包括自然规律、社会规律和人的心理规律。

人们可以发现、认识、利用客观规律，但不能创造、改变客观规律。这类规则属于陈述性知识。

第二指根据客观规律提出的行为准则。人在认识到客观规律的基础上规范自己的行为以更好地改造世界、造福人类。如，人们知道水能导电、人也是一个导电体，于是提醒孩子不能用湿手触摸电器开关（这是一个规则）；人们认识到经济基础和上层建筑的关系，进而提出上层建筑要适应经济基础的规则；当人们认识到遗忘的规律是“先快后慢”后，提出及时复习的规则。这类规则相当于程序性知识。

第三指人为制定的规则。人们的生活、工作和娱乐中有很多人为规定的规则，如，交通规则中“红灯停、绿灯行”，排球比赛规定上场人数等。这类规则不具有客观意义上的必然性，但它是保证人类生活正常秩序所必需的。这样的规则也属于程序性知识。

（二）规则学习的方式

规则学习有发现学习、接受学习、观察学习三种。

（1）发现学习。

它是指习得的规则不是别人告知而是自己在经验中得出的。人们有很多的行为准则是在自己的生活实践中、在各种成败经验中总结出来的。如，每个人都会从人际交往的经验中总结出一些规则，这些规则指导着今后的人际交往活动。我们的一些生活技能也是从自己的经验中总结出来的，这些规则通常难以从书本上看到或由他人传授。

（2）接受学习。

它是指习得的规则是别人告知的而不是自己在经验中得出的。告知，就是将规则直接呈现给学习者。告知的途径可以是书本、杂志、影视、朋友、长辈、教师等。人的大多数学习都属于接受学习。

（3）观察学习。

它是指习得的规则既不是学习者亲身探索和尝试所得，也不是别人所告知的，而是学习者通过观察别人的经历后总结获得的。如，看到偷窃者被严惩后知道了不能偷东西的行为规则。

（三）规则的教学

在规则的教学中，教师经常采用的是发现学习和接受学习的变式，即例—规法和规—例法。

（1）例—规法。

此法由教师先出示例子，引导学生解决具体例子所包含的问题，然后从中抽取出共同的特征，形成规则。

如，教“商不变性质”时，教师可以先出示下列例题：

6÷2　　60÷20　　600÷200　　6000÷2000　　60000÷20000

60000÷20000　　6000÷2000　　600÷200　　60÷20　　6÷2

然后要求学生计算结果，从结果中找出其中的规律。学生经过观察和思考，发现除数和被除数同时扩大或缩小相同的倍数，商不变。

例—规法的教学要重视选择适当的例子，例子要能够充分蕴涵规则，同时所教的规则不宜过于复杂。

（2）规—例法。

此法中教师直接出示规则，然后结合学生已有的知识经验进行讲解，使学生理解和记住规则。接着，再出示例题以验证和巩固该规则。仍以上述“商不变性质”为例：教师首先出示“商不变性质”这条规则，然后带领学生进行分析，随后出示上述例题以验证该规则。

小结

知识，是指个体与其环境相互作用后获得的信息及其组织。知识观有客观主义知识观和建构主义知识观之分。两种知识观对教学产生的影响不同。

广义知识有陈述性知识、程序性知识两大类。陈述性知识是关于“什么”、“为什么”等的知识，程序性知识是关于“怎么做”的知识。用以表示头脑中知识存在的方式称为表征。陈述性知识主要以命题、命题网络和图式的方式表征。

认知结构是用以表示人头脑中知识形态的假设结构。认知结构中的知识存在上下位的关系和并联结合关系。

奥苏贝尔认为，学生的学习是有意义的接受学习，有意义学习的标准是新知识与学生认知结构中相关的知识经验之间构成了实质性的和非人为的联系。按新旧知识相互作用时的关系，可以将有意义学习分为上位学习、下位学习和并列结合学习。

知识学习分为获得、保持和应用三个阶段。知识的获得过程包括知识的感知与理解。知识的感知，要解决的是老师呈现的刺激“是什么”的问题。知识的理解，其本质是表征形式的转换。知识的保持过程既有量的变化也有质的变化。心理学对遗忘现象的解释有消退说、干扰说、线索说和动机说。知识的应用，是知识学习的重要环节，它有套用、变通和创造三个层次。

概念，是人对一类事物的共同特征的反映。概念包括概念的名称、概念的定义、概念的属性和概念的例证。概念学习的方式包括概念的形成和概念的同化。

规则，既指客观规律，又指根据客观规律而提出的行为准则，还指人为制定的规则。规则学习的方式有发现学习、接受学习和观察学习。规则的教学有规—例法和例—规法。

思考题

1. 关于知识有哪两种知识观，它们对教学有何影响？
2. 陈述性知识是如何表征的，试举例说明。
3. 按认知同化理论，什么是有意义学习，它需要什么条件？
4. 按认知同化理论，有意义学习中新旧知识有哪几种联系，试举例说明。
5. 陈述性知识获得阶段，如何促进知识的感知、理解？
6. 陈述性知识保持阶段，有哪些促进保持的策略？
7. 概念教学时有哪些促进概念掌握的策略？

第11章

程序性知识的学习

内容提要

◎ 程序性知识是用于指导人的行为和操作“如何做”的知识。它以产生式、产生式系统的方式来表征。它有智慧技能、认知策略和动作技能三种。

◎ 阐述智慧技能形成的理论有五阶段理论、三阶段理论和产生式系统理论。智慧技能的形成会表现出相应的特点。智慧技能的培养也有相应的注意点。

◎ 阐述动作技能形成的理论有行为主义观、认知观两种。练习是动作技能学习的主要途径。

◎ 动作技能的学习既有量变过程也有质变过程。动作技能的形成会表现出相应的特点。动作技能的培养也有相应的注意点。

主要概念

程序性知识，智慧技能，认知策略，动作技能，产生式，产生式系统，高原现象

第一节　概　述

一、程序性知识的含义、种类、作用

（一）程序性知识的含义

程序性知识，指用于指导人的行为和操作“如何做”的知识，它回答关于“怎么做”的问题。如关于小数乘整数的知识、关于单名数与复名数相互转化的知识、关于使用标点符号的知识、关于平衡方程式的知识、关于如何观察的知识、关于计算机键盘指法的知识、关于保健按摩中指压法的知识等。

程序性知识，相当于传统心理学中的技能概念。这里说两者“相当”，是因为两者都与“如何做”、“怎样做”有关，都与“做”的“程序”、“步骤”有关。其实，两者并不完全等同。

使用“技能”时，突出的是“会做”和“能做”。作为技能，它需要两个必要条件，一是关于程序性的知识，没有它就不知道应该“如何做”、“怎样做”；二是个体的动作或运动的体能和技能，没有它就无法把操作的“程序”、“步骤”予以具体化或物化。

使用“程序性知识”时，突出的是关于“做”的“程序”、“步骤”方面的知识。但是，个体的活动（涉及体能和技能）对于程序性知识也有重要意义，因为只有通过它才能有效地了解和考察是否具有了相关的程序性知识。

（二）程序性知识的种类

程序性知识可以分为两种：一种是智慧技能知识，是用来指导学习者进行思维操作过程的知识，相当于传统教育心理学中的心智技能或智力技能，如“1/3－1/5=?”，“已知：A∶B=C∶D；求证：AD=CB”等。另一种是动作技能知识，是用来指导学习者身体动作、完成外部行为操作的知识，相当于传统心理学中的运动技能，如完成某项烹饪、缝纫之类的职业劳动技能，完成各种体育竞技动作等。

一般来说，程序性知识没有明显的有意识的线索，通常只有在操作过程中才能发现其存在。

程序性知识需要一定的练习。只有通过练习，才能使这样的知识（即如何做的规则或程序）成为顺利完成某种智慧任务或身体协调任务的能力。

随着心理学研究的不断发展，有一种知识即认知策略知识从智慧技能中分化出来。认知策略知识，指用于控制和调节个体自身认知活动的知识。如果说一般的程序性知识（即智慧技能）是对外的、针对的是人与外部世界的相互作用，那么认知策略知识是对内的、针对的是人自身的内心活动。如，关于制定学习计划的知识、关于集中注意力的知识、关于加深对知识理解的知识、关于做好预习和复习的知识等。总之，认知策略知识事关人对自己学习行为的计划、监督、控制和调节。

同时，认知策略也是一个人学习策略的组成部分，对此将在第 13 章中予以介绍。

（三）程序性知识的作用

程序性知识无论涉及智慧技能还是动作技能均十分重要。

首先，它是学生完成各种活动任务的必要条件。学生的生活、学习、工作、劳动都与“如何做”有关，只有掌握有关的程序、步骤才能从事各种活动。

其次，它是能力形成和发展的基础。心理学研究表明，学生能力的发展与其陈述性知识及有关经验的积累有关，也与其程序性知识的获得及运用密不可分。

最后，它有利于学生提高学习效率和进行创造性的学习。心理学研究表明，学生娴熟地掌握了程序性知识并加以运用，就能在有限的时间里完成更多的学习任务，也可以使心理活动聚焦于学习任务中最重要的方面，有助于创造性地解决问题。

二、程序性知识的表征

程序性知识主要以产生式、产生式系统的方式来表征。

（一）产生式

产生式，是程序性知识的基本单元，也可以表征程序性知识。一个产生式就是一个“C—A”。其中，“C”表示条件；“A”表示行动；“—”表示两者的关系，即根据条件采取行动。

产生式相当于“如果……就……”、“如果……则……”、“一……就……”，即英语中的“If...，then...”。比如，“如果一个三角形的两条边或两个角相等则这个三角形是等腰三角形”，“如果一种动物是胎生和哺乳的则这种动物是哺乳动物”，“如果上课铃响就要回到座位上去”，“如果上课想发言就应先举手”，“如果红灯则停、如果绿灯则行”等。

当然，较为复杂的程序性知识就需要产生式系统来表征了。

（二）产生式系统

产生式系统，由一系列的产生式所组成。产生式系统具有闭合性的特点，即由

产生式系统决定的一系列行为均有特定的目标导引，从起点出发后直至目标达成停止行为。例如，解方程“7X＋17＝3X＋33”，其产生式系统如表 11—1 所示。

表 11—1　　**“7X＋17＝3X＋33”解方程的产生式系统**

产生式 1：如果未知数项在等式两边，则应移项使其处于等式一边。

产生式 2：如果常数项在等式两边，则应移项，但应使其处于与未知数项对应的等式的另一边。

产生式 3：对未知数项、常数项分别运算。

产生式 4：最后求出未知数 X 的值。

从上例可见，一个产生式系统其实就是由一个个的产生式所组成的活动环节。它们可能是外显的操作，也可能是内隐的活动。产生式系统是形成各种技能的基础。

三、不同知识的比较

对不同的知识加以比较，有助于人们更好地对其加以了解和把握。

（一）陈述性知识与程序性知识的比较

陈述性知识、程序性知识两者有着本质的区别。从基本单位及其结构看：前者，其基本单位是符号所代表的意义，即表现为概念、命题、原理的认知内容，单位结构存在着多样性；后者，其基本单位是规则，是体现了对于已有知识予以应用的程序，单位结构存在一致性。

从输入输出看：前者，相对较为静态，较容易用言语来表达清楚；后者，相对较为动态，常常很难用言语表达清楚。

从两者的记忆储存看：前者，记忆呈现为非独立的网络性，其储存体现出有层次的结构特点，发生迁移时表现出叠加扩充的特点；后者，记忆呈现出独立的模块性，其活动方式或操作程序的储存基本各不相干，发生迁移时表现出序列转移的特点。

从学习速度和效果看：前者，学习的速度相对较快，有可能在短时间内有较多的积累，不过也容易发生遗忘；后者，学习相对较慢，常常需要过度学习，要通过大量练习才能较熟练掌握，不过一旦掌握就比较牢固、保持效果较好。

从意识控制看：前者，学习被激活的速度一般较慢，学习常常是一个有意识的搜索过程，它要求有较高的意识控制；后者，学习被激活的速度一般较快，一旦启动之后意识控制程度的要求较低。

从过程看：对前者的学习是一个从积累到贯通、积累与贯通相结合的过程；对后者的学习是一个由试练到熟练、试练与熟练相结合的过程。

同时，陈述性知识、程序性知识两者又有着紧密的联系。一方面，学习前者是学习后的必要基础和前提条件。缺乏相应的陈述性知识要掌握某种程序性知识是不可能的。另一方面，一个人已经形成的程序性知识又是学习新的陈述性知识的台阶和有利条件。

（二）两种程序性知识的比较

这里主要对智慧技能与动作技能加以比较。这两类技能既有明显的区别，又有密切的联系。它们之间的区别主要体现在两者的活动对象、活动结构、活动要求上。同时，两者也有一定的联系和共同之处。表 11—2 列出了两者的不同点、共同点和相互联系。

表 11—2　动作技能与智慧技能的比较

		动作技能	智慧技能
不同点	活动对象	指向一定物质形式的客体，属于实际活动范畴	指向一定观念形式的客体，属于认知活动范畴
	活动结构	需按实际要求做出反应，不能省略和简缩	可以高度省略和简缩
	活动要求	在脑外借助于外部动作来进行，由视觉、动觉来控制，表现为一系列“刺激—反应”的连锁	在脑内借助于内部语言进行，不必由视觉或动觉来控制，表现为一系列“条件—行动”的程序
共同点		1. 都由技能发展到技巧，活动完成的速度都由慢到快 2. 结构方面，都由一个个环节的学习逐渐发展为整体去完成 3. 完成动作时，都是由紧张、呆板逐步发展到轻松、灵活	
相互联系		智慧技能常常需要借助于动手，动作技能常常需要借助于动脑；两者的联系，表现为手脑结合	

第二节　智慧技能的学习

一、智慧技能形成的理论

教育心理学家十分重视智慧技能的研究，提出了关于智慧技能形成的各种理论。

（一）智慧技能形成五阶段理论

苏联教育心理学家加利培林提出的“智力按阶段形成的理论”有着较大的影响。他认为，智慧技能不同于外部的动作技能，但却是外部的物质活动的反映，是实践动作“内化”的结果。“内化”就是外部动作向内部的转化，也就是在头脑内部形成知觉、表象、概念的过程。智慧技能形成的这一过程有以下五个阶段。

（1）定向活动阶段。这是智慧技能形成的准备阶段。其任务是了解、熟悉活动任务，制定目标、明确方向，即了解做什么和怎样做。

（2）物质与物质化活动阶段。该阶段借助于实物或实物标本、模型、图表等进行学习，促使学生在头脑中形成各种各样的表象，特别是概括化水平较高的表象，为智慧技能的形成向下一阶段转化奠定基础。

（3）出声的外部言语活动阶段。这一阶段是外部的物质与物质化活动向智慧活动转化的开始，是智慧技能形成正在发生质变的反映。该阶段表明智慧技能已经获得了外部语言的支持，并因此而摆脱了实物及其替代物。如，小学生的朗读、口算便是。这是智慧技能形成的一个特殊阶段。

（4）无声的“外部”言语活动阶段。该阶段特点是智慧活动以不出声的“外部”言语来进行。如小学生的默读、心算便是。从朗读到默读、从口算到心算，要求学生的言语机制发生很大的转变。这一阶段对智慧技能形成也十分重要。

（5）内部言语活动阶段。这是智慧技能形成的最后阶段。其主要特点是智慧技能活动的简略、压缩和自动化。

（二）智慧技能形成三阶段理论

我国学者冯忠良通过“结构—定向”教学实验研究，提出了智慧技能形成的三阶段理论①：

（1）原型定向阶段。该阶段的主要任务是让学生了解所学智慧技能的实践模式，即操作活动的程序或原型。这使学生知道该做哪些动作、如何完成，形成相应的动作和程序表象，明确活动的方向。原型定向则要通过讲解和示范为学生提供。

（2）原型操作阶段。该阶段要求学生严格按照实践模式进行实际操作。对动作序列要逐一执行，及时检查操作是否正确、对象是否变化。执行的同时还要作口头报告，促使智慧活动向言语执行水平转化。

---

① 参见冯忠良：《结构—定向教学的理论与实践》，224 页，北京，北京师范大学出版社，1992。

（3）原型内化阶段。该阶段活动离开原型中的物体或其相关形式而转向头脑内部，开始借助于内部言语来对观念性对象进行加工。这是原型在学习者头脑中转化为心理结构内容的过程。

（三）智慧技能形成的产生式系统理论

认知心理学家认为，智慧技能，实质上是一套程序性知识并按这套程序去解决问题的能力；智慧技能的学习，本质上是掌握一套程序，亦即在长时记忆中形成一个解决问题的产生式系统，以后遇到同类问题就按照此系统的程序一步一步做下去，直至问题解决。

我国学者皮连生[①]、邵瑞珍基于上述理论观阐述了智慧技能的习得过程和条件，并指出智慧技能学习一般有三个阶段：

第一阶段，新信息进入短时记忆，与长时记忆中被激活的相关知识建立联系，从而出现新的意义建构。

第二阶段，通过应用规则的变式练习，使规则的陈述性知识向程序性知识转化。

第三阶段，程序性知识发展的最高阶段，规则完全支配人的行为，智慧技能达到相对自动化。[②]

这一观点的特点是：在理论上，把知识与技能联系起来进行研究；在实践上，推进了知识教学与技能教学的结合。

根据这一理论，智慧技能可以通过样例学习而获得。样例学习，是指从提供的具体样例题中找出解决问题的条件，然后根据条件采取行动。样例题，就是一套蕴涵着产生式系统的问题解决的程序。样例学习可以促使智慧技能学习提高效率。

二、智慧技能形成的特点

智慧技能的形成一般要经历一个较长的过程，但一旦形成它便具备某些特点。同时，依据这些特点也可以考察相应的智慧技能是否已经形成。

（一）对象脱离了支持物

智慧技能形成后，内部言语和有关的概念、表象、规则就成为智慧技能活动的工具。此时，智慧活动可以凭借它们进行操作，而不再需要借助于直观和明显的支持物如实物、图示、模型等来进行了。

---

① 参见皮连生：《智育理论：一种新的智育理论的探索》，载《华东师范大学学报》（教育科学版），1994（4）。

② 参见邵瑞珍：《教育心理学》（修订本），62页，上海，上海教育出版社，1997。

（二）进程压缩

智慧技能学习之初，智慧活动的展开是全面、完整和详尽的。一旦智慧技能真正形成，其操作活动会高度压缩、合理简略，面对要解决的问题会通过信息检索来提取有关的产生式及其系统，智慧活动达到了自动化。

（三）应用的高效率

智慧技能一旦形成，就将一套针对特定问题的关于“如何做”的规则程序内化在头脑之中。掌握了它就能举一反三、触类旁通、快速而高效地解决有关问题。

三、智慧技能的培养

智慧技能对于各种学习包括问题解决都非常重要，其水平直接关系到智慧活动的成效。智慧技能的培养应该注意以下几点：

（一）促进条件化知识的形成

智慧技能形成的关键是把所学知识与应用该知识的条件结合起来。智慧技能培养要重视这种条件式知识及其形成。

为此，可以编制产生式例题，让学生进行样例学习；也可以呈现与实际生活背景相似的知识，提高知识在解决实际问题中的可检索性和应用性。这些方法可以促进学生将应用条件与实际问题情境有机地联系起来，从而形成条件化知识，为智慧技能的形成奠定基础。

（二）促进产生式知识的自动化

产生式系统是由一系列以“如果……那么……”形式表示的规则组成的。研究表明，产生式知识必须经过练习才能达到熟练甚至自动化的程度，才能成为一种智慧技能。一项比较专家与新手解决问题过程的研究表明：新手解题总是从已经学过的公式、定律、方程式开始，解题所花的时间是专家的四倍，且会出错；专家解题并不去想那些有关的具体知识，常常会合并两步或几步进行，说话数量是新手的一半、但说话速度比新手快一倍。这是专家的产生式知识已经自动化的结果。

（三）加强言语表达能力

言语及其表达能力对智慧技能学习及其操作效果有重大影响。研究表明，言语活动能使注意力集中于问题的突出或关键之处，能激发探寻新的更有效的思路，能引发对执行予以控制的加工过程，能减少思维的盲目性，能提高解决问题的效率。提高言语表达水平可以提高解决问题的速度和迁移水平，促进智力活动的内化。

因此，教师应有意识地加强对学生言语能力的训练。如，使用口语报告法，要求学生大声描述观察内容、操作教具过程、头脑中的思维过程、概括的结论等。如，可以鼓励学生相互问答、彼此交流、小组商讨、集体议论。

为了促使学生乐于表达、敢于表达、善于表达，教学中营造民主、宽松、融洽、互助的气氛十分重要。

（四）科学地进行练习

练习是促使陈述性知识向程序性知识转化的必要条件。智慧技能也要通过练习来形成。要使练习取得预期效果，应该注意以下几点：

（1）要精讲多练。精讲，指讲解时要明确重点、难点，要抓住关键，要突出方法；多练，并不是指搞题海战术，而是提倡开展各种活动，增加学生灵活运用产生式系统的机会。

（2）练习形式多样。通过大量的、加以变化的练习，引导学生去概括某类课题的共同特征、规则、原理，这样他们所学的陈述性知识就易于转化为智慧技能。

同时，要注意引导学生对练习思路和方法进行反思、总结。这样，既有利于防止呆板练习引起的倦怠，还能有利于防止负迁移和促成正迁移。

（3）把握练习的“度”。这个“度”要求练习要适量、适度、循序渐进。练习量少，智力活动不可能达到自动化水平；练习量过多，由于存在练习曲线的“高原期”，会事倍功半，甚至可能带来消极影响。练习要从易到难、从简单到复杂，且要适合学生当前的发展水平。

当学生通过练习达到了预期目的后，由此产生的胜任感、自信心、价值感会使他们感受到练习的愉悦，并产生进一步练习难度较高技能的心理倾向。

第三节　动作技能的学习

一、动作技能形成的理论

心理学中的行为派、认知派是阐述动作技能形成的两种代表性观点。

（一）行为派的理论

该派阐述动作技能形成的理论建立在经典性条件反射和操作性条件反射的基础之上。

巴甫洛夫认为，动作技能是先行动作通过条件反射建立起暂时神经联系并变成后继动作的信号来实现的。如学生做操，教师的第一个动作和口令是学生第一个动作的刺激，教师的第二个动作和口令是学生第二个动作的刺激……学会以后，学生就会按照教师口令做操。

其后，行为主义更重视个体的行为反应及其后果，用“刺激—反应”来解释人的行为，特别重视用强化来说明有机体行为的形成、保持和改变。他们认为，动作技能决定于因强化而得以巩固的该行为反应与刺激所建立的联系。如果某行为或动作技能产生了积极的后果，则该行为或动作技能就受到强化，那么个体操作、重复它的可能性就会增加，该行为或动作技能就会逐渐得以巩固，成为个体全部行为储备中的一部分，以后只要出现适当的环境刺激，行为或动作技能便会自动激发和呈现。

动作技能的学习，本质上是掌握一个动作连锁，即形成一套系列的“刺激—反应”的相互联结系统。如，钥匙开锁的动作技能，就是学会一个系列的动作反应连锁：手拿钥匙，钥匙对准锁孔，准确插入孔眼，按正确方向旋转，最后把门推开。图 11—1 描述了这一动作连锁的过程。

S_s ⟶	R～～	S_s ⟶	R～～	S_s ⟶	R～～	S_s ⟶	R
锁	对准锁孔	朝着锁孔的钥匙	插入钥匙	插入的钥匙	旋转钥匙	被旋转的钥匙	推门

图 11—1　钥匙开锁的动作连锁

（二）认知派的理论

20 世纪六七十年代以来，心理学家在承认动作本身是一系列“刺激—反应”联结的同时，更倾向于用认知的理论来阐述动作技能的形成。他们强调动作技能的学习必须有感知、记忆、想象、思维等认知成分的参与。如韦尔福德（Welford）提出了运动技能形成的模型（见图 11—2）。

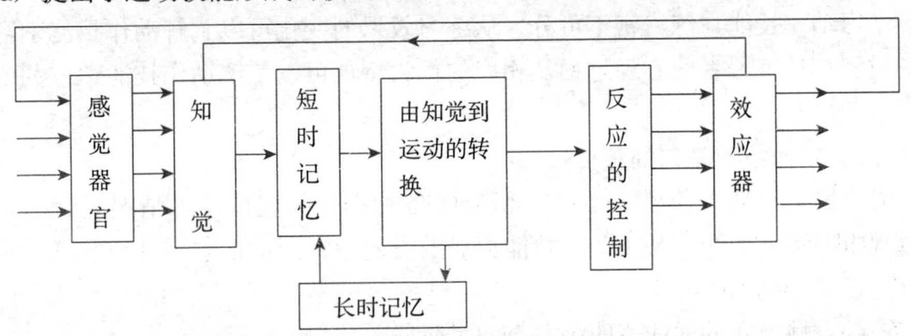

图 11—2　动作技能形成的模型

上述模型有三个连续的阶段：

（1）感觉接受阶段。学习者面临着一定时间内接受多少信息输入的问题。信息量超载，学习会因超负荷而无法处理；信息量贫乏，学习者会放松警觉，降低动作操作的要求。在该阶段，必须通过选择性注意把知觉到的重要信息储存于短时记忆中。

（2）由知觉到运动的转换阶段。这里有双重含义，既要对感觉输入做出反应，又要激起效应器的活动。反应取决于信号传递和主体“做出的决定”。通过练习掌握动作技能，可以使已有动作之间及它们与新学习动作之间达到同化和融合，从而缩短其反应时间。效应器的活动通过反馈能够进一步矫正或加强反应，最后把经过长期练习而形成的运动程序图式储存在长时记忆中。

（3）效应器阶段。转换完成后，大脑发出的神经冲动沿着运动神经纤维传到相应的效应器官，促成动作的产生。同时，动作的进行受到反馈的调节，形成一个反应环路。

上述模式中尽管有三个阶段，但它们是一个统一的整体。

二、动作技能学习的过程

（一）动作技能的学习途径

动作技能要通过一定的学习途径才能获得。动作技能本质上是掌握一个动作连锁，这需要具备四项条件：顺序、耦合、连贯和强化。练习，能够有效地改善这些条件。所以，练习是学习并形成动作技能的主要途径。

练习，简言之就是动作序列的重复，或者说重复是练习最显著的特征，但是并非任何动作重复都是练习。当重复具有改善学习者动作的目的时，当重复能为学习者提供起强化作用的反馈信息时，它才可以称为练习。

学习动作技能与练习密不可分。从练习效果的变化可以了解动作技能学习的量变过程；从练习者的心理过程及相应的行为特征可以了解动作技能学习的质变过程。

（二）动作技能学习的量变过程

麦克唐纳（McDonald）收集、研究了各种动作技能的练习情况后认为，学习过程中的练习曲线反映了动作技能形成的量变过程。他把这一过程总结成一个综合性模式（见图 11—3）。

该综合性模式的曲线表明练习有六个阶段：

（1）无进步阶段。此时只是熟悉条件和适应环境，练习在量上几乎没有

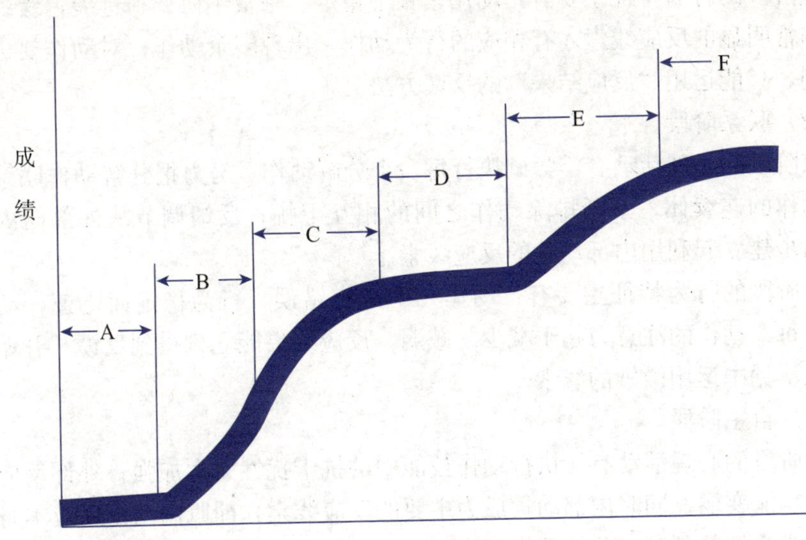

图 11—3 练习曲线的各阶段

进展。

（2）迅速进步阶段。在初步能利用条件、把握环境后，练习在量上进步迅速。

（3）学习速度逐渐减慢阶段。在达到一定水平后进步变得缓慢。

（4）“高原”阶段。练习中期出现进步的停顿。

（5）再次缓慢进步阶段。找到进步停顿的原因，摆脱“高原”后又有一定的进步。

（6）进入极限阶段。进步再次减慢，身心竭尽所能，达到了能达到的水平。

上述模式是描述性的，但对于判断练习的阶段并给予应有的指导很有参考价值。

（三）动作技能学习的质变过程

费茨（P. M. Fitts）和波斯纳（Posner）将较为成熟的学习者获得动作技能的一般心理过程概括为以下三个阶段：

（1）认知阶段。

该阶段的心理活动有：首先，知觉刺激情境，认知动作技能的结构即动作连锁系统，在头脑中形成相应的完整的知觉表象；其次，回忆先前学会的、作为动作连锁的下属分解动作，注意那些引发动作和反应的外部线索。

该阶段的行为特征主要有：动作紧张不稳定、呆板不协调、进展迟缓；只能利用非常明显的反应线索才有相应的行为动作，出现多余动作；对动作要进行有意控制，只能运用“反应结果”的反馈方法。

（2）联系阶段。

该阶段的心理活动有：尝试执行每一个分解动作；努力把分解动作联系起来形成动作的连续体，不断排除动作之间的相互干扰；反馈调节从外部向内部过渡，初步建立起利用内部动觉的反应线索。

该阶段的行为特征主要有：动作几乎没有错误，行为稳定而迅速，动作协调；对每个动作的注意力趋于减少、减弱，反应结果能立刻得到反馈；开始能够在不知不觉中运用微妙的线索。

（3）自主阶段。

该阶段的心理活动有：执行动作技能中的抗干扰性大大加强；外部反应线索的刺激功能变弱，同时内部动觉成为主要的反应线索，即肌肉动作反应本身得到反馈而成为新的刺激；分解动作逐步被整合成动作连锁，在智慧技能作用下发展了动作技能的内部指导程序，形成内在的动力定型。

该阶段的行为特征主要有：行为的意志努力减弱，逐渐不用或少用有关的反应线索；行为控制从有意识向无意识转化；随着进一步练习使控制行为的方法由外转内；动作技能的行为充分稳定、并有一定的灵活性；动作技能已趋于自动化性质的协调模式。

三、动作技能形成的特征

熟练操作是动作技能形成的标志，它具有以下一些主要特征。

（一）意识调控减弱，动作自动化

在动作技能形成初期，每一动作都受意识的调节与控制，否则动作就会停顿或出错。随着技能的形成，意识对动作的控制逐渐减弱，组成技能的动作逐渐成为一个自动化的动作系统。例如，熟练的电脑操作员可以不看键盘迅速地进行输入操作。

（二）能利用细微的线索

任何动作都受情境中的线索引导。在动作技能形成初期，学习者只能对基本线索做出反应，不能觉察到动作的全部情况，难以发现自己的错误。技能熟练时，人能根据微弱的线索进行动作，某一线索出现之后，就能进行一系列的反应。如，优秀运动员能够敏锐感知到微弱的线索，凭借对方的呼吸、脚步就能推断移动方位。

（三）动觉反馈作用加强

反馈对动作技能有重要作用。在动作技能形成的初期，内、外反馈都起作用，但来自视觉的外反馈更为重要。随着技能的形成，以动觉为主的内反馈逐渐取代来自外部感觉的反馈和控制，并起着越来越重要的调节作用。如，熟练的技工、驾驶员能根据来自机器、车辆震动的反馈感觉来调节自己的操作行为。

（四）形成运动程序的记忆图式

运动程序的记忆图式，是指练习后在长时记忆中形成的关于动作的有组织的系统性知识，它能促使完整的操作活动顺利流畅地执行。动作技能达到熟练水平时，运动程序的记忆图式就能使技能在连续性与同时性即时空两方面达到统一、协调。

（五）不利条件下保持正常操作水平

人们的动作技能会有相同的操作表现，但它们的熟练水平可能并不等同。动作技能达到了熟练水平，就能在条件变化包括面临极为不利的状况时仍能表现出正常的操作水平。如，优秀的飞行员面临急剧变化的情况、甚至在恶劣的气候条件下，仍能娴熟驾机，安全完成飞行任务。

动作技能达到了具有上述特征的熟练水平，个体一旦面临初始刺激，就能自动地完成一系列的动作，且迅速、准确、协调、流畅和娴熟。

四、动作技能的培养

（一）理解任务和情境

研究表明，对任务性质和学习情境必须正确理解，这有助于学习者对动作技能形成应有的认识，并做好相应的准备。

首先，要帮助学生理解动作技能的学习任务，形成一定的作业期望，激发学习动机。其次，要明确提出动作技能学习达到的最终目标，并提出切实可行的各阶段子目标。总之，要使学生明确“做什么”和“怎么做”，对自己的能力和状况有正确的认识，能够按照目标要求恰当地调控自己的练习过程。

（二）示范与讲解

示范与讲解对形成动作技能有导向功能，能引导和促成学生做出规范的动作。研究表明，指导者的示范与讲解不同，学习者的学习效果会大不一样。示范中要按照观察学习的原理进行，如示范要把握速度，开始应该放慢速度，又如可以把复杂动作予以分解后再作示范，便于学习者准确把握动作的结构与特点。

一定的认识活动是学习动作技能的基础，应该简明扼要地讲解有关动作的含义和必要的操作原理。只重视动作示范、忽视必要的讲解，会导致训练的即时效果并不理想，还会导致难以产生迁移效果，对此应予以避免。

（三）采用多种练习方法

任何较复杂的动作技能都需要多次练习才能形成。练习要结合具体情况采用多种方法。如实地练习法，在现场实地让学生依据动作要求从事实际操作，形成相应的动作技能；如程序训练法，使用程序教学原理，把动作技能划分为若干阶段，由易到难、由简到繁、循序渐进地练习，并给予恰当的强化和矫正；如动作—时间分析法，对每个动作所花时间予以计量，通过时间控制来排除无效动作、取得操作效果；如心理练习法，不实际操作，只是在头脑内演练有关的动作；如集中或分散练习法，有时集中一段时间练习，有时适当分散后逐段进行训练。

（四）克服“高原现象”

心理学研究表明，动作技能形成的中期常会出现“高原现象”，即练习水平暂时停顿不前甚至下降。其原因有可能是提高成绩需要以新的结构和新的方法来进行，而练习和指导却没有满足这样的需要；练习时间过长，学习者兴趣下降、注意力分散、有倦怠消极情绪；学习者身体状况不佳，练习效果受到影响。

克服“高原现象”的具体举措有：加强对动作技能的研究，加大练习的指导力度，提高练习的指导水平；加强动机态度教育，培养对动作技能的兴趣，提高练习的目的性和积极性；关注学习者的身体状况和心理状况，及时关心、疏导，防患于未然。

（五）提供恰当反馈

反馈能使学习者了解练习的效果和进展。练习过程中要向学习者提供练习中的各种信息，这是促进动作技能学习的一项重要外部条件。

反馈有内部的和外部的，也有及时的和延迟的。应该根据练习性质、学习进程来决定采用什么反馈。埃尔林（A. L. Irion）根据有关文献指出，对于连续性的动作技能，如开车、滑冰等，及时反馈尤为重要。

小结

程序性知识是用于指导人的行为和操作“如何做”的知识。它以产生式、产生式系统的方式来表征。程序性知识包括智慧技能、动作技能和认知策略三种。智慧技能知识，是用来指导学习者进行思维操作过程的知识；动作技能知识，是用来指导学习者身体动作、完成外部行为操作的知识；认知策略知识，是用于控制和调节个体自身认知活动的知识。

阐述智慧技能形成的理论有加里培林的五阶段理论、冯忠良的三阶段理论和产生式系统理论。智慧技能的形成会表现出对象脱离了支持物、进程压缩、应用高效率诸特点。智慧技能的培养要注意：促进条件化知识的形成、促进产生式知识的自动化、加强言语表达能力、科学地进行练习。

关于动作技能形成，行为观认为是刺激与反应的联结及其强化的结果；认知观认为是由感知、记忆、想象、思维等认知成分参与其中的一个过程。

练习是动作技能学习的主要途径。通过练习形成动作技能会经历量变、质变的过程。量变过程有无进步、迅速进步、学习速度逐渐减慢、"高原"、再次缓慢进步、进入极限六个阶段。质变过程有认知、联系、自主三个阶段，在心理活动及其行为特征上三个阶段会有不同的表现。

动作技能一旦形成就会表现出意识调控减弱、动作自动化，能利用细微的线索，动觉反馈作用加强，形成运动程序的记忆图式，不利条件下保持正常操作水平诸特点。

动作技能的培养应该注意：理解任务和情境，示范与讲解，采用多种练习，克服"高原现象"，提供恰当反馈。

思考题

1. 试对陈述性知识与程序性知识、智慧技能与动作技能分别做一比较。
2. 智慧技能形成有何特点？培养智慧技能应该注意什么？
3. 试描述动作技能形成的量变过程、质变过程。
4. 动作技能形成有何特点？培养动作技能应该注意什么？

第12章

问题解决与创造力培养

内容提要

◎ 问题、问题解决及创造力的心理学含义。

◎ 问题解决、创造力各有自己的主要特征。同时，两者又有密切的联系。

◎ 各种心理学理论观对问题解决作了阐述，问题解决的过程会经历一定的阶段。

◎ 问题解决需要一定的思维策略，也存在着影响问题解决的主客观因素。

◎ 创造力的性质可从各种心理学理论的观点，从创造活动的过程，从其与知识、智力、人格的关系来予以理解。

◎ 对创造力的测量常从思维的品质、人格的特征两方面入手。

◎ 培养学生的创造力要了解学生创造力的发展特点，排除阻碍创造力的因素，把握创造力培养的原则和方法。

主要概念

问题解决，创造力，启发式（问题解决），功能固着

第一节 概 述

一、什么是问题解决、创造力

（一）关于问题解决

（1）问题的心理学含义。

这里的“问题”具有心理学的特定含义，它与日常生活中所说的问题既有联系又有区别。“昨天星期几?”“今天天气怎样?”等是日常生活中说的问题，心理学讲的“问题”不仅是语义上的、更是心理上的。当一个人面临与自己的理想或目标存在差距的情境，而达到理想或目标的途径又不明确、无法用已有知识经验直接处理时，一个人就面对问题了。

古希腊神话中，狮身人面的史芬克斯向路人提出问题，“什么动物在清晨用四只脚行走，中午用两只脚行走，而到了晚上用三只脚行走”？不能回答者将被杀掉，后来奥底波斯回答是“人类”，成了解救人民的英雄，因为人类在婴儿期手脚并用爬行、之后用两脚行走、年老后要拄拐杖。奥底波斯回答了一个既是语义上的、又是心理意义上的问题。

心理学家吉尔福特（P. Guilford）指出，“每当你碰到不作进一步心理上的努力就不能有效应付的情况时，你就遇到了问题……当你要组织新的信息项目、或以新的方式运用已有的信息项目以解决问题时，你就碰到了问题”。所以，成为心理学意义上的问题需要两个前提条件：运用新知识（即“组织新信息”）或重组已有知识（即以新方式使用已有信息）；做出心理上的努力。

（2）问题之成分及问题解决。

从心理学分析，所有的问题都含有四种成分：

一是起始状态，也称给定。它是指一组已知的关于问题条件的描述，包括各种外显或内隐的已知因素。

二是目标状态。它是指对问题结论的描述，即问题所要求获得的答案或达成的目标状态。

三是障碍。它是指那些阻碍实现目标状态的因素，这些因素因人而异。

四是方法。它是指用来解决问题的程序、步骤和策略，有直接的，也有间接的。

所以，问题解决就是运用“方法”克服“障碍”最终能把问题的“起始或给定状态”转化为“目标状态”。

以给定状态和目标状态是否明确来界定，可将问题分为两大类。一类是明确界定的问题，其给定状态、目标状态都有清楚的说明，如一般的数学应用题；另一类是未明确界定的问题，其给定的条件或目标没有清楚的说明，问题具有很大的模糊性和开放性，常常没有可以预见的、唯一的标准答案，而会存在多种解题思路且均有一定的合理性，如“政府应该采用什么政策减少社会犯罪现象”。按“明确”或“不明确”界定的是“给定状态”还是“目标状态”，上述问题还可以作进一步分析。

（二）关于创造力

(1) 创造力的心理学含义。

心理学上对创造力含义解释，可谓众说纷纭。目前，较为一致的看法是把创造力定义为：指向特定的目的，运用一切已知信息，产生出某种新颖、独特、具有社会或个人价值的产品的能力。这里的产品是指以某种形式存在的思维成果，它可以是一种新的概念、设想、理论等，也可以是一项新的技术、工艺、产品等。所以，可以根据产品是否新颖、独特、有社会或个人价值对创造力予以判断。

(2) 创造力的分类。

可以从不同角度对创造力予以分类。按照创造力本身从萌芽到形成的过程，海纳特（Heinelt）将创造力分为前创造力、潜创造力和真创造力。前创造力，是创造力的准备阶段或萌芽阶段，尚不能产生创造性的成果，如儿童的幻想、青年人的憧憬、人们的想入非非等。潜创造力，是对创造力的广义理解，对个人来说它是独特的、新颖的，但是属于已被人类发现或发明过的成果。真创造力，是对创造力的狭义理解，它是指提供具有独特的、新颖的和有社会价值的创造结果，该结果是前所未有的。

按创造力水平的高低，阿瑞提（Arieti）将创造力分为普通创造力和伟大创造力。普通创造力，指每个常人都具有的，能使人获得满足感、消除挫折感，能提供一种对己、对人、对社会的积极态度，中小学生的创造力通常属于这一类。伟大创造力，则指像牛顿、爱因斯坦等人所具有的创造力。

按人们解决问题的新颖、独特程度不同，我国学者董奇提出将创造力分为初级、中级和高级三类。初级创造力，指对本人来说前所未有的，不涉及社会价值。中级创造力，指经过模仿，在原有知识经验的基础上重新组织材料、加工产生的有一定社会价值的产品的能力。高级创造力，指经过长期研究、反复探索所产生的非凡的创造，在某一领域作出了独特的贡献，可以推动社会或人类文明的进步。

二、问题解决、创造力的特征及两者的关系

（一）问题解决的特征

现代认知心理学认为，问题总是由一定的情境所引起，问题解决要通过认知操作、克服障碍来达到特定目标。这样的问题解决通常具有四个基本特征：

一是问题情境性。它是指问题解决由特定问题情境引发，使人感到无法解决而引起认知失衡，促进个体积极思考并努力运用认知技能去寻求答案。没有问题情境就没有问题解决，问题解决意味着问题情境的弱化或消失。

二是目的指向性。问题解决是个体的自觉行为，其活动总是指向明确的目标、追求达到特定的目标状态。没有目的指向的心理操作（如白日梦），不能称为问题解决。

三是操作序列性。问题解决包含一系列的心理操作，而不是单一的心理操作。它需要运用高级规则，进行信息的重组，而不是已有知识的简单再现。生活中，简单的心理操作如回忆同学名字虽有目的但不属于问题解决。

四是认知操作性。问题解决必定有认知活动的参与，整个活动过程依赖于一系列认知操作的进行。生活中的某些活动尽管有目的、有操作活动，但没有认知成分的参与，只是一种身体活动，不属于问题解决的范畴。

（二）创造力的特征

学者对创造力的特征有多种看法。该领域著名美国心理学家吉尔福特认为，创造力的主要特征有：(1) 敏感性，即容易接受新现象、发现新问题。(2) 流畅性，即思维敏捷、反应迅速，面对特定的问题情境能顺利给出多种反应和答案。(3) 灵活性，即具有较强的应变能力和适应性，具有灵活改变定向的能力，能发挥自由联想。(4) 独创性，即产生新的非凡思想的能力，表现为产生新奇、罕见、首创的观念和成果。(5) 再界定性，即擅长发现特定事物的新特点和新功能。(6) 洞察性，即能透过事物表象认清其内在含义、特性或多样性，进行意义变换。

另一位美国心理学家哈奇森对 100 多项创造力的研究成果进行了分析，提出创造力的主要特征有：(1) 独创性，即过去未有的不平凡的创造设计，这是创造力的主要特征。(2) 新颖性，即新的、不平凡的创造设计，该特征与独创性有相似之处，但是独创性指前所未有的，而新颖性突出“新”和与众不同。(3) 流畅性，即单位时间内反应观念的数量。(4) 灵活性，即对客观环境中的事物或问题善于发现要点和关键，善于找到解决的办法。(5) 精致性，即工作中能把握好局

部与整体、现状与发展的关系，能周密构思计划，能精心选用方法，能把握工作过程并有各种应对预案。

独创性、流畅性、灵活性，是上述两位心理学家提到的创造力的共同特征。同时，吉尔福特更强调从不同角度看待事物、发现事物新用途、发现事物之间的内在联系，哈奇森则更强调创造思维的新颖独特、周密精致。

（三）问题解决与创造力的关系

问题解决、创造力两者既有区别又有紧密的联系。问题解决、创造力，各有自己的心理学含义和特征。另外，问题解决既可以用现成的方法，也可以不使用现成的方法，但是创造力则必然不使用现成方法。

用现成方法解决问题，是常规问题解决；不使用现成方法解决问题，是非常规问题解决。后者需要个体独立找到新方法来解决问题，此时属创造性地解决问题，它是创造力在问题解决上的体现。

一个人有无创造力或其创造力水平的高低，常常可以在问题解决上得以体现。有创造力或创造力水平高，问题解决的速度较快；反之，问题解决的速度较慢，甚至难以解决。所以，创造力在某种意义上也是一种解决问题的能力。只是创造力不是一般地解决问题，而是富有新意、极不寻常地解决问题。

当然，问题解决也会促进创造力的发展。一个人经常做出“心理上的努力”、进行解决各种问题的实践，在这样的过程中其创造力无疑会得到培育或激发。

第二节　问题解决

一、问题解决的理论观

（一）早期的理论观

试误说、顿悟说是阐述问题解决的两种早期的心理学理论观。

以桑代克为代表的试误说认为，问题解决就是通过尝试而使错误的行为动作逐渐减少、正确的行为动作逐渐增加的过程，人、动物都是如此。在这一过程中，首先要通过一系列的盲目操作、不断地尝试错误，直至发现一种问题解决的方法，然后通过重复来巩固，直到能立即解决问题。这一观点忽视了问题解决中认知因素的重要作用。

以柯勒为代表的顿悟说认为，问题解决的关键在于明确问题情境中的各种关系，并突然产生对这种关系的理解，这是一个顿悟过程。在这一过程中，人会重组问题情境的当前结构，填补问题的有关“缺口”、悟出一种新的解决方案。其特点是顿悟，即突然对问题情境中的手段和目的之间的关系有所理解，正是顿悟才使问题得以解决。

（二）信息加工理论观

该理论从信息加工转换的角度来分析问题解决的过程。它将问题解决看成是信息加工系统（即大脑或计算机）对信息的加工，是把最初的信息经过加工转换成最终的信息状态的过程。

在解决问题的过程中，主体会遇到各种问题情境，这些问题情境的综合就构成了问题状态，问题状态可以分为初始状态、目标状态以及从初始状态到目标状态的一系列中间状态。问题解决的目的就是设法从问题的初始状态一步一步地经过中间状态转变为目标状态。其间，将一种问题状态转化为另一种状态的操作称为算子。

问题解决的过程就是利用算子使问题从初始状态转变到目标状态的过程。这方面研究的代表性人物是纽厄尔和西蒙。

（三）现代认知理论观

自皮亚杰的认知理论面世和现代认知心理学产生以后，人们倾向于从认知的角度来解释人类解决问题的过程。涌现出了许多有影响的观点和模式，如奥苏贝尔与鲁宾孙的模式、格拉斯的模式、基克等人（M. L. Gick 1986，Derry 1992，Derry& Muphy 1986，Gallin 1992）的模式、吉尔福特的智力结构解决问题的模式等。

这些理论观从认知的层次来解释人类解决问题的过程。他们的研究既不利用动物，也不借助于计算机，而是从人类解决某类问题的实际过程切入。一方面，他们也和杜威等阶段论者那样，将人类解决问题的过程划分成一个个阶段。另一方面，他们的描述并非仅仅停留在对表面现象的描述之上，而是在认知层次上展开；是在对试误说、顿悟说和信息加工论综合的基础之上，使用诸如“认知结构”、“图式激活”、“问题表征”等术语对问题解决的各阶段进行更深入的描述，是传统阶段论的一个螺旋的上升；并且，他们更加注重各阶段之间的动态联系，更真实地描述了人类解决问题的动态过程，对问题解决技能的培养和教学具有更好的指导意义。下面我们重点介绍一下奥苏贝尔等人的模式。

奥苏贝尔和鲁宾孙以几何问题的解决为原型，于 1969 年提出了其解决问题的模式（见图 12—1）。这个模式表明，解决问题一般要经历下述四个阶段：

（1）呈现问题情境命题。

（2）明确问题的目标和已知条件。学生利用有关的知识背景使问题情境命题与他的认知结构联系起来，从而理解所面临问题的性质与条件。这样一方面规定解题过程的目标或终点，另一方面明了问题的最初状况，为进行推理奠定了基础。

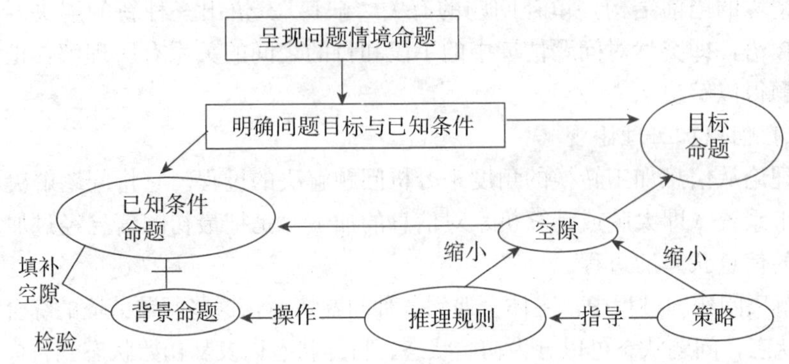

图 12—1　奥苏贝尔和鲁宾孙解决问题的模式

(3) 填补空隙。这是解决问题的核心。学生看清了“已知条件”（他当时的状况）和目标（他必须到达的终点）之间的空隙和差距之后，便利用有关背景命题，根据一定的推理规则和解题策略来填补问题的固有空隙。

(4) 解答之后的检验。问题一旦解决，通常便会出现一定形式的检验，查明推理时有无错误、空隙填补的途径是否简捷，以及可否正式写下来供交流之用等。

这一模式的特点是不仅描述了解题的一般阶段，而且指出了原有认知结构中各种成分在解决问题过程中的不同作用，为培养解决问题的能力指明了方向。但是，这一模式是以数学中的问题解决为原型的，其普适性即是否适用于其他学科的问题解决尚待研究。

二、问题解决过程的阶段

(一) 已有的观点

上述的现代认知理论观中均有对问题解决过程之阶段的说明。在此之前已有了若干对问题解决过程的阶段的阐述。

著名美国教育家杜威（John Dewey，1859—1952）认为，所有年级和课程都要采用问题解决的方法，他最早提出了学生问题解决的五个阶段：(1) 开始意识到难题的存在。(2) 识别出问题。(3) 收集材料并分类整理，提出假设。(4) 接受或拒绝试探性假设。(5) 形成和评价结论。

与试误说、顿悟说建立在动物实验基础上相比，杜威的五个阶段是根据人们实际解决问题的过程提出来的。尽管它建立在理论思辨和实践描述的基础上，较为简单，但在信息加工理论和各种认知理论提出之前被人们广为接受。

之后，华莱士（G. Wallas）提出问题解决过程有四个阶段的观点也具有一定影响，其四阶段是：（1）准备。该阶段是收集信息。（2）沉思。该阶段处于酝酿状态。（3）灵感或启迪。该阶段是突然涌现出解决问题的方法。（4）验证。该阶段是对解决方法加以检验。

（二）整合的观点

综合各家观点，我们可以把问题解决过程分为下列阶段：

（1）问题意识和提出。问题是问题解决的源头，没有问题就不会有问题解决的思维活动。事实上，只有那些能够意识到问题的存在、善于提出问题的人，学习才会有更大的进步。意识到并提出问题，意味着能够敏锐地觉知到起始状态与目标状态之间的差距，这要求善于观察、勤于思考。

（2）理解和表征。弄清问题究竟是什么，明确问题的本质和关键，找到相关信息而忽视无关信息，进而用自己的语言或适当的图示对问题予以表征。如果问题表征使人联想到某个顿悟式的解决方案，问题可能就解决了；如果表征不能产生即时解答的联想，就需要提出假设、对问题寻求解答。

（3）提出假设进行求解。这是在理解并表征问题后寻求解答，提出问题解决的可能的方法、途径，此时需要运用特定的思维策略（下面将予以介绍）。问题的解答途径可能不止一种，此时人们会按照西蒙的“满意原则”即更倾向于按照令人满意的、而非最有效的来做出选择。

（4）按照计划尝试解答。对上阶段寻求的解答进行具体操作，也就是对假设和求解予以验证。验证方式主要有两种：或通过观察、测量、实验、制作等在实际的操作活动中进行；或通过比较、归类、分析、概括、归纳、演绎、抽象、综合等在头脑的智力活动中进行。验证中常有试误现象，也会出现顿悟现象。

（5）结论和评价。这是对结果做出结论和评价，此时需要寻找对假设和解答能够证实或证伪的证据，然后明确对结果是否满意、价值究竟有多大。

需要指出的是，上述问题解决过程的各个阶段不一定是线性的，其中存在着不同方向的复杂的反馈情况。

三、问题解决的思维策略

（一）算法式策略

又称规则式策略，是按照解决问题的各种可能性一个个尝试性地去解决问题。这种策略可能会费时费力，但却能保证成功。

（二）启发式策略

受问题解决者的经验启发，探索使用最能成功解决问题的途径，力求使问题的起始状态逼近或变为目标状态。此策略较为简捷，能导向成功，但不能保证一定成功。启发式策略的具体方法主要有以下几种：

（1）手段目标分析法。针对目标，认识它与当前状态的差距，思考如何行动来缩小或弥合差距，最终达到解决问题的目的。

（2）反推法。即逆向推理，从目标状态往回反推如何才能达到起始状态，反推成功则问题迎刃而解。此法适用于起始状态出发有多种途径、但只有一种能达到目的的问题，如几何问题的解决。

（3）类比法。运用类比思维，从寻找类似情境及其解决方法来探求问题解决的途径。如，关于与潜艇作战中如何确定其海下位置的问题，研究者根据蝙蝠飞行情境中的导航机制发明了声纳。

（4）爬山法。此法名称是形象性比喻，即目标假设在山顶，上山的途中必遇岔道，探索后确定其中哪一条指向山顶就走哪一条。故此法又称局部优选法或目标逼近法。

另外，研究表明，试图将问题解决的计划以及相应的理由说出来或写下来，会引导成功地解决问题。

此外，还有随机式策略，那只是借助经验、靠运气去盲目尝试。如，想找"认知策略"的定义，就随意拿本心理学读物翻看。这是低心理水平的问题解决的反映。

四、问题解决的影响因素与教学

（一）问题解决的影响因素

从心理学分析，影响问题解决的因素主要有：

（1）动机状态。

动机太弱，会缺乏解决问题应有的动力。动机太强，则会导致过分紧张而降低问题解决的效率。勃奇（H. B. Birch）研究黑猩猩的动机与问题解决的关系时发现，动机弱时动物常被无关因素吸引使行动无明确目的，动机过强时动物过度专注于目标而忽视可利用的因素，动机强度中等时动物反应才较为灵活有效。一般认为，这与对人类问题解决的观察结果是一致的。

总之，动机强度与有效解决问题是"倒 U 形"曲线的关系，解决问题时既应激发学生的动机、又必须把握好一定的"度"。

（2）情感状态。

一个人怀有消极情感如挫折感，必定会影响问题的顺利解决。研究者雷（Ray）让两组被试去完成估计他们都能够解决的问题，但让其中一组先在实际上不可能完成的课题上工作 2 分钟，这一挫折使他们在后继问题解决时成功率仅为 32%，而未经挫折的另一组其成功率达 49%。所以，问题解决时应适当鼓励肯定，让问题解决者处于积极的情感状态。

（3）心理定式。

这里主要指思维定式，即人们常常会以特定的思维加工方式来准备解决问题。它会限制问题解决假设的范围，使解决方式固定刻板。说明这一点的经典研究是卢钦斯（A. S. Luchins）的量水实验。有时，大科学家也会受此消极影响。如，牛顿养了大小两只猫，为了免去开门的麻烦，他分别开了一个大洞、一个小洞供猫出入。①

（4）功能固着。

只看到事物的某种功能而忽视了其可能存在的其他功能。问题解决常常要求根据需要改变对有关事物的看法，功能固着会影响问题解决。很能说明这一点的是德国心理学家邓克尔（K. Dunker）的点烛实验。还有一个实验，任务是从栅栏缝中取出一枚硬币，研究者给每位儿童一块口香糖，解决问题的关键是儿童必须看到口香糖具有黏附性。②

（5）刺激特点。

这是指问题呈现的知觉方式。它能接近人们的已有经验，问题就易于解决，否则会造成困难。如，已知圆的半径，求其外切的正方形的面积。此题的知觉呈现方式有两种，见图 12—2。结果发现，解 A 时出错少、解 B 时出错多。

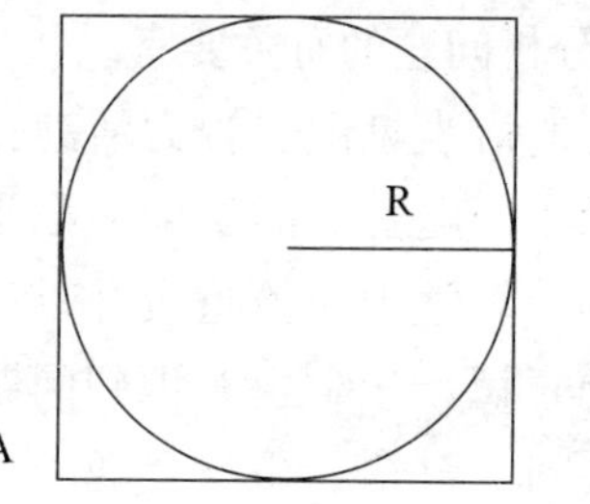

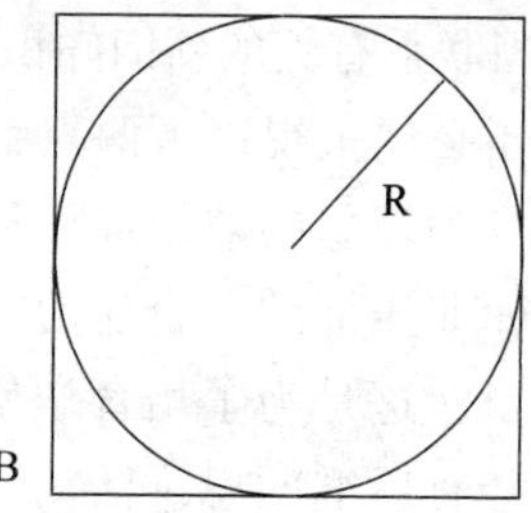

求正方形的面积

图 12—2　圆与外切正方形的两种呈现

① 参见张述祖、沈德立：《基础心理学》，505～506 页，北京，教育科学出版社，1987。

② 参见［美］克雷奇等：《心理学纲要》（上册），243～244 页，北京，文化教育出版社，1980。

（6）无关因子干扰。

多余或不当的因子会干扰问题的顺利解决。研究者达威凯茨（Davidkatz）让三组儿童做算术题，一类题目为纯数字，另一类题目数字相同但加上了量词如克朗。结果发现，加上量词后出错增多，量词越陌生出错越多。后来，以成人为对象的研究也表明增加量词的加法要多化12%的时间。这些都是无关因子干扰造成“心理眩惑”的结果。

此外，问题解决者自身方面的智力发展水平、知识经验的多寡及其质量，环境方面是否能及时提供信息反馈、留有充分酝酿的时间、给予必要的指点引导等，也都是影响问题解决的因素。

（二）问题解决的教学

培养学生解决问题的能力是学校教育的重要任务。

在问题解决的教学中，首先，要把握上述那些影响问题解决的主要因素。这方面，可以采取的相应措施有：激励学生使其动机处于中等程度的状态；肯定学生使其情感处于积极的至少不是消极的状态；启发学生使其摆脱思维定式的影响；提醒学生使其不受事物功能固着的束缚；引导学生使其知觉到问题刺激的本质特征；训练学生使其提高排除无关因子影响的抗干扰能力。

其次，问题解决教学中要注意以下几点：要顾及学生的智力水平，提出的问题难度要适宜；要丰富学生的知识和经验，使他们在问题解决时具有必要的基础；要为学生提供信息反馈，让学生及时了解自己思维活动的进展并能及时调整；要给学生留有酝酿的时间和空间，避免让学生仓促回答但又不停止思考问题，这是问题解决成功的一条原理；要给予必要的指导，使学生能正确理解有关的概念、恰当联系有关的新旧知识、全面分析问题的有关要素。

最后，还必须重视以下两点：一是营造恰当氛围。智力活动在合适的氛围中才能取得较为理想的效果和质量。有利于问题解决的氛围应该是民主而非强制的、自由而非压抑的、合作而非孤单的，教学中应该重视并予以营造。二是创设问题情境。这是为了培育学生的问题意识。让学生意识到问题的存在并提出问题，才会有后继的思维活动。某个题目、谜语、事件、逸事、实验等均可成为问题情境。它们的共同点是要让学生感受到问题的存在，能激发对问题的发现。

第三节　创造力的培养

一、创造力的本质

(一) 创造力本质：心理学理论观

各种心理学理论均有各自对创造力本质的阐述。

联想心理学认为，创造力体现在通过思维使有关因素之间能够形成新颖、独特的联结，被联结的因素之间的距离越远、思维的创造力就越强。

格式塔心理学认为，"心理场"在创造力活动中极为重要，创造力体现在思考时能从新组织问题情境的各种因素，形成新的完形。

心理分析理论认为，创造力本质在于暂时放弃原来那些会阻塞思路、遏制新意的逻辑理性的思维，人们的"潜意识"、"与驱力有关的冲动和观念"在创造力活动中起着重要作用。

人本心理学认为，创造力与人格因素有密切关系，尤其与"对经验的敏感性"、"不轻信原理和概念"诸人格特征密切有关。

当代著名美国心理学家吉尔福特认为，与创造力关系最为密切的是发散思维和转换，发散思维与聚合思维相对应，转换是指对信息重新加以排列，他还列举了 23 种发散式思维的要素、25 种转换能力的要素。前面提到的创造力特征的流畅性、独创性、灵活性就来源于发散思维和转换。

(二) 创造过程及若干关系

从创造的过程看，创造力体现在创造过程之中，创造过程大体有四个阶段。它们是：准备阶段，此时重点在收集、整理和积累资料；酝酿阶段，此时思维异常活跃；豁朗阶段，此时灵感产生，顿悟来临，体验到"啊哈"式的豁然开朗，类似古诗曰"众里寻他千百度，蓦然回首，那人却在灯光阑珊处"；验证阶段，此时证实创新产品，并加以具体化、概念化。

从创造力与知识的关系看，知识技能是创造力活动的基础和前提。创新产品不管如何新颖独特，其内容都受创造者知识经验的制约。在某种意义上，知识是创造力活动的原料，创造是对知识经验的重新组合。当然，一个人思维刻板、头脑僵化，那么知识再渊博、经验再丰富也不会有创造力和创新产品。

从创造力与智力的关系看，许多研究者对此的大量研究均得出如下结果：低智力者难以有创造力；高创造力者的智商大多在 100～130 之间，即若有创造力需要中等及以上智商；高智商者却不一定是高创造力者。

从创造力与人格的关系看，创造力与人格特征有密切关系。研究表明，创造者通常具有下列良好的人格特征：好奇性强，兴趣广，思维灵活，自信，独立，专注，坚毅，有恒心，高期望，高抱负水平，见解独到，乐于接受挑战等。

二、创造力的测量

（一）从思维品质测量

创造力测量可以从了解思维品质入手，这方面较有代表性的有吉尔福特的创造力测验、盖泽尔斯和杰克逊的创造力测验、托兰斯的创造力测验。

如吉尔福特创造力测验，为吉尔福特与其南加利福尼亚大学同事所开发，又称南加利福尼亚大学测验。该测验共 14 个项目，前 10 项是言语测验，后 4 项是图画测验，它们按反应的流畅性、变通性和独特性记分。具体内容如下：

前 10 项言语测验是关于词语流畅、观念流畅、联想流畅、表达流畅、非常用途、解释比喻、效用、故事命题、推断后果、职业象征的测验。如，观念流畅测验，要求迅速列举近义词，如“艰苦”——艰难、困难、困苦……后 4 项图画测验是关于组成对象、图略、火柴问题、装饰的测验。如，组成对象测验，要求使用一组给定的图形根据特定对象组装成画，如图 12—3 所示。

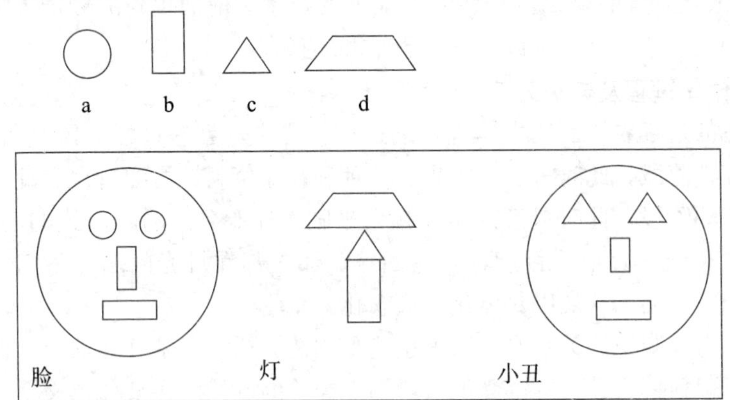

图 12—3　组成对象测验的示题

(二) 从人格特点测量

创造力测量也可以从了解人格特点入手，这方面较有代表性的有威廉斯(F. E. Williams)的创造性倾向测验以及斯凯弗尔（C. F. Schaefer）的创造力态度测验。

如威廉斯创造性倾向测验，又称发散性情意测验，适用于儿童青少年团体测验。该测验有 50 道题，正向题 42 道，反向题 8 道，可得出四种因素分和一个总分。四个因素分分别评价四种人格特质，它们是好奇心、想象性、挑战性和冒险性的水平。如，“我喜欢仔细观察我没有看过的东西，以了解详细情况”等 14 道用于评价好奇心；“我喜欢幻想一些我想知道或想做的事”等 13 道用于评价想象性；“我喜欢听变化多端和富有想象力的故事”等 12 道用于评价挑战性；“在学校里，我喜欢试着对事情或问题作猜测，即使不一定都猜对也无所谓”等 11 道用于评价冒险性。

三、创造力的培养

今天，培育学生的创新意识和创造能力已是全球性的问题，“为创造性而教”已经成为学校教育的重要目标之一。培养学生创造力要重视对学生创造力发展的了解，排除阻遏创造力的因素，把握创造力培养的原则、方法。

(一) 学生创造力发展特点

幼儿已经有了创造力的萌芽，主要反映在动作、言语、感知觉、想象、思维及人格等各方面的发展中，尤其表现在对事物的好奇心和创造性想象两方面。幼儿的创造力萌芽表现在各种活动中，如绘画、舞蹈、音乐，但游戏作为他们的主导活动起着尤为突出的作用。

研究表明，小学生已有明显的创造力，其创造力主要有如下特点：(1) 小学阶段创造力呈发展趋势，其中流畅性最高、变通性居中、独创性最低。(2) 在小学一年级至三年级阶段，学生的创造力呈直线上升状态，小学四年级出现下降，小学五年级又回复上升，小学六年级又呈现出下降趋势。(3) 在小学阶段，男女学生的创造力发展基本上同步，性别差异不明显。(4) 在小学阶段，进行创造力教育可以促进学生创造力的发展。

我国学者（董奇，1993）的研究表明，中学生创造力发展有如下特点：(1) 在中学阶段，学生的创造力不断提高，呈波浪式前进。(2) 在教育条件下，中学生创造力会有明显的提高。(3) 中学阶段学生创造力的个体差异不断增大，这种差异既表现在总体创造力的成绩上，也表现在创造力发展的不同维度上。(4) 中学生的创造力表现出更大的主动性和有意性，中学生能够根据特定目的开展创造性活动，其成果达到的水平接近成人。(5) 中学生创造想象的现实性增强。

(二) 阻碍学生创造力的因素

了解有关的阻碍因素并予以排除，是培养和开发学生创造力的重要条件之一。综合有关研究，阻碍学生创造力发展的因素主要有以下几方面。

从个体角度考察，影响因素主要有：(1) 缺乏进取态度。对此，要认识到创新的乐趣来自自身的进取，怯于冒险就难以进入创新境界。(2) 缺乏自信。对此，可以回顾过去的成功经历，予以自我肯定和激励。(3) 害怕批评。对此，不能过于敏感而拒绝，重要的是对批评进行评估并从中吸取有用的东西。(4) 缺乏自知之明。对此，自己可以在亲密者帮助下回顾自身成长的历程和处理问题的过程，从中获得对自我较完整的认识。(5) 缺少积极情感。对此，努力从事一些建设性的活动，尽可能摆脱生活琐事，排除倦怠、厌恶、沮丧之类的消极情感，增进惬意、快乐、喜悦之类的积极情感。(6) 依赖与惰性。对此，要认识到人有依赖他人和从事习惯性活动的惰性，从事创造力活动就要给自己留有一定的孤独而自由的空间。

从环境角度考察，影响因素主要有：(1) 错误的成功观。对此，要摆脱把财富、名誉、权位作为成功象征的观念，要树立“从事的活动对主体及其社会有用、重要并带来快乐即为成功”的观念。(2) 比较的倾向。对此，重视的应该不是与别人相比，而是与自己的发展、进步做比较，与自己先前的创造活动相比较。(3) 组织环境封闭。对此，要使组织机构具有开放性，使创造活动既有开阔视野，又能赢得社会支持系统的支撑。(4) 人际沟通不畅。对此，要组织群体活动，提供交往机会，使创造活动获得他人的理解和支持。(5) 资讯不足。对此，要在硬件软件上舍得投入，让创造活动在把握了前沿动态的基础上展开。

从问题解决角度考察，影响因素主要有：(1) 只抓住一点。对此，要提醒自己不要满足于一个方案、一种方法、一个观念，要在想出的许多点子中做优化选择。(2) 过早下判断。对此，要摆脱急于下结论的习惯，经常结合新信息、新资料反复思考。(3) 只关注答案。对此，要提倡多多关心问题及其因素本身，而不能只关心寻找答案，研究表明，从关心答案转变到关心问题及其有关因素能够明显提升创造力活动的效果。(4) 钻牛角尖。对此，可把百思不得其解的问题暂时搁置，避免钻牛角尖导致思维偏执、身心疲惫，在“放松”中的酝酿常会使思维豁然开朗。(5) 忽略想象。对此，不要沉湎于“低头”具体操作，要重视想象能为直觉和灵感的降临留下时间和空间。(6) 少深思熟虑。对此，要过滤、处理各种不同甚至相反的因素和观念，要尽可能思考各种解决问题的途径、方法。

（三）培养学生创造力的原则

众多学者对创造力培养的原则提出了看法。我国学者（段继扬，1999）对此提出以下十项原则：

（1）主体主导原则。尊重学生的主体地位，发挥教师的主导作用。

（2）求优求异原则。引导学生得出尽可能与众不同的新观念、新思路，并能从中求优，选出最佳者。

（3）启发探索原则。教师的基本任务是启发诱导，主要任务是让学生自己探索来发现新事物。

（4）实践操作原则。不做空泛的议论，多组织创造实践活动，重视让学生多动脑、多动手、多动口。

（5）民主愉悦原则。师生要平等交往、彼此尊重、友好沟通，保证学生心境良好，经常处于积极的情感状态。

（6）因材施教原则。根据学生的个别差异，提供不同的学习帮助，力求扬其所长、避其所短。

（7）成功激励原则。鼓励学生争取成功、获得成功的体验，进而激发从事创造力活动的动机和信心。

（8）积极评价原则。对学生的创造力活动无论是态度、方法、结果，均坚持正面肯定、鼓励，尽量不批评或少批评。

（9）全体全面原则。创造力培养要面向全体学生，要坚持全面发展。

（10）不悖伦理原则。鼓励学生大胆假设、异想天开，但要求必须符合社会的伦理道德要求。

（四）培养学生创造力的方法

自现代创造学奠基者奥斯本（Osborn）开发了第一种创造技法以来，数十年间涌现了数以百计的技术、方法。这里举几例说明。

（1）发散提问法。通过提出开放性问题，可以激发、提高学生的发散性思维水平。如，要求 5 分钟内尽可能多地说出“m”像什么。可能的答案有：门洞、城墙、坟墓、售票口、隧道口、育苗棚、眼镜、字母 B（右转 90°）、笔记本活页夹（左转 90°）等。这是针对事物特性的发散提问。

此外，发散提问还可以针对事物的功能、结果、策略等，如，“回形针有什么用途”，“假如人都不会死、世界将会是什么样子”，“怎样才能消除环境污染”等。

（2）快速联想法。联想，即见到某一事物的形象、语词、动作后，能想到另一事物的形象、语词、动作。在已有知识经验基础上训练联想能力，能够促进人的创造力的发展。如，呈示图 12—4 的图形，要求看后尽可能多地写出头脑中与图形相像的东西。它们可以是指纹、弹簧、发髻、卷尺、唱片、草帽、卷纸、牛粪等。

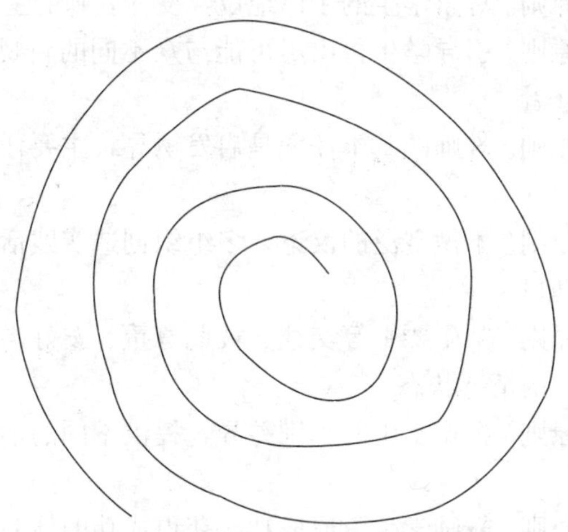

图 12—4　写出与此相像的东西

再如，呈示两个意义不同的语词，要求在它们之间再写两个语词，写上去的语词要分别与原来的有联系。如，呈示“钢笔”、“月亮”，按要求可以写上“书桌”、“窗帘”，变为“钢笔—书桌—窗帘—月亮”。

（3）列表检查法。这是把思考问题的要点列出并编成一览表，以求破除思维定式，及时发现可能漏想、想错的地方，引出新的观念、途径、方法。如奥斯本的检查一览表的要点有：1）除此之外，还能不能使用别的方法？把现在的状况改变一下会怎样？2）与此相似的东西还有什么？过去有没有这种状况？今后有什么思路可循？能仿造的东西是什么？改变一下颜色、声音、气味、形状、组成成分、运动状态等会怎样？3）加上一些、拿走一点、归并起来、分开一下会怎样？再大些、再小些呢？再强些、再薄些呢？再粗些、再厚些呢？再分割一下呢？再浓缩一下呢？等等。4）调换一下呢？反过来怎么样？结合在一起怎么样？把次序改变一下呢？

这样的列表，肯定比凭空想象更有效率，会有助于及时弥补遗漏或不足的情况，会有助于及时发现想错的地方。当然，列表要针对具体情况，避免机械套用，否则会成为框框、产生负面作用。

（4）智力激励法。这是通过组织一个特殊的会议，使参与者相互启发，彼此填补知识空隙，从而引起有创意的连锁反应，产生多种有创造性的设想。会议的具体组织方法是：与会人数不超过十人，会议时间掌握在 20 分钟到 1 小时之间；每次会议有明确的目标，围绕议题与会者可以任意发表自己的想法。这类会议要遵循如下规定：提倡任意自由思考；集中注意、针对目标；提出的设想越多越好；成员平等、不分上下级；不允许批评他人；不作判断性结论；不私下交谈而影响他人；各种设想均需详加记录。一般来说，1 小时这样的会议可产生数十个甚至上百个设想。

这样的会议除了有即席发言的，还有书面形式的，以避免发生相互干扰。如，默写式智力激励法：每次会议由 6 人参加，每人在 5 分钟内提出 3 个设想，故又称“635 法”；会议由主持人宣布议题即创造性思考的目标；之后，每人发几张卡片，每张有 1、2、3 的编号；在第一个 5 分钟内，每人围绕议题在卡片的编号后逐一写上自己的三个设想，然后把卡片交给右邻的与会者；在第二个 5 分钟内，每人结合从别人设想中获得的启发再在第二张卡片写上 3 个新的设想，然后把卡片再传给右邻的与会者；如此进行。这样，传递 3 次可产生 54 个设想，传递 6 次可产生 108 个设想。

小结

心理学讲的“问题”，是指一个人面临着与自己的理想或目标存在差距、而又无法用已有知识经验直接处理时的状况。问题都包括起始状态、目标状态、障碍、方法四个成分。问题解决就是运用“方法”克服“障碍”使问题的“起始或给定状态”转化为“目标状态”。问题解决通常具有问题情境性、目的指向性、操作序列性、认知操作性四项基本特征。

创造力，是指向特定的目的，运用一切已知信息，产生出某种新颖、独特、具有社会或个人价值的产品的能力。独创性、流畅性、灵活性是创造力的共同特征，对此，不同的心理学家有不同的强调重点。

解决问题会促进创造力的发展，创造力的水平也会体现在解决问题的水平和速度方面，两者有密切联系。

问题解决有各种心理学理论观点，如试误说、顿悟说、信息加工观、各种现代认知观。问题解决的基本过程有：问题意识和提出，理解和表征，提出假设进行求解，按照计划尝试解答，结论和评价。问题解决的思维策略有：算法式策略，启发式策略。启发式策略又有各种具体的方法。影响问题解决的心理因素主要有：动机状态、情感状态、心理定式、功能固着、刺激特点、无关因子干扰等。

对创造力的本质，可以从各种心理学理论的观点来理解，也可以从创造活动的过程，从其与知识、与智力、与人格的关系来理解。对创造力的测量通常从思维品质、人格特征两方面入手。关于学生创造力的培养，要求我们了解并关注学生创造力的发展特点，把握并排除阻碍创造力的种种因素，遵循创造力培养的基本原则，运用各种培养创造力的具体方法。

思考题

1. 什么是心理学所说的问题以及问题解决？
2. 概述问题解决的心理学主要理论观点。
3. 概述影响问题解决的心理因素。
4. 什么是创造力，它有何特征？
5. 心理学如何理解创造力的本质？
6. 试从心理学视角阐述如何培养学生的创造力。

第13章

学习策略

内容提要

◎ 学习策略是为提高学习效率而有意采用的各种方式方法及其活动的总称。

◎ 学习策略具有指向性、操作性、层次性、有意性和生成性。

◎ 学习策略主要包括认知策略、元认知策略和资源管理策略。

◎ 学习策略的发展经过了无意识运用策略阶段、有指导地运用策略阶段和独立运用策略阶段。

◎ 学习策略的教学模式主要有指导教学模式、程序性训练模式和合作学习模式。

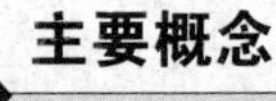

主要概念

学习策略，复述策略，精加工策略，组织策略，元认知，资源管理策略，指导教学模式，程序化训练模式，合作学习模式

第一节 学习策略的含义、意义及种类

一、学习策略的含义与特点

（一）学习策略的含义

“策略”（strategy）一词意味着计策、谋略、方法和技巧，“学习策略”也就意味着学习的计策、谋略、方法和技巧。

心理学家对于学习策略有不尽相同的解说：杜菲（Duffy，1982）认为，“学习策略是内隐的学习规则系统”；尼斯贝特（Nisbet，1986）认为，“学习策略是选择、整合、应用学习技巧的一套操作过程”；梅耶（Mayer，1988）认为，学习策略是人“在学习过程中用以提高学习效率的任何活动”；我国学者黄希庭认为，学习策略是“在学习活动中为了达到一定的学习目标而学会学习的规则、方法和技巧”①。

综合上述观点可见：第一，学习策略与学习活动紧密不可分，学习策略通过学习活动而获得、又蕴涵在学习活动中；第二，学习策略由一系列规则构成，这些规则用以指导人的学习行为，因此学习策略是一种程序性知识；第三，运用学习策略的目的是为了提高学习效率；第四，学习策略是学生有意识运用的，因此就有了一个学习策略的发展问题。

因此，任何旨在改善学习活动、提高学习效率而有意识采用的方式方法都是学习策略。

（二）学习策略的特点

（1）指向性。任何学习策略的使用都指向一定的目标，如理解的目标、记忆的目标、思维的目标、想象的目标、问题解决的目标等。学生在目标的引导下去寻求达到目标的途径、方法和手段。指向性决定了学习策略运用的有效性和经济性。

（2）操作性。学习策略用于指导和调控学生的学习活动，属于程序性知识中的策略性知识。因此离开活动学习策略就无从运用，也无从表现。活动既指作用于环境的活动，也指作用于人心理内部的活动。

（3）层次性。人们经常在不同层面的意义上使用“学习策略”：有时指学习

① 黄希庭：《简明心理学词典》，446页，合肥，安徽人民出版社，2004。

的整体计划，有时指学习者的自我控制，有时指具体的学习方法。这反映了学习策略的复杂性，也说明学习策略是有层次性的。

（4）有意性。学习策略的运用反映了学生力图控制自己的学习过程和结果、满足成为学习主人的需要。有意性说明了学生是学习策略生成与应用的主体。

（5）生成性。大多数学习策略都是在从盲目到有意识、有目的探索的过程中逐步发现、体验而生成的，这些生成的策略具有很大的个体差异。

二、学习策略的层次、种类及掌握学习策略的意义

（一）学习策略的层次

前面已提及学习策略是有层次性的，对此可以做这样的理解：学习策略结构中最顶端是价值层面的策略，即含有某种价值取向（即"学什么"的问题）的策略，通常以态度的形式表现出来。教育学生要端正学习态度、培养学习兴趣所针对的就是这一类策略。随着学生年龄的增长，这一层面逐步成为元认知的核心元素，与各种非智力因素相融合，进而对下面各个层面起控制和调节作用。

第二层为一般性策略，即在决定了"学什么"之后决定"怎么学"，它涉及对整个学习的物理环境、心理环境和心理状态的控制和调节。具体说就是决定在哪里学、和谁在一块学、先学什么后学什么等问题。

第三层面为学科性策略，即以某一具体科目为对象的学习策略。如语文学习中的朗读策略、阅读策略、写作策略，数学学习中的计算策略、证明策略、解题策略等。

最底层的是技术性策略，即在某学科中某一类内容的学习策略，如阅读中的分段策略、找重点句和关键词的策略等，解几何证明题中的作图策略、性质或定理的组合策略等。

（二）学习策略的种类

学习策略的分类有多种，大多数心理学家倾向于将学习策略分为认知策略、资源管理策略和元认知策略。

认知策略是指用于指导认知活动本身如感知觉、记忆、思维、想象等的策略；资源管理策略涉及对学习所需资源如时间、环境等的管理；元认知策略是人作为学习主体的体现，它对学习活动具有控制和调节作用。对成熟的学习者而言，元认知策略处于学习策略的中心地位。

（三）掌握学习策略的意义

学习是需要策略的。掌握学习策略对于学生的学习具有重要意义。

首先，形成策略意识对于一个人的智力发展和对环境的适应性意义重大。智力的功能除了体现在解决问题方面之外，还体现在对生活与学习的价值追求上。策略意识实际上意味着一种生存方式和生活态度。

其次，掌握学习策略对于完成当前的学习任务、解决当前的学习问题至关重要。如何适应当今信息化的社会，关键在于学会如何学习，这与掌握学习策略密切有关。解决学习中的问题既要有效又要尽快，掌握学习策略能以最小的代价获得最大的学习收益。

最后，掌握学习策略是终身学习的必要条件。终身学习依赖学习者的学习能力和学习策略。教育的根本目的除了使学习者能适应社会发展之外，还在于发展学习者独立学习、自主学习的能力和意识。学习策略关系到一个人的现实生存和终身发展。

第二节　认知策略

认知策略是学习策略的基础，也是最早形成的学习策略。为获得知识学习的良好效果需要采取下述一系列的认知策略。

一、复述策略

（一）复述策略的含义

复述策略（rehearsal strategy），是指为达到保持的目的而反复地识记。反复识记就是按照学习材料表面的顺序一遍遍地朗读、默读、尝试回忆，直至记住为止。复述策略是学生学习中最基本的认知策略。

从表面看，复述似乎就是反反复复地念、背、记，其实它是一个“识记—自我反馈—自我评价—自我矫正—再次识记”的过程，与“小和尚念经——有口无心”的呆板学习是不同的。复述的关键在于不断地反馈和矫正。

（二）复述策略的种类

复述策略包括以下几种：

（1）朗读、默读和背诵。即反复地出声或不出声地读出学习材料的内容，在读的过程中尝试着脱离学习材料去回忆，通过不断地读和尝试回忆以达到记忆的目的。

（2）抄写。抄写是学生作业中最多的一个项目。抄写包括看和写两个过程。

“看”的过程实际上是使用短时记忆的过程，只有将要抄写的内容保持在短时记忆之中，才能产生写的动作。也就是说，“写”实际上是对短时记忆内容的描摹。另一方面，“写”也是加深印象的过程和方法。

小学语文教学中教师常指导学生“书空”，即用手指在空中（虚拟的纸张）书写，这属于是抄写的变形。

(3) 意象练习。也叫心理模拟，即在头脑中想象操作行为。如跳高运动员在做实际动作之前像“过电影”一样回想跳高的整个动作。事实证明对于技能训练来说这是一种比较好的方法。

运用复述策略应注意以下几点：第一，在理解的基础上复述。第二，根据学习材料的长度、难度采用整体识记或分步识记的方法。第三，适当采用过度学习。过度学习即在已能完整回忆的基础上再进一步识记以巩固记忆。实验证明，适当的过度学习有助于提高记忆效果。第四，抄写次数要适当。抄写次数与记忆效果之间并非线性关系，盲目要求学生抄写十遍、二十遍甚至更多是违背心理规律的，有时要求抄写次数越多，学生的拒斥心理就越强，记忆效果也就越差。第五，应将多种感觉和运动器官的活动结合起来。如将看与写、听与写相结合，可以增强学习材料在头脑中的联结强度。

二、精加工策略

(一) 精加工策略的含义

精加工策略（elaboration strategy）又称精制策略，是指学生对给定的学习材料做细化、丰富化或综合化处理以建立材料间的联系、加深理解和帮助记忆。

细化就是使材料内容更具体、细致。

丰富化就是使材料内容的点或面变得更多、更宽。

综合化就是找到材料之间的联系使之成为整体。例如，在阅读理解教学中，教师启发学生想象人物的心理活动或后续的情节，将英文单词编成一个小故事加以记忆等。

从某种角度来讲，精加工策略是一种扩充或补充的策略。

(二) 几种精加工策略

精加工策略主要包括以下几种：

(1) 加旁注。即针对学习材料中的事实、观点、结论等阐述自己的看法、发表自己的感想。注释反映了学生由学习材料的意义所产生的联想、推论和评价，这是学生积极、主动地生成心理意义的过程。

(2) 用自己的话解释。对学习材料中的概念和规则，学生经过理解能够用自己的语言加以说明，其意义与材料中的语言所隐含的意义相当。如果学生学习时经常能够用“换句话怎么说”、“这句话实际上是说……”这样的提示引导自己，他们对材料的理解会更加深刻。学生在记忆古文或英语课文时，为了记得更牢，需要将诗词或英语课文翻译成白话文或中文，这对于单纯死记硬背来说就是一个精细加工过程。

(3) 自我提问。产生问题和疑问是信息的深度加工的先导。学生学习时能表现出怀疑、产生疑问或问题，意味着他们的思维深度更进了一步。如果学生能够主动向自己提问，如“在这里用这个词有什么好处？能不能换别的词？”、“作者为什么这样说？”等，这说明他们的思维是有目的、有深度的。

(4) 比较。即找出知识之间的相同点和不同点，这种策略相当于奥苏贝尔提出的“先行组织者”概念中的“比较性组织者”教学策略。通过比较能够达到知识的分化与融合的目的。

(5) 意义联合。即将互不相干的材料通过某种方式联系起来，在这种联系中记住需要记忆的知识。如学生识记英语单词时将它们编成一个小故事，用编顺口溜的办法记化学元素周期表等。这种策略实质上就是创设一种有意义的情境，在这种情境中记住知识。

(6) 记忆术。即人为地赋予无意义材料以意义，使其更有利于记忆。例如，有人记圆周率 3.141 592 6……就用谐音编成一首打油诗：“山巅一寺一壶酒，尔乐苦煞吾。把酒吃，酒杀尔。杀不死，遛尔遛死。扇扇刮，扇尔吃酒。”①

三、组织策略

(一) 组织策略的含义

知识学习产生的不仅是知识量的积累，而且是认知结构的改变。组织策略，就是改变认知结构的一种方法。这种改变主要体现在对知识的简化、系统化和综合化上。

知识的简化，是将知识的具体和细节部分删除，保留知识的主干部分。

知识的系统化，是找到知识之间的相互联系，使之成为整体，如对一学期所学的内容进行整理、形成复习提纲等。

知识的综合化，是将新学知识与已有知识糅合起来，形成一个更大的知识链

① 张庆林：《当代认知心理学在教学中的应用》，156页，重庆，西南师范大学出版社，1995。

和知识网。

从某种意义讲，组织策略是一种简约策略。

(二) 组织策略的种类

组织策略主要包括以下几种：

(1) 分类。即将知识按一定的标准进行分类。分类的方法能使原先相对分散的知识形成一定门类，更具内在逻辑性，这样有利于理解和记忆。如字典的编写就是按照组织策略进行的一种编撰方法。

(2) 加小标题。标题是对信息进行概括的标志，从标题中可以了解学习材料的基本信息。在学习一个段落知识后列出某个标题不失为一种比较好的学习方法。

(3) 加标签。许多学生有记笔记的习惯，为了在复习时能够比较方便地找到线索，可以在笔记的每一页页眉上写上本页笔记的关键词，关键词对回忆能起到提示作用。

(4) 形成图示或表格。即将用语言文字表征的知识转换为表象表征的方式。图示是一种简明的图画，很多学科都可以用这种方式帮助学生理解知识。但应注意这种图示是对较烦琐知识的概括说明而不是将其具体化，具体化属于精加工策略。表格能够从若干维度表征知识。通过表格学生能够清晰地了解知识间的关系。

(5) 形成提纲。提纲是整个知识系统的提要与纲目，它的特点是高度概括、凝练，能一目了然地看到知识的结构和重要节点。学生通过形成提纲有助于从整体上把握知识体系，也有助于学生概括能力的提高。

(6) 形成概念或原理体系。即将所学概念和原理整理成有一定层次和维度的知识体系，这是一种综合性的组织策略。具体的形式有树状的概念图、概念地图 (mapping) 等。

第三节　元认知策略

一、元认知的含义与意义

(一) 元认知的含义

元认知 (metacognition) 的概念由心理学家弗拉维尔 (Flavell，1976) 明确提出。他认为，元认知就是“对认知的认知”，即人对自己的认知活动过程和特点的认识。

当代心理学家已经将元认知的概念扩展到一个很大的范围，特别强调元认知是认知主体对自身的认知功能和认知活动的认识、体验和调控。即元认知不仅具有认知功能，而且具有体验和调控的功能，是一个完整、独立的心理结构。

（二）元认知的作用

前述的认知策略是一种直接指向于学习活动本身的心理能力，它以完成学习任务为目标。但是，认知策略不一定考虑完成学习任务的经济性和效率，认知策略也不一定考虑完成任务的方案是否为最佳方案，而这些恰恰是元认知所具有的功能。

元认知的实质就是学生将自己作为一个客观对象加以认识、控制和调节。从发展心理学的角度看，元认知是人的心理发展到一定水平的产物，是人通过相对长期的学习活动而建立起来的自我监控机制。只有当一个人能够做到客观而全面地认识和评价自己、深刻而准确地体验自己的心理状态并且能够根据一定目的和条件控制和调节自己的认知、情感与行为，其心理的元认知机制才真正形成，这样的学习者才能真正称得上是学习的主体。

（三）研究元认知的意义

基础教育改革的一个重要观念就是把学生看作是学习的主人，而这一观念的心理学依据之一就是元认知的假设。研究元认知就是要揭示人的自我调控的心理机制，为发展学生自我意识、提高学生学习效果、培养学生自主学习能力、促进学生人格发展提供理论依据和实践原则。

近年来，发展心理学聚焦于儿童心理理论的研究。这一领域的研究关注儿童对人的心理、包括对自己的心理特点和心理状态的理解，认为儿童有自己的一套认识世界和自己的工具，他们能够以自己的眼光和视角看待周围的世界和周围的人。这方面的研究与儿童元认知的研究密切关联，极大地丰富了人们对儿童的了解，丰富了发展心理学、教育心理学的资料，推动了对如何真正发展儿童的自我认识、提高儿童的自我调节能力等重要问题的思考。

二、元认知的结构

（一）元认知知识

元认知知识主要包括以下方面：

（1）任务的知识。指对所学知识、技能和态度的目的、性质、特点等方面的认识。对于不同学科、不同性质的学习，任务知识有很大的不同。获得这一方面的知识对学生选择和确定学习策略十分重要。

(2) 自我的知识。指对自己的了解。除了具备任务的知识外，学生还应该了解自己，这样才能使学习策略更有针对性。自我的知识包括对自己在学习上的能力、风格、习惯、兴趣、态度等方面的认识。如记忆能力方面，有的学生认为自己死记硬背的能力强，有的认为自己记忆数学计算法则的能力比记忆诗词的能力强。再如思维特点方面，有的学生认为自己的思维不够灵活，有的认为自己想问题经常与别人不一样等。

(3) 策略的知识。指对所掌握的各种学习方法、技巧及其有效性的判断等方面的知识。如知道学习语文应先解决生字词，再将课文读熟，然后要分段，要能归纳各段的段落大意。又如知道学习数学要多做习题、做习题要审题等。随着年龄的增长和学习的深入，学生掌握的策略方面的知识会越来越多。

（二）元认知体验

元认知体验，是指学生对伴随着认知过程而产生的对种种心理体验的觉察和感受。在学习过程中，学生总是会产生一定的情感体验，这些体验常常是自发和无意识产生的。情感体验可以成为人的行为动因，但是其性质可能是积极的，也可能是消极的。人总希望保持积极的情感，消除消极的情感，这就需要对自己的情感进行控制和调节，为此人首先要能意识到自己目前所处的情感状态，要能对这种状态做出评价，进而为心理控制和调节提供定向。比如，考试时看到试卷上的题目，学生会产生容易或困难的感受，这种感受被意识到后将对自己考试能否获得成功的信念产生影响。学习过程中的问题感、困难感、效能感等情感体验及其相应的调节是实现元认知调控的动力因素。

需要指出的是，元认知体验是对体验的体验，而不是体验本身。如，学生在遇到一道难题时产生了畏惧感，随着这种畏惧感而发生的自责或羞愧才是元认知体验。

（三）元认知调控

元认知调控是在元认知知识和元认知体验的基础上产生的对认知活动的监视、控制和调节。元认知调控包括形成学习目标和计划、执行计划、对计划执行情况进行反馈与评价以及对原计划的调整。

学生认识到关于自己学习的一些情况，也产生了对自己学习过程的情感体验，但如果没有将这些认识和体验转化为策略和实施策略的动力，那么他们的学习仍难以得到改善。所以，仅有元认知知识和元认知体验，学生仍不能真正实现自主学习。例如，有的学生知道自己做作业比较慢，也知道慢的坏处并为此感到很焦虑，还知道如何加快做作业的速度，但由于缺乏元认知调控能力，他们做作业慢的毛病就仍无法彻底改变。

三、元认知策略

（一）计划策略

计划是人们在活动之前所制定的方案。计划是成功和效率的保证，但如果计划制定不周全或不适当也会产生相反的效果。因此如何制定计划是发挥计划功能的关键。

学习计划一般包括以下要素：目标、时间、条件和考评标准。

在制定计划中应注意以下几点：第一，必须对目标做严密的审视，因为计划的适切性取决于目标的明确与适当。例如，在制定学习计划时应明确要取得哪些学习成果、这些成果具体体现在哪些方面、取得这些成果的可能性怎样等。第二，在总体目标确定之后，要将其分解为一个个小的目标，并且规定实现这些子目标的期限，同时也要给计划留有一定余地。第三，必须规定适当的奖惩措施，以保证计划得到执行。

（二）监控策略

监控策略包括监察和控制两部分。监察，即了解学习行为是否正在按既定计划进行；控制，即保持学习行为按计划执行，不受各种因素的干扰。

监控策略的运用与学生的年龄、气质、学习动机、学习经验有关。

监控策略有：第一，将自己的思维过程用出声的言语表达出来，这样可以集中自己的注意力。第二，尽量将心理活动转化为外部操作，或伴随着外部操作。第三，不断提醒自己，给自己以积极的暗示。如可以用目标激励自己，也可以采用时间提示法，即给自己规定完成学习任务的时间和时段，每到一个时段便提醒自己。第四，不断审查目标达成的情况，如果实现目标，给自己一定的奖励，如果未实现目标，给自己一点惩罚。这种做法叫做自我反馈和自我强化。第五，在难以自律的情况下，可以借助他人的监督来控制自身行为。

（三）调节策略

目标和计划毕竟是学生预想的一种结果和过程。由于种种原因，如对任务的难度估计不足、对所需时间估计不准、对资源的准备不够等，实际情况会有变化。这就要求对原目标和计划能做及时而恰当的调整。

第四节 资源管理策略

一、时间管理策略

时间是学习的重要资源，却也是最容易被浪费的资源。清代学者钱鹤滩在其《明日歌》中写道："明日复明日，明日何其多。我生待明日，万事成蹉跎。"这首诗已成为珍惜时间的箴言。

时间管理应该注意以下几点：

（1）写下每天、每周需完成的事项，估计在能力范围内哪些是能够完成的。

（2）将工作按重要性排序，先做最具效益的工作。

（3）定期检查工作效率，要做的马上去做，不要找借口拖延。

（4）量力而行，估计好自己完成工作所需的时间。

二、环境管理策略

学习环境是影响学生学习的外部条件之一。环境分为物理环境和心理环境。物理环境，指学生置身其中、对学生心理产生影响的各种物质因素，如空间大小与拥挤程度、背景声音的嘈杂程度、光线的强弱、空气、温度、湿度等。心理环境，指人所感受到的由群体和自身的情绪状态汇集而成的气氛。这里主要指物理环境。

学生总是处在一定的物理环境中进行学习。学生一方面会主动地寻找或经营出一个适合于自己学习的环境，另一方面也会主动地排除环境中不良因素的影响。如，做作业时书桌上有个玩具吸引了注意力，发觉后就将它放到脱离视线的地方，使自己的注意力集中于作业。

学习环境的管理包括选择适当的场所、调整和收拾桌椅、调整光照度、调控或屏蔽背景音、调节温度等。教师和家长总会教育学生做作业之前将桌子收拾干净，把门窗关上以免噪音影响学习。这些都是运用环境管理策略的具体表现。

三、寻求资源的策略

完成学习任务需要各种资源。在高度发达的信息社会，学生可寻求的资源非常多，包括图书、报纸、杂志、电视、网络等。迅速寻找、准确甄别和合理利用资源是当今社会对学生提出的要求，也是学生必须掌握的基本技能。

四、寻求支持的策略

与寻求资源的策略相似的是寻求支持的策略。学习需要帮助，提供帮助的人可以是老师，也可以是家长或同学。当需要别人的帮助时，学生要思考究竟是选择老师还是同学，还要思考自己需要怎样的帮助。如，遇到不会做的题目，有的学生会打电话问同学、有的会问家长，在问同学时，有的会要求同学直接报答案，有的会要求同学教自己怎么做。

恰当地寻求帮助既可以节省学习时间、不走或少走弯路，还可以起到增进感情、密切人际关系的作用。因此，应该教育学生学会寻求支持。

第五节　学习策略的教学

一、学习策略发展的基本过程及其特征

（一）无意识地运用策略阶段

学龄前儿童及小学低年级学生在学习过程中常常不能有意识地运用学习策略。

在认知策略方面，他们常常无意识地运用复述策略，但很难做到有重点地、有针对性地复述。而且由于元认知处于较低水平，他们也很难发现复述过程中所存在的问题。

在精加工策略方面，这一年龄段儿童由于受思维能力、知识经验等的限制，他们对知识的理解基本处在简单复述水平上，对学习材料难以做到超越字面意义的理解。如他们不能用自己的话对课文的意思做解释，他们也不能合理地运用想象帮助自己理解知识。

在组织策略方面，学龄前儿童及小学低年级学生更为薄弱，他们既不能准确概括所学的知识，更不能将较分散的知识整合成整体。

由于缺乏时间概念，这一年龄阶段的儿童不善于管理自己的学习时间，也不善于寻求帮助。

（二）有指导地运用策略阶段

小学的中、高年级学生在老师指导下能够主动运用学习策略进行学习。

在认知策略方面，随着年级的提高和相应的教育，小学中高年级学生掌握了越来越多的学习方法，如朗读方法、分段方法、写作方法、解题方法、预习和复习方法等。

在元认知方面，小学中高年级学生已经有了一定的发展。他们对自己的性格、智力特点、兴趣爱好等有了一些比较粗浅的了解，对不同学科的特点及其学习方法也有了一些认识，开始懂得学习应该有一定的计划和安排，以及思考如何改进自己的学习。

在资源管理方面，这一年龄段的学生也有了一定的发展，开始利用各种资源帮助自己提高学习的效果和能力，如能够在老师指导下查阅和利用资料，能够做出一定的时间安排等。

总之，这一年龄段学生学习策略的运用既需要教师的指导，也能在一定程度上实现自主。

（三）独立运用策略阶段

这一阶段大约始于初中。该年龄段的学生已经能够独立地安排自己的学习，也具有一定的心理调控能力，如制定学习计划、调节自己的情绪、根据自己的特点运用学习方法等。

二、学习策略教学的基本模式

关于学习策略是否可教尚存在着一些争论。有人认为学习策略是不可教的，有人则认为只能教那些具体的学科性的策略，还有人认为学习策略不可能在课堂上教给学生等。尽管如此，理论工作者和实践工作者仍在努力探寻学习策略教学的途径和方法，也收到了一定的成效。目前，学习策略教学大约有以下几种模式。

（一）指导教学模式

该教学模式就是学生在教师的引领下学习有关的学习策略。

该教学模式的基本步骤是：教师向学生呈现和讲解所要学习的策略，并且运用多种示例说明这一策略的实际价值和运用方法，然后学生按照这一策略进行练习。在练习过程中，要求学生用口头报告的形式介绍和解释自己的每一步骤，以促进对这一策略的保持。

（二）程序化训练模式

该训练模式的基本思想基于加涅的学习层级理论。该理论从行为学派的角度揭示了学习之间的层级关系，将学习由简单到复杂分为信号学习、刺激—反应学习、连锁学习、言语联结学习、辨别学习、概念学习、规则或原理学习、解决问题学习，每一层级学习都必须以较低层次学习任务的完成为前提和条件。

该训练模式的基本步骤是：第一，将某一活动技能按有关原理分解为小的步骤；第二，通过活动示范每一步骤；第三，学生记忆各个步骤并加以练习，直至熟练。

（三）合作学习模式

合作性学习是当今基础教育改革所倡导的基本理念，也是当今世界学校教育的普遍趋势。合作学习模式强调学生的经验分享和与人沟通能力的发展，即通过合作，学生不仅学到了别人知道而自己不知道的知识，而且学到了别人如何知道这些知识的方法，更重要的是还懂得了如何从他人那里学到知识。

该训练模式的要点是：要求学生有一个团队组织，在这个组织中每个人都有自己的职责，每个人都有义务向别人提供力所能及的帮助；要使合作能够进行，教师必须注意：（1）要有一个有吸引力的主题；（2）要有可分解的任务；（3）要有一个有凝聚力的稳定的团队；（4）要有一个具有激励性、发展性的评价机制；（5）需要在课与课之间、课内与课外之间建立联系。

小结

学习策略，指在学习过程中用以提高学习效率的任何活动。学习策略具有指向性、操作性、层次性、有意性、生成性等特点。掌握学习策略对于学生当前的学习以及终身学习均具有重要意义。

学习策略分为认知策略、元认知策略和资源管理策略。认知策略包含复述策略、精加工策略、组织策略等。元认知指学习者对自己认知的认知。元认知包含元认知知识、元认知体验和元认知调控三种成分。元认知策略是元认知调控的一部分，包括计划策略、监控策略和调节策略。资源管理策略包括时间管理策略、环境管理策略、寻求资源的策略和寻求支持的策略。

学生学习策略的发展大致经过了无意识运用策略的阶段、有指导地运用策略的阶段和独立运用策略的阶段。

策略的教学模式主要有指导教学模式、程序化训练模式和合作学习模式。

思考题

1. 什么是学习策略？学习策略有哪些特点？
2. 结合自己的学习，谈谈掌握学习策略的意义。
3. 举例说明复述策略、精加工策略和组织策略。
4. 根据自己的理解，谈谈什么是元认知以及元认知的三种成分。
5. 学生学习策略的发展经过了哪几个阶段，各阶段有什么特点？
6. 策略教学的模式有哪些？如何进行学习策略的教学？

教学心理编

编首语

本编有三章，概述了教学过程中进行教学设计、营造教学环境、因材施教诸方面的心理学问题。

“第 14 章　教学设计的心理学问题”，从心理学角度指出了教学设计应关注的问题，涉及教学目标、教学组织、教学方法、教学对象、教学传媒等诸多方面。

“第 15 章　教学环境”，概述了教学要关注来自物理的、心理的两种环境的影响，后者要求处理好学生的人际关系、班集体、友伴群和问题行为。

“第 16 章　智力差异与教学”，概述了个体智力在水平、结构、活动方式等方面的差异，提出了相应的因材施教的举措。

学习上述诸章，有助于洞悉教学过程中的心理学问题，并进而有效提升教学效果。■

第14章

教学设计的心理学问题

内容提要

◎ 教学设计是为了达到特定教学目的对教什么和怎么教进行的设计，它体现了教学最优化的思想，在多个层次上参与教学活动。

◎ 教学目标的设计方面，布卢姆的目标分类理论和加涅的学习结果目标系统是两种具有代表性的观点。心理学对教学目标的表述有行为观的、结合观的两种主要模式。

◎ 教学内容的设计涉及教材、课型、教学过程、知识类型诸方面的组织。

◎ 教学途径的设计涉及教学形式、教学方法、教学策略诸方面的分析和选用。

◎ 教学设计要求重视对教学对象即学生的分析，要求重视对现代教学传媒的分析和选择。

主要概念

教学设计，认知策略，任务分析，先行组织者，教学媒体

第一节 教学设计概述

一、教学设计的含义、意义

（一）何谓教学设计

只要有教学活动，不管有意无意，必然会有相应的设计活动和过程参与其中。传统上，对教学活动的设计更多的是凭借经验予以构思。现代社会，受工业和军事两大领域的活动只有经过周密的设计才会达到预期目的的启示，教育领域的理论家和实践家开始重视教学设计这一问题。

教学设计，指为了达到一定的教学目的，对教什么和怎么教进行的设计。可见，教学设计包含了目标、内容、途径三大要素。其目标受社会、文化等因素所制约，其内容和途径则必须为目标服务。

需要指出的是，教学设计是与诸多学科相关的一个领域，这里仅从教学心理学自身学科出发来予以研究和探讨。

（二）教学设计的意义

实践中，人们认识到，教学活动涉及众多因素，它要取得成功离不开在活动实施前进行必要的构思和组织。当代社会，教学目标的多元化、教学手段的现代化以及教学对象的个性化等，使教学活动及其过程变得相当复杂，对教学活动的事先谋划和组织已经成为教学中不可缺少的一个环节。

理论上，教学设计也体现了人类活动的最优化思想。最优化（optimization）最初常用于工程技术领域，之后推及人类生产活动的其他众多领域。其核心理念是，以最少的投入或花最小的代价来获得最大的收益或最满意的效果。这种最优化思想，多年来也一直是从事教学的理论研究者和实践工作者努力追求的一种理想，教学设计正是人们为达到这一理想境界而努力的体现。今天，人们已认识到，教学设计是教学迈向最优化理想境界必不可少的关键一步。

关于对教学设计成效的评定，阿特金森在20世纪70年代初曾提出从四方面考察教学最优化的处理过程，它们是适当的教学模式、明确的教学目的、详尽的教学活动、相应的经费和效益。巴班斯基于20世纪70年代中期就教学过程最优化提出了效果和时间两条标准。其实，按照最优化的思想，我们认为，判断教学设计的成效应该考察“投入”与“产出”两个方面。通常，人们往往只注重效果，而忽视甚至无视除财力、物力之外所花的时间、所耗的精力等投入，这显然是片面的。

二、教学设计的范围、层次

(一) 教学设计的范围

心理学从教学目标、教学内容、教学途径三大方面阐述教学设计问题。

关于教学目标，事关“教学目的或结果”，这里是从心理意义予以分析，布卢姆和加涅是这方面的两位代表人物。

关于教学内容，事关“教什么”，心理学从教材、课型、过程、知识类型的分析和安排诸角度予以阐述。对“教什么”的设计又叫课程决策。

关于教学途径，事关“怎么教”，心理学从形式、方法、策略、媒体的选择和使用诸方面给予说明。对“怎么教”的设计又叫教学决策。

还有，教学的目标、内容、途径都要针对学生状况，学生作为教学的对象也是教学设计必须思考的一个方面。

此外，对教学结果的评价，无论是诊断性的、形成性的还是终结性的，也应该是教学设计需要予以考虑的一个问题。但是，这方面内容丰富且有很强的专业特点，限于篇幅这里不予详述。

(二) 教学设计的层次

教学设计可以从不同的层次介入教学活动。这些层次主要有以下几方面：

(1) 课堂教学层次。在课堂的某次具体教学中，教师可以针对一个班级、就某一内容的教学进行设计和准备。

(2) 课程学科层次。在某门学科的教学中，教研组可以就某门学科的教学进行设计和准备，然后由相关的教师予以实施。

(3) 学校及学区管理层次。校长或各级教育主管部门可以就某套课程及其各门学科进行设计和协调。

其实，除了学校的教师、教研组、管理者之外，课程开发者及其相应的教材编撰者、课程软件开发者以及其他直接或间接与教学有关的工作者都可以因在各自层次介入教学活动而进行必要的教学设计。

第二节　教学目标

明确教学目标是教学设计的首要环节，它对教学活动起到导向、激励和提供检测参照的作用。心理学对教学目标的分析有两种观点，还就如何表达相应的目标提出了要求。

一、教学目标的分析

布卢姆的目标分类理论和加涅的学习结果目标系统，是心理学领域对教学目标予以分析的代表性观点。

（一）布卢姆的教学目标分类

布卢姆曾领导一个委员会对教育目标进行了系统的分类研究，指出教育目标有认知的、情感的和动作技能的三类。其中，他对认知类的教育目标分类为教学设计中明确教学目标提供了重要的参照框架。他把认知领域的教学目标分为六个等级，每一等级均有相应的目标、心理意义（见表14—1）。

表14—1　布卢姆的认知领域教学目标分类

等级	目标	心理意义	具体表现
1	知识		
	对已学材料的保持	记忆，是最低水平的认知学习	能回忆具体事实、方法、过程、理论等
	例：某国的首都是××；××的定义是××；课文中说了××；等等		
2	领会		
	把握所学材料的意义	超越了单纯的记忆，但仍是较低水平的理解	能转换，即用自己的话或方式表达已学的内容；能解释，即能概述和说明所学的材料；能推断，即能估计预期的后果
	例：用自己的话解释××；能对××与××加以比较；说出某文的中心思想是××；等等		
3	运用		
	将学习所得运用到新的情境	已达到较高水平的理解	能应用概念、方法、规则、规律、观点、理论
	例：用什么定理、公式去解决××；用××计算××的面积；在××中含有××原理；等等		
4	分析		
	既理解材料内容又理解材料结构	是一种比运用更高的智能水平	能从整体出发把握材料的组成要素及彼此间的联系
	例：是什么影响了对××的描述；为什么北京被选为××；下文中哪些是事实，哪些是观点；等等		

续前表

等级	目标	心理意义	具体表现
5	综合		
	将所学的材料及所获得的经验组合成新的整体	强调创造能力，产生新的认知结构	能拟订一项操作计划或概括出一套抽象关系，发表内容独特的演说或文章
	例：给××一个合适的名称；上海“申博”成功意味着××；等等		
6	评价		
	对材料的社会意义做出价值判断	最高水平的认知学习	按材料的内在标准（如组织）或外在标准进行价值判断
	例：你认为，哪篇文章或哪幅画更好，为什么；你为什么支持××观点；等等		

布卢姆的上述认知领域教学目标是个层级系统，它揭示个体学习和教师教学的目标应该是逐一递进的过程，即前一等级目标的实施为后一等级目标的设立准备了条件，后一等级目标的实现需要以前面等级的发展为基础。

当然，我们不可能要求所有或每次教学都达到上述所有目标，具体教学常常根据学科要求、学生特点达到其中某一层次即可。但是，我们的教学应该不满足于只停留在传授或掌握知识的水平上，还应重视创新能力与价值判断能力的培养，这是毫无疑义的。

在借鉴上述模式时，我国在实践中对小学的教学目标通常提出了记忆、理解、应用三个层次，对中学的教学目标提出了记忆、理解、应用、创新四个层次。

(二) 加涅的教学结果目标系统

加涅认为，学生通过学习会形成或习得相应的能力，这些能力都是学校教育教学的结果。这样的能力或结果有言语信息、智慧技能、认知策略、态度和动作技能五类。其中的前三类与学生认知方面的能力有关，它们应该是设计教学目标必须考虑的问题。

关于“言语信息”：言语信息，是指学生能用命题或句子的形式来表达学习后存储在记忆中的事实性知识。大量的有组织的信息被称为知识。

关于“智慧技能”：智慧技能，是指具有运用符号来组织和操纵环境的能力。如果说言语信息与知道“什么”有关，那么智慧技能则与知道“怎么”有关。智慧技能有五个不同的层次，它们是：

(1) 辨别。能区分刺激物的特征，如区别“甲”和“由”。

(2) 具体概念。能列举事物的名称，比如从各种花的图形中找出荷花。

（3）定义概念。能理解以命题或公式来表达事物的本质属性，比如懂得 $F=ma$ 的意义。

（4）规则。能按公式、原理来进行操作、做出正确的反应，比如造句、用数学公式进行运算等。

（5）高级规则。能运用一般规则来解决较为复杂的问题，如运用 $V=IR$ 的公式对串、并联电路的 V、I、R 求解。

关于"认知策略"：认知策略，是指能学会对自己的认知学习过程，如注意、思维和记忆等加以控制和管理，即学会如何学习。

加涅指出，上述作为教学目标的认知结果或能力，包括智慧技能的五个层次，均具有层级系统的特征。上述教学目标中的认知策略的提出，要求人们在教学设计中不仅要关注学习中对外界信息的加工，而且要重视学习者对内部心理活动的觉知和调控，这是加涅提出的教学结果目标系统的重要贡献。

需要指出的是，教学目标除了认知方面，还有情感和技能两个方面。布卢姆、加涅及其他心理学家对此均有论述。迄今为止，教学设计在明确教学目标时主要还是针对认知方面的，不过另两个方面也正在受到重视和研究，我们应该关注它们三者之间的相互作用和渗透。

二、教学目标的表述

传统上，教学中常常使用"知道"、"了解"、"理解"等模糊的语词来陈述教学的目标。今天，教学设计提倡教学目标的表述要力求明确、清晰，以便于操作和测量。当前，行为观的表述、结合观的表述是较为常用的两种教学目标的表述。

（一）行为观的表述

马杰（R. Mager）是这一行为观表述的代表人物。在《准备教学目标》一书中，他提出用行为术语陈述教学目标，使其能够指明"学生能做什么以证明他的成绩，教师能怎样知道学生能做什么"。他指出，行为、行为条件、行为标准是此类表述的三大要素。

（1）行为的表述。它要求以可观察和测量的具体行为来描述教学目标，说明通过教学后学生能做什么。表述的基本模式是用一个动宾结构的短语，动词说明学习的类型、宾语说明学习的内容。如，能设计网页、能制作 Flash 动画等。这里，关键是动词的使用，那些能够描述可观察行为的动词较为理想。

（2）条件的表述。它要求指出学习者在什么情况下表现出所要求的行为，即明确应该在何种情况下去评定学习者是否达到了教学目标。如，陈述“能设计网页”时，就必须指明是“在教师指导下进行”，还是“独立设计”这一行为条件。此类条件大体有：环境因素，包括空间、室内外、安静程度等；人的因素，包括独立进行、小组进行、在教师指导下进行等；设备因素，包括工具、计算器、说明书等；信息因素，包括笔记、词典、资料、教科书等；时间因素，包括时间长短、速度快慢等；问题明确性因素，即提供什么刺激来引起行为的产生。

(3) 标准的表述。它规定了符合要求的行为标准，或者规定了作为学习结果的行为的最低要求。标准的表述一般含有“正确到何种程度”、“在多少时间内完成”之类的意思，它使教学目标具有了可测性。

表 14—2 是针对“培养学生阅读能力”的教学目标，按行为观表述的一例。

表 14—2　　马杰教学目标行为观表述举例

部　分	中心问题	例　子
学生的行为	做什么	用字母 F 标出文章中的事实，用 O 标出其中的观点
行为条件	在什么条件下	提供一篇报刊上的文章
行为标准	有多好	标对了文章中的 75%

行为观的表述使教学目标变得具体、明确、可测量。在上述三个要素中，学习者行为的表述最为基本，当然也要避免过于琐细、造成教学上的机械刻板。

(二) 结合观的表述

结合观主张通过内部过程和外显行为相结合来表述教学目标，格伦兰德 (N. E. Gronland) 是其代表人物。他认为，行为观的表述强调了行为结果，对内部的心理过程未予以关注，这会使教师只注意学生外显行为表现，忽视其内在能力或情感的变化。他提出，可以先用描述内部心理过程的术语（如欣赏、理解）来表述基本的教学目标，然后用一些可观察的样例行为来使这一目标进一步明确和具体。这样的样例行为可以用来判断学生是否达到了基本的教学目标。如，“领会心理学术语‘感受性’的含义”，是基本教学目标的表述，“领会”是内部心理过程，难以观察测量和有一致的标准，对此可以要求学习者列举一些样例行为来证明自己达到了“领会”的水平，如“用自己的话来说明感受性的定义”、“列举两例说明何谓感受性”、“请区分感受性与感觉阈限的异同”等。表 14—3 是运用格伦兰德结合观进行教学目标表述的一个实例。

表 14—3 格伦兰德教学目标结合观表述举例

部 分	例 子
一般的目标	理解议论文写作中的“类比法”
子目标 A	用自己的话来表达对运用类比条件的理解
子目标 B	在课文中找出运用类比法阐明论点的句子
子目标 C	对提供含有类比法和喻证法的课文，能找出包含类比法的句子

教学目标的结合观表述，既避免了用心理过程表述教学目标会产生的笼统和含糊，又防止了行为表述可能因忽视内在心理过程而造成的局限，因此获得了许多心理学家的支持。

第三节 教学内容（上）

教学内容方面的教学设计涉及诸多方面，本节从教材、课型的组织两方面予以阐述。

一、教材的组织

教材/教学内容的组织主要有“螺旋”式组织、层级组织、“先行组织者”组织几种思路。

（一）布鲁纳的“螺旋”式组织

布鲁纳曾是领导美国 20 世纪 60 年代初期课程改革的著名教育心理学家。他认为，教学应该使学生能够主动选择、记住和改造知识，从而促进今后的学习。为此，教材应该把反映学科发展水平的最基本的概念和原理作为主体。概念和原理越基本，它们对于解决新问题、掌握新内容的适用性也就越大。

当然，这样的教材在组织呈现时必须注意与儿童的智慧发展相匹配。只有这样才能使基本概念和原理的教学顺利进行。儿童的智慧发展有三种水平或阶段：首先是表演式再现表象阶段，即运用适当的动作反应去体现获得的经验，它具有操作性特点；然后是映象式再现表象阶段，即以表象或图解来反映或表示个体的认识；最后是象征式再现表象阶段，即以抽象的符合（最基本的是语言）来反映经验内容。

针对儿童智慧发展的不同阶段，反映学科基本概念和原理的教材组织可以分别以动作的、表象的和符号的为特点来编撰、呈现。总体上，随着年龄的增长，教学涉及的基本概念和原理可能相同，但教材的具体范围加宽、层次加深，同时思维的直观性逐渐下降、抽象性不断提高，从而体现了教材的“螺旋”式上升的特点，学生则逐步在较高的认知层次上掌握教学的内容。

（二）加涅的“层级”组织

美国心理学家加涅认为，个体的学习活动有以下八类：

（1）信号学习。在经典条件作用基础上学会对信号做出反应。

（2）刺激—反应学习。学会对不同刺激的分化并做出准确的反应。

（3）连锁反应。形成多个刺激—反应的联结，完成较复杂的任务。

（4）言语联结学习。与（3）同，只是通过言语进行，受个体先前习得的语言影响甚大。

（5）多重辨别学习。与（2）同，只是要求对许多不同刺激有鉴别地做出反应，这样在刺激相似时仍能做出良好的辨别。

（6）概念学习。在一定意义上与（5）相反，要求对一类刺激按照某个共同属性来做出反应。

（7）原理学习。原理由若干个概念及其关系组成，要求在把握各个概念的基础上掌握它们的内在联系。

（8）问题解决的学习。把若干条原理在头脑中组合、操作，说明事物和现象的各种关系，即通常讲的思维。

上述八类学习是按“简单—复杂”维度组成的一个层级系统。反映到教材内容的组织上，首先要分析教学内容属于哪一层次，接着考察学习者是否掌握了隶属于该层级的子层次的内容，若没有则继续考察下一个子层次。然后，教学内容的安排应该先是“层级”中的较低者，再是较高者，逐一组织。

对教材内容作这样的“自上而下”的分析，加涅称之为“任务分析”，并指出这是教学获得良好效果的一个重要前提。分析之后，教学则要“自下而上”地按顺序进行，参见图 14—1 物理教学中对“功”的教学“层级”的分析示意。

（三）奥苏贝尔的“先行组织者”组织

这是奥苏贝尔提出的教学内容组织方式。他认为，让学生进行有意义或有心理意义的学习应该是教学的首要任务。有意义的学习需要一定的主、客观条件。客观条件是教材本身具有的逻辑意义；主观条件是学习者处于有意义学习的心理准备状态，同时其认知结构中有与新教学内容相联系的观念。

因此，奥苏贝尔指出，在教学内容的设计中，必须使教材的组织呈现对学生来说是具有潜在心理意义的，只要对教材进行“先行组织者”或“组织者”的组

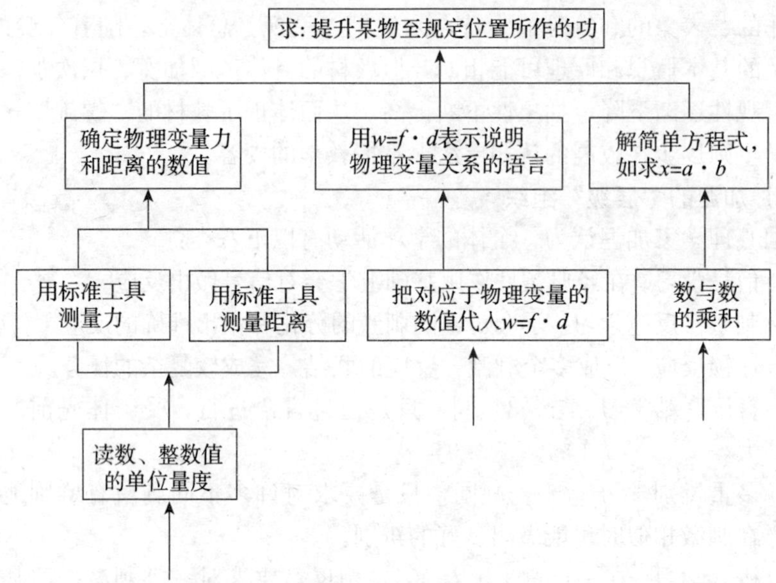

图 14—1　物理教学中对“功”的教学“层级”的分析示意图

织呈现就能做到这一点。

“先行组织者”或“组织者”，是指为新的教学内容提供的引导性陈述或活动事件，目的是帮助学生做好学习新内容的准备。“组织者”材料既与将要教学的新内容又与认知结构中已有的观念有着明确而清晰的联系，因而在教学中它能将要学的新内容与学习者已有的观念联系起来。这样，学习者的认知结构可以同化新的内容，同时自身也发生一定的变化。

一般而言，“先行组织者”应具有较高的概括性和包容性，才会使教材有更好的组织和结构。当然，在呈现时，“先行组织者”要以学习者可接受和能理解的语言、方式来表达。

三、课型的组织

课堂教学有多种类型，新授、讨论、复习是三种主要的课型。

（一）新授课组织

新授课主要传授新知识。其教学组织应抓好以下主要环节：

（1）让学生明确本次课的教学目标、形成相应的心理定式、产生学习的需要、激发学习动机。

(2) 回顾先前学过的有关内容，形成从已有知识到新内容的适当学习坡度。

(3) 自然而贴切地引出新的教学内容。

(4) 揭示新的教学内容的关键所在，并抓住重点、突出难点、解决疑点。

(5) 安排新学内容的应用，对此应作循序渐进的练习安排，即先易后难、先具体后抽象、先单项后综合。

(6) 教学过程中对学生要及时给予反馈和进行应有的评价。

(二) 讨论课组织

讨论课是组织学生就某教学内容进行交流、发表看法。其教学组织通常有准备、展开和总结三个阶段。

(1) 准备阶段，组织的内容应该针对教学内容中的重点、难点，或具有不确定的、不一致性的论题，同时应该把握讨论内容的数量和难度，一般每次确定一至两个论题即可，难易要适度，应顾及多数学生的状况，过易或过难都不可取。

(2) 展开阶段，教师要发扬民主、鼓励发言，给讨论的展开提供各种必要的支持，要使交流讨论围绕论题中心，避免纠缠于细枝末节，还要善于概括讨论中出现的具有普遍性的典型看法，善于发现讨论中出现的有争议的焦点，善于引导沟通，使问题讨论渐趋明朗。

(3) 总结阶段，应该对本次讨论涉及的方方面面做出总结，包括那些值得肯定和注意的地方。

(三) 复习课组织

复习课是巩固所教内容的一种课型。复习课要能让学生加深对所教内容的理解，并为后继学习打下更好的基础，为此必须关注“系统化”和“拾遗补阙”，切忌简单练习和机械重复。

复习课的教学组织应力求“旧中有新、新中有旧”，“新”就是复习中有一定的新意。为此应注意：

(1) 复习时同一内容应以不同形式呈现，以不同事例作佐证。

(2) 复习时应抓准重点、难点和问题症结，力求复习有针对性。

(3) 复习时应把已教过的内容做系统的梳理，帮助学生形成知识网络，加深对所学内容的理解和把握，提高复习后应用所学知识的能力和迁移水平。

第四节　教学内容（下）

教学内容方面的教学设计涉及诸多方面，本节从教学过程、知识类型的组织两方面予以阐述。

一、教学过程的组织

（一）斯通的七要素教学过程

心理学家斯通（E. Stone）认为，可以从教学过程的要素这方面来组织教学内容。教学过程的要素主要有：

（1）基本内容。指教学所涉及的主要概念、公式和原理。

（2）提供例证。指在教学活动中使用的、标示和证明教学基本内容的那些具体直观的例子。

（3）刺激呈现方式。指选择一定的方式方法使学生接收到例证所代表的信息内容。这实际上是一个与教学传媒选择有关的问题。

（4）学习类型。指教学活动过程中让学生进行何种学习。这可以借用加涅关于八类层级学习的模型作为分析依据。

（5）学生反应。指要求学生以某种方式来表明自己的学习所得。它其实是让学生完成特定的作业。

（6）反馈。指让学生了解自己学习的进展情况或有关的结果。

（7）评价。指对学习结果进行测定和判断。这要求做好有关测验项目方面的准备工作。

教学过程中有关内容的组织安排可以按照上述七个过程要素着手进行。比如，在明确了“表面”这一概念是教学的“基本内容”之后，就可“提供”水的表面、纸的表面、固体的表面、物体的内表面和外表面、图形中的物体表面等作为具体而直观的例证。“刺激呈现”则可选择实物，也可以是现场、绘图、画片、电影、录像、教师陈述、实地采访等形式。对学生则可以要求书面回答，或向老师和同学讲述，或操作有关材料等“反应”。这一学习类型属于“多重辨别”和“概念学习”。其间，教师可通过自己的言语表达，或让其他学生做出某种反应，或用正确的事例与学生自己的陈述作对比等方式为学生提供“反馈”信息。最后，可要求学生列举若干能说明“表面”这一概念的新事例，以此作为测评教学效果的依据。

（二）加涅的八要素教学过程

加涅认为，教与学的过程由八个阶段组成，每阶段都需要针对主要心理活动进行教学组织（见表 14—4）。

表 14—4　　加涅教学过程八阶段的心理要素、教学活动

过程	教学活动	心理要素
阶段一	引起动机	建立预期
阶段二	了解	选择性的注意和知觉
阶段三	获得	编码
阶段四	保持	长时记忆
阶段五	回忆	检索
阶段六	概括	迁移
阶段七	作业	练习
阶段八	反馈	强化

阶段一，引起动机。该阶段心理要素是建立预期。教学组织时，要让学生了解学习后将发生或得到什么，预期的报酬会使人产生学习的动力。

阶段二，了解。该阶段心理要素是选择性的注意和知觉。教学组织时，要设法让学生觉察目标刺激，并帮助他们关注本质、关键的地方，并与其他刺激相区别。

阶段三，获得。该阶段心理要素是编码。教学组织时，要使信息易于被感觉通道所接受，并努力帮助学生把接受的信息转换成易于储存的形式。

阶段四，保持。该阶段心理要素是长时记忆。教学组织时，要帮助学生使获得的信息进入长时记忆而储存起来。这一方面至今知之甚少，但是记忆领域的探索成果，如有效识记的条件、保持和遗忘的特点、有效复习的要点等均会有助于保持。

阶段五，回忆。该阶段心理要素是检索。教学组织时，要把握好必要的线索，帮助学生复活先前习得的在头脑中储存的知识和技能。

阶段六，概括。该阶段心理要素是迁移。教学组织时，要重视让学生将学习所得用于各种新的情境。为此，要把“为迁移而教”作为教学的主要目的之一，教学中要重视学科性质、注意教材组织、运用适当方法、丰富学生知识、提高学生概括能力等。

阶段七，作业。该阶段心理要素是练习。教学组织时，要安排一定量的作业，并提供相应的条件让学生通过作业或活动来表明对教学内容的掌握程度。

阶段八，反馈。该阶段心理要素是强化。教学组织时，要根据学生的作业表现把握好强化的时间、强度、程序、动因等变量，让学生把自己的作业与最初的

预期相比较来产生胜任感、满足感，这能激发起进一步学习的动力。

二、知识类型的组织

现代认知心理学把知识分为陈述性知识、程序性知识和策略性知识三类，教学内容应该从它们各自的特点出发进行组织设计。

（一）陈述性知识的组织

陈述性知识，是指关于世界“是什么”的知识。它主要有以下三种：关于事物的名称和符号的知识，如π、Σ、DNA等；简单的命题知识或事实知识，如北京是中国的首都、气体会热胀冷缩；有意义命题的组合知识，即经过组织的上述两种知识的合成，如内燃机的工作原理、太平天国失败的原因。其实，这三种陈述性知识也是一个层级系统。

针对陈述性知识的教学内容的组织应该注意以下几点：

首先，明确判定教学效果的依据是学生能否回答“是什么”的问题，是学生能否有效地储存和及时提取所学的东西。

其次，教学内容的安排应该考虑上述层级系统的关系，注重新旧知识之间的联系。

再次，组织教学时应该从学生的原有知识状况出发，找准新旧知识的联系点，既为新知识找到“锚位”，又能巩固原有知识，并努力为未来学习预留生长空间。

最后，要注意选择符合学生学习方式和习惯的传媒，并提供及时反馈。

（二）程序性知识的组织

程序性知识，是指关于“怎么办”的知识。如，能从各种动物中挑出哺乳动物、能按要求平衡化学方程式等。这种知识在头脑中是以产生式或产生式系统来表征的，其形式是“如果……则……”。比如，“如果动物是胎生且哺乳则一定是哺乳动物”。若干个产生式互为“条件”和“结果”，它们就组成了产生式系统。经过一定的练习，产生式系统的活动能自动进行，此时表明程序性知识达到了熟练的程度。

针对程序性知识的教学内容的组织应该注意以下几点：

首先，明确判定教学效果的依据是看学生能否运用概念和原理去解决问题。

其次，把作为教学内容的概念和原理组织到相应的知识网络中进行讲解和练习，让学生把握与所学内容平行的、上位的、下位的东西。

再次，概念的教学组织要重视运用正例和反例，教学使用正例会有助于概括概念和原理具有的共同属性，使用反例会有助于辨别非本质的属性。

又次，规则的教学组织要重视把它们运用于各种新情境，做到面对适当条件（“如果……”）就能立即做出反应（“则……”）。

最后，对于由一系列产生式组成的较长的程序性知识，组织教学时就应注意把握分散与集中、局部与整体的关系。

（三）策略性知识的组织

策略性知识是关于“如何学习”的知识。如，复习有机化学可用哪些方法、如何记忆中国近代史的重大事件。如果说陈述性知识和程序性知识涉及的对象是客观事物，那么策略性知识所处理的是学习者自身的认知活动。

针对策略性知识的教学内容的组织应该注意以下几点：

首先，要明确判断教学效果的依据是学生是否“会学习”。传统教学常有意无意地忽视了这一点。

其次，教学中要突出有关学习的方法，对此可以专门组织学习方法的教学，如怎样复习、记笔记、进行反思等，更要重视学习中的内部心理活动，在陈述性和程序性两种知识的教学中要渗透对记忆、想象、思维等心理过程的感悟。

最后，教师要善于将自己内隐的思维等各种活动的监控和调节过程展示给学生，使学生能加以仿效。

第五节　教学途径

这里的教学途径是指教学的形式、方法、策略，对它们进行恰当的分析和选择也是教学设计的一个重要环节。

一、教学形式

教学形式大体有讲解的、提问的、小组的和讨论的四种（见图 14—2）。

（一）讲解的形式

该教学形式以教师说明、阐述为主来组织教学内容，见图 14—2（b）。

这一形式的长处是能把教学内容的新信息较快地向较多的学生传输，当然这要求教师用学生易于理解的言语加以表达。但是，在这一形式下学生通常处于被动地位，少有机会表达自己的反应，教师也难以获得学生的反馈信息。

今天，讲解形式的教学虽有不足，但仍有其应用价值。心理学家通过研究归

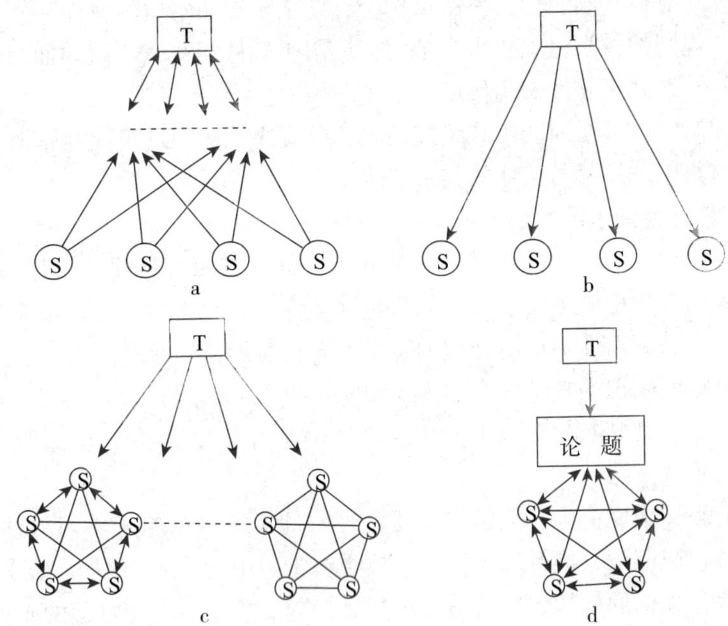

图 14—2　教学形式示意图

纳了该教学形式的若干适用情况：（1）教学目的主要是同化信息，即理解知识；（2）缺乏现成的可利用的学习材料；（3）教学内容需要重新组织并以特殊的方式向特殊对象呈现；（4）必须唤起学生对某一课题的兴趣；（5）只要求学生在短时间内记住教学内容；（6）只是为了介绍某一领域或某一学习课题的背景情况。

（二）提问的形式

该教学形式以教师提出系列问题为主来组织教学内容，见图 14—2（a）。

这一形式的“问”与“答”之间的师生互动能活跃课堂教学，激发学生的学习兴趣和探究心理，也能使教师较为及时地获得教学的反馈信息、较快地了解学生的学习情况。

但是，这一形式对教师有较高的要求，主要是：必须针对教学目标、围绕教学内容精心准备系列问题，包括进一步深究的问题；要把提出各个问题与简明扼要的讲述有机结合；要善于与学生交流沟通，能娴熟地对学生的回答作出反应，能从学生回答中了解隐含的意思。另外，这一形式颇受个别差异的影响，就学生而言存在着认知风格上的差异，就教师而言存在着驾驭不同难度问题的能力差异，当班级群体稍大时，该教学形式往往就难以顾及全体。

（三）小组的形式

该教学形式主要是将班级分成若干个小组来组织教学，见图 14—2（c）。

这一形式把班级分为若干小组，让学生主要在小组内相互间通过交谈、讨论来学习教学内容。这一形式又叫蜂音学习，因为学生在小群体内一边交谈一边学习。这一形式需要小组成员间相互合作、支持、帮助，故也是一种合作学习。

这一形式能使小组中每个成员都参与到或融入学习活动之中，所以成员的学习积极性普遍较高。而且，通过小组形式的学习不仅使学生掌握了教学内容，而且能促进他们的人际关系和社会性发展。

当然，这一教学形式能否成功取决于教师的教学组织能力，尤其是分组、活动的把握要恰当。研究表明，小组形式的分组要根据学生的人际关系，且每组以 5～6 人、每次小组交谈活动约 6 分钟为宜。

（四）讨论的形式

该教学形式以围绕教学内容提出论题、组织讨论为主，见图 14—2（d）。

这一教学形式要求学生根据教师所提出的问题，相互交流、启发，得出结论。这一形式以学生自身为中心，学生处于主动地位，容易被激发起主动性和积极性。此外，讨论教学形式不仅有助于学生锻炼讲演和表达能力，而且可以培养他们倾听和接纳不同观点、集思广益的心态。在人文和社会学科如文学、哲学、历史、艺术等的教学中，这一形式能使学生彼此启迪、深化认识。

当然，对于低年级的或心理发展水平尚低的学生，对于缺乏相关知识经验背景的学生，对于基础数学或语言学科中较为高度一致的概念、原理等内容的教学，一般均不宜使用这一教学形式。

需要指出的是，对于各种教学形式既要考虑各自的长处和局限，又要考虑教学的学科性质、具体内容以及学生特点等因素，同时还可以结合具体情况和条件综合交替运用。

二、教学方法

（一）关于归纳、演绎的教学方法

在概念、公式或原理的教学中，归纳法和演绎法是两种普遍使用的方法。

归纳法教学是指先提供有关概念、公式或原理的具体实例供学生观察或操作，在经过比较和分析后得出有关概念的定义、相应公式和原理。如，学习平衡原理时，教师先让学生观察或操作不同重量的砝码及其所处的位置，学生观察到天平如何平衡的事实，在比较和分析了各种情况下的数据后，归纳得出了合力矩为零的平衡原理。

演绎法则相反，教学时先对有关的概念下定义，或先陈述有关的公式和原理，然后列举例证或让学生举例来加以说明。如，同样是学习平衡原理，教师可先直接提出该原理，然后按照该原理来变化砝码的重量或力点的距离，使天平依然保持着平衡。

（二）两种教学方法的选择

一般来说，运用归纳法的教学，易于由浅入深、由具体到抽象，是较为符合中小学生年龄特点的教学方法。但是，归纳法所花教学时间通常要比演绎法多，归纳的对象和现象有时很难穷尽，而且从促进逻辑思维发展和培养创造性来考察，归纳法的教学逊于演绎法。

为此，对归纳的和演绎的教学方法的选择，一般应做如下的考虑：

（1）学生年龄较小、年级较低，或所教的概念、公式和原理本身较为抽象，则应考虑用归纳的教学方法，但是在教学过程中，要注意引导学生不只是观察对象的现象，更要看其本质属性和联系。

（2）学生年龄较大、年级较高，或所教的概念、公式和原理较为具体，则应考虑用演绎的教学方法，但是在教学过程中，要注意引导学生按定义、公式或原理中语词及符号的内涵来进行分析和理解。

（3）随着学生知识的扩展、生活经历的丰富、智力水平的提高，教学应该注意尽可能地从使用归纳的教学方法转到使用演绎的方法上，以便促进学生思维能力和创造性的发展。

三、教学策略

（一）关于指导、发现的教学策略

指导的教学策略，由罗森赛恩（B. Rosenshine）明确提出，是一种以教师为主导的教学策略。它要求教师事先制定教学程序，学生在教师的系统讲授和直接指导下学习。

发现的教学策略，由布鲁纳明确提出，是一种以学生自身活动为主的教学策略。它要求学生自己去观察、操作、比较有关的学习材料，进而自己发现知识，获得概念、公式和原理。

两种教学策略各有自己的特点，见表14—5。

表 14—5　　指导和发现两种教学策略特点的比较

指导的策略	发现的策略
·主要通过教师讲授、指导	·主要由学生自己领悟、发现
·要求教师是教学过程的主角	·要求学生是学习过程的主角
·主要以教师对教学目标的理解和对教材内容的分析为基础	·主要以学生原有知识经验为基础
·主要受任教人员的能力水平所制约	·主要受学生认知结构和智力水平所制约
·按原定的统一的教学目标来评定学习结果	·比较学习结果与学生原有水平来评定
·强调获得知识结果本身	·强调获得学习知识的方法
·强调外部动机	·强调内部动机
·适用于团体教学	·适用于小组和个别教学

（二）两种教学策略的长、短处

指导的、发现的两种教学策略各有长、短处。通常，一种策略的长处恰恰是另一种策略的短处。下面仅就发现的教学策略做一分析。

发现的教学策略的长处主要是：

（1）学习时自己动手动脑，所学知识更为巩固，也更易应用。

（2）通过学习懂得怎样思考、怎样获取知识和解决问题，从而能掌握一定的认知策略。

（3）教学无固定程式而显得生动活泼，易于激发学生的好奇心和探究心理，产生学习兴趣。

（4）不仅使学生的逻辑思维能力得到锻炼，而且形象的、直觉的思维能力也得到锻炼，有助于发展智力。

（5）使学生减少对教师的依赖和对书本的迷信，有助于培养独立性和创造性。

发现的教学策略的短处主要是：

（1）需要随情境的变化而灵活运用，使一般教师难以把握。

（2）难免偶尔驾驭不当，这时会造成“放野马”，使学习所获甚微并挫伤学生学习的积极性，故教学上有失控的风险。

（3）发现过程中，因认知风格和水平不同，学生之间会发生干扰。

（4）常会因纠缠于细节而大大减缓教学速度，有人指出它比传统方法的教学要多花30%～50%的时间。

近期，有人试图把两者结合，提出了“有指导的发现法”。其概要是：

首先，有计划地向学生引入教学的内容，如提问或出示材料。

其次，有步骤、按计划地向学生提供诱发、引导性的线索，如已有的知识或相关的经验。

最后，重视让学生自己来得出有关的概念、公式或原理。

第六节　教学对象、传媒

一、教学对象的分析

学生作为教学对象始终是教学活动的重要角色，对学生的学习态度、起始能力和背景知识的分析也是教学设计的一个重要环节。

（一）分析学习者的学习态度

学习者的学习态度包括认知、情感和行为倾向三种成分。它们既是学习者先前学习活动的某种结果，又是其后继学习的某种条件或原因，教学设计必须予以关注。

学习态度的认知成分，是学习者对教学活动的认识和理解，并由此会产生一定的评价。

学习态度的情感成分，是学习者对教学内容、教学方法和要求等的内心体验，并表现出相应的喜爱或厌恶、热烈或冷淡等的情绪反应。

学习态度的行为倾向成分，是学习者的态度与其行动相联系的部分。它是个体学习行为的一种准备状态，即学习者产生了对教学活动做出操作反应的意向和抉择，如主动选择、阅读课外读物。

可以通过问卷调查，或凭借经验来了解学习者对学习目标、内容、途径、传媒等的看法、喜好和选择倾向。

（二）分析学习者的起始能力

心理学家奥苏贝尔指出：“假如让我把全部教育心理学归纳为一条原理的话，那就是：影响学习的唯一重要因素，就是学习者已经知道了什么。要探明这一点，并应据此进行教学。”由此可见，确定学习者的起始能力是多么的重要。

如何对学习者的起始能力加以分析，可以参阅本章第三节中关于教学的“任务分析”的介绍，这里就不再赘述。

（三）分析学习者的知识背景

学习者已有的知识，无论是正规途径习得的，还是非正规途径习得的，都会在其新知识的学习过程中发生作用，故教学设计时应予以重视。

一般来说，人们比较重视学习者已有的、且有助于获得新知识的原观念，对那些妨碍新知识获得的旧知识、尤其是对那些从非正规途径获得的旧知识往往不够重视和缺乏分析。分析表明这类知识通常来源于三个方面：

（1）非正规途径获得的错误知识。其一，头脑中原有的非科学的日常概念，如把生活中看到的“竖线”作为“垂线”；其二，接受科学教育后头脑中仍会保留与科学概念不一致的日常概念，如学了正负数的概念，但面对“$2+a>2$”时仍会作出肯定的判断；其三，新知识的教学没有达到预期的效果。

（2）正规途径获得的知识的遗忘。这一现象在学习者的学习过程中比较普遍，如已经学会了圆的周长、面积的概念和计算规则，但公式遗忘后对学习圆柱的体积、表面积就会带来困难。

（3）正规途径获得的知识不够清晰、没有分化。现代认知心理学指出，一旦认知结构中与新知识相联系的旧知识不清晰、不稳定，学习者就会难以同化新知识，有时还会使新、旧知识产生混淆。

因此，在教学设计中，要防止不当信息的干扰，要重视那些和新知识密切相关的原有观念，同时还要重视心理学家奥苏贝尔提倡的“先行组织者”在教学中的运用。

二、教学传媒的选择

教学传媒是教学内容的载体，教学设计必须重视教学传媒的分析与选择。同时，教学传媒在今天已成为一个多学科研究的专门领域，且随科技进展还在迅猛发展。这里，仅针对教学设计从心理学角度对教学传媒做一分析，并提出选择时的注意点。

（一）教学传媒的类型分析

现代教学媒体的类别主要有以下几点：

（1）视觉媒体。其形式包括投影、幻灯以及图片、模型、实物教具等，直观性是其显著特点。如幻灯、投影能以静止的方式表现事物的特征，经过放大看到事物的细节。其效果与学生年龄、文化背景等有关。

（2）听觉媒体。这是指承载并传递声音信息的物质工具，如录音机、语言实验室及相应软件等。录音教学可用于教学的所有阶段，很适合个别学习。

（3）视听媒体。这是通过视、听两个感觉通道同时呈现信息的媒体。其特点是直观的图像与生动的语言紧密结合，能充分传递教学信息，还有利于激发学习兴趣，使学习者处于积极的学习状态，促进对信息的接受、理解和记忆。

（4）交互媒体。交互媒体能实现传播者和受众之间的双向交流，使媒体和学习者处于积极的相互作用的状态。

（5）多媒体。为扬长避短而将多种媒体结合起来就成为多媒体系统。计算机多媒体正越来越广泛地应用于教学中，且已形成不同的教学模式，如个别化教学模式、网络教学模式。多媒体教学中，要注意不同通道传递的信息保持一致和互有联系，否则会产生干扰。

（二）教学传媒的特点分析

现代教学媒体的特点主要有以下几点：

（1）多媒体化。即由多种媒体的结合而形成，有文字、图像、图形、声音、视频图像、动画等多种形式，为学习者多通道传输信息、创设多样化的学习情境。

（2）超文本方式。即信息内容的组织方式是非线性的，可以根据人的联想方式进行跳跃、反转。这与通常的课本或电视录像逐一呈现不同，能提供多种教学信息进程结构，供不同需要者使用。

（3）交互性。人接受媒体信息，也可以反作用于媒体，这是现代教学媒体的一个突出特点。如计算机教学的人机交互作用，能激发学习者的兴趣，提高主动参与的积极性。

（4）信息丰富。互联网的高速发展为学习者提供了丰富的学习资源，并使学习者形成了获取信息的心理定式。

（5）传输网络化。学校最常用的计算机网络可以实现教学资源的共享，有助于教师对学生的监控和个别指导，还可以利用网络开展远程教学和合作学习。

（三）教学传媒的选择

选择教学传媒会受众多因素的影响，除了考虑媒体的特点和可控性、使用的专业要求及费用支持等条件之外，还要注意以下几点：

（1）与教学内容一致。手段为目的服务，教学传媒的选择要与教学目标、教学内容一致。对此，要注意两点：一是从学科实际出发，学科性质不同对教学媒体会有不同要求，应从所教学科内容出发来选用相应的媒体；二是从教学目标出发，特定的教学目标会制约教学媒体的选择。

（2）与认知水平匹配。不同年龄阶段的学习者认知水平不同，选择教学媒体必须考虑他们的年龄特征。如，小学生的认知特点是直观形象思维占优势，注意力较难持久，选用的传媒应该有较多的色彩、动感，但每次时间又不宜过长。

（3）保持一定的冗余度。学习者在感知刺激材料后，需要分析、概括、综合后才能上升到理性认识。这需要一定的时空条件，才能使大脑对信息的加工整合得以顺利进行。呈现教学传媒的信息有适当的冗余度是重要的客观条件之一，教学传媒的选择要注意这一点。

（4）重视选择性注意和知觉。人在同一时间接受众多刺激时，只有那些被注意的才会被感知。选择的教学传媒要能够运用注意规律，或突出主要信息，或引发中等程度的不确定性来引起学生的选择性注意。

传媒中与背景信息有着明显差异的目标信息才容易被人感知。在感知信息刺激时，一般认为多种刺激形态比单一的好，其实其前提条件是不同感觉通道接受的刺激信息彼此要有关联。这些，在选择教学传媒时均应予以关注。

小结

教学设计是为了达到特定教学目的对教什么和怎么教进行的设计，它体现了教学最优化的思想，在多个层次上参与教学活动。

教学设计可以从教学目标、教学内容、教学途径三大方面予以考虑。

教学目标方面，对认知目标布卢姆提出了知识、领会、运用、分析、综合、评价六类；加涅提出了言语信息、智慧技能、认知策略三类。对教学目标的心理学表述主要有行为观的表述和结合观的表述两种模式。

教材组织上有布鲁纳的“螺旋”式组织、加涅的“层级”和“任务分析”组织、奥苏贝尔的“先行组织者”组织。在教学过程方面有斯通的七要素过程、加涅的八要素过程。

针对新授、讨论、复习三种不同课型以及陈述性、程序性、策略性三种不同知识类型，教学设计时应有不同的考虑和注意点。

教学形式主要有讲解的、提问的、小组的、讨论的四种，它们各有长短处，要有针对性地使用，也可交替结合运用。归纳和演绎两种教学方法的使用，要考虑学生的年龄、年级、发展水平以及教学内容的难度，同时要注意从归纳法教学向演绎法教学过度。指导的教学策略和发现的教学策略各有其长短处，对它们的使用要注意扬长避短。

教学设计时要从学习态度、起始能力、知识背景三方面对学生予以分析。对现代教学传媒要重视分析其特点，并加以恰当的选用。

现代教学传媒有视觉媒体、听觉媒体、视听媒体、交互媒体、多媒体诸类，具有多通道、超文本、交互性、信息丰富、传输网络化诸特点，教学设计中要关注教学传媒的选择。

思考题

1. 何谓教学设计，试述其意义。
2. 教学目标的设计有何代表性观点，分别做一简介。
3. 教学目标的心理学表述主要有哪两种观点，试举例说明。
4. 分别简述布鲁纳、加涅、奥苏贝尔对教材组织的观点。
5. 新授课、讨论课、复习课的教学应分别注意什么？
6. 斯通、加涅阐述的教学过程分别有哪些要素？
7. 陈述性知识、程序性知识、策略性知识的教学分别应注意什么？
8. 讲解的、提问的、小组的、讨论的四种教学形式各有何长短处？
9. 如何选用归纳的或演绎的教学方法？
10. 对指导的、发现的两种教学策略，你有何看法？
11. 对作为教学对象的学生应从哪些方面进行分析？
12. 概述现代教学传媒的类别、特点及选择时的注意点。

第15章

教学环境

内容提要

◎ 教学环境有物理环境、心理环境，是影响教学的一个重要外部因素。

◎ 教学的物理环境主要指与各种自然条件有关的因素，如光、声、色、空间大小、班级规模、课堂安排等。

◎ 教学的心理环境主要有学生群体、师生关系、学生问题行为控制等。

◎ 学生人际关系主要受相似性、接近性、补偿性、仪表印象诸因素的影响。

◎ 班集体、友伴群是学生的两类群体，它们各有特点，教育中要处理好两者的关系。

◎ 要发挥班集体的三大心理功能，针对班集体的形成过程，均有相应的教育要点。

◎ 友伴群大体有四种类型、三大倾向，教育上均有相应的注意点。

◎ 问题行为有品行方面的、人格方面的两类，对其控制可以从治标、治本两方面予以考虑。

主要概念

教学环境，物理环境，心理环境，友伴群

第一节　教学环境概述

一、教学环境的研究及其含义

（一）教学环境的研究

勒温（K. Lewin）以及J·托马斯·魏德（J. T. Wade）是最早研究教学环境问题的心理学家。20世纪30年代中期，勒温从心理学的角度深入研究了人的行为和环境的关系，指出人的行为都是在一定的“动力场”中产生的，行为会随人和环境这两个因素的变化而变化，这对其后有关教学环境的研究颇有启发。J·托马斯·魏德博士进行了一项“工作—学校环境评价”研究，这是最早用量化手段和方法对教学环境进行的科学研究。之后，教育心理学研究聚焦于教学的内容和方法，教学环境方面只有零星的研究。

20世纪60年代初期至70年代中期，教学环境研究重现勃勃生机。因为，许多国家更加重视全面提高教学质量，教育科学研究的视野更为开阔，教学环境日益成为一个重要的研究领域。之后，教学环境的心理学研究一直相当活跃，如学校气氛、班级组织、人际关系、行为控制以及物理环境引发的心理效应等都成为研究的热点课题。

（二）教学环境的含义

教学中的师生互动总是在特定的环境中进行，教学环境无疑是教学活动的一个基本要素，它必然会对教学过程及其效果产生影响。良好的教学环境能够激发学生的学习兴趣、提高学生的学习效率，这是教学活动富有成效的一个重要条件。

最广义的教学环境包括了社会制度、文化传统、家庭和社区。这里，教学环境由教学的物理环境和心理环境两部分组成。

教学的物理环境，主要包括教学进行于其中的自然环境、班级规模、座位编排等因素。这些尽管都属于物质的条件或状况，具有客观和可度量的特性，但是它们会对教学中的教师、学生产生这样那样特定的心理效应，从而对教师教和学生学的效果产生影响。

教学心理环境，主要包括学生群体（主要是班级集体）、师生关系（由此发生的教师威信)、学生问题行为的影响等因素。这些因素既是教学中人际关系的产物，又能对教学中的人际关系产生影响。由它们所营造形成的心理气氛或心理环境，对教学活动及其效果会产生不容低估的作用。

这里，以帕特里克的研究说明教学环境的影响。该研究把大学生参与者分为两组，要求他们解决同样的问题，但是把他们分别置于外界平和宁静的正常氛围和有刺激干扰的压抑氛围之中，结果表明两种氛围下两组反应构成有很大差异(见图 15—1)。

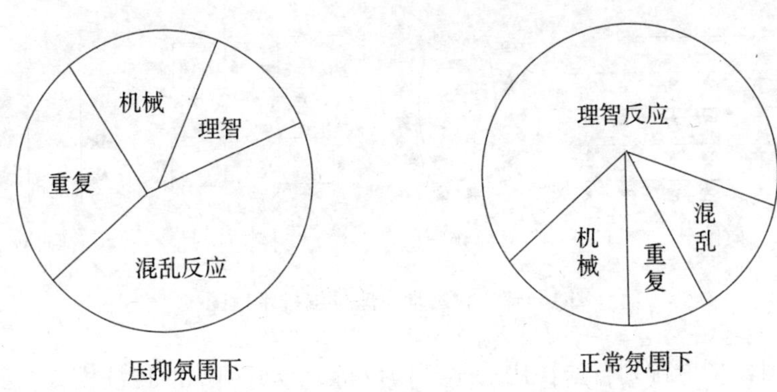

图 15—1　不同氛围下学生理智活动的表现

二、教学的物理环境

(一) 重视班级规模

班级规模对教学的影响：首先，影响学生参与课堂活动的机会和程度。规模较小的班级，每个学生都有参与课堂讨论、回答问题的机会。人数较多，就会有部分同学，尤其是性格内向或学习能力稍差的同学难以参与到课堂活动之中。

其次，影响课堂管理和学习纪律。每个人都有自己的活动空间，人与人之间都会自然而然地保持一定的人际距离。当人群密度过大时，人的活动空间容易受到他人的侵犯，人的行为也会随之发生消极性的改变。

格拉塞等人研究了班级规模与教育效果的关系，结果表明班级规模与学习成绩之间关系密切，学生的平均成绩随着班级规模的缩小而提高。这说明班级规模是影响教学效果的一个不容忽视的因素。今天，我国一些有条件的城市试行"小班化教育"，正是体现了对班级规模影响教学效果的重视。

(二) 精心安排教室

教室是学生学、教师教的场所，教室要精心安排，包括座位编排和课桌椅两大方面。

（1）座位编排。

座位编排方式对学生的课堂行为、学习态度、学习成绩、人际交往有着直接或间接的影响。座位编排要满足师生有效开展各种活动的需要，要结合不同的教学要求来安排不同数量和形式的座位。

常见编排方式有横排型（秧田型）、马蹄型、小组型、对列型等（见图15—2）。

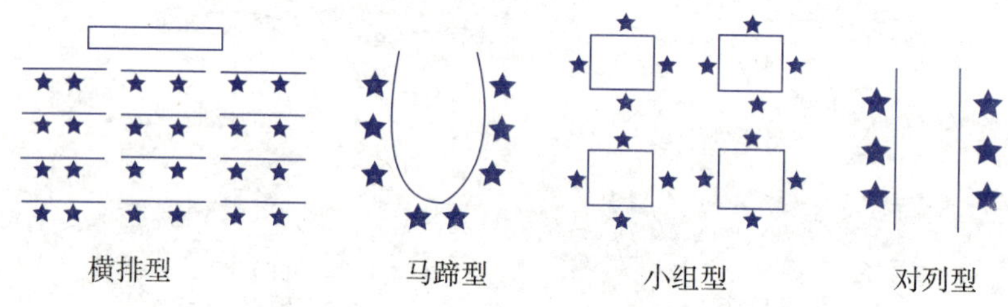

图15—2　教室常见座位编排示意图

在我国，桌椅排列普遍使用的是"横成行、竖成列"的传统模式。此时，相对于后排和四角，教室的前面和中间是教师给予较多关注和学生相应做出较多反应的"活跃区"。活跃区的学生易被教师关注从而会表现出较多的积极课堂行为；非活跃区的学生常常会觉得被教师忽视，容易放松对自己的要求和约束，表现出某些消极行为，有时为了引起教师的注意还会故意出现过分的不当行为。所以，教师要注意适当地使活跃区、非活跃区有所变化，把握好自己在教室中的位置，教学中可以在教室的一定范围内走动，或讲解时有意识面对两边的同学，或多请后面和四角的同学参与课堂活动，或座位定期轮换等，总之要尽可能地使每位同学有均等的机会处于课堂教学的活跃区。

同时，教师可以尝试改变传统的座位排列，使用其他的编排方式（见图15—2）。如，对列型排列法，将课桌椅面对面排成两列或多列，学生分坐两边进行课堂活动，这特别适合课堂讨论，可以大大增加学生之间、师生之间的交流。再如，小组型排列法，将课桌椅分成若干组，每组4～6张课桌，这特别适用于小组讨论、作业课，能最大限度地促进学生的交往和相互影响。

（2）课桌椅。

课桌椅应适合学生的身高，使人坐得舒适，使学习活动能更为持久和有效。椅子应有靠背，座位应有衬垫，其轮廓应与人体接触面吻合。课桌要有良好的稳定性，易于学生进出。三维操作的活动必须使用水平桌面。一般的书写、阅读，课桌水平面可以有 15°倾斜，这会较好地改善书写和阅读的正确姿势。如果视觉信号在教室前面同时又有笔记任务，桌面倾斜 30°～45°会使学习者感觉舒适、工作更有效。

有证据表明，不合适的课桌椅是造成 11～16 岁少年儿童骨骼发育异常、脊柱弯曲的主要原因之一。学生长期使用水平桌面进行书写和阅读，会对骨骼和视觉系统造成不良影响，应力求设法避免。

（三）关注自然条件

学校的地理位置、校园环境等无疑是组成良好教育环境的重要部分。在《大教学论》一书中，著名教育家夸美纽斯就提出了“学校应该建立在一个安静的地点，要远离尘嚣和分心的事物”的主张。对于教学而言，教室则是最重要的自然条件，包括了照明、颜色、声音、通风、温度和湿度等要素。

（1）照明。

教室的采光、照明是与学生视力关系最密切的环境条件。光线过强或过弱，都造成学生的视觉疲劳和厌烦心理，不利于教学活动的进行。一般来说，教学活动的照明需要 300～500 勒克斯，要让光线达到课桌面、黑板有足够照度，光线分布均匀且避免直射和眩光。眩光会造成视觉系统紧张和不适，且会降低视觉敏锐性。为避免眩光，可以使用窗帘或遮光帘避免光线直射教室，对黑板面、课桌面进行哑光处理，不用色泽过于光亮的油漆涂刷室内设施。

（2）颜色。

颜色对学生的认知和情绪会有明显影响。研究表明，教室墙壁和桌椅的色彩过于强烈和鲜明，容易使学生兴奋好动、难以集中注意力。当然，教室色彩要以具体教学活动为依据。比如，以运动技能活动为主的体操房、舞蹈室等场所可以设计成红、黄、橙之类的暖色调，以智力技能活动为主的教室、图书馆等场所可以设计成淡蓝、浅绿之类的冷色调。这样，有助于学生稳定情绪、集中注意力和提高学习效率。

（3）声音。

噪音是令人不舒服的、不当的听觉刺激。教学环境应尽可能避免噪音，否则会影响有效的教学活动，甚至引发不良身心反应。

一般来说，教室内的背景声音只要不超过一定的程度，如 45～50 分贝，就不一定对教学活动产生消极影响，有人还喜欢有这样的背景声音。但是，在高分贝噪音下学习、工作，肯定会使人容易疲倦、肌肉紧张、注意力涣散，容易出现攻击性、多疑、发怒等不良症状。

对于需要一定紧张度或精神高度集中的教学活动，环境中突然出现的一般声音也会干扰活动的进行。而且，这种声音越熟悉亲切，就越能使人引发联想，造成分心和干扰，也越发地影响人的正常活动。这种声音不具有噪音的物理特性，但从心理意义上分析它仍然属于噪音。

在教学环境中，应该尽量把噪音控制在一定的范围之内。如，教学场所使用吸音、隔音的建筑材料。又如，利用校内树木作天然屏障，降低外界噪音对室内教学活动的干扰。

(4) 通风、温度和湿度。

教室内的空气状况会直接影响学生的学习效率和身体健康。通风不良会使室内氧气减少、二氧化碳增加，这样会遏制环境中个体的感知和思维等认知活动的有效进行。另外，通风不良也会导致环境的温度和湿度偏高，容易使人产生疲倦、头痛等不良生理反应。所以教学环境要保持良好的通风条件。

教学环境中的温度和湿度，会影响人们的舒适水平、心理警觉水平，进而影响完成任务的效率。据研究，温度过高，如超过 35 ℃，大脑的消耗会明显增加，容易造成大脑疲劳；温度过低，大脑的工作效率也不理想。一般来说，最适宜学生智力活动的教室温度是 20 ℃～25 ℃，相对湿度以 30%～60%之间为宜。

从人感受到环境的舒适情况看，要结合季节把握温度，冬季可以稍低，夏季可以稍高。另外，温度与湿度可结合考虑，温度稍低时湿度可以高一点，温度偏高时要尽可能降低湿度。

三、教学的心理环境

教学环境，除了具有物理的一面，还有其心理的一面。教学的心理环境包括学生群体（主要是班级集体）、师生关系（及其派生的教师威信）、学生问题行为的影响与控制等。这些因素与教学活动中的人际交往密不可分，它们所造成的某种特定的心理气氛、心理环境，会对教学过程产生不可低估的影响。

（一）把握学生群体

学生群体无论是正式的还是非正式的，都会对学生的学习动机、态度等产生很大影响，是教学心理环境的一个重要组成部分。良好的学生群体，可以形成一种融洽和睦、积极向上的群体心理气氛，这对促进学生知识学习和品德发展都具有重要的意义。

（二）发展师生关系

师生关系会影响教学活动中双方的心理活动和心理状态，是教学心理环境的又一重要组成部分。良好的师生关系可以营造一种心情愉悦、活泼宽松的氛围。

在这种环境里，师生之间心理相容、互动增多，教与学也能以较高的效率展开。

（三）控制问题行为

学生可能发生的问题行为常会波及他人和环境，这也是教学心理环境不容忽视的一个重要组成部分。了解和把握问题行为，正确认识其原因及后果，不仅有助于帮助学生克服问题行为，而且有助于预测教学过程中的偶发事件，以便及时采取防范措施来维持正常的教学秩序。

本章下面两节分别论及学生群体、控制问题行为，师生关系将在以后的章节进行讨论。

第二节　学生群体

一、学生的人际关系

（一）学生的人际关系及其影响因素

人际关系，是人们通过交往产生的心理关系，是人们结群、形成这样那样群体的基础。学生的人际关系主要受下列因素的影响：

（1）相似性因素。

学生在年龄、性别、文化修养、社会背景，或信念、态度、价值观等方面相似程度高，彼此之间就容易接近并形成肯定的人际关系。若在这些方面相似程度低，人际关系就容易疏远、甚至具有消极性质。

（2）接近性因素。

空间距离的接近，使双方交往省时省力，彼此接触和了解就会增多，这对发展相互关系能起到促进作用。当然，这种接近要有一定的“度”，不能影响甚至侵犯个人空间。还要注意的是，彼此情感对立时不宜急于接近，否则会使关系更趋紧张。

（3）补偿性因素。

这是一个相对重要的因素，即人际关系会受彼此预期中的补偿所制约。人际交往中，双方都渴求达到一定的目的、满足一定的需要。这种自觉或不自觉的社会动机是人的一种自然心理倾向。这种补偿包括获得别人肯定、同情、勉励、援助等。

（4）仪表因素。

这一因素在交往之初起着极为重要的作用。开始接触交往时，一个人的容貌、服饰、风度、个性等常会给对方留下一定的印象，这会影响以后人际关系发展的方向。

（二）了解学生人际关系与结群倾向

了解学生人际关系与结群倾向，有助于把握学生的实际情况，对学生进行有针对性的指导和教育。常用的了解方法主要有以下几种。

（1）社会测量法。

这是美国心理学家莫雷诺（J. L. Moreno）首创并被广泛使用的一种方法。该法主要包括两个方面：其一是社会测量问卷，其二是对问卷结果进行分析处理。在问卷中，提出交往和择友的问题，如选举班长、选择座位、选择游戏伙伴等，问题按“肯定—否定”态度与“强—弱”标准组配。这里，“肯定”指愿意与谁在一起，“否定”指不愿意与谁在一起；“强”指涉及生活中的重要方面，“弱”指只涉及暂时和情境性的事情。让学生按照自己的交往倾向做出选择。对问卷结果分析处理时，按反应结果绘制成人际关系图。图 15—3 是用莫雷诺法得到的人际关系示意图。

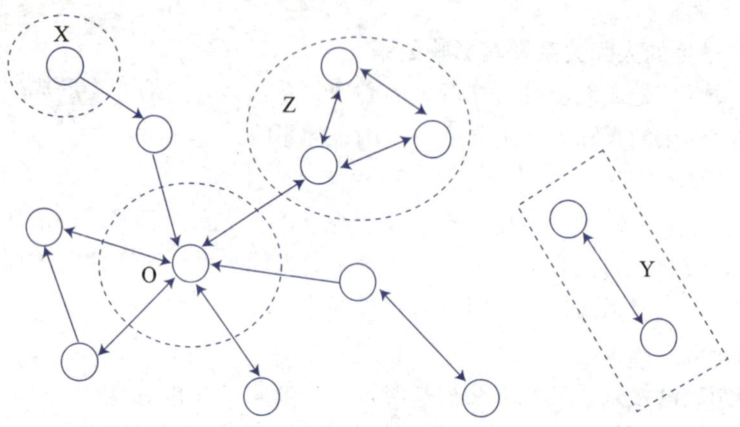

图 15—3　人际关系示意图

图 15—3 中，每一个小圆圈表示一个成员，箭头表示人际选择方向，单箭头表示单选，双箭头表示互选，被箭头指向最多的成员就是“人缘儿”，无箭头指向的成员是“孤独儿”。图 15—3 中，X 是群体中的“孤独儿”，Y 就是两个互选且排他的好朋友，Z 则是三个互选的成员组成的小群体，O 显然是群体中的“人缘儿”。

用社会测量法可以捕捉到学生对其他成员的情感倾向，有助于了解人际关系和把握班级结构。不过，该方法中否定态度问题的使用必须谨慎，以避免对学生造成消极影响。

（2）投射技术法。

这种方法是设计一定的材料来引发被试的联想，从中推断人际关系和结群情况。比如，呈现这样的描述："这是个善良的人，可成为任何人的朋友"；"这是个恃强凌弱的学生，总是对人吹毛求疵，叫人讨厌"。然后，让被试写出自己交往伙伴中相应的人。又如，呈示若干不完整的句子或语干："当我碰到困难时……"；"班级里我最喜欢的人是……"。根据被试的填写可以获得他们交往和结群的信息。

（3）作品分析法。

分析学生平时的日记、周记，分析学生的作文和主题讨论会，如"我与伙伴"、"我们经常在一起"、"同学和我欢度生日"等，从中可获取他们交往的信息。

另外观察法、谈话法、调查法等也是了解学生人际关系的重要方法。

二、班集体——学生的正式群体

（一）班集体的特点、功能

班集体，是一种按教育管理要求而组织起来的学生正式群体。它有如下的主要特点：

（1）是教育系统的一环。班集体是所属小组、成员的母系统，又是年级、学校、社区更大系统中的一个子系统，班集体工作要以系统、整体观点为指导。

（2）组建有强制性。学生要服从学校安排编入某班成为其中一员，班集体组建之初学生常常需要有一个适应过程，对此应予以关注。

（3）成员水平相仿。班集体成员一般年龄相同，发展水平接近，这为组织共同活动提供了有利条件。

（4）有共同目标。班集体都有集体主义取向的教育要求，这是所有成员的共同目标，教育要注意协调个人目标与班级目标的统一。

（5）教师处于核心地位。教师肩负管理、教育的重任，教师要重视自己的权威核心地位，做好班集体工作。

班集体具有三大心理功能：

（1）满足成员需要。班级成员均有彼此了解、亲密交往、获得肯定、赢得尊重、归属群体等的内心需要。班集体通过开展各种活动可以满足成员的这些需要。

（2）提供社会化机会。班级是个小社会，成员从中懂得如何尊重他人和获得他人尊重，并形成待人接物的态度。班集体确立起共同恪守的行为规范和准则，鼓励在相互尊重基础上的交往，能对其成员的社会化起到促进作用。

（3）比较调节。每个人都有了解自己心理活动、能力个性如何的自然心理倾向。班集体适时、恰当地树立、培养各种榜样，能供其成员与自身比较、进而仿效或自我调节。

（二）班集体的形成过程

班集体形成大体经过三个阶段、五个时期。

（1）聚合阶段。

该阶段学生按学校规定组成班级，班级维系的力量来自学校和教师，其成员是缺乏联系的孤立个体，班集体尚未发挥其应有的功能。

该阶段有两个时期：1）孤立探索期。班级刚组建，成员既想了解他人又想被人了解，他们努力探索、力求摆脱孤独感。2）水平分化期。成员经过探索彼此有了了解，就会出现按照前面所述的影响因素交往、结群，但尚未深入到能产生群体领袖的程度。

教师应该努力缩短该阶段的进程，要为学生的交往创设条件、提供机会，要进行人际交往的动机教育，要引导学生全面地看待自己和他人的优缺点。

（2）前班集体阶段。

该阶段班级有了自己的领袖，班集体结构、规范大体形成，学生能自主地组织、管理班级活动。

该阶段有两个时期：1）垂直分化期。在水平分化之后，成员地位和作用随着交往的深入有了变化，有的成为集体领袖和活动主导者。2）集体雏形期。垂直分化后，班级和各小组都有了自己的领袖，还形成了集体的规范和准则，能自主、有效地开展班级活动。

在该阶段，教师应该特别注意班级结构和各层次的领袖人物，应该着力于班干部的工作来影响集体的活动和发展。

（3）班集体阶段。

该阶段是集体雏形继续发展的结果，也称为集体成熟期。其显著特点是高度的自主性，并形成了严肃的高质量的集体舆论。在该阶段，班级能够高度自主地进行运转，学生的主动性、创造性得到了充分的发挥，他们不仅能齐心协力、高效率地完成学校组织的活动，而且会根据实际情况，为班级提出新的发展目标。

在该阶段，教师应重视舆论的作用，工作重心应放到集体舆论上，并由此来影响集体成员。

（三）班集体形成中的社会心理问题

班集体形成中的若干社会心理问题应该得到重视。

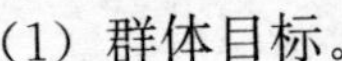

(1) 群体目标。

群体目标对成员具有导向、激励的功能，其形成过程也是加深成员彼此了解、增强群体凝聚力的过程。

确立班集体目标时要注意：必须遵循教育的要求，同时考虑班级的实际，还要兼顾成员的个人需要；从感兴趣的活动入手，把学生的动机引向班集体建设的目标；除了有长期、高远的总目标，还要有踏实可行的各个子目标，它们均应通过成员的交流沟通来形成；对指向目标的行为及其结果应该有相应的奖惩激励机制等。

(2) 群体规范和舆论。

集体都有一定的规范和舆论，它是约束其成员行为的一种准则。

学生对班集体规范和舆论的遵从有三个水平：服从、认同和内化。服从，即学生受制于外部要求和控制、为了获得奖励或逃避惩罚才遵从规范。认同，即在教育和群体榜样的影响下认识到规范和舆论的含义，愿意接受规范和舆论的约束。内化，即能够深刻认识规范和舆论的社会价值及其对自己的意义，进而产生相应的自觉行为。

为促成对规范的内化，班集体要充分重视榜样示范、激励机制、动机教育的作用。同时，在制定规范时要让班级全体成员参与，让大家一开始就达成应有的共识。

(3) 心理气氛。

每个群体都存在某种心理气氛，或和谐欢乐、生气勃勃，或压抑沉闷、敌对散漫。不同的心理气氛会对班集体每个成员的心理和行为造成不同程度的影响。积极向上的班级心理气氛会让学生有愉快的情绪体验，有利于教学活动的顺利进行。

影响班级心理气氛的因素很多，比如学校的办学理念和管理风格、校园的文化氛围、教师的工作态度和作风、师生之间和同学之间的人际关系等。

三、友伴群——学生的非正式群体

学生的友伴群通常不受一般的具体规章制度所约束，是学生的非正式群体。

(一) 友伴群的特点、结构

友伴群是学生自由交往、自发形成的非正式群体。与正式群体班集体相比，其特点主要有：

(1) 情感成分突出。成员的态度、价值观倾向较为接近、甚至一致，情感成分在调节彼此的人际关系中起着主要作用。

（2）直接接触和交往。与班集体不同，在友伴群里成员之间必然有直接的接触和交往。

（3）行为倾向一致。友伴群通常有自己的规范，面对事件或情境时会表现出相同的行为倾向。

（4）角色地位相仿。友伴群的核心人物一般是自然形成的，且会随不同活动而变化，其成员均有可能在某时、某事上成为领袖角色，故地位分化感不强。

友伴群的结构主要有四种：

（1）圆型。友伴群内无领袖人物，成员角色没有支配与被支配的地位分化。

（2）核心型。友伴群内的某人处于中心地位，是群体的领袖，对群体起着支配作用。

（3）控制型。现象上与核心型相仿，实际上受另一个处于隐蔽地位的人的影响和支配。

（4）部分友好型。群体中个别成员之间彼此排斥或单向排斥，通过第三者相处在友伴群中（见图 15—4）。

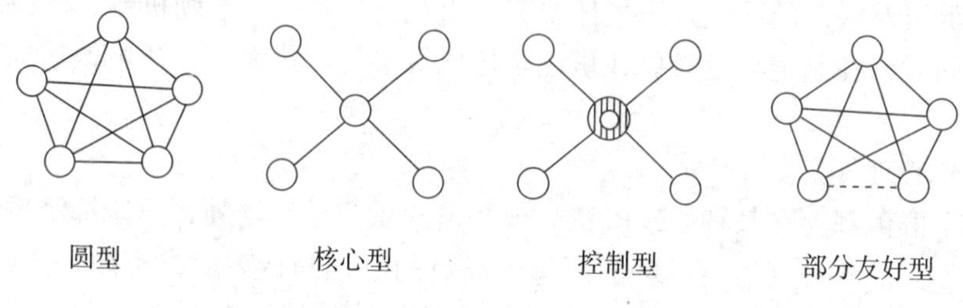

图 15—4　友伴群的结构类型示意图

在教育工作中，对圆型友伴群要通过舆论来影响、教育其成员；对核心型友伴群要关注、影响核心人物来教育其成员；对控制型友伴群首先应了解控制源及其影响性质，然后或予以鼓励，或切断与影响源的联系；对部分友好型友伴群应倚重中间人，充分发挥其协调作用。

（二）友伴群的倾向及其教育

友伴群通常表现出三种倾向：

（1）亲集体倾向。友伴群发挥着与班集体一致的功能。

（2）偏集体倾向。友伴群的活动忽视或无视内容是否健康、社会舆论是否提倡，会出现如逃避集体活动、起哄取闹、越轨行为等问题。

（3）反集体倾向。群体活动危及他人、社会利益，此时已沦为不良团伙。

友伴群的价值取向、群体规范如果与班集体一致，就会对班集体活动起促进作用，对此应该赞扬和鼓励。

对于偏离集体要求、社会规范的友伴群，要弄清情况、分析原因、加以引导。如，有的是受不良诱因的诱惑，有的是思想认识问题，有的是正当需要没有得到应有的满足。教育应有不同的举措，或通过正面说理教育，或用反面实例戒儆，或组织丰富多彩的活动。总之，要引发友伴群积极向上的精神需求，使其偏集体的倾向得到有效的控制和纠正。

反集体倾向的友伴群较为少见。但是，一旦存在，尽管其人数很少，影响却极坏。对此，学校、家庭、社区要协调行动、综合防治。如，防止他们可能会拉帮结派，一旦发现立即果断地予以阻断。又如，防止他们可能会散播流言飞语，一旦发现立即批评予以制止。再如，防止他们可能表现出攻击行为，力求在萌芽状态及时干预处理。当然，所有举措都应与说理结合进行。

四、班集体与友伴群

（一）与友伴群有关的班集体结构

班集体在发展过程中会出现五种结构类型：

（1）多数分离型。班级成员之间交往较少、联系松散、感情淡薄。如果了解人际关系，会发现成员间彼此很少选择、“孤独儿”较多。此类一般在新编班级居多，尚处于聚合阶段的孤立探索期。

（2）部分集中型。班级成员之间有交往，但不多，人际关系的选择往往仅集中于部分成员，表现为班级中存在相互关系不太密切的小群体和一定数量的“孤独儿”。

（3）分组分离型。班级中有一个个小群体，班级成员分别属于其中。小群体内部的成员交往较多，人际关系具有肯定、亲密的性质；但小群体之间交往较少、关系紧张，甚至对立、敌视，人员之间不友好。

上述第（2）、（3）类属于聚合体阶段的水平分化期和前班集体阶段的垂直分化期。第（2）类在小学低年级较多。第（3）类常常与教师处理班级事务不公、或刺激班级成员不当竞争有关。

（4）统一结合型。班级因若干名领袖学生发挥作用而发挥班集体功能。

（5）分组结合型。班级中有若干小群体，成员分属于某一群体。小群体的成员之间、各小群体之间都能友好相处、关系融洽。班级的“人缘儿”分散在各小群体内，并起着骨干带头作用。

上述第（4）、（5）类属于前班集体阶段的集体雏形期和班集体阶段的集体成熟期。这两类都能使班集体有效地发挥功能。它们在小学高年级之前通常还比较少见。

（二）协调学生的两种群体

班集体、友伴群的存在是学生交往和结群的客观现象。对它们的教育不能顾此失彼，而应兼顾、协调。这里，关键是处理好群体领袖的问题。

友伴群的领袖是自然涌现的，他们至少在某些方面有突出的表现，并在课外等非正式场合显示出较高的威信。如果他们也是班集体中的干部，两种群体就会和谐合作并充分发挥功能。但有可能是，友伴群中的领袖不是班集体中的干部，班干部在友伴群中处于一般角色。这种不协调可能使两种群体的领袖相互对立，以致班集体不能发挥应有的作用。

所以，班集体干部的选择，应参考友伴群的结构，至少要兼顾友伴群的现状，不宜把友伴群的领袖人物排斥在班集体的各级领导层之外。

第三节　教学中问题行为的控制

一、问题行为概述

（一）两类问题行为

由于种种原因，如颓废的社会文化因素、不良的家庭社会经济状况、不当的家庭教育方法、学校教育上的失误、某种生理或性格特点的影响等，某些学生在教学过程中会表现出这样或那样的问题行为。学生问题行为一般分为两大类：一类是品行方面的问题行为；另一类是人格方面的问题行为。

品行方面的问题行为，指那些直接指向环境和他人的不良行为，常常表现为外向的攻击性反应、破坏性行为、违抗行为、违反校纪校规等。人格方面的问题行为，指那些多少带有“神经质”的行为，除了表现出一定的攻击性，更多的是那些“退缩行为”，如惧怕、莫名的焦虑、对人对事竭力回避、总觉得陷于受指责或挨批评或遭拒绝的处境等。

需要指出两点：（1）学生两类问题行为的表现会有部分交叉。如缺乏兴趣、不负责任、易分心等，但它们对于两类问题行为者所各自反映的问题的性质是不同的。所以，对问题行为要做整体、全面的考虑，不可仅凭少数症状就判断属于某一类。

（2）要具有职业敏感性。一般来说，品行方面的问题行为较为外显，容易被发现和及时处理。人格方面的问题行为则较为隐蔽，常常不易觉察、辨认和确定，因为这类学生常常表现出依顺、服从、避免引人注意和关心，给人以不存在问题和困难、不需要帮助的感觉。所以，对这两类尤其是人格方面的问题行为能否敏锐觉知、正确判断和有效控制，正是合格教师的专业水平和职业敏感性的体现。

（二）对两类问题行为的看法

对于两类问题行为，教师往往重视品行方面的，心理卫生工作者通常更重视人格方面的。有研究者曾组织两组被试，一组是教师，另一组是心理卫生专家，对他们均呈现两类问题行为的 50 项具体表现，要求按照严重程度给予评定。结果发现，在每组内部成员的看法相当一致，但在两组之间看法颇有不同（见表 15—1）。以后又有类似的重复研究，所得结果相仿。

表 15—1　　教师、心理卫生专家对问题行为严重性看法的比较

	等级	最严重	中等	轻微
教师	1.	偷窃	逃学	害羞
	2.	不当两性行为	残酷	恐惧
	3.	欺骗	鲁莽	敏感
	4.	不诚实	破坏公物	想象中说谎
	5.	不服从	不守校规	不好集体活动
	6.	易怒	好争吵	过分批评别人
心理专家	1.	害羞	欺骗	反抗权威
	2.	沉默	偷窃	违犯校规
	3.	不好社交	愤怒	不道德

品行方面的问题行为，通常外显、多少带有攻击性，这就要求教师迅速反应、及时处置、严加控制，只有这样教学方能顺利进行，故教师自然会极为重视。人格方面的问题行为，通常较为隐蔽，心理卫生工作者基于职业特点自然较为重视。但是，由于这类行为对教学秩序一时不会造成什么不良影响，当教师的专业水平不够高或职业敏感性不是那么敏锐时就会无视或忽视这类行为。

二、控制问题行为的意义

（一）控制品行方面问题行为的意义

品德高尚者，一般无品行方面的问题行为。当然，这不是说品德高尚者任何时候都不会出现不良行为，而是说即使出现这样那样的不良行为，这些行为通常都是无意的、偶发的、零星的，不具有“问题”的性质。一个人品行方面问题行为的情况，能够体现出这个人的道德风貌，也反映着这个人的道德品质。第 8 章“道德行为的发展与教育”从道德品质的形成角度阐述了道德行为的发展与教育，其实也从一个角度说明了控制品行方面问题行为的意义。

在教师教学和学生学习过程中，控制品行方面的问题行为同样十分重要。对个人而言，这样可以使行为者专注于自己的学习，取得应有的学习效果，同时还有助于改善行为者自身的道德表现和道德风貌。对周围环境而言，这样可以净化学校和课堂的教学环境，排除对教师教学和其他学生学习的外界干扰，使教学活动顺畅、有序、有效地进行，达到应有的教育教学效果。

（二）控制人格方面问题行为的意义

培养学生健康的人格，是当代学校教育的一项重要任务。人格方面的问题行为，会使行为者在人际交往和人际关系方面发生困难。在学校中，这样的学生往往难以与其他学生、老师形成良好的关系，从而使教师的教学与学生的学习活动及其效果受到不同程度的影响。

与品行方面的问题行为相比，人格方面问题行为的消极影响一般不那么直接、明显、迅速。对这类问题行为的控制，不仅有助于行为者积极主动地卷入学习活动，而且有助于他们发展良好的人际关系，进而使个体的社会化、人格得以正常发展，也有利于营造积极、和谐、向上的心理环境与群体氛围。所以，控制人格方面的问题行为，无论对学生本人还是对教学环境，都是十分重要和必要的。

教师肩负着“教书育人”的重任，既要传授知识技能，更要培养具有高水平心理素养的人才。从学生具有良好的道德品质和发展健康的人格出发，有必要充分重视对品行方面和人格方面的问题行为予以控制和干预。

三、问题行为的控制（上）：治标

治标，这里指如何应对学生将会出现或已经表现的问题行为，迅速作出恰当的反应，及时加以处理，以便尽可能控制其发生，或减弱其对教学活动的消极影响。

（一）防止问题行为的发生

在教学活动开始前后，教师应密切关注问题行为学生，通过言语和非言语表达稳定他们的情绪，调动他们的学习积极性；在整个教学过程中，教师则应始终与他们保持视线联系，并运用姿势语言表明自己时刻在关心和注意着他们的学习活动。这些措施在一定程度上会避免问题行为的发生。

有关举止形态学方面的研究表明，人们相互注视频率高，表示彼此喜欢和怀有良好意向，如教师主动与学生建立视线联系，表示出对学生的了解、信任和肯定，会使学生在心理上更倾向于接受教师的指导，并抑制可能出现的问题行为。又如，教师有时离开讲台，站到学生中，会使人产生亲近随和感；教师的一颦一笑及经常注意用视线扫视全班学生，都会起到维持课堂纪律、控制问题行为发生的效果。

（二）问题行为发生后的干预

当问题行为在教学过程中发生时，教师就应正确地快速处理，以严肃纪律。当然，处理要郑重谨慎。从心理学角度考虑，这主要涉及如何对当事人科学地实施心理学意义上的惩罚。研究表明，有效惩罚应该注意以下几点：

（1）明确惩罚目的，它是要学生经过努力最终能“避免”惩罚，而不是要让学生不断地去“体验”惩罚。

（2）惩罚应尽可能及时，延时实施的话则须说明原因。

（3）惩罚强度应适当，太轻无效，过严则会抑制正常的行为。

（4）惩罚应基于爱和尊重，态度和蔼和满怀深情者来实施效果更佳。

（5）惩罚务必与说理相结合，这一点尤为重要。

四、问题行为的控制（下）：治本

治本，这里指设法创设良好环境，使学生更好地适应环境，让学生从根本上远离问题行为。

（一）关注适应问题

心理学分析认为，学生的问题行为，说到底，是他们未能顺利地、成功地妥善处理好生活中适应问题的结果。这种适应问题主要是焦虑、挫折、冲突。换言之，个体在日常生活中经常处于令人焦虑的、挫折的和冲突的情境中，又不能妥善处置，由此而产生了持续的高度焦虑感、高度挫折感和高度冲突感，这才是问题行为的真正原因。而这些问题行为，既影响学习的活动和效果，又受到周围环境的否定，反过来又使行为者的适应问题更趋严重、更趋频繁。

（二）防止适应问题的若干举措

所谓治本，就是采取一定的措施来打破上述恶性循环，从帮助学生解决适应问题入手，来消除问题行为。为此，教师应注意以下几点：

（1）正确认识问题行为。教师应把问题行为者视为需要帮助的“患者”而非“坏孩子”，对他们应持有较宽容的态度。这有助于师生之间良好气氛的形成，使教育措施收到预期效果。

（2）安排适当的教学任务。课程学习应从学生实际水平出发，努力使他们获得某种成功感和成就感。这有助于避免情绪波动，消除过度焦虑，避免严重挫折和冲突，从而提高学生的自尊心。

（3）注意教学程序。教师应交代新教学内容的来龙去脉，使学生心中有数，打消过分的担忧和紧张；应在学生牢固掌握所学内容的基础上，进入下阶段的教学，使学生有一种“胜任感”和“自我提高感”。这同样有助于避免造成适应问题。

（4）注意学习环境。教学应在安谧、宁静的环境中进行，避免外界干扰引起学生情绪上的不安和心理上的骚动。课堂中的教学气氛和师生关系应是民主、友好、善意的，绝不能专断、冷漠、过于严肃。教师还应注意的是，频繁使用竞赛、名次、奖品等竞争的强化方式以及用指责、训斥等来刺激学生，会造成或加剧学生的适应问题。

（5）协调伙伴关系。适应不良和问题行为者，尤其需要得到同伴的同情、尊重和认可。教师应制止同伴对他们的讽刺和嘲笑，同时应创造条件和机会，使他们能表现和发挥自己的长处和才能。这可以提高他们的自尊感、自信心，以及在同伴心目中的地位，进而建立良好的伙伴关系。

（6）进行心理疏导。教师应启发、引导适应不良和问题行为者，使其改变对周围环境持有的偏执认知和情绪反应，正确认识和对待周围的人和事，全面认识自己的主观条件和客观环境，确立适当的抱负水平。

（7）与家长合作。研究表明，亲子关系与适应不良和问题行为关系甚大，所以教师应与家长合作，共同分析原因，统一教育认识和协调教育措施。

（8）教师自身的心理健康。教师自身具有正确而敏锐的认知、稳定的情绪、积极的情感、高尚的情操、积极主动的行为反应、坚强的意志以及开放的心态等，能对学生起到表率和潜移默化的作用。

小结

教学环境是进行教学活动的基本条件之一。教学环境涉及众多方面，本章主要论及物理环境和心理环境两大部分。

教学的物理环境主要指课堂自然条件、班级规模、座位编排等因素，这些因素会对教学活动中的教师、学生产生一定的心理影响，进而对教学活动的效果产生影响。

教学的心理环境包括学生群体、师生关系、学生问题行为的影响与控制等因素。学生群体有正式群体、非正式群体两类。班集体是学生的正式群体，它具有满足成员需要、提供社会化机会、比较调节三大心理功能，其形成大体上会经历孤立探索、水平分化、垂直分化、集体雏形、集体成熟五个时期，五个时期分别隶属于聚合体、前班集体、班集体三个阶段，在不同的形成阶段教育上应该重视相应的注意点。

友伴群是学生自发形成的非正式群体，主要有圆型、核心型、控制型和部分友好型四种结构，对不同结构的友伴群应采取不同的方法进行引导和教育。与友伴群有关的班集体结构有多数分离型、部分集中型、分组分离型、统一结合型、分组结合型五种类型。教育中应该同时关注学生的两类群体并予以协调。

学生的问题行为一般有品行方面的、人格方面的两类。品行方面的问题行为通常外露而明显，教师往往比较重视。人格方面的问题行为一般较为隐蔽，需要教师具有一定的职业敏感性去及时察觉。对问题行为的控制应该标本并治：一方面对学生的问题行为要迅速反应、恰当处理，另一方面要创设良好环境、让学生避免适应问题而从根本上远离问题行为。

思考题

1. 何谓教学环境？它包含哪些要素？
2. 举例说明了解学生人际关系、结群倾向的方法。
3. 班集体有什么特点、功能？在其形成过程中教育上有何注意点？
4. 针对友伴群的不同结构、倾向，概述教育中的注意点。
5. 对学生的两类群体，教育上应该注意些什么？
6. 学生的问题行为主要有哪两类？对它们的控制有何意义？
7. 对学生的问题行为，治标时应该注意什么？
8. 对学生的问题行为，治本时应该注意什么？

第16章

智力差异与教学

内容提要

◎ 智力差异、人格差异是个别差异的两个重要方面，研究智力差异对于因材施教的教学具有重要意义。

◎ 智力差异体现在其水平、结构以及某些特殊活动和性别上，还体现在智力活动的形式上。

◎ 智力水平是常态分布的。分布的两端是智力发展迟滞者和超常儿童，他们各有自身的特点。

◎ 智力结构存在着不同的类型。科技“神童”、“数学气质”、特殊才能、“白痴学者”等都是特殊智力活动的反映。对智力的性别差异已达成了两点共识。

◎ 智力差异还反映在其活动形式即学习方式、认知方式上。

◎ 面对智力差异，在教学的组织形式、教学方式方面均可以采取相应的举措。

主要概念

个别差异，“白痴学者”，学习方式，场独立性，场依存性，同质分组，掌握学习

第一节　概　述

一、个别差异的含义、表现

（一）个别差异的含义

个别差异，在心理学上是指心理的个体差异，即一个人在先天素质基础上通过后天实践活动所形成的、又不同于别人的个体心理特点。

人们的心理既有共同性，也有差异性。所有的人，不分国籍或种族、年龄或性别、社会或文化，心理本质都是共同的，心理活动和人格特征也有共同的规律，人的心理具有共性的一面。同时，每个人都是具体的、活生生的个体，即使同一年龄、同一社会的人，其心理活动、人格倾向都会表现出自己独有的特点，人的心理具有差异性的另一面。

人的心理的共同性，为人类社会的存在和发展提供了某种基础，人们能彼此理解、相互交流。同时，“人心不同、各如其面”，正是人的心理的差异性才使每个人成为一个真正的“主体”，才使每个人的心理生活具有自己的独特性，才使社会生活呈现出丰富多样性。

（二）个别差异的表现

关于个别差异，心理学主要研究两大方面的问题：智力的个别差异和人格的个别差异。

智力差异，主要涉及人的智力活动的水平、结构、方式等问题。智力活动的水平，主要指超常、中常、低常几种智力发展水平的常态分布；智力活动的结构，主要指智力类型、特殊形态的智力活动、不同性别的智力特点；智力活动的方式，主要指学习方式、各种认知风格的特点。

人格差异，主要涉及两个方面，即人格的类型差异和人格的特质差异。前者，指人格有各种不同的类型，每个人的人格均属于某一特定的人格类型；后者，指人格是由可以加以测量的人格单位即特质所组成的，每个人的人格特质的组成是各不相同的。

人的成长与个别差异是相互作用的。个别差异既是个体发展的产物，又是影响个体成长的一个重要因素。在学校教育中，智力、人格两个方面的个别差异都是影响学生成长的重要因素。因材施教的教学必须考虑人的智力差异。

二、个别差异问题的提出及其意义

（一）个别差异问题的提出

在古代，先贤哲人对个别差异问题就已经有了深入的思考。如，古希腊哲学家柏拉图在《理想国》中曾说过，“没有两个人生长得完全一样，每个人都以自己的自然素质而区别于另一个人，因此某种工作对一个人适宜，对另一个人则是另一种工作适宜”。他的最高理想是让每个禀赋不同的人各自担任一种最适当的工作，并为此专门设计一套“测验”来为“理想国”挑选合格的士兵。

首次对个别差异作数量研究的是一位天文学家。1816 年，德国天文学家贝塞尔（Bessel）发现，在观察星辰通过望远镜的铜线时观察者的时间存在一定差异，在设法对不同观察者测量后他提出了“人差方程”，指出不仅任何观察者之间会有差异、且这种差异会因时间不同而不同。

在西方，对个别差异最早进行科学研究的是高尔顿（Francis Galton）和卡特尔（J. M. Cattell）。前者，在《遗传与天才》（1869）一书中宣传天才具有血统性，同时对智力的个别差异作了研究，认为人类智力是常态分布，一半人属平常，平常之上和之下各有 1/4。后者，是心理学创始人冯特的学生，也曾和高尔顿共事，他继承两者的观点，通过各种实验来研究个别差异的理论，为美国个别差异的心理学研究开辟了新途径。之后，众多心理学家在这一领域耕耘并为差异心理学的发展作出了较大的贡献。

（二）研究个别差异的意义

首先，研究个别差异有助于揭示其原因。心理的个别差异之根源来自于遗传和环境两大方面。今天，人们已不再提这样的问题：“遗传或环境何者对心理的个别差异起决定作用?”或“在某种心理差异中遗传和环境的影响各占多少?”科学研究表明，遗传和环境是相互影响和交互作用的，且这种影响和作用贯穿于人的一生。今天，人们关注的焦点是：遗传在什么环境条件下发挥作用；环境在何种遗传背景下产生影响。

其次，研究个别差异有助于探究其性质。个别差异的性质，指某一具体心理差异区别于其他心理差异的根本属性。这方面的研究有助于准确界定各种具体的心理差异，进而一方面能为深入研究提供概念框架、为解决复杂问题打下必要基础，另一方面可以为开发合适的测量工具和做出恰当的评价提供理论依据。

再次，研究个别差异有助于进行诊断和鉴别。科学的诊断和鉴别，是把握人们的个别差异、进而开展有效干预的必要条件之一。这方面，通常要特别重视以下三点：关注心理差异出现的概率和分布；关注心理差异所属的类型和具体的表现；关注采用合适的工具并与多种途径获得的信息相结合。

最后，研究个别差异有助于开展有效的干预。影响心理个别差异的环境因素中，教育是一个极为重要的要素。“因材施教”这一教育原则的心理学意义是，教育教学要针对学生心理的个别差异，这样才能取得理想的干预效果。

需要指出的是，本章后面所述的个别差异，主要围绕学生的课堂学习来阐明智力活动方面的各种差异，为教学活动中的因材施教和提高教学效果提供心理学的科学依据。

[illegible]节　智力差异（上）

本节主要阐述智力活动在水平、结构以及某些特殊活动和性别上的差异。

一、智力水平差异

（一）智力的常态分布

衡量智力发展的水平，心理学通常用智商即智力商数的概念，这是通过智力测验后用来表示人的智力水平高低的一种相对指标。

心理学研究表明，人的智力大体呈常态分布（见图 16—1），即大部分人的智力属于中等水平，智力发展水平较高或较低者均为一小部分人。

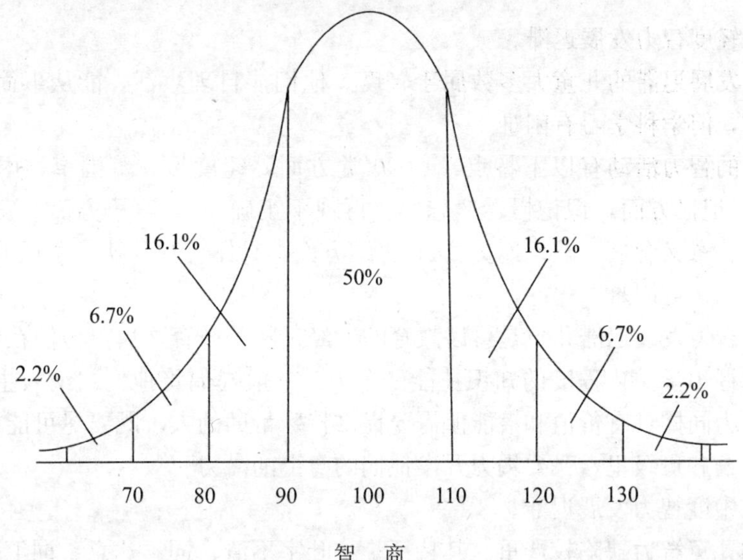

图 16—1　智力的常态分布

按图16—1中智商等级所占比例可将人的智力划分为不同的等级（见表16—1），即超常和低常各占2.2%，智力优秀和偏低各占6.7%，智力中上和中下各占16.1%，智力中等占50%。

表16—1　　智力等级的分布

IQ	智力等级	所占百分比（%）
130以上	超常	2.2
120～129	优秀	6.7
110～119	中上	16.1
90～109	中等	50.0
80～89	中下	16.1
70～79	偏低	6.7
70以下	低常	2.2

需要指出的是，由于各种原因如外伤、环境污染等，现实中智力一般会略呈负偏态的分布。

（二）智力发展迟滞儿童及特点

智力发展迟滞，即通常说的智力低常，根据程度可以分为轻度、中度、重度三种。

（1）轻度智力发展迟滞。

智力发展迟滞的儿童大多数属于轻度。他们能自理生活，能从事简单劳动，语言连贯，但学科学习有困难。

他们的智力活动有以下特点：1）知觉方面，速度慢、范围窄，内容笼统、贫乏。2）记忆方面，识记慢、遗忘快、再现不正确。3）言语方面，发展迟缓、词汇贫乏、意义含糊、缺乏连贯。4）思维方面，具体直观、缺乏概括抽象能力，数概念差、计算困难。

轻度智力发展迟滞儿童是可以教育的。经过特殊教育之后，他们在年龄较大时可以掌握小学文化程度的知识技能。今天，一般提倡将他们“纳入主流”，即把他们视为同样具有价值和潜能但需要提供特殊帮助的人，既要尽可能把他们留在正常学校和班级里，又要竭力开发他们的身上的潜力。

（2）中度智力发展迟滞。

该类儿童智力缺陷较严重。其特征是：吐字不清、词不达意、词汇贫乏，只能掌握简单的生活用语；动作大体正常，也可能存在部分障碍，生活能够半自理；很难掌握抽象概念，入学学习有明显困难。

这类儿童，通过特殊训练可以做到生活自理，但一般不能参加工作。

(3) 重度智力发展迟滞。

该类儿童不会数数，不会说话，只能发出不连贯的个别单词；情感反应原始，受到刺激只能叫喊和发怒；动作不正常，不能进行有目的的活动，也不知躲避危险。

对这类儿童，成人需要给予特殊照料，因为他们生活完全不能自理，也很难进行教育或训练。

(三) 智力超常儿童及特点

通常把智商超过130的儿童称为智力超常儿童。他们具有以下特点：1) 求知欲强，兴趣广泛。2) 注意力集中，能持久专注于紧张学习或有关活动。3) 观察力敏锐，能发现一般人难以发现的问题。4) 记忆力强，记忆能基于理解。5) 思维敏捷，能掌握事物的本质，能抓住问题的关键。6) 有独立性和创造性，不迷信教师和书本，有独到见解。7) 强烈的好胜心和坚强的意志，不怕困难、充满自信、富于进取。

需要指出的是，不能把今天的超常儿童与未来的一流人才画等号。超常儿童长大后能否成为一流人才，在很大程度上取决于他们有没有良好的教育环境。

世界各国对超常儿童的教育均十分重视，积极采取各种措施来促使他们成才。对他们的教育措施一般有以下几种：为他们设立天才学校；在普通学校中为他们设立特殊班；对在普通学校普通班级中的超常儿童采取特殊措施，如充实课程、单独布置作业、给予特殊指导、允许跳级等。

改革开放以来，我国对超常儿童的培养极为重视，许多高校先后为他们设立了少年班。其中，最典型的是中国科技大学自1978年创办并坚持至今的少年班。有资料表明：经过严格、系统培养，该校少年班毕业生成才率很高，85%考取国内外高校和科研机构的研究生，1/3获博士学位，比例远高于本校普通本科生，其中数百名杰出人才活跃在国内外著名学府、科研机构和经济领域，一般他们在30岁左右就取得令世人瞩目的成绩，如发明原子陷阱追踪法的卢征天、微软全球副总裁张亚勤、发现世界上最小纳米碳管的秦禄昌、世界上第一位认知学博士张家杰等都曾在该校少年班度过了美好的大学时光。①

此外，我国还有一定数量的中小学实验学校和试验班，也为超常儿童的早日成才提供了良好的教育环境。

---

① 参见《人民政协报》，2005-08-29。

当然，在培养超常儿童的过程中，除了发挥他们自身的智力优势之外，更要重视他们素质的全面发展，尤其要关注他们在情感、态度、价值观方面的取向以及心理健康的状况。

二、智力结构差异

智力的结构差异，主要指由于智力活动的要素不同而产生了不同的智力类型和表现出特殊的智力活动。

（一）智力类型

根据人们智力活动的不同特点，心理学将智力分为不同的类型。

（1）分析型、综合型与分析—综合型。

这是按知觉过程的特点而划分的类型。分析型者，知觉过程中对细节有清晰的感知，但概括性和整体性不够。综合型者，感知富有概括性和整体性，但缺乏分析性、不关注细节。分析—综合型者，既有较强的分析性，又有较强的综合性，兼有上述两种类型的特点，是一种较理想的知觉类型。

（2）视觉型、听觉型、运动觉型与混合型。

这是按记忆过程中何种感觉系统记忆效果最好而划分的类型。视觉型者，视觉记忆效果最好。听觉型者，听觉记忆效果最佳。运动觉型者，有运动觉参加时记忆效果最好。混合型者，用多种感觉通道进行识记效果最显著。

（3）艺术型、思维型与中间型。

这是按高级神经活动的两种信号系统中何者占优势而划分的类型。艺术型者，第一信号系统即具体事物的刺激在高级神经活动中占相对优势；感知具有印象鲜明的特点；易于记忆图形、颜色、声音等直观材料；思维富于形象性；想象很丰富；情绪容易被感染。思维型者，第二信号系统即语词在高级神经活动中占相对优势；感知时注重对事物的分析、概括；善于语词记忆、概念记忆；思维倾向于抽象、分析和系统化，且善于逻辑构思和推理论证。中间型者，上述两种信号系统比较均衡，兼具两者的特点。

（二）几类特殊的智力活动

科技“神童”、特殊才能、“数学气质”、“白痴学者”等是特殊智力活动的反映。

（1）科技“神童”。

这是指科技领域中那些才智过人、聪明早慧的青少年儿童。如，数学家高斯3岁能纠正父亲账册中的错误，7岁能用等差数列求和公式计算1～100之和，9岁能解几何级数求和问题，14～17岁有了许多重要发现。控制论创始人维纳4

岁能大量阅读，9 岁进入高中，11 岁写科学论文，14 岁进入大学，18 岁获博士学位。在我国那些进入各所高校少年班的学生中，有许多就是这类科技“神童”。

（2）特殊才能。

这是指人们在特殊领域中表现出的高水平的能力，如音乐才能、绘画才能等。特殊才能的儿童在古今中外都有，如奥地利作曲家莫扎特 3 岁能在扬琴上弹奏和弦、5 岁开始作曲、12 岁创作大型歌剧。我国成都儿童陈雷 4 岁能当众表演绘画，其画作色彩鲜明、内容丰富、且具有一定的思想性。

（3）“数学气质”。

这是指数学天赋很高的人表现出的一种独特的智力活动。其表现是：注意现象的数学特征，时刻注意空间关系、数量关系、函数性质的相倚关系，具有强烈的使外界现象数学化的倾向。总之，他们用数学眼光观察、分析、认识世界。

这种数学气质不仅在数学家身上有明显的表现，在具有数学天赋的学生身上也能看到其雏形。有数学气质的学生，对求解数学难题会达到着迷的地步，有时会长时间沉浸其中。在日常生活中，这样的学生具有给环境以数学解释的倾向，如看到建筑物会估计其体积，乘车时会计算车速。

（4）“白痴学者”。

这是指这样一类人：智力总体水平十分低下、相当于生活中所说的“白痴”，但却具有某种或某些高度发达的特殊才能，常见的是在推算日期、拼音、算术运算、机械记忆、判别音高等方面。如，美国有一位代号 L 的个案，他只识少量的词，一般知识贫乏，几乎没有逻辑推理等抽象思维能力，智商仅 50。但有以下特殊才能：能说出自 1880 年到 1950 年任何一天是星期几；能正确连加 10～20 个的两位数，且速度与检查者一样快；能把许多词正确地顺着或倒着拼写，一旦知道某个词的拼写就能牢记不忘；对音乐有特殊的听觉能力。我国学者郭可教也发现过一位代号为 M 的男性白痴学者，他智力水平低下，但在日期推算、心算、数字记忆方面具有超人的才能。①

三、智力的性别差异

智力的性别差异，是智力差异中一个较敏感的问题。尽管在这一问题上许多研究结论不尽相同，但在以下两点上达成了共识。

（一）男女智力总体水平大体相等，但在分布上有显著差异

大量的研究表明，男、女智力的总体水平大致相等，但在智力分布上有显著

① 参见《心理科学通讯》，1987（3）。

的差异，男性比女性的离散程度大，即很聪明的和很笨的男性都要比女性多。这一分布差异也明显地反映在男、女学生的学业成绩上，国内外的一些调查均发现，无论是中学还是大学，学习成绩优异的和学习成绩较差的男生均多于女生，成绩中等的女生则多于男生。

（二）男女智力结构要素存在差异，各自具有优势领域

在感知觉方面，男性的视知觉能力一般较强，尤其是空间知觉能力上，男性明显优于女性；女性的听觉能力较强，特别是对声音的辨别和定位上，女性明显优于男性。

在注意力方面，一般而言，男性的注意定向更多指向物，喜欢摆弄物件并探索物体的奥秘，对物的注意具有稳定性；女性的注意则较多指向人，喜欢注意人的外貌、举止、内心世界和人际关系，对人的注意的稳定性较好。

在思维方面，男性偏于抽象思维，女性偏于形象思维；男性一般喜欢数学、物理、化学等学科，女性一般喜欢语言、外语、历史等学科。

在言语方面，女孩言语获得比男孩早，在言语流畅性和读、写、拼等方面占优势；男孩在言语理解、言语推理以及词汇丰富方面比女孩强。

需要指出的是，历史上有成就的男性多于女性，但不能得出男性智力高于女性的结论，这是社会文化影响使然；随着社会的发展进步，男女的社会地位日趋平等，女性的智力表现必定会与男性“并驾齐驱”。

第三节　智力差异（下）

本节主要阐述智力活动在形式上的差异，主要是学习方式、认知方式的差异。

一、学习方式的差异

（一）何谓学习方式

学习方式，是指人们在学习时所具有的或偏爱的、喜欢使用的方式。学习方式作为个体智力活动的形式，也是个体的一种较为稳定的心理特征。

学习方式具有两个基本特征：一是持久性，即学习方式在学习者身上会持续一段相对稳定的较长的时间；二是一致性，即学习方式在学习者学习类似课题、完成类似任务中会有较为一贯的和稳定的表现。

学习方式总是在具体的学习过程中得以体现的。在各种知识、技能的学习以及问题解决的学习中，一个人的学习方式使其学习过程带有其自身独特的个人色彩。

关于学习方式，众多研究者提出了各自的观点，下面择要予以介绍。

(二) 奈钦斯的学习方式观点

奈钦斯（Nations）认为，学习方式是感觉定向、反应方式、思维模式三者的结合。

感觉定向，是指学习者依赖何种感觉通道，即通过视觉、听觉还是触觉与环境接触进行学习的。

反应方式，是指学习者倾向于单独活动做出反应，还是参与群体活动做出反应；是依赖环境帮助做出反应，还是自主做出反应；主要是像一位观察者那样反应，还是像一位参与者那样反应；对学习课题只是做出接受性反应，还是能做出责疑性反应。

思维模式，是指学习时是先收集和积累资料、加以梳理后概括为某种形态，还是先形成总体框架、再搜集有关信息予以证明；是喜欢对信息做有条不紊的收集、整理、思考，还是喜欢对信息做直觉式的、跳跃很大的思考和处理。

(三) 雷诺和杰斯坦的学习方式观点

雷诺和杰斯坦在前人的基础上提出了学习方式的多维度分类概念模式，该模式有六个类别：知觉偏好、物理环境需要、社会环境偏好、认知方式、最佳时间、动机和价值观（见图 16—2）。这六个方面构成了每个人独特的学习方式。

(四) 科尔勃的学习方式观点

科尔勃（Kilb）认为，可以从两个维度来考察学习方式的特点。这两个维度是：具体体验与抽象概括、反省观察与主动实验。从这两个维度构成的坐标可以确定四种学习方式，即发散的、同化的、聚合的、顺应的学习方式（见图 16—3）。

发散学习方式中，学习者倾向于发散思维，富有想象力，更喜欢小组讨论和自由发言的教学安排；同化学习方式中，学习者喜欢处理抽象的观点和概念，讲求理性和逻辑，对讲座的教学安排更感兴趣；聚合学习方式中，学习者长于理论与实践结合，更喜欢把所学东西应用于实践的教学安排；顺应学习方式中，学习者注重主动探索和具体体验，倾向于现场调查和实验工作的教学安排。

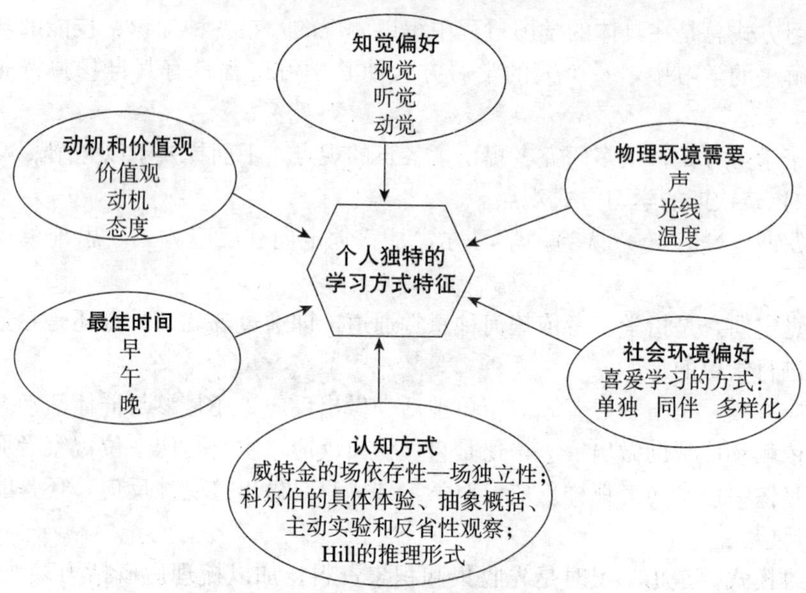

图 16—2　雷诺等人的学习方式特征分类

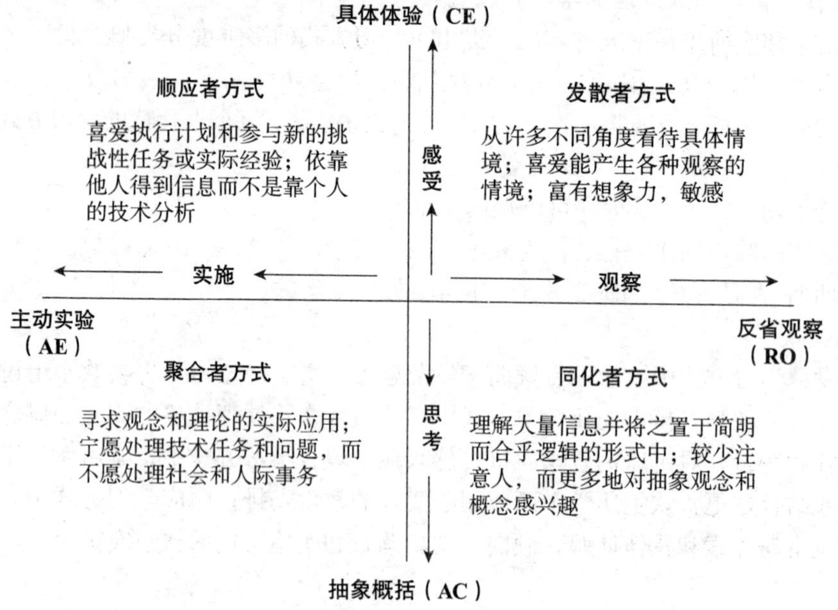

图 16—3　科尔勃的学习方式模式图

二、认知方式的差异

（一）何谓认知方式

认知方式，是指人们在认知活动中个体特有的信息加工方式，亦称认知风格。认知方式作为一个人较为稳定的一种个体心理特征，同样具有持久性和一致性，即在学习者身上会持续较长时间，在各种学习中会有一贯的表现。

认知方式有多方面的表现，如场依存性与场独立性、思考型与冲动型等。个体在上述诸方面会表现出较大的差异，了解这些差异有助于教师采取相应的教学措施。

需要指出的是，认知方式只是表明方式、风格上的不同，它们彼此之间没有高低、好坏之分。它们表明的是，在一般情况下人们往往会倾向于采用何种信息加工的方式。事实上，大多数人针对不同的情况会利用多种认知方式。

（二）场依存性与场独立性

威特金（H. Witkin）最早提出了场依存性与场独立性的概念。在研究飞行员如何根据自己身体内部线索和外部仪表线索来调整身体位置时，他发现一些人主要利用外部仪表线索，另一些人则主要利用自身内部线索。他把前一知觉方式称为场依存性，把后一知觉方式称为场独立性。其后的研究表明，这是两种普遍存在的认知方式，且发展了相应的测量工具，如镶嵌图形测验（见图 16—4）。

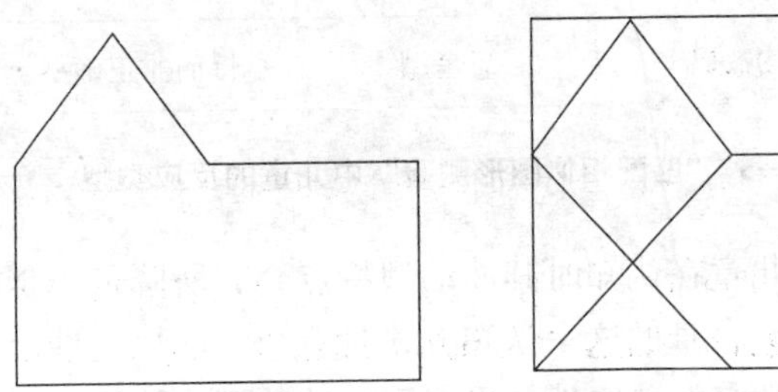

图 16—4　镶嵌图形测验示意图

具有场依存性认知方式者，对客观事物的判断倾向于以外部线索为依据，往往不易独立地做出判断；认知活动易受环境影响，尤其会受权威人物的影响；社会敏感性强，对他人感兴趣，爱好社交，行为是社会定向的。

具有场独立性认知方式者，判断客观事物常以自己的内部线索如经验、价值观为依据，独力地做出自己的判断；信息加工不易受外界因素的影响和干扰，且能在更为抽象的水平上进行分析，关注抽象概念和理论；社会敏感性差，不善于人际交往，喜欢独处，行为是非社会定向的。

（三）思考型与冲动型

卡根（J. Kagan）及其同事首先提出了思考型与冲动型的概念。他们用这对概念描述人们在解决复杂认知任务时的表现。

思考型的学习者，面对认知任务总是谨慎地提出有关假设，全面检查和核对相关资料，在确认没有疑问的情况下才给出答案。

冲动型的学习者，面对认知任务总是急于给出回答，不习惯全面考虑解题的各种可能，有时甚至还没有搞清问题就开始解答，他们解答认知问题的速度较快，但出错率也很高。

对这一认知方式也已开发了测量工具，如匹配相似图形测验。这一测验表明，可将儿童分为四类：(1) 思考型。思考所花时间在平均数以上，错误率在平均数以下。(2) 冲动型。思考所花时间在平均数以下，错误率在平均数以上。(3) 快而正确型。思考所花时间和错误率均在平均数以下。(4) 慢而非正确型。思考所花时间和错误率均在平均数以上（见图 16—5）。约有 2 / 3 的儿童属于第一、第二类，1/3 的儿童属于第三、第四类。

		错误率：平均数以下	错误率：平均数以上
反应时间	平均数以下	快而正确型	冲动型
	平均数以上	思考型	慢而非正确型

图 16—5 “匹配相似图形测验”中儿童的反应类型

随着年龄的增长，儿童在认知时其冲动型特点会有所降低。但是，在各个年龄阶段的人口群中，他们自身的这一认知方式具有相对的稳定性。

除了上述的场依存性与场独立性、思考型与冲动型，认知方式的差异还表现在帕斯克（G. Pask ）提出的整体性与系列性、哈里（Harrey）提出的概念系统的具体与抽象诸方面。

第四节　面向智力差异的教学

一、面对智力差异的教学

人的智力差异普遍存在，这种情况在学生中同样如此，这给教学带来了不小的困难。为了适应学生智力上的个别差异，人们不断地探索相应的教学组织形式和教学方式。

（一）面对智力差异的教学组织形式

针对学生的智力差异的教学组织形式通常是：同质分组、留级和跳级。

（1）同质分组。

这是指按照学生的智力或知识程度分校、分班或分组来进行教学组织。现实中，重点学校和非重点学校、学校中的重点班和非重点班，其性质就是同质分组。

同质分组有利于缩小学生之间的差距，客观上有利于教学的进行。当然，针对同质分组，教学的内容、方法、进度、要求、目标等必须采取相应的举措，才可以提高教学质量。

但同时，我们也要看到同质分组存在的局限性。首先，很难找到一种理想的分组标准。如果按智商来组织，小学低年级可行，但随着年级升高、学生的智力和知识发展并不同步，智商相同的学生其知识水平仍然会有较大差距。如果按知识程度来组织，学生各科成绩参差不齐，难以获得对各门学科成绩的一致评价，年级越高这一情况愈发突出。而且，这样的教学组织或是对学生的非智力因素未予重视，或是对学生的潜力未予考虑，均欠周全。其次，同质分组在客观上给学生贴上了标签，这容易使学生或滋长骄傲自满情绪，或感受挫折羞愧，不利于学生的健康成长。

心理学家对教学组织一般支持采取较为灵活的形式，认为教师可以根据学生的实际情况随时调整分组成员。如，国外有的学校不分年级，淡化升、留级，依据学生在具体学科上的成绩进行编组，学生按照自己的成绩编入某学科的八个或十个连续阶段或水平的某个组内，学习成绩达到一定的要求后学生就可以进入高一个阶段或水平的组内学习，这样学生更能自主学习，升、留级的压力减缓，体验成功的机会增多。

又如，斯托达德也提出了双重进度的教学组织形式，提出部分课程如必修课采用年级制，其余课程则不用年级制。半天时间对学生按年级制组织教学，另半天让学生按自己的能力、兴趣、特长选修各种不同内容和程度的课程。

在常规班级中，教师也可灵活分组，根据各组实际情况采取不同的教学举措。

（2）留级和跳级。

留级和跳级也是一种教学组织形式，它能缩小教学中学生能力之间的差距。

跳级，是让智力高、成绩好的学生提前进入高年级学习。这不仅能缩小原来班内学生的差距，也能满足跳级学生的求知欲并积极发挥其学习的潜能。中国科技大学少年班的学生，都有跳级的经历。当然，对跳级的学生除了重视适合他们的知识教学，还要关注他们身心的全面成长。

留级，是让学业成绩没有达到规定标准的学生留在原年级再次学习。这能缩小班级内学生的差距，有利于教师组织教学。不过，实践表明，留级的效果往往并不理想，其中只有少数通过重读成绩有显著进步，多数学生成绩并无多大改观，有的甚至比原来更差。究其原因，除了教师针对他们的教学方法没有相应的改进之外，主要是留级严重挫伤了此类学生的自尊心。留级学生往往在主观上会沉湎于被家长、教师、同学“蔑视”的体验之中，进而会自暴自弃。

所以，留级必须慎用。当把留级作为最后的举措不得不使用时，我们必须做好当事人的教育工作，同时还要做好家长、同学的工作，把留级引起的消极作用降低到最小的程度，务必让留级学生得到应有的温暖和关怀，重树进取的信心。

从办学的目的、经济效益和实际效果看，我们应该尽量鼓励有能力的学生跳级，尽可能不采取留级的措施。

（二）面对智力差异的教学方式

面对智力差异，教学中运用掌握学习、个别指示教学、个人化教学系统是三种主要的教学方式。

（1）掌握学习。

掌握学习是一种教学方式，也是一种教育观。它是美国心理学家布卢姆在卡罗尔（J. B. Carroll）“学校学习模式”基础上提出的。

作为一种教育观，掌握学习观认为，除了智力分布处于两端者，绝大多数学生的学习差异只是学习速度上的差异。只要按规律、有条理地组织教学，几乎所有学生都能达到教学目标的要求，即均能掌握应该学习的内容。学习能力强者能在较短时间内达到掌握程度，学习能力弱者只是需要花费较长时间而已。无视学生能力差异，在学习速度上“一刀切”，这是传统教学的弊端之一。

作为一种教学方式，掌握学习提出要设计一种掌握学习的程序。该程序将结构化的教学目标分解为一系列的小目标，就各个小目标设计出相应的学习单元系列，然后进行教学。

掌握学习的教学过程有五步：1）确定教学的内容和要求；2）制定并实施教学计划；3）测定学生的学习情况；4）诊断存在的问题；5）提供“矫正学习”或“深化学习”的程序。

研究和实践表明，遵循掌握学习观、采用掌握学习程序，可以缩小学生在掌握单元知识上的差距，使大多数学生在课程学习上最终能获得较高的等第。作为一种针对智力差异的有效教学方式，掌握学习取得了良好的效果，并为众多国家所接受。

(2) 个别指示教学。

个别指示教学（IPI），是美国匹兹堡大学学习研究开发中心所提出的，是针对个别差异很受欢迎的教学方式之一。

IPI 的特点是根据学习者的能力、需要和学习情况来准备教材及教学媒体，经常全面、仔细地诊断学生的学习情况，根据其学习结果设计个别指导的内容和程序，以保证每位学生获得最优的学习效果。

IPI 已在美国和其他一些国家的成百万学生中使用，深受学生和教师的欢迎。

(3) 个人化教学系统。

个人化教学系统（PSI），是凯勒（F. S. Keller）于 1968 年提出的，其目的是避免单调的讲授式教学和刻板的时间安排，允许学生按自己的速度前进，同时确保达到教学要求。

在该系统中，一年的课程被分成 15～30 个单元（大约每周一个单元），每个单元通常包括一段导言，一张列出了所要达到的目标的表格，一个建议用以达到这些目标的程序，包括阅读注释或参考教科书中的特定部分。在学习进程中，向学生提供一些相关问题的练习，以帮助学生达到目标。同时，学生还可以利用“自测题”了解对单元内容的掌握程度。当他们认为已经学完了一个单元时，就到辅导员那里去测验。测验一般都很短。测完后，辅导员当着学生的面打分，并提一些与答题对错有关的问题。不能达到满意标准的学生必须重新学习，过一段时间后再测，直到掌握以后才学习下一单元。对成功地完成了前面各个单元的学生，给予听报告、看电影、参加演示的优先权，以资奖励。

在 PSI 中，辅导员一般也可以由这一课程学习中成绩优秀的学生担任。这不仅有助于教师扩大辅导范围和关注更重要的问题，也能使优秀生的知识更系统和扎实、学习方法更完善、能力和责任感得到增强。

PSI 有五个显著的特点：1）自定进度，即在规定时间内学生可自定单元学习的进度；2）掌握，即只有掌握了某单元才能进入下一单元的学习；3）相互辅导，即学生之间互帮互学；4）指导，即为各单元学习提出学习建议，包括可利用的资源等；5）自由式讲课，即授课是为了启发、指导、充实、提高，学生自愿参加。

PSI课程一般较适合年级较高、独立性较强的学生，小学生和依赖性较强的学生实行起来比较困难。

二、面对智力差异的教学应有的观点

因材施教，是教学的题中应有之义，也是面对智力差异之教学的逻辑必然。克服偏颇的思维倾向、坚持应有的原则，有助于更好地因材施教。

（一）克服两种思维倾向

面对方方面面的智力差异，要克服两种偏颇的思维倾向，即思维的极化倾向和思维的常模倾向。

思维的极化倾向，是指对智力差异容易或轻易做出“非好即坏”的判断，认为不是值得肯定，就是必须否定。其实，智力差异的许多方面或许是除了智力水平差异之外的其他所有方面，它们只是在结构、方式、风格、特点上的差异或不同，它们都是特定方式在具体的个体身上的独特表现，每一结构、方式、风格、特点等对于具体的个体来说都是独有的、有价值的。如，对于场独立性与场依存性的认知方式，不能想当然地认为场独立性的认知方式是好的、值得肯定，场依存性的认知方式不好、应予否定，它们只是反映了人们加工信息时的不同特点而已。

思维的常模倾向，是指对智力差异的方方面面容易按照通常的情况、常规或要求去做出判断，认为只有与大多数情况、通常规则、多数人经验相吻合才是正常的、值得肯定的。其实不然。如学习方式就丰富多样、千姿百态，其中有的即使人数不多、甚至与经验相悖，但也是这些人的智力活动独特性的反映，同样应该重视和关注。前面雷诺和杰斯坦提出的学习方式分类中，智力活动的最佳时间有早、午、晚之分，我们不能因为常规经验是多数人“日出而作、日落而息”，于是认为“布谷鸟”式的活动就好，“猫头鹰”式的活动就不正常。对智力差异持有常模思维的倾向会影响因材施教的实施。

（二）坚持两条基本原则

面对智力差异，无论是在水平、结构、性别上的差异，还是在学习方式、认知方式上的差异，教学中都要始终坚持两条基本原则，即尊重的原则和导引的原则。

（1）尊重的原则。

尊重的原则，是指要尊重学生在智力上的方方面面的差异，即使对智力发展迟滞者也不例外。这要求认识到智力差异在每一方面的特点，认识到每一方面智力差异的显义和隐义，认识到个体的智力差异都是其个体成长的产物而具有其自身独特的意义和价值，即使是对智力发展迟滞者也要尊重其人格和可能具有的发展潜力。

（2）导引的原则。

导引的原则，是指面对学生的智力在教学中都要加以引导，使其扬长避短促进学习。这要求在教学中要认识到智力差异的方方面面均有长处、亦有短处，即使是智力发展迟滞者也完全可能在某时、某事、某处存在一定程度的闪光点，需要我们予以发现或发掘，需要我们努力提供其所需的相应的时空、环境等条件。

小结

个别差异即心理的个体差异，主要涉及智力和人格两个方面，其研究具有重要的意义。本章所述个别差异，主要围绕学生的课堂学习来阐明智力活动方面的各种差异，为教学活动中的因材施教和提高教学效果提供心理学的科学依据。

人的智力呈常态分布，处于分布两端的是智力发展迟滞者和超常儿童。前者有轻、中、重度之分。他们和超常儿童均有各自的心理特点，对他们应采取相应的教育举措。

智力结构方面的差异，在类型上表现为：知觉上有分析型、综合型与分析—综合型，记忆上有视觉型、听觉型、运动觉型与混合型，高级神经活动上有艺术型、思维型与中间型；在特殊活动上表现为科技“神童”、“数学气质”、特殊才能、“白痴学者”等；在性别上表现为男女智力的分布有差异、男女的智力各有自身的优势领域。

智力差异还反映在其活动形式即学习方式上，其中认知方式的差异尤为突出。认知方式又叫认知风格，主要有场独立性与场依存性、思考型与冲动型等。

面对智力差异，在教学组织形式上、在教学方式上可以采取相应的举措。教学组织形式主要有同质分组、跳级和留级。教学方式主要有掌握学习、个别指示教学、个人化教学系统。

思考题

1. 什么是个别差异？主要表现在哪里？对其研究有何意义？

2. 各类智力发展迟滞儿童、超常儿童有何特点？教育上应该注意什么？

3. 男女智力的水平差异有何特点？

4. 什么是学习方式？什么是认知方式？

5. 场依存性与场独立性的认知方式、思考型与冲动型的认知方式各有何特点？

6. 请分析面对智力差异的有关教学组织形式。

7. 请分析面对智力差异的有关教学方式。

8. 面对智力差异的教学应该持有怎样的观点？

教师心理编

编首语

本编有三章，从自身发展、社会角色、人际关系、心理素质、心理卫生诸方面阐述了教师成长中的重要心理问题。

“第 17 章 教师发展”，从缘由、方向、原则、影响因素、经历阶段、两大途径诸方面阐述了教师成长及发展这一教师自身的重要问题。

“第 18 章 教师角色与人际关系”，概述了教师角色及其功能、形成过程、冲突之调适，概述了教师的各种人际关系尤其是师生关系的特点、影响因素及理性教师威信的建立。

“第 19 章 教师心理素质与心理卫生”，概述了教师应有的心理素质及其意义，概述了教师如何积极应对各种适应问题以维护自身心理健康。

学习上述诸章，有助于从心理学视角形成应有的教师观，并进而促进教师的自我了解、自我成长及专业发展。■

第17章

教师发展

内容提要

◎ 教师发展是社会发展和个体发展的要求，要坚持专业化方向、自主性原则。

◎ 除了个体自身因素之外，教师发展还受个人环境因素和组织环境因素的影响。

◎ 成为专家教师要经历新手、熟练新手、胜任、熟练诸阶段。

◎ 随着自身的成长，教师关注的焦点会发生相应的变化。

◎ 教师发展有两大途径：教师反思，教师学校。

◎ 教师反思要把握反思内涵、突出重点内容、利用主要途径、重视相应注意点。

◎ 教师学校要明确应有的科学理念、遵循自身具有的本质特点。

主要概念

教师发展，教师发展影响因素，教师发展阶段，专家教师，教师反思，教师学校，校本培训

第一节 概 述

一、教师发展：时代要求

（一）社会和个体的需要

社会发展进入知识经济时代，标志着人类文明发展进入了新阶段。这一时代对教育提出了新要求，主要是：更加重视人的各种素质的全面健康的发展、更加突出育人尤其是思想道德教育的根本意义、更加关注人的智能特别是创新意识和能力的培养。面对这些新的更高要求，教师只有自身发展了而且发展好了，才能做出相应的回应。这是今天教师发展所面对的社会需要，它为教师发展提供了客观基础和外部动力。

人的一生都有追求自身发展即终身发展的自然心理倾向。当今时代，科学技术迅猛发展，社会、职业、家庭也常会发生急剧变化，这就要求人们的知识及其观念及时更新，以获得新的适应能力，教师亦然。当今时代，生产力发展、劳动时间缩短、人生寿命延长、自由支配时间充裕，使人们不再满足于一次性学习，而是渴望不断学习来满足自己的精神生活和自我完善，教师亦然。这些反映了当今时代教师自身对发展的个体需要，它为教师发展提供了内部动力。

（二）教师发展的方向与原则

在社会和个体均有需要的大背景下，教师发展具有其自身的方向、原则。

教师发展要坚持专业化的方向，即教师发展应该是专业性（profession）的而非职业性（occupation）的。教师工作不能简单地等同于一项职业劳动，它应该达到专业化水平。专业与职业的区别主要是：前者必须以严密科学系统的学科理论为基础，后者的学养背景相对简单浅显；前者通常要求接受长时间的专门化训练，一般以接受高等教育为标志，后者可以凭借个人的经验积累和体验感悟；前者能为人类生活某特定领域提供必要、明确、独到的服务，满足社会需要并获取较高的报酬、赢得较高的声望，后者通常被视为一种谋生手段，社会声望相对较低；前者要求不断学习、有所创新来提供优质的社会服务，后者更多具有工匠式的特点，机械重复性突出。教师发展应该以追求前者为方向。

教师发展要坚持自主性的原则，即教师发展应该是积极主动的而非被动应对的。自主性是教师发展的本质属性，这是教师发展专业化方向的逻辑必然。专业化需要教师全身心的投入，离开教师本人的自主性就根本谈不上其自身的发展。

自主性原则也反映了当前国际教师教育的趋势。教师教育曾先后出现过六种范式：先是“知识”范式，认为教师专业化就是知识化；后来是“能力”范式，认为具有综合能力比知识更为重要；继而是“情感教育”范式，认为知识能力达到一定水平后，情感因素如对学生的爱心决定着教学水平和质量；接着是“建构论”范式，认为知识是教学者与学习者相互作用、共同建构的；再接着是“批判论”范式，认为教师还要关注、审视课程和校外的世界，要有独立思考能力和批判精神；晚近是“反思论”范式，认为教师要有反思意识，要探究自己实践着的教学理念和行为，通过自我调适来促进专业成长。可见，教师发展的自主性原则与反思论范式这一国际教师教育的主流是吻合的。

二、教师发展：影响因素

了解并把握有关影响因素，对促进教师发展具有重要意义。影响教师发展的因素不外乎主体的与环境的两大方面。

影响教师发展之主体方面的因素有：教师对自身社会角色的意识和承担相应角色的能力、教师与人沟通交往和发展人际关系的能力、教师具备应有的心理素质以及处于良好的心理健康状况。

影响教师发展之环境方面的因素，这里按美国学者费斯勒的研究成果予以介绍。费斯勒借用社会系统理论，提出了动态的教师生涯理论，并指出了影响教师生涯发展的组织环境、个体环境两大类因素。

（一）组织环境因素

组织环境因素主要有以下几方面：

(1) 规章制度。学校、地区、国家的各级规章制度规定了学校的规模、性质、特征，同时又反映了它们对学校工作的目标要求和价值取向。教师工作于其中，自身发展就会受此组织因素的影响。

(2) 管理风格。校长或校领导集体的管理风格会对教师发展产生影响。如果学校领导能以鼓励教师向上进取、积极发展作为办学的一项重要目标，能对教师的责、权、利三者有明确合理的界定和制度化的规范操作，能为教师提供更多的成长发展的机会，那么教师就会有更多更积极的反应来追求自身的发展。

(3) 公共信任。学校要努力提倡开放支持的心态，营造彼此信任合作、互相支持帮助的氛围。在这种具有公共信任特征的组织环境中，教师会具有强烈的自尊感，表现更强的信心和干劲，赞赏自己的职业选择，把职业工作作为一种事业去追求，并对未来充满信心和期盼。

（4）社会期望。学校时刻受到来自社会的关注，这种关注体现在社会期望和要求上。它们常常通过特定的价值观念、评价取向影响着学校和教师。教师据此来思考和评估自己的教学行为和职业定位，会直接影响自己未来的发展；学校据此来思考和评估自己的办学方向，会间接影响教师未来的发展。

（5）专业组织。教育科学领域中有各种学会、协会，它们是各相关专业的人士彼此切磋、相互交流、共同提高的组织。鼓励教师参与其中并积极活动，是对他们职业生涯的一种肯定。参与专业组织的活动，教师职业的胜任感、成就感和满足感会油然而生，同时也会激励教师追求更高的发展水平。

（6）教师工会。教师工会是维护教师权益的组织，要坚持公正、公开、公平的原则，要保证教师获得正确、充分的信息，要让教师感觉到机会均等、程序透明、结果公正。须知保障应有权益是促进教师发展的一个重要动力因素。

（二）个人环境因素

个人环境因素主要有以下几方面：

（1）家庭因素。家庭是教师发展的支持系统，是重要的个人环境因素，家庭的社会经济地位、成员的身心健康状况、配偶的素养、孩子的成长等都可能促进或阻碍教师的发展。

（2）积极的关键事件。这类事件是多样的，如美满的婚姻、孩子的降生、参加社团组织、完成重要任务等，这些事件为作为家庭一员的教师提供心理安全感和支持，对教师职业活动产生积极影响。

（3）生活危机。人在生活中难免碰到各种困难，有时还会遭遇危机，如教师本人或配偶患病、亲友突然去世、理想遭遇挫折、陷入法律纠纷、面临婚姻危机等，这些都会使教师疲于应对，面对巨大压力的教师容易无暇顾及自身的发展。

（4）个体倾向性。个体倾向性一旦形成，就会影响一个人的行为动机和行为表现。如，青年时期，人的倾向性会影响是否把教师作为自己的职业生涯。进入中年以后，又会影响着一个人对自己的教师职业做出重新思考和评价，此时较容易产生职业生涯的挫折感甚至职业的变更。

（5）兴趣或爱好。兴趣或爱好使教师参加自己喜欢的活动。这类活动既可以使教师发挥自身的聪明才智，又能使教师获得学科知识和教学工作之外的素养的滋养。不管是否有组织，兴趣和爱好能为教师的成长发展提供良好的机会。

（6）人生阶段。一个人所处的人生阶段对于他的职业生涯发展有重要影响，教师亦然。如，“成人”阶段是人生中相对多变的阶段，此时会面对较多的生活事件，会反思自己的职业、家庭、婚姻、生活目标等，教师也会重新评价自己的职业行为，对自己的职业发展做出新的抉择。

需要指出的是，上述个体倾向性、兴趣或爱好两项，是从个体生活环境之影响来考量的，其实两者与教师应该具有的心理素质关系更加密切。

第二节　教师发展阶段

教师发展可以从其专业成长和职业生涯两方面予以考察。前者，可从分析专家教师和青年教师的成长入手；后者，可从分析教师关注焦点和教师任职教龄入手。

一、从专业成长考察

（一）从专家教师的成长分析

现代认知心理学研究发现，与新手相比，专家具有七方面的特点：善于解决本领域问题；更注意以意义单元加工信息；记忆容量大；解决问题速度快；花较多时间去表征问题；在更高层次上去表征问题；较强的自我控制能力。据此，一些学者对专家与新手教师做了比较研究。其中，德勒菲斯（Dreyfus）提出的专家教师经历的以下五个阶段较为典型。

（1）新手阶段（novice level）。

刚从学校毕业走上岗位，是无经验的教师或新手。他们懂得一些教育学科的知识和原理，但需要通过实践和体验来获得相应的经验，有时会有力不从心之感。他们对教育和学校的观念较为开放，且容易理想化，但会意识到现实中不可能尽如人意而产生一定程度的失落感。他们需要的是适应和积累。

（2）优秀新手阶段（advanced beginner level）。

新手逐步适应学校工作时就进入了优秀新手阶段。此时，他们一方面继续积累教学和教育的经验，另一方面经验历练尚不足以应对重大突发事件。

（3）胜任阶段（competent level）。

有了较多的经验积累和成功的体验后，大多数优秀新手能成为胜任教师。此时，他们有不同于以往的两个特点：能有意识选择教学内容、重点、方法并拟订相应计划；能有效调控整个教学过程，把握教学的重点、难点和疑点。

（4）熟练阶段（proficient level）。

部分胜任教师能够进入熟练水平的阶段。该阶段的特点是，教师已积累了丰富经验，能凭直觉感受教学教育环境，并予以分析和做出较为准确的预测。

（5）专家阶段（expert level）。

熟练阶段的教师继续发展而臻于专家水平者为数不多。此时，教师具有前述几方面的特点，表现出能准确分析教学情境、教学更具有灵活性、能高效解决教育教学问题、有独特的教育教学风格等。

（二）从青年教师发展分析

青年教师是教育的未来和希望，有必要探究和了解他们的发展轨迹。我国学者认为，青年教师发展始于见习期，发展目标则是成为专家/学者型教师。这大体有如下四个阶段。

（1）适应阶段。

刚从学校毕业走上工作岗位，青年教师适应工作要求需要有两个转变。一是由学生或师范生向教师角色的转变；二是从具有理论知识向具有实践能力的转变。

（2）定型阶段。

在适应阶段中两个转变的基础上。绝大多数教师能全面掌握和提高自己的教育、教学和管理能力，成长为一名胜任的合格教师。

（3）突破阶段。

不满足于当一名合格教师，通过接受继续教育和自我反思，努力使教育教学行为科学化、规范化和理性化，力求理论与实践融合，成为准学者型教师。

（4）成熟阶段。

在创新精神指导下，以学科特点和教学个性为基础，形成自己独特的教学特点、风格和思想理念，成为一名真正的专家/学者型教师。

二、从职业生涯考察

（一）从教师关注焦点分析

美国学者傅乐（Fuller）是最早研究教师发展的一位学者。傅东曾用其编制的“教师关注问卷”做调查研究来探讨教师发展问题。他发现，在成为专业教师的过程中，教师的关注点是循着一定的次序而更迭的，并呈现出如下的发展阶段。

（1）教学前关注。

这是处于职前培养的时期，他们未经历过教学、无教学经验，仍扮演着学生的角色，对教师角色则仅停留于想象。此时，他们只关注自己，对教师抱有观察、评判的心态。

（2）早期生存关注。

这是开始了接触实际教学工作的实习阶段。此阶段，教师关心着自己的生存问题，即自己能否为工作新环境所认可和接纳。该阶段的教师常常把组织管理班级、谙熟教学内容、学生和同事的反映、领导的评价等作为关注的焦点，同时会伴有较大的压力感、焦虑紧张感。

（3）教学情境关注。

这是对教师提出一定的教学能力和技巧的阶段。此阶段，教师除了关心前阶段的内容，还需要关注如何满足教学上的各种要求、应对各种可能的挫折。为此，他们较多地关注教学所需要的知识、技能和技巧，以及如何应用于教学实践。此时，教师关注的是自己的教学表现而非学生。

（4）关注学生。

这是主要关注学生、而非主要关注自身教学表现的阶段。此阶段，他们已经能适应教学的角色压力和负荷，更关注并能满足学生在学业、情绪、品德诸方面的需求，体现了对学生的真正关爱。

（二）从教师任职教龄分析

美国俄亥俄州立大学的学者伯顿（Burden）、纽曼（Newman）、皮特森（Peterson）、弗劳拉（Flora）等人提出了教师生涯循环发展理论。该理论基于他们进行的系列研究，这一系列研究主要是对处于不同教学生涯发展阶段的教师开展了有组织的调查访谈，包括刚任职的教师（任职第 1 年）、有一定经验的教师（任职 4～20 年）、资深教师（任职 20～30 年）、退休教师。该研究认为教师发展有如下三个阶段。

（1）求生存阶段（survival stage）。

此阶段，教师刚进入学校新环境，没有实际教学经验，对各种教育教学活动只有书本知识，对面临的一切均处于适应之中。此时，教师所关心的是任教班级的管理、任教学科的课堂教学、教学方法和技巧的运用，如了解学生情况、熟悉教学内容、制定教学计划、准备教学资料和传媒等。

（2）调整阶段（adjustment stage）。

此阶段是进入教学的第二年至第四年的时期。此时，教师有了一定的经验，心情比初任教师时较为放松，有精力关注和了解学生的需求和内心世界，会努力探索追求新的教学技巧和解决问题的方法，有信心更好地满足学生的需要。

（3）成熟阶段（mature stage）。

此阶段是教师任教进入第五年或已任教五年以上的时期。此时，教师已充分了解和熟悉教学环境和要求，积累了更加丰富的经验，对教学驾轻就熟。教师情绪放松安定，能专心处理教学中发生的各种事情，能不懈地追求并尝试新的教学方法。教师能更加关心学生、更加重视师生交往和师生关系、更加努力满足学生的需要，能发觉自己悟出了若干教育教学的见解，形成这样或那样的观点和理念。

除了上述模式，还存在着描述教师发展的其他模式。这里，需要指出两点：其一，模式有多种，可以为了解教师成长的轨迹、教师发展不同时期的需要、满足教师发展所需的条件等提供不同却有用的分析框架。其二，所有这些模式的共同特点是，教师的发展、成长和成熟均有两类指征，即自身的变化感受和学生的成长获益。从这一点看，可以说教师发展具有“一籽双果”的特点，即能够实现教师之人与教学之事的双重发展。

第三节　教师发展途径

就业以前的师范教育、就业以后的在职业务进修和培训等，历来都是教师发展的重要途径。今天，随着终身学习理念的确立以及对学习者主体地位的重视，教师发展又有了另外三条重要途径：教师反思、教师发展学校和校本培训。

一、教师反思

（一）教师反思的内涵

反思，通常含有“思考”、“总结”的意思，也含有“反求诸已”、“扪心自问”、“吾日三省我身”等意思，还含有一般讲的“反省思维”的意思，但教师反思又不限于上述这些含义。

在教育科学领域，对反思的探讨可以追溯到杜威的《我们怎样思维》一书。杜威认为，当人们在审视和考察某个观念的基础、当人们力求证明某个信念的充分合理性时，“这个过程就被称为反思。这个过程本身就具有真正的教育价值”，“对于任何信念或假定性的知识，主动地、持续地、仔细地考量它赖以成立的基础，以及它所倾向的结论，就成为其反思”。其含义与“寻根究底”颇为接近，也表明了反思的内在性质 。

从心理学领域考察，教师反思的心理学基础是元认知理论。元认知是个体对自己认知过程的认知。教育教学指向外部世界主要是学生，教师反思则指向内部世界即教师自身。元认知包括了元认知知识、元认知体验和元认知监控。同样，教师反思要求认识、评价自己的教学理念和行为，要求体验自身教育教学的经历感受，要求对内心活动和行为表现予以省察、调节和控制。

20 世纪 80 年代，舍恩（Donald Schon）提出了“行动中反思”的观点，其实质是阐明了今天所提倡的反思形态，即反思应该尽可能地与行动相联系或相结合。提倡与行动相联系的反思形态，体现了把反思作为改进行动之重要途径的观点。

由此可见，教师反思是以自身的教育教学活动为思考对象，对自己工作中的决策、行为及相应结果进行的审视、分析和评价。无疑，这也是教师对自身教育教学实践所进行的一种研究。

提出并重视反思，是教师发展研究重大转变的反映。这一转变就是从重视对教师课堂行为的研究转向关注教师行为背后的心智、情感、意向等的心理活动。无疑，这一转变将促使教师发展的探究从表面、浅层推向内部、深层。

今天，人们普遍认同教师反思具有种种价值，如使教师超越当前琐碎事务、提升教师内在素质、促进未来教育实践、改进教育整体功能等。对于促进教师发展来说，反思已成为教师自身意义重构和教师自觉发展的重要而关键的一条途径。

（二）教师反思的内容框架

明确内容框架是教师反思的一个重要方面。科瑟根（Fred Korthgen）提出了行动、行动问题、分析关键问题、创建替代新方案、尝试新行动五项内容。这样的反思内容框架主要关注的是教师行动中技术层面上“有问题”的部分。其实，教师反思不能仅限于此，成功、有效、有价值的东西同样也是教师反思的重要部分。

教师反思除了处理技术层面的问题，形成原理和原则性的内容同样十分重要。为此，我国学者提出了行动（实践）、回顾、分析和评价、重建四部分组成的内容框架（见图 17—1）。

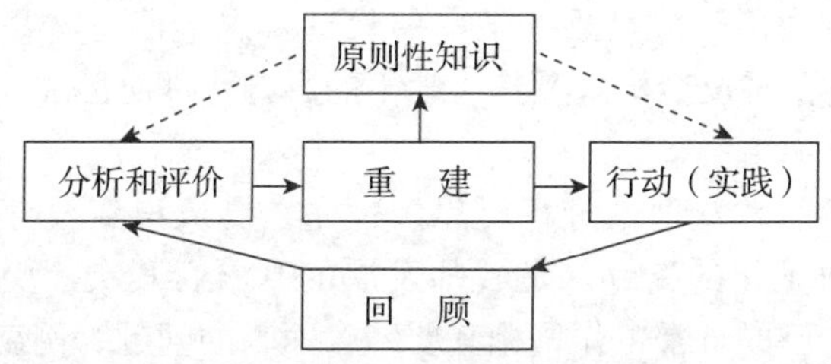

图 17—1　教师反思内容框架示意图

（1）行动（实践）。

它可以是教师的一次具体课堂教学，也可以是某个单元或某段时间的教学，还可以是数年乃至整个成长过程，它既包括教师外显的行动本身，也包括了教师内隐的各种心理活动和相应观念。

（2）回顾。

教师收集自己过去的各种教育教学方面的实践资料，如教案、计划、工作笔记、班级日志、自传等，概括自己的经历和体验，得出自己的感受和得失，并予以明确表达。

（3）分析和评价。

教师对通过回顾得到的资料进行分析，每次分析围绕具体主题，如自己的教育观、学生观、师生关系观、某教学方法或措施等，进而做出判断和评价。分析和评价时固然要找出“问题”之所在，但确定“好”的成分或部分也同样重要，两者都是后继重建的重要参考，且从正、反两方面影响着教师的原则性知识或教师的个人理论。

（4）重建。

这既指教学在技术层面上的重建，也指教师头脑中相应的原则性知识的重建。技术层面上的重建涉及具体操作，与今后应该如何做有关。原则性知识的重建涉及厘清已有观念，或把已有经验概念化，或形成相应的观点和理念，这些与今后如何思考有关，它会对反思的其他环节起到指导作用。

近期，随着教师发展研究日益重视课堂教育教学活动，国外有人提出了“以课堂为本的教师发展”模式。对于教师反思，该模式提出了要重视师生各自的角色地位和双方的共同提高、课堂组织的心理环境和班级群体的文化氛围、教育的个体意义和社会价值等内容。

（三）教师反思的途径

教师可以通过多条途径进行反思。比如，通过审视教学日志进行反思。教学日志中记录下日常发生的各种教学行为，其中对成功、失败或困惑事件的记录一般更为详细，回顾数周、数月或一学期的教学日志，审视这些曾发生的原始资料，会发现自己的某种反应模式及其对学生的影响，进而形成新的理念，指导自己的今后工作。

又如，通过对照教育理论进行反思。首先，要认识到教育理论具有重要意义，它是教师有效工作的指针，是教师发展的基石。其次，要善于学习教育理论，学习要结合自己的日常工作，尤其要结合面临的问题、困惑和挑战。当有了一定的理论积累，反思时就可以比照理论要点和已有实践，或充实自己的教学行为，或提升自己的实践经验，或修正自己的工作路线，或体悟对理论的认识。

再如，通过与同事交流进行反思。这是群体性反思，教师反思要与集体反思结合进行。如，交流各自的教学案例，共同品味案例中蕴涵的各种含义、分享发生于其中的种种体验。交流时，选择的案例应该具有敏感度即应是热点、难点、重点的问题，能有共同兴趣。对案例要有解剖性的解读，各人要提出自己的应对策略、解决方案。在群体成员共同审视下，对案例形成某种理性共识，这有助于指导教师成功处理今后可能发生的类似问题，并有可能引发出某种规律性的认识。

还如，利用学生和家长的反馈进行反思。现代教育是开放、民主的教育。教育教学要重视学生和家长的各种反映，认真收集他们提供的反馈信息来反思自己的工作。如，一周结束了，可以通过某种形式了解学生对本周教育教学活动的看法，教师要花一定时间整理学生回答问题的资料，并分析和反思。对学生家长，也可以在一学期中组织数次类似的调查，据此进行反思。这样的反思常能发现盲点性的问题，它们影响着教育教学却可能无法被清晰地意识到或受到应有的重视。

最后，借助教研员和骨干教师的帮助进行反思。有时，教学行为与效果的关系较为隐蔽，如果缺乏丰富的经验积累和一定的理论素养会难以对其有正确认识。此时，反思需要进行专题研讨，向学科教研员和骨干教师请教，建立课题组开展目的明确的行动研究，通过高起点、深层次的探究来获得真知。

(四) 教师反思的注意点

要使反思有效地发挥其为教师发展服务的功能，以下几点应加以注意：

(1) 准备充足的材料。

一定量的教育教学素材是教师反思的必要基础。这需要教师的自身积累，也需要环境为此提供必要的帮助。如，组织教师相互听课后，鼓励为任课教师提供听课教师的笔记。又如，有条件的学校，可以为教师的日常任课和活动提供录像服务。

(2) 提高评价的素养。

一定的教育评价能力是教师反思的又一必要基础。无论是“寻根究底”的反思，还是“在行动中反思”，都需要一定的教育评价能力。要突破对教育评价的狭隘理解，拓宽教师的评价视野，提升教师的评价素养，使教师对自己的实践及其对学生的影响能有较深刻全面的分析和判断。

(3) 抓住重建这一核心。

重建是教师反思的重要环节，是反思的落脚点和归宿。在鼓励个人重建的同时，要看到个人经验局限性带来的不利影响。对此，提倡教师可以“借用外脑”，可组织合作的、集体的活动如集体备课、听课、说课、评课，可组织结对子的互帮互学、校内校外的观摩学习等，为教师的个人反思提供体会、领悟、交流的平台，提高反思中重建这一环节的品质和效果。

（4）营造反思氛围。

反思体现了一名专业人士应有的素质。反思应该成为教师专业生活的组成部分。不要把教师反思仅仅作为某个时期、或为了某个目的而实施的一项措施。学校要努力营造开放、合作、和谐的学校文化氛围，同时通过一定的管理制度和机制，努力促成教师反思的日常化。

需要指出的是，随着心理学对元认知研究和认识的深化，关于教师反思还应该重视对教师元反思的探究。我们认为，对教师反思过程中主体自身的自我意识、自我体验、策略组织等心理活动予以深入探究同样具有重要的意义。

二、教师发展学校和校本培训

（一）教师发展学校

教师发展学校（professional development school，简称 PDS），是 20 世纪 80 年代美国教育改革中提出的一种教师发展新途径。它是指由一所大学的教育学科的系、所、院与所在社区的中小学建立紧密合作关系，以达到促进教师发展的目的。PDS 并不是通常意义上的一所实体性学校，它带有虚拟、半虚拟的性质。关于 PDS，我国一些学者也进行了深入的理论研究和有效的实践探索。

理论上，PDS 要体现如下理念：

（1）教师发展是学生发展的一个前提条件，也是提高学校教育质量的重要基础，还是影响深化教育改革成效的一个决定因素，教师发展学校的宗旨就是要服务于这样的“条件”、“基础”、“因素”。

（2）师范院校或综合大学的教育科学院所应该与中小学合作，教师学校是双方合作活动的平台，也是教师发展得以实现的一项重要保证。同时，通过合作双方各自在内部结构和功能上会发生建设性的变化。

（3）中小学不仅是培养学生成长成才的地方，也是教师生活、发展的场所，它能够承担起促进教师发展的功能。教师发展需要持久地学习知识、及时地更新理念、不断地实践探索，这些都离不开学校教育和课堂教学的历练和积累，学校是教师发展的理想场所。

（4）以科学研究的价值取向从事教育教学，在工作中坚持科学研究，是教师自身发展的有效途径。教师发展学校要尽可能为教师的教育科学研究提供先进的思想、具体的方法、充分的机会，促进教师早日成为专家型教师，让教师形成教育教学与科学研究紧密结合的专业生活方式。

实践中，PDS 应把握如下特点：

（1）合作性。双方共同协商、形成协议、明确责任和义务。大学方面派出人员指导、开放教育资源，或中小学向大学师范生提供实习和撰写论文的机会，或双方在工作上组成合作小组、形成合作伙伴等，所有活动的性质是合作的，双方地位平等、彼此尊重、相互信任、高度包容、共同发展，使学校成为一个学习型的团体和社区。

（2）生成性。教师发展是为了使教师在促进学生发展、提高教育质量、深化教育改革方面做得更好。这决定了教师学校的工作主题、计划编制、具体方案、操作路径以及要研究的问题、要解决的困惑等，都要来自或贴近一线的工作实践，并在实践中不断得以生成和完善。

（3）研究性。教育科学研究是教师发展学校必须发挥的重要功能之一，是诸多工作的重中之重。为此，要突出以教育科学研究为主线的教师专业发展活动，营造“在研究状态下工作”和“在工作中进行研究”的浓烈氛围。

（4）主体参与性。参与教师发展学校活动的双方，他们都是自身发展的主体，也是教师发展学校的主体，要使他们通过人人参与的过程，实现人人提高的目的。同时，参与教师发展学校活动的双方都必须尊重彼此的经验积淀、历史传承、优良传统。

（二）校本培训

以往，在职教师培训主要是“自上而下”的模式，由大学和有关机构对中小学教师进行集中培训。其间逐渐暴露出一些问题，如无视教师学习特点、教师处于被动接受状态、课程设计与教学实践不符、计划与教师需要脱节，影响了教师专业水平的提升和实际问题的有效解决。

20 世纪 70 年代中期，英国、美国提出了在职教师校本培训模式的设想并付诸实践。校本培训，是在教育专家指导下，由学校组织、实施的一种在职教师培训，目的是提高本校教师在教育教学和教育科学研究方面的能力，进而提高学校的办学水平。

教师发展是校本培训重要的出发点和落脚点。为此，校本培训要做到：

（1）坚持针对性。校本培训从内容到形式，都针对学校和教师的实际需要，力求解决现实问题，以是否有助于教师和学校自身的发展为评判的依据。

（2）重视主体性。学校和教师是校本培训的主体。在校本培训的各个方面和各个环节，要重视让学校和教师感受到自己在决策、活动、评价中的主体地位。

这样他们才能在校本培训中真正获益。

(3) 力求多样化。校本培训无论是理论学习还是实践研讨，形式方法应该结合学校和教师特点、力求灵活多样，如教育理论报告、教育科研讲座、课题研究、名师示范、专家教师与新手结对、教研组集体备课、观摩公开课、说课评课、经验总结和交流等。

(4) 以校为本。自己的学校是校本培训的基地。学校承担制定方案、组织力量、操作实施的主要任务，学校的领导、管理、制度等都要考虑如何成为校本培训有力的支持系统、如何更好地为教师发展服务。

教师反思、教师发展学校、校本培训三者，是现代教师发展在理论研究和实践探索中的产物，是教师发展的重要途径，均以教师发展为共同追求的目标。

教师反思，是一种以教师个体为主的活动；教师发展学校、校本培训则是有组织的以学校群体为主的活动。教师反思应该是教师发展学校、校本培训对教师的基本要求；教师发展学校、校本培训则为教师反思提供了良好的环境。

小结

社会发展对教育提出新的更高的要求，教师自身接受终身教育的需要，使教师发展成为对教师的必然要求。

教师工作的专业性而非职业性特征，对教师发展提出了坚持专业化方向的要求；教师的专业特征和基于“反思论”范式的国际教师教育发展趋势，对教师发展提出了坚持自主性方向的要求。

教师发展受主体和环境两大因素的影响。前者有教师角色、人际关系、心理素质、心理健康；后者有组织环境因素、个体环境因素。

教师发展阶段可以从其专业成长和职业生涯两方面予以考察。前者，可以从分析专家教师和青年教师的成长入手；后者，可以从分析教师关注焦点和教师任职教龄入手。

今天，随着终身学习理念的确立以及对学习者主体地位的重视，教师发展有了三条重要途径：教师反思、教师发展学校和校本培训。

教师反思，是教师对自身进行的教育教学中的心理活动和行为表现的认识和评价。教师反思的内容框架由行动（实践）、回顾、分析评价、重建四部分组成。教师反思，可以通过对照教育理论，与同事交流，利用学生和家长的反馈，借助教研员和骨干教师的帮助等途径来进行。教师反思要注意准备好充足的材料，提高评价的素养，抓住重建这一核心，营造反思的氛围。

教师发展学校要坚持科学理念和自身特点，以促进教师发展。校本培训也必须达到相应要求，才能有助于教师成长。

思考题

1. 教师发展应该坚持什么原则？为什么？
2. 教师发展受哪些因素的影响？
3. 教师从新手到专家要经历哪些阶段？
4. 教师反思应该抓住什么内容、可以通过什么途径、应该注意什么？
5. 教师发展学校要把握什么特点？

第18章

教师角色与人际关系

内容提要

◎ 教师角色是指教师按其特定社会地位承担起相应的社会角色，并表现出符合社会期望的行为模式。

◎ 教师角色能够发挥多方面的功能。教师角色的形成要经过认知、认同、信念三个阶段。

◎ 由于教师角色的预期目标与现实状况之间的矛盾，会出现角色心理冲突的现象。面对角色心理冲突，教师应该重视并积极予以调适。

◎ 教师要持有人际交往的良好态度，要把握发展人际交往的有关要素和技巧。

◎ 师生关系是教师重要的也是主要的一种人际关系。师生关系有其自身的特点，也有若干重要的影响因素。

◎ 教师威信是良好师生关系发展的结果，教师要努力建立理性的教师威信。

◎ 教师与家长、教师与教师、教师与管理者的关系也是教师重要的人际关系。

主要概念

教师角色，教师角色意识，教师角色功能，教师角色心理冲突，人际交往态度，移情性评价，教师威信

第一节 教师角色

一、概述

（一）角色、教师角色

“角色”概念源于戏剧，指演员按剧本要求扮演某一特定的人物。人类社会就像一个大舞台，每个人都在其中扮演着自己的角色。心理学研究引入角色概念，意在说明人们会按照自身在社会活动中的特定位置进行思考和行动，并表现出与之相应的行为模式。社会决定了人们的角色，人们的角色反映了社会赋予的身份与责任。

教师角色，是指教师按照其特定的社会地位承担起相应的社会角色，并表现出符合社会期望的行为模式。

今天，随着时代的发展、社会的进步，教师肩负的教书育人之重任的内涵在不断拓展，社会公众对教师这一社会角色的期望在日益提高。这决定了教师需要扮演丰富多样的角色，教师必须据此建立角色意识，认识到自己所承担的角色职责和应有的行为。

（二）教师的角色意识

教师的角色意识，是指教师对自己所扮演的社会所期望的角色规范的认知和体验。教师有了明确的角色意识，才能去掌握符合这一社会角色所要求的行为规范，并据此调节、完善自己的职业行为，履行社会职责。其心理结构有三方面的内容：

（1）角色认知。

它是指角色扮演者对角色的社会地位、作用、行为规范以及与其他社会角色之关系的认知。角色认知是角色扮演的先决条件，它决定了一个人能否成功地扮演特定角色。对于教师来说，具有清晰的角色认知才能在各种社会情境中恰当地行事，形成良好的社会适应能力。通过职前学习、职业训练、职业工作、社会交往等，教师在不断了解社会对教师工作的期望和要求后可以形成对自身角色的认知。

（2）角色体验。

它是指个体在有关各方的评价与期待下、在扮演某一社会角色过程中产生的情绪体验。教师角色体验来自于自身行为是否符合角色规范并因此受到的评价，这种体验有积极与消极之分。如，自尊感或自卑感就是教师常有的不同的角色体验。

（3）角色期待。

它是指角色扮演者对自己应该表现出怎样的行为的看法和期望。角色期待会随着具体情境的不同而变化。教师的角色期待来自对角色的自我期待或社会期待。这两者之间是相互作用、相互影响的。社会对教师的角色期待不断地被认同和内化，它就会转化为教师的自我期待。

研究表明，社会对教师的角色期待主要体现在以下方面：根据社会规定的教育目标和学生身心发展的特点来培养人才；遵循教育与教学规律来教书育人，针对实际情境创造性地因材施教；做到言传身教，真正成为学生的楷模；既有高远的教育理念，也有培养学生成才的科学方法。

二、教师的角色功能

（一）学生学习的指导者和促进者

教师是学生学习的指导者，“传道、授业、解惑”是其基本职责，包括把人类社会积累的知识和技能传授给学生，解答学生在学习、生活中遇到的各种疑难问题。在指导学生学习的过程中，教师既要面向学生全体使他们都得到发展，又要因材施教、发展每个学生各自的特长。

在教育教学过程中，教师要激发学生的学习兴趣、学习动机，为学生的学习提供认知支架等，努力促进学生自我成长，使学生在未来的社会生活中能够持续发展。这一促进作用对学生在学习生涯初期作用较大，其奠基性能在未来的学习中发挥持久的作用。

（二）班集体的领导者和组织者

在校学生的活动通常都是以班集体形式进行的，教师在工作中充当着班集体的领导者和组织者的角色。组织课堂教学、维持课堂秩序是教师开展教学的基本保证。一方面，教师要在教学活动中建立良好的课堂秩序，让学生遵守课堂纪律，培养他们自觉遵守纪律的习惯。另一方面，教师要物色班级群体领袖、组织各项班级活动、营造良性互动的氛围、倡导积极向上的舆论，以充分发挥班集体的各项功能。

（三）行为规范的示范者

教师要重视学生的思想品德教育，既要有“言教”，更要有“身教”。在学生的心目中，教师是有教养、有道德、讲原则的人，教师应是他们最愿意仿效的榜样。在要求学生掌握社会价值观念和行为规范时，教师自己的言谈举止是学生的鲜活榜样。教师的率先垂范、身体力行对学生成长有着较大的影响。

（四）学生心理健康的保健者

今天，随着社会发展和人们需求的变化，学生承受的心理压力也在增大，他们的心理问题有明显增多的趋势。这要求教师担当起学生的心理健康保健者的角色，做好心理健康教育的工作。一方面，教师要提升教育理念，认识到今天的教书育人中包括了维护学生的心理健康的重任；另一方面，教师要提升职业素养，自觉学习和掌握关于心理卫生方面的知识，关注学生的心理问题或困惑，防微杜渐、及时干预。

（五）教育教学的研究者

孔子曾提倡“吾日三省吾身”。在教育教学过程中，教师要承担起反思者与研究者的角色。教师应该不断地对自己的工作进行自我反省和自我评价，提高对教育教学活动的自我认识。同时，教师还应该相互观摩、彼此切磋、共同研讨，提高教育教学的水平和效果。这样，有助于教师提升工作层次并臻于佳境。

三、教师的角色形成

教师角色的形成，是指个体逐步认识教师的职业角色及相应要求，通过实践将社会对教师的角色期待予以内化，形成相应之心理特征和能力的过程。这一过程有三个阶段。

（一）角色认知阶段

认知是人们洞悉客观世界的开端，是获得外部信息的重要渠道，也是产生动力的基础之一。角色认知，是指角色扮演者对某一角色规范的认识和了解，知道哪些行为是合适的、哪些行为是不合适的。教师角色认知表现为了解教师角色所承担的社会职责，并能与社会其他职业角色相区分。师范生在成为正式教师之前就处于这一阶段，能够对未来将要充当的角色有所认识，但这种认识较为粗浅且缺乏感性支撑。

（二）角色认同阶段

在认知的基础上，一个人通过实践和体验接受了教师角色所承担的社会职责，并能以此指导和评价自己的行为，这时达到了角色认同阶段。教师对角色的认同离不开为承担这一角色而进行的实践活动，并且在实践活动中情感上会产生相应的内心体验。

教师的角色认同通常经历两个环节：一是职前准备。从教前，对教师角色有一个比较全面的认识，包括对教师职业的行为、规范、特点、意义、价值等的认识，以及可能伴随的情感体验。师范院校对学生的专业思想教育就属于这一环节。二是职后强化。从教后，通过自身的教育教学实践，通过与学生、同事、周围环境的交往和互动，教师会产生程度不等的积极或消极的情绪体验，这会加强或削弱对教师角色的认同。

（三）角色信念阶段

角色信念，是个体坚信某种角色职责的正确性，并伴有深刻的情感体验，进而坚持该角色行为应有的操守。在这一阶段，教师角色的社会期望和要求能够很自然地转化为个体的心理需要，教师坚信自己对教师职业的认识是正确的，并视其为自己的行动指南，形成对教师职业特有的自尊心和荣誉感。如，优秀教师都坚信教师是"人类灵魂的工程师"，教师职业是阳光下最崇高而光荣的一种职业。

四、教师角色心理冲突与调适

（一）教师角色心理冲突

教师角色心理冲突，是指围绕教师角色的预期目标与现实状况之间的对立、对抗而产生的内心矛盾。在现实生活中，教师角色心理冲突主要包括以下几个方面：

（1）期待角色与实际角色的心理冲突。

随着经济发展和社会进步，人们对教师角色期待的内涵日益丰富、要求日益提高，这要求教师具有高尚的道德素养、全面的专业修养、良好的心理素质，还要求教师能够不断学习、不懈进取、适应环境的新变化和工作的新要求。对此，尽管教师尽力而为，但是由于种种原因，教师的实际工作仍然可能没有及时跟上。于是，社会的角色期待与自身的实际角色之间的心理冲突随之发生。

（2）声誉地位与现实遭遇的心理冲突。

与世界上很多国家地区一样，我国也十分重视教师工作和教师职业，教师的社会地位有了提高、经济待遇有了改善。但在现实生活中，轻视教师劳动和教师职业、甚至谩骂殴打教师的情况仍时有发生，使教师感受到劳动成果不能得到尊重、职业尊严难以维护的威胁。于是，社会给予的声誉地位与自身遭遇的不良环境之间的心理冲突随之出现。

（3）抱负水平与工作绩效的心理冲突。

每个教师都希望取得良好的教育教学效果，希望学生品学兼优、德才兼备，希望工作获得社会认可和赞扬。但是，教师工作的性质决定了教育效果要经过较长周期才会显现。另外，由于种种主观、客观条件的限制，教师的工作也常常难以尽如人意，或不能得到及时肯定。于是，工作的抱负水平与自身难以把握的工作绩效之间的心理冲突随之凸显。

上述教师角色心理冲突很容易使教师情绪低落，或自责内疚，最后导致职业倦怠。

（二）教师角色心理冲突的调适

面对角色心理冲突，教师应该从下述几点予以调适：

（1）不断学习，充实提高。

教师不能仅满足于完成一般性的教育教学任务，要不断汲取知识、充实提升自我。科学技术的迅猛发展为人们认识世界、适应环境提供了便捷条件。教师更应以不懈的毅力更新自己的知识结构，以适应不断发展的社会和教育的要求，适应学生发展的需要。通过学习和充实，教师的工作效果和自身的心理素质都会得到提高。

（2）情系学生，充满师爱。

情系学生是教师对工作、对学生应有的态度。教师要时刻关注学生的一言一行、把握学生的喜怒哀乐，让学生感受到真挚的师爱。在与学生真诚交流情感的过程中，教师可以从中吸取无穷的力量，鞭策自己不计一时一事的得失或可能出现的环境压力，在教书育人的工作中踏实前行。

（3）谦虚淡泊，心怀坦荡。

对教师工作的意义在任何时候都不可低估。但是，教师自己不能过高地评价自己。教师应该多看到他人的优点和长处，多看到社会提出的更高要求和提供的良好条件，应该多比贡献少讲待遇、多思奉献少想索取。谦虚淡泊，方能宁静致远；心怀坦荡，才能自尊自爱。

（4）期望适度，体验成功。

教师对学生、对自己的期望都要适度。教师对学生的期望固然不可偏低，这无助于使学生产生学习的动力，但期望过高而难以达到更会使师生双方都产生挫折感。教师对自己的期望也不宜过高，脱离自身基础和客观条件的期望必然会带来焦虑、挫折、冲突等适应问题。教师对学生、对自己持有适度的期望，经过努力能够达到，才能时刻体验成功，增强自信心和自我价值感。

第二节　教师人际关系

一、概述

人际关系是在人际交往中发生和发展的，教师的人际关系亦然。人际交往的态度、要素、技巧会影响人际关系的发展。

（一）教师的人际交往态度

人际交往态度，是交往中一个人对自己、他人及相互关系的看法、体验及行为倾向。这种态度既是对过去经验的积累，也会对后继活动产生影响。

相互作用分析心理学家伯恩（E. Berne）指出人际交往有四种态度，可以用来分析教师在人际交往中应该持有的态度。

态度之一，“我不好—你好”。这是个体成长初期对人、对己会持有的态度，即总觉得自己不行、别人样样行，自己不如别人。交往中持有这种态度会使自己缺乏信心，造成自卑、行为退缩、自我封闭。

态度之二，“我不好—你也不好”。这种态度是认为自己和别人都不行，对自己和他人都缺乏信心、不抱希望。持这一态度的人会不喜欢与人交往，常常嫌弃周围事物，带有偏激、厌世的消极倾向，自然也难以发展人际关系。

态度之三，“我好—你不好”。这种态度是总认为自己胜过人家，自己样样好、什么都行，别人则不好、不行。持有这种态度的人，交往中常常以自我为中心，显得自傲自大，常会指责他人而不会反省自我。人们一般不喜欢与这种人交往，或对这种人敬而远之。

态度之四，“我好—你也好”。这种态度是同时看到自己、他人的长处、优点、价值，既能愉悦自我，也能认同他人，既能包容现实中存在的缺陷，又能勇于面对和乐观进取。持有这种态度的人容易与人相处，别人也愿意与他交往，容易发展和建立良好的人际关系。

现实中，很少有人完全属于上述四种人际交往态度之一，多数人会以其中某种态度为主。教师应该努力具有受人欢迎的第四种态度，当出现第一、二、三种态度倾向时则应及时调整。

（二）教师的人际交往要素、技巧

若干人际交往的要素、技巧对教师的人际交往也有很大影响。

在人际交往中，教师要重视下述几个交往要素：第一，尊重。要尊重对方，避免否定对方，使用商量而非命令的方式说话，对问题的议论评价要遵循“对事不对人”的原则。第二，同情理解。同情加理解，交往中要设身处地、彼此共鸣。第三，坦诚。交往中要坦率真诚，在相互了解的基础上恰当地自我表露能使人感到坦率真诚。第四，信赖。交往中要相互信任，不戒备、不猜忌，相信彼此的诚意和潜能。第五，关爱。对对方的长处、优点、成绩要充分肯定，在对方追求需要满足的过程中要表示理解、给予力所能及的支持。

在人际交往中，教师要注意运用下述几个交往技巧：一是，积极倾听。仔细聆听对方说话，不无故打断、插嘴，并给予必要的言语和非言语的呼应。二是表达清晰。把内心的想法和感受与人沟通时，语义表达要清楚、明确，态度要真诚。三是适当反馈。交往过程中要把自己的感受及时向对方反馈，言语和非言语都可以用来提供反馈信息。四是容忍异见。人们对社会和生活中的问题有不同看法是常有的事，交往中要学会容忍、接纳不同的甚至相反的看法，这样才能保持沟通渠道的畅通，不同意见也才有消弭的可能。五是赞美优点。金无足赤、人无完人，不能因“爱之深、责之切”而过多地批评他人，而应该以此去体察、挖掘、赞美他人的长处和优点，让彼此在优点中共同成长并发展友谊。六是具有幽默感。幽默是人际沟通和交往的润滑剂和催化剂，幽默能给对方以出乎意料的反应或回答，在会心一笑、心领神会的同时彼此的人际交往又向前发展了。

二、教师与学生的关系

师生关系，是教师人际关系中最主要和重要的一种。

(一) 师生关系的特点

师生关系的主要特点如下：

(1) 这是两代人的教育关系。

教师身心发展水平总是高于学生，教师按照社会角色的要求对学生进行教育，学生则接受教师的教育。在这一过程中，师生双方作为两代人在传承着人类文化，完成共同的使命。

(2) 这是一种“公”的关系。

教师和学生的结合有一定的偶然性，双方都不能自由选择，这是有关规章制度所决定的。师生关系是一种“公”的关系，双方的教和学就在这一背景下展开。

(3) 这是动态变化的关系。

师生关系不是静止的，随着学生年龄增长和学习阶段的变化，师生关系必然会发展变化。如，同样是“尊师爱生”的师生关系，年幼儿童表现为对教师的顺从、仿效，年长儿童表现为对教师学识、人品的仰慕和对问题的深入思考。

(4) 这是蕴涵在集体内的关系。

师生关系不是通常的一对一的关系，它是在以班级为共同体的教育教学活动中发展的，同时也体现在班级共同体的活动之中。师生关系包含在这一更为广泛的关系之中。教师对整个班级的教育，每位学生懂得这也是针对自己的；教师对某一学生的奖惩，其他同学也懂得这是对全班的教育。

(二) 影响师生关系的因素

影响师生关系的因素有很多，从心理学分析，教师应该注意以下几点：

(1) 树立正确的学生观。

对学生的基本看法决定着师生互动的模式，进而影响师生关系。教师要认识到学生既有“向师性”，又有“独立性”；既有得到老师的关注、帮助、提携的倾向，又有独立活动、自我发展的倾向。教师要关注这两种倾向，并以适当的方式满足他们的需要。

(2) 运用正确的管理方式。

如何组织、管理、开展班级工作会影响师生关系。研究表明，与专断的、放任的管理方式相比，民主的管理方式即共同制定计划、尊重成员、鼓励合作、和谐互动，更有助于建立真正良好的师生关系。

(3) 采取正确的教育态度。

其一，多用移情性评价，少用主观性评价。前者，如“你当时想到（感到、认为）……所以……对吗?”教师是以同情和理解的态度评价学生，这无疑会密切彼此关系。后者，如“我知道你（认为你、断定你）会……”，会给人以居高临下的感觉，即使评价本身没错，也会拉开师生之间的心理距离。

其二，对学生满怀“期待”。要让学生感受到教师相信我是行的、是有潜力的、有出息的、能成才的、有价值的。教师的这种殷殷之情、拳拳之意有助于密切师生关系，还会使学生发奋努力，产生“罗森塔尔效应”。

(4) 恰当处理纪律问题。

学生出现违反纪律的问题，教师要恰当处理，否则会影响师生关系。处理中要坚持一条原则，即对事不对人、尊重学生人格、维护学生自尊。同时，要做到“六不”：不忽视年龄特征，不混淆事实与谣传，不轻易得出结论，不忽视情境因素，不做简单推论，不投射个人感情。

(三) 教师威信

教师威信，是指教师在学生心目中的威望和信誉。每位教师都希望在学生心目中有一定的威信。

（1）教师威信的机制。

教师威信是凭借“心理定式”的机制来发挥作用的，即教师威信能使学生以某种心理倾向或准备状态对教育活动做出反应。学生更容易认同、接纳有威信的教师说的话，就是心理定式在起作用。

（2）教师威信的自然基础及发展。

由于教师的社会角色赋予的地位和权力、由于教师个人拥有的学识经验，每位教师在学生面前总是有一定威信的，这是教师威信的自然基础。

基于自然基础的教师威信会发展变化。这有两种可能，或下降丧失，或增强提高。同时，教师具有的威信还有可能演变为两种情况：一是变为强制的教师威信，这常常是教师有意无意地滥用权力的结果，其师生关系的性质是“权力—（强制性）支配—顺从（或盲从、屈从）”，典型表现是教师在与不在时学生表现完全不同，其实这样的教师在学生心目中并不具有真正的威信；二是形成理性的教师威信，其师生关系的性质是“权威—尊敬—信服（心服）”，典型表现是不管教师在与不在，学生都能主动努力地达到教育要求。

（3）建立理性的教师威信。

首先，教师要十分珍惜和利用上述教师的自然威信。既要防止忽视它，也要严禁滥用它。

其次，教师应该努力使自己具有必要的心理素质。必要的心理素质是教师在学生心目中赢得威信的最基本的条件。

再次，教师要把握好前述那些影响师生关系的因素。这些因素有助于形成尊师爱生的师生关系，在良好的师生关系基础上容易发展理性的教师威信。

最后，教师要重视留给学生的“第一印象”。教师最初的仪表、行为会给学生留下深刻的印象，对后继的师生关系的发展和教师威信的形成都会产生一定的影响。

需要指出的是，教师良好的心理素质对于建立理性的教师威信是最为基本和必要的。

三、教师与家长、教师、管理者的关系

与学生家长、其他教师、学校管理者的关系也是教师重要的人际关系。

（一）教师与家长的关系

家庭对学生的成长有着重要影响，为了学校教育工作取得更好的效果，教师要重视与学生家长建立良好的人际关系。教师在与家长交往中应该注意以下

三点：

（1）重视沟通。

教师要十分重视与家长的沟通。总是等到学生出现了问题、教育面临了困难时才找家长反映情况是不可取的。教师要改变在家长心目中常常是“告状者”的角色。

与家长沟通应该做到：一要经常化，沟通除了利用定期的家长会，平时也要重视加强联系，包括必要的家访；二要双向，沟通时不只是反映学生在校的情况，还要了解学生校外的情况；三要全面，沟通不应局限于学生的问题或不足，还要关注学生的优点、长处以及发展取向。

（2）重视倾听。

在与家长沟通、交往中，教师应该重视倾听。与家长交往中教师只管倾诉自己的工作是不可取的。家长关心子女的成长，也了解自己的子女，家长能为学校教育提供有效的支持，善于倾听是获得这种支持的重要途径。倾听能使教师与家长的沟通更加顺畅，促进与家长关系的发展；倾听能使教师更多更深地了解学生过去的经历和校外的表现；倾听能使教师从家长那里获取共同提高教育实效的真知灼见。

（3）重视协商。

与家长交往中，教师应该重视协商，即以平等的态度与家长商议针对学生的教育方法和措施。与家长交往中，教师以“布置工作”的方式提出要求是不可取的。家长很可能缺乏系统的教育科学素养，教师也不能因此以指令的方式让家长接受有关的要求。

（二）教师与教师的关系

学生成才是学校所有教师共同努力的成果，教师与教师之间也应该建立良好的人际关系。为此，教师应该注意以下几点：

（1）团结合作、互勉共进。

学校教育工作是一项复杂的系统工程，教师与教师之间必须团结合作、共同努力才能实现教育目标，也才能发展良好的教师之间的人际关系。班主任与任课教师之间、任课教师之间、课程教师与团队工作者之间、教师与教辅人员之间以及新老教师之间都要讲团结、讲合作，提倡相互帮助、共同进步。

（2）互通信息、加强交往。

教师在独立工作的同时，要加强与其他教师的交往，彼此互通信息。如，备课中多交流切磋、授课中相互听课、课后交流感受，不仅能互相取长补短、提高教学水平，还能密切彼此的人际关系。

（3）彼此尊重、心理相容。

尊重他人，才能赢得他人的尊重，彼此之间也才能发展良好的人际关系。人各有自己的经历经验、爱好兴趣、人格特点，教师亦然。教师之间在观察事物、处理问题中出现不同意见是难以避免的。教师应该以“海纳百川”的心态做到心理相容，要看到他人的长处和可取之处，要严于律己、宽以待人。

（三）教师与管理者的关系

教师的工作还需要得到学校领导、教辅人员的理解、支持和帮助，教师也应该与他们建立良好的人际关系。为此，教师应该注意以下几点：

（1）尊重管理、服从大局。

教师要认识到自己的工作是执行教育方针、落实教育措施的一环，自己只是学校教育这一系统中的一员。教师必须要有学校教育的大局意识和观念，要尊重学校的管理、服从学校的大局，工作上要勇担重任，这样不仅有助于自己成长成才，也有利于发展与管理者的良好人际关系。

（2）充分理解、争取支持。

因处于不同的社会角色和工作岗位，人们会有不同的想法和做法。教师对自己工作的思路、想法、做法可以多与有关同事交流，寻求同事的理解和支持。对学校中其他岗位的工作，教师要注意平时多沟通、多理解、多支持，如果发现存在不足或问题，也要积极沟通交流、善意地提出意见与建议。

（3）协调关系、友好合作。

教师应该成为学校领导的得力助手，为贯彻国家的教育方针、提高教育质量勤奋工作。教师应该是学校各个管理层的有力支持者，与学校广大教职员工友好合作，为办好自己的学校和实现崇高的教育使命而不懈努力。

小结

教师角色，是指教师按照其特定的社会地位承担起相应的社会角色，并表现出符合社会期望的行为模式。

教师角色能够发挥多方面的功能。教师角色的形成要经过认知、认同、信念三个阶段。

由于教师角色的预期目标与现实状况之间的矛盾，教师会发生角色心理冲突。面对角色心理冲突，教师应该重视并予以调适。

教师与学生、家长、教师、管理者的关系是教师的几种重要人际关系。

人际态度在人际交往的基础上发展形成。人际交往的态度有四种，教师应该持有“我好—你也好”的人际交往态度。教师要重视影响人际交往的要素，如尊重、同情理解、坦诚、信赖、关爱等。教师要注意运用人际交往的有关技巧，如积极倾听、表达清晰、适当反馈、容忍异见、赞美优点、具有幽默感等。

师生关系有四个特点：是两代人的教育关系，是“公”的关系，是动态变化的关系，是蕴涵在集体内的关系。从心理学分析，发展师生关系时教师要重视四点：树立正确的学生观，运用正确的管理方式，采取正确的教育态度（多用移情性评价、对学生满怀“期待”），恰当处理纪律问题。

教师威信是师生关系发展的产物。建立理性的教师威信要注意：珍惜和利用自然威信，具有必要的心理素质，把握好影响师生关系的因素，给学生良好的“第一印象”。其中，心理素质最为基本和必要。

发展与家长的人际关系，教师要重视沟通、倾听、协商；发展与教师的人际关系，教师要注意团结合作、互勉共进，互通信息、加强交往，彼此尊重、心理相容；发展与管理者的人际关系，教师要注意尊重管理、服从大局，充分理解、争取支持，协调关系、友好合作。

思考题

1. 教师角色能够发挥哪些功能？
2. 教师角色形成经过哪些阶段？
3. 教师会发生哪些角色心理冲突？应如何调适？
4. 人际交往时教师应持有何种态度？重视哪些要素和技巧？
5. 心理学认为发展师生关系教师要注意什么？
6. 如何建立理性的教师威信？

第19章

教师心理素质与心理卫生

内容提要

◎ 教师的社会角色、人际关系，要求教师具有良好的心理素质。

◎ 教师的心理素质包括教育情感（师爱、责任感为主）、教学能力（由教学的认知能力、操作能力、监控能力组成）、教育机智、教育效能感和良好的人格特点。

◎ 教师心理卫生工作有助于教师承担社会角色、发展人际关系、提升自身素质。

◎ 现代学校要关注教师心理健康的状况、分析心理健康问题的原因、推进教师心理卫生工作。

◎ 面对压力、挫折、冲突、焦虑诸适应问题，面对自己的职业生涯、闲暇生活、工作倦怠，教师自身要有正确认识并予以恰当应对，同时学校和教育管理部门也要努力为此创设条件。

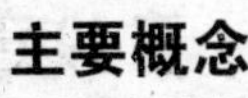

主要概念

教学能力，教育机智，教学效能感，教师心理健康，教师心理卫生，教师适应问题，教师职业生涯，教师闲暇生活，教师工作倦怠

第一节　教师心理素质

教师的社会角色、人际关系，要求教师具备应有的心理素质；良好的心理素质也是教师发展的出发点和落脚点。

一、教师的教育情感

教师的教育情感是构成教师心理素质的重要动力因素，它主要包括以师爱为核心的积极情感及教师的责任感。

（一）以师爱为核心的积极情感

以师爱为核心的积极情感是教师的重要心理素质，体现为教师对教育事业、对学生和所教学科的热爱。

要做一个合格的教师，首先应该培养和提高自己对教育事业的责任感和光荣感，激发自己对教育事业的兴趣，树立热爱教育事业并愿为之献身的积极情感。

另外，教师对学生的真诚热爱，既是教师良好心理素质的一种表现，也是一种重要的教育力量，是其他教育因素不可代替的。

此外，教师对所教学科的热爱，也是提高教学质量的重要条件。教师只有深爱所教学科，才能焕发出钻研学科知识的浓厚兴趣和传授相关知识的丰富情感，从而激发学生的相应体验，使学生更好地感受和理解所学知识。

（二）教师的责任感

首先，教师的责任感体现为对社会的责任感。教师作为社会的代表者，对青少年的成长有着重要的影响，教师的言行不仅代表个人而且还代表社会，应该对社会负责。

其次，教师的责任感还体现为对学生的责任感。教师是学生成长的引路人，学生的健康成长与教师的正确引导密切相关，所以，教师应对每一个学生的成长与发展负责。

二、教师的教学能力

教师的教学能力，是指各科教师都应具有的运用特定教材、从事教学活动、完成教学任务的能力。它可以概括为教学认知能力、教学操作能力、教学监控能力三个方面。

（一）教学认知能力

这主要是指教师对教学目标、教学任务、教材内容和形式、教学方法和策略、学习者特点、教学情境等加以分析判断的能力。它主要包括分析掌握教学大纲的能力、分析处理教材的能力、对教学进行设计的能力、了解和判断学生的准备状态及其个性特点的能力等。

在教师的教学能力结构中，教学认知能力是基础，它直接影响到教师教学准备的水平和教学方案设计的质量。

（二）教学操作能力

这主要是指教师在实现教学目标过程中解决教学具体问题的能力。在教学内容方面，该能力主要表现为：第一是选用教材能力，如恰当选择教学内容、编排合适的学习顺序、选择适宜的呈现方式等；第二是课堂组织管理能力，如激发学生的学习动机、组织教学活动形式等；第三是教学评价能力，如全面及时获取反馈信息的能力、编制评价工具的能力等。

在教学手段或方式方面，该能力主要表现为：第一是言语表达能力；第二是非言语表达能力；第三是选择和运用教学媒体的能力。

（三）教学监控能力

教学监控能力，是指在教学过程中为了保证教学的成功、达到预期的目标，教师将教学活动本身作为意识的对象，不断地对其进行积极主动的计划、检查、评价、反馈、控制和调节的能力。教师的这种能力主要体现在下述三方面：第一，对自己教学活动的事先计划和安排；第二，对自己实际教学活动进行有意识的监察、评价；第三，积极获取反馈信息，据此对后继教学活动积极地予以调节、修正。

教学监控能力是教学能力三成分中最重要的成分，它不仅是教学活动的控制执行者，而且是教学能力发展的内在机制，是教师教学能力的重要体现。

教学能力的上述三个方面是互为关联的，其中教学认知能力是基础，教学监控能力是核心，教学操作能力是外部表现。教学监控能力直接调控教学认识能力和教学操作能力，而教学认知能力与教学操作能力的联系往往是通过教学监控能力而实现的。

三、教师的教育机智

教育机智，是指教师对学生活动的敏感性以及能根据新的意外情况迅速做出反应、果断地采取恰当教育措施的一种独特的心理素质。它是教师观察敏锐性、思维灵活性、意志果断性等心理品质的独特结合。由于教育对象是活生生的、不断成长发展中的学生，而教育情境又是错综复杂、瞬息万变的，所以教师具有教育机智这一心理素质既有必要，也十分重要。

教师的教育机智主要表现在以下四个方面。

（一）循循善诱，因势利导

教师要能根据学生的要求和愿望，循循善诱地对学生进行思想教育，培养他们优良的品德；教师还要根据学生的兴趣和特点，因势利导，把学生引向学习活动或对集体有益的活动中去。

（二）灵活果断，随机应变

教师能根据错综复杂的教育情境，灵活果断地处理突发事件，及时地调节和消除矛盾冲突，从而有效地组织教学活动。正如马卡连柯所说，教育技巧的必要特征之一就是要有随机应变的能力。有了这种品质，教师才能避免刻板及公式化，才能估量此时此地的情况和特点，从而找到适当的手段。随机应变能力是教师教育机智的最好表现。

（三）分析原因，对症下药

教师能从学生实际出发，正确分析问题的原因，采取灵活多样的方式，有的放矢地对学生进行教育，从而使学生易于接受，取得良好的教育效果。

（四）把握时机，掌握分寸

教师在处理学生问题时，要讲究方式，既体贴关心又严格要求；要讲究时机，既不延宕推诿也不急于求成。面对问题，教师要分析中肯、要求合理、方式恰当，对待不同的学生可以采用“热处理（及时处理）”、“温处理（温和处理）”、“冷处理（事后处理）”等不同的方式。

四、教师的教学效能感

教师的教学效能感，是教师心理素质的一个重要因素，日益受到人们的关注和研究。

（一）教学效能感的含义

教学效能感，是指教师对自己影响学生学习行为和学习成绩的能力的主观判

断。理论上，教学效能感源于班杜拉的自我效能的概念。自我效能，是指一个人对自己在特定情境中是否有能力去完成某个行为的期望。它包括结果预期和效能预期两种成分，前者指一个人对自己某行动会导致的结果的推测，后者指一个人对自己实施某一行动的能力的推测。

根据班杜拉的理论，阿斯顿（Ashton，1982）把教师的教学效能感分成两个部分：一般教育效能感和个人教学效能感。一般教育效能感，是指教师对教与学的关系、对教育在学生发展中的作用等问题的基本看法和判断；个人教学效能感，是指教师对自己的教学能力、水平及其效果的认识和评价。由一般教育效能感和个人教学效能感组成的教学效能感是解释教师内在动机的一个关键因素，它对教师教育工作的积极性具有重大的影响。

（二）教学效能感的作用

教师的教学效能感会影响教师教学工作的积极性和教学效果。教学效能感高的教师，相信自己的教学活动能使学生成才，会投入更大的精力来努力工作，在教学中遇到困难时敢于向困难挑战；教学效能感低的教师，认为自己对学生的影响很小，因而常常会放弃自己的努力。同时，教学效能感高的教师不仅努力工作，而且会经常反思自己的教学，不断总结经验教训，不断学习以提高自己的教学能力，因而能提高教学质量。

教师的教学效能感会影响学生的学习行为和学业成就。研究表明，教师的教学效能感对学生的学习成绩有很强的预测力。它之所以能够影响学生的学业成就，是因为教师不同程度的教学效能感必然会在相应的外部行为上表现出来，进而影响学生的学习效能感，并支配学生的学习行为和影响其成绩。国内有学者根据研究构想出教师教学效能感作用机制的模式（见图 19—1）。

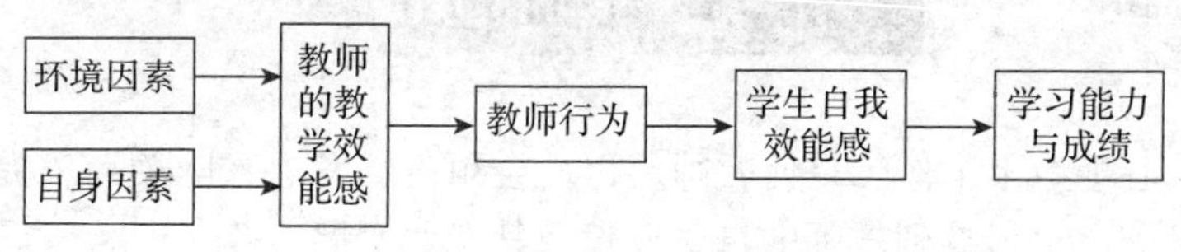

图 19—1　教师教学效能感作用模式图

五、教师的人格特点

教师是培养一代新人的工作者，其个性品质对年青一代的个性发展具有非常重要的作用，同时也是影响学生学习的重要因素。教师应该具备良好的个性品质。

（一）高尚的动机

献身于培养人的教育工作，忠诚于人民教育事业，乃是教师从事教育活动的最高尚的动机。这是教师做好教育教学工作的核心动力。教师的工作是艰辛的、付出是巨大的，正是对教育事业无私奉献的精神促进教师认真负责地做好各项工作。

（二）坚定的意志

教师坚强的意志品质是顺利而有效地进行教育工作的保证，也是学生学习的榜样。教师坚强的意志品质主要表现在：目的明确，坚韧不拔，沉着自制，坚决果断。

（三）良好的性格

良好的性格是教师最重要的人格特点，教师良好的性格主要包括：

（1）公正无私。教师能公平地对待每一个学生，关心爱护全体学生，不可偏爱，尤其是对那些学习困难、品德行为较差的学生更应如此。

（2）谦虚诚实。教师一方面要正确地分析自己，对自己身上的缺点和错误勇于改正；另一方面要虚心向别人学习，尤其是向所教的学生学习，才能不断进步。

（3）态度乐观。教师以乐观的态度、饱满的情绪去从事教育，会自然而然地感染学生，起到潜移默化的效果。

（4）独立的性格。教师应能够独立地观察现象、发现问题、分析原因、提出对策，才能切实地做好工作。

教师的心理素质是培养学生成才的重要保证，也是教师发展和实现自我价值的重要基础。

第三节　教师心理卫生

教师的心理卫生工作，是使教师承担社会角色、发展人际关系、提升自身素质的重要基础，也影响到教师的自身成长及其专业发展。

一、概述

（一）心理健康、心理卫生

“健康”是与“疾病”相对应的一个概念，它通常是指人体各器官系统发育良好、功能正常、体质健壮、精力充沛，并处于能产生良好劳动效能的状态。①“卫生”，一般指为增进人体健康，预防疾病，改善和创造合乎生理要求的生产环境、生活条件所采取的个人和社会的措施。②

随着社会进步和文明发展，“健康”还含有心理或精神层面上的意义，即包含了心理健康。心理健康，是指人的心理状态正常、心理活动有效、心理功能发挥良好。心理卫生，亦称“精神卫生”，是一种促进人类心理或精神健康的活动。包括预防心理疾患，健全人类心理适应功能等，如改造人际关系、家庭生活和教育等。③

可见，心理健康是一种目的或状态，心理卫生则是达到该目的或状态的活动。当然，心理健康、心理卫生两者关系是十分密切的，在英文中两者都用“mental health”来表示，在生活中经常交替使用。

考察人的心理健康通常把众数原则、发展原则两者结合，即既要看一个人的生存适应的状况，也要看一个人的自我实现、高峰体验的状况。

心理健康者通常具有如下特点：具有觉知现实的能力；具有积极的自我概念；能自我调控情绪体验；具有良好的人际关系；从事有意义的工作；能对自己的过去经验、现实生活、未来发展三者加以协调。

（二）教师的心理健康、心理卫生

上述考察一般人的心理健康的原则、特点，同样适用于教师。心理健康的教师既能适应学校、社会的教育要求，又能充分发挥自己的潜能和价值。

心理健康的教师有如下特点：能正确认识自己的工作、生活环境；能对自我有恰当的认知并予以悦纳；能有丰富的情感体验且善于调适；能与学生、学生家长、同事、领导建立良好的人际关系，尤其与学生之间有良好亲密的互动；对从事的工作深感其重大的社会意义和个人价值；能正确总结过去、丰富经验，能面对现实、把握条件和机遇，能展望未来、明确发展目标。

教师的心理健康意义重大，它既是做好自身工作的一项重要保证，也是维护学生心理健康的一个前提条件。

当前，我国正处于经济转轨、社会转型阶段，精神障碍和心理卫生问题已经成为重要的公共卫生问题。教师的心理健康状况同样不容乐观。近期，我国研究者曾在甘肃、湖南、辽宁、陕西、上海等地区对教师心理健康状况做过调查研究，结果显示了教师心理健康水平具有普遍低于一般常模的倾向。同时，国家中小学生心理健康教育课题组对我国部分省区 168 所中小学的 2 292 名教师进行检

---

①②③ 参见《辞海》。

测，结果发现中小学教师心理障碍检出率颇高，相当一部分被检测教师的突出问题是自卑心态、嫉妒情绪、高水平焦虑。①

分析教师的心理健康问题，原因主要有：

一是职业特点。教师工作的高度独立性（教育教学工作需要教师个人独立完成）、对象特殊性（成长中的学生既有共同特点更有个别差异）、示范性极强（时时、处处、事事教师都是学生仿效的榜样）、时空延展性（为做好工作常常突破时间和空间的限制）使教师工作成为高压力的职业之一。

二是自身素质。面临消极生活事件时，教师若缺乏应有的应对能力，身心能量容易耗竭，心理问题容易爆发。

三是社会环境。知识化社会中教师的知识权威形象相对弱化，而社会仍倾向于把教师视为人格无暇、无所不能的“完人”和“能人”，这使教师内心的负荷超载。

四是职业培养。职前对师范生培养重知识能力、轻心理素质和个人修养，职后对教师也常常只重视课程、教材、教法的培训，不够重视他们的心理困惑及相应问题的解决。

五是社会支持。教师的社会地位和物质待遇已有提高，但仍可继续改善，而在教师的心理支持和救助方面则缺位颇多、亟待加强。

（三）推进教师心理卫生工作

首先，树立清晰的目标。教师心理卫生工作的总目标应是维护教师心理健康、提升教师心理素养。这一工作有着不同的层次：一是使教师摆脱当前的心理困扰和障碍，尽快地回归到学校工作和家庭生活的正常状态；二是使教师敢于面对、善于应对即将面临的工作或生活上的事件和压力，处于能够发挥良好心理功能的状态；三是使教师具有优秀教师的心理素质，能不断自我完善、自我实现。

其次，遵循必要的原则。主要有：主体性原则，即教师是该工作的主体，教师心理健康是其自身心理调节和平衡的机制能够自主正常运转的结果；发展性原则，即该工作既要基于教师当前的发展基础，也要顾及其未来的发展远景；多元化原则，即该工作要认识到心理干预有不同的理论和实践取向，各有长短处和适用性；兼顾层次的原则，即该工作中对解决已有的问题、应对即将面临的事件、提升心理素养的三个目标层次要综合考虑、统筹协调。

再次，明确工作的内容。这主要涉及发展性和防护性两大方面。前者，主要着眼于教师心理素养的完善和提升，涉及心理学基本理论，心理健康基本理论，

① 参见《人民日报》，2004－08－26。

现代教育理念，心理测试、评估、干预的理论和技术等。后者，主要着眼于教师心理健康问题的预防、减少教师专业发展的阻碍，涉及教师的生涯辅导、闲暇辅导、人格辅导等。当然，相关的机构组织、人员配备、硬件设施、建章立制等也是该项工作的内容。

最后，运用合适的途径。该项工作在操作层面上有自助和他助两条途径。前者，主要是教师的自我调适，如了解并悦纳自我，建立良好的人际关系，获取社会支持，正确对待压力、学会应对技巧，调整思维模式，改变行为方式，合理安排工作，调节心理负荷等。后者，主要是促成学校、社区、社会的协同支持，如在学校的师范教育中应该加大心理卫生教学的力度，职后培训要重视教师心理健康的维护，在社区里要形成尊师重教的氛围和良好人际交往的环境，要设立为教师服务的心理咨询服务机构，在社会上应该加大对教师职业特殊性和重要性的宣传，制定并落实促进教师发展和维护教师权益的规章制度等。

下面将主要从个体自身调适的角度来阐述教师在工作和生活中的心理适应和发展问题，以及应该如何应对。

二、压力、挫折、冲突、焦虑及其应对

（一）压力

压力，这里指个体在求生存、谋发展的过程中需要克服的来自自身和环境的各种困难。

人们的压力通常来自重大的生活变动、持续的社会问题、突发的灾难事件、日常的生活困扰四个方面。

研究表明，教师的压力来自方方面面。这里从教师自身角度作一概括：来自个人方面，如教学能力、时间压力、生涯定向、专业发展、经济条件、沟通能力、感情生活、家庭生活等；来自学校方面，如教育要求、教学条件、管理模式、领导风格、学校风气、班级管理、福利待遇、发展机会、考核晋升、退休制度等；来自学生方面，如师生关系、学生不良行为、学生学习意愿等；来自家长方面，如关心子女教育程度、对教师期望、干预教师工作等；来自社会方面，如对教育功能和教师角色期待的变化、价值观念的多元和主流价值观的确立、知识信息化和网络化等。

承受较大及频繁的压力，教师就会出现各种不良反应。国外研究列出的不良反应有疲劳、紧张、愤怒、焦虑、压抑、挫折感、神经质、头痛、心跳加快、无力应付感、失声、血压高等。我国研究列出的前五位不良反应是心情不好、丧失

幽默感、容易忘事、容易发怒、想处罚学生。

对教师个人而言，应对压力要注意以下几点：

第一，树立正确的压力观。要认识到生活中任何人都有压力，对教师职业会面临更大的压力要有思想准备，要坚信只要把握好一定的“度”就可以使压力变为促进个人发展的动力。

第二，提高应对能力。如，提高对压力的觉知水平，恰当判断当前压力的程度和性质，预先估计各种可能发生的压力。又如，提高对压力的宽容度和承受力，树立信心、鼓起勇气、直面压力，降低压力对自身的威胁程度，面对同样的压力越能宽容和忍受者就越不会轻易受到大的伤害。再如，学习掌握一些缓解压力的方法，包括参加休闲活动、从事兴趣活动、注意劳逸结合、学习松弛技巧、与压力隔离、建立合理期待、改善环境条件等。

第三，寻求外部支持。如，可以向自己的家人、亲属、朋友、同事、领导、下属等倾诉自己的情况和处境、获得理解和支持，也可以争取自己所在社区或所属团体的帮助来使压力有所消解，在外部支持中人际关系是应对压力的最宝贵的资源，必须充分重视并予以利用。

（二）挫折

挫折，是指个体的动机行为受到干扰或阻碍，不能满足其需要时产生的一种失意、沮丧的心理状态。

造成挫折的原因可能来自外部，如时间不够、空间有限、物质匮乏、风俗不同等；也可能来自内部，如能力不足或有限、生理条件限制、多个目标难以兼顾等。

耐挫力，是指能够在多大程度上承受挫折这种消极心理状态的能力。有的人一经挫折就一蹶不振，有的人则可能“愈挫愈勇”，耐挫力在个体之间会有很大的差异。耐挫力较强者一般具有如下特点：不否认或逃避挫折，身体健康，精神饱满，有较为丰富的经验历练，有较强的学习能力。

面对挫折，个体包括教师应该以积极的态度加以应对。第一，要有正确的认识。要认识到挫折在一个人的生活中是难以避免的，一个人成长、学习的过程也是遭遇挫折、战胜挫折的过程；要认识到遭遇挫折表现出防御性反应是人的自然心理倾向，但是要让挫折变为成功、成就的基础，就必须了解挫折的前因与后果，并采取适当的行动。

第二，要做因果分析。要冷静客观地分析发生挫折的情境，找出造成挫折的原因，才有助于设法补救、避免重蹈覆辙。同时，也要了解挫折的具体后果，减轻不必要的心理负担。

第三，要采取适当行动。如修正原定目标、适当降低目标可以增加未来成功的机会；把握主客观条件，了解自身具有的能力和长短处、了解客观环境的条件和限制，可以扬长避短、趋利避害；制定可行的计划，计划要切合自身实际，并根据情况变化及时调整；不断自我激励，实施计划过程中要充满信心、不断地自我肯定、自我强化；寻求各种帮助，努力利用各种资源。

（三）冲突

冲突，是指个体因两个或两个以上的需要彼此矛盾，而产生的一种难以取舍、左右为难的心理状态。

个体是否感受到冲突的存在，与其自身的人格特质、所处的环境压力、冲突的类型、有无外部支援有关。

按照心理学家勒温的描述，冲突有四种形式：一是双趋冲突，存在两个有同等吸引力的目标或需要，个体必须为只能获得其中之一做出抉择。二是双避冲突，存在两个同时令人感受到威胁、或令人不快的情境，个体必须为只能接受其中之一做出抉择。三是趋避冲突，某个客体或情境同时既具有令人喜欢、又具有令人厌恶的特征，个体处于既想趋近、又想回避的冲突状态。四是双重趋避冲突，面对的两个目标各自都具有趋避的特点，个体必须从中择一。

面对冲突，个体包括教师可以通过以下途径予以解决：

第一，选择。这是解决冲突最为简单的方法，即选择其中之一，同时放弃或抑制其他的需要。此法比较适用于不太重要的情境。如果情境较为重要的话这样选择有可能在今后再度形成严重的冲突。

第二，折中。此法就是兼顾各方，采取“既不放弃一方，也不完全采用另一方”的原则，行动上力求同时适度满足有关的需要。

第三，逃避。当面对冲突尤其是双避冲突又无对策时，逃避也是一种处理方式。逃避可以是身体逃避即让自己离开冲突的场所，也可以是心理逃避即不让自己去思考有关事件或回顾有关体验。

第四，压抑需要。这是不让有关的需要出现，或者让已有的需要消失，类似于佛家提倡的“清心寡欲”，通过节制欲求、克制需要来消弭冲突。

第五，重要排序。为自己确立一套处理问题、满足需要的原则或标准，面对冲突时可以据此对有关需要的轻、重、缓、急做出判断和安排。

第六，重建。重新建构冲突问题的情境，全面分析有关需要的性质和强度，或变换视角权衡原来的选择，最后做出可行的新抉择。

（四）焦虑

焦虑，是指对当前的或预计的对自尊心有威胁的任何情境怀有类似担忧心情的一种心理状态。伴随焦虑的总是不愉快的消极的情绪体验，如不确定、烦乱、恐惧等。焦虑及其情绪体验是自尊心受到威胁造成的，这种威胁可能在当前情境中存在着，也可能只是对这种威胁的主观臆测和估计。

焦虑有正常与神经过敏性之分。生活中，每个人都难免遭遇产生焦虑的特定情境，轻度或适度的焦虑一般能促使一个人发挥潜能、解决问题、渡过难关，这样的焦虑是正常的。神经过敏性焦虑，是指面临新情境时自尊心已经受到损害的人对预想的威胁怀着过分担忧心情的一种焦虑。

处于高度焦虑状态的人会出现三方面的不良反应：在生理上，出现心悸、颤抖、冒汗、头昏、呼吸困难、消化不良等；在情绪上，出现紧张、不安、压力感等；在认知上，出现注意力涣散、记忆力衰退、沟通能力下降等。

教师的焦虑主要源自以下方面：一是专业发展问题。随着科技进步和社会发展，教师工作的专业化、职业化要求越来越高，教师面临着紧迫的专业发展问题。二是社会适应问题。我国经济转轨、社会转型、文化多元、价值观念嬗变等都要求教师花大力气去熟悉和适应。三是工作挑战问题。教育改革的深化、课程改革的要求、学生创造性的培养等使教师工作面临更大的挑战。四是性格影响问题。在长年权威式工作氛围的影响下，一些教师具有封闭、偏执、既自大又自卑等不良性格倾向，面对信息沟通快速、人际互动频繁的社会他们很容易产生焦虑。五是身体健康和经济收入问题。教师普遍超负荷工作，也常常无暇顾及自身保健，其中不少人常年受慢性疾病的困扰。同时，教师收入虽有提高，但仍然面临着购买住房、医疗卫生、子女教育等经济上的压力。

从心理学方面分析，应对焦虑的积极态度应该从“防”和“治”两方面入手。预防焦虑的措施主要有：第一，调整心态。不消极应对，在权衡主观、客观条件后调整自己的需要和预期。

第二，调整工作。重新安排工作计划，包括调整工作的数量、质量、速度、节奏等，必要时可以暂停工作、休息一段时间。

第三，调整生活。及时体检了解身体状况，保证营养均衡和睡眠充足使自己精神饱满，参加文体和兴趣活动来消解焦虑。

第四，学会放松。努力学会放松技术，必要时运用它可以摆脱焦虑状态，至少能有效降低焦虑的程度。

第五，倾诉情绪。向同事、朋友、家人等倾吐困惑、诉说感受、交流看法、澄清问题，能使焦虑和压力得到缓解。

第六，分散压力。避免同时从事多项工作，也可利用社会资源分担自己的工作。

当然，在焦虑达到严重程度、个人感到难以承受时，就必须寻求专门的心理咨询和治疗。

需要指出的是，面对上述各种适应问题，除了教师需要懂得如何恰当应对之外，学校和教育管理部门也应该努力为此创设条件。如，树立科学的现代教师观、教师心理健康观；教育改革要深化，但对教师的要求可以适度、适时地推进；注意领导作风、改善工作条件、密切与教师的人际关系；加强学校科学、有序的管理，确保学校正常的教育教学秩序；组织集体活动、加强人际沟通、增强群体凝聚力，营造和谐的心理氛围和工作环境；重点关注教师中面临较大压力的人口群，如新任教师、调任教师以及处于职业生涯转折期的教师；配备人员、建章立制，对面临巨大压力的当事人能够做到及时施以援手、帮其摆脱困境等。

三、教师的职业生涯、闲暇生活、工作倦怠

（一）教师的职业生涯

生涯，意为一个人一生发展的道路，是与其终身所从事的工作或职业有关的过程。

教师的职业生涯，具有与一般人的职业生涯不同的明显特点：一是工作相对较为“孤寂”。教师工作一般与社会其他领域活动无关，也无须与社会各色人等交往。二是工作要兼顾共性与个性。教师工作既要遵循班级学生年龄发展的普遍规律，又要顾及学生的个别差异。三是与工作对象的年龄差距会逐渐拉大。教师的职业生涯中学生的年龄段相对稳定，但教师的年龄角色会随教龄增长，从“大哥大姐”到“爸爸妈妈”、再到“爷爷奶奶”。四是自身必须不断发展。随着科技进步、社会发展、知识增长，教师的专业特点和职业角色要求教师必须不断发展、终身学习。

教师的职业生涯会经历不同的发展阶段（见第 18 章），也会受个人、环境两大方面因素影响。当教师感到工作压力太大、发展机会缺乏、工作环境不良、人际关系不佳，或自身创新求变的动机不足、工作的态度和习惯不良时，其职业生涯就会处于危机或困境之中。

摆脱危机或困境，使职业生涯处于良性状态，教师应该努力实践以下几点：

首先，树立成功教师应有的信念和态度。如，深信成为怎样的教师完全决定于自身努力，积极参与各种活动、及时掌握教育信息和动态，加强学习、检视自己的教育理念和教学观点，与时俱进、勇于接受各种挑战，合理管理时间、提高工作效率，运用各种沟通技巧、促成人际交往良性互动等。

其次，学会规划好自己的教师职业生涯。如，分析自己的职业生涯发展动机，明确自己的发展定位，设置好发展的总目标和可行的分目标，正确评估并有效利用各种环境资源等。

最后，肯定并发扬自己的能力和长处。在论述教师心理素质时，提及了各项能力方面的要求，对此自己要予以充分地肯定和发扬。

（二）教师的闲暇生活

闲暇或休闲生活，是指正常职业工作之外的生活，相当于通常所讲的业余生活。

闲暇生活具有特殊的功能，可以使一个人获得职业生活中难以得到的收获或乐趣。如，丰富角色生活、避免社会角色的单一和呆板；宣泄消极情绪、增进身心健康，拓宽社会视野、促进人际关系，投身社会活动、提升自我价值，学到鲜活知识、充实经验历练等。

关于教师的闲暇生活安排，首先，要考虑有关的环境和条件，如工作性质、生活环境、教育程度、经济状况、时空条件等。有调查表明，教师闲暇活动倾向于一般、传统性类别，因为比较简单、经济、省时，他们较少参与那些新潮、特殊、花费时间较长、花费金钱较多、需要特殊设施的活动。

其次，要考虑闲暇活动的功效性，如，一般应该尽可能安排那些符合兴趣的、有益身心健康的、能共同参与的、时空条件能充分利用的、能促进成长发展的活动。

再次，要考虑拟订针对目标的具体计划。根据个人兴趣和爱好，可以拟订近期、中期、远期的目标，从最有希望又最可行的活动开始，结合需要与可能排定优先顺序、逐步推进。

最后，要及时总结、反馈和修正。对闲暇活动要及时分析概括、总结得失、做必要修正，同时要适当地自我奖赏和激励，保持高度的参与动机。

（三）教师的工作倦怠

工作倦怠，是指在职业环境中长期处于情绪紧张和人际关系紧张压力源下的应激反应而表现出的一系列心理、生理综合征。自20世纪70年代初美国学者费登伯格（Herbert Freudenberger）提出“职业倦怠”（burn out）以来，这一领域的研究日益增多。

倦怠，通常有三方面的表现：一是情感衰竭，指无活力、无工作热情，觉得感情处于极度疲劳状态，这是职业倦怠最明显的表现，是核心症状。二是去人格化，指刻意在自身和工作对象间保持距离，对工作对象和环境持有冷漠、忽视的态度。三是无力感或低个人成就感，指具有消极评价自己的倾向，并且伴有工作能力和成就感下降的体验。

教师工作倦怠的表现除了上述三方面，还有丧失教学热情和兴趣、感情冷漠、与人疏离、对学生容易失去耐心甚至爱心、备课变得不充分、对工作的控制感和成就感下降、工作满意度降低等。

造成教师职业倦怠的原因有：个人方面，可能是本章前面所述的心理素质上的欠缺；职业方面，可能是社会期望与现实角色之间的长期冲突；工作环境方面，可能是人际交往沟通发生障碍，不能适应对教师工作的评价机制，没有得到学校管理系统的支持等；社会因素方面，可能是社会剧变带来的冲击，社会支持系统的缺乏等。

教师可以从以下两方面应对工作倦怠。一方面，就教师个体而言应该：（1）改变认知。教师应该清楚自己的能力和机会，不要因为期望不当、努力失败就产生工作倦怠。（2）积极应对。对工作中产生的困扰不轻易放弃或回避，要坚持用积极的方式方法去解决。（3）归因训练。努力使自己成为具有内控点的人，即把成败原因归结为个体可以控制的因素，如努力。（4）改变环境。主动与人沟通、表明态度、诉说感受，争取其他人的理解和支持，使客观环境朝着有利于自己的方向发展变化。（5）关注健康。合理饮食、睡眠充足、积极锻炼，使身体保持良好的健康状况。

另一方面，就学校而言应该：（1）角色明确。要让每一位教师了解自己在学校工作中的角色地位和相应的职责。（2）任务合理。力求每位教师承担合理的任务，任务既应有挑战性又能够通过努力顺利完成。（3）及时反馈。要为教师的教育教学提供及时反馈，使他们及时了解和调适自己工作的状态、进展。（4）恰当评价。用科学方法评定教师工作的绩效，全面考察贡献与问题、优点与不足，评价要有针对性并着眼于未来和发展。（5）吸纳意见。尽可能听取教师对学校各管理层工作的意见，接受他们的意见与建议。（6）提供机会。为教师提供各种进修学习、获取信息的机会。

小结

教师的专业发展及其社会角色、人际关系，要求教师具有良好的心理素质。教师心理素质包括教育情感、教学能力、教育机智、教育效能感和良好的人格特点。

教师的教育情感主要包括以师爱为核心的积极情感及教师的责任感。教师的教学能力由教学的认知能力、操作能力、监控能力组成。教师的教育机智体现在能够循循善诱、因势利导，灵活果断、随机应变，分析原因、对症下药，把握时机、掌握分寸方面。教学效能感，是指教师对自己影响学生学习行为和学习成绩的能力的主观判断，它会影响教师教学工作的积极性和教学效果，也会影响学生的学习行为和学业成就。教师良好的人格特点主要包括高尚的动机、坚定的意志、良好的性格。

做好教师心理卫生工作，也是教师专业发展的基础，有利于使教师承担社会角色、发展人际关系、提升自身素质。要重视和关注教师心理健康的状况，分析和认识教师心理问题的原因。

推进教师心理卫生工作，要树立清晰的目标，即既有总目标，也有不同层次的三个子目标，遵循必要的原则即主体性原则、发展性原则、多元化原则、兼顾层次的原则，明确工作的内容即发展性、防护性两方面内容，运用合适的途径即自助和他助的途径。

压力、挫折、冲突、焦虑是教师会经常面对的适应问题，教师应该提高对它们的认识并把握如何恰当地予以应对。同时，学校和教育管理部门也应该为教师更有效地应对适应问题创设条件。

对职业生涯，教师应该通过树立信念和态度、学会规划和安排、肯定并发扬自身能力和长处，来使其处于良性状态。对闲暇生活，教师应结合环境和条件、活动的功效性来恰当安排，从中获得职业生活中难以得到的收获或乐趣。对工作倦怠，教师应该通过改变认知、积极应对、归因训练、改变环境、关注健康等来竭力避免。

 思考题

1. 试述教师心理素质的主要要求。
2. 简述教师心理卫生工作的目标、原则、内容和途径。
3. 面对压力、挫折、冲突、焦虑，教师个人应如何应对？
4. 教师如何对自己的职业生涯予以调适？
5. 教师如何对自己的闲暇生活予以安排？
6. 教师如何应对可能出现的工作倦怠？

参考文献

中文

1. [美] SOLSORL 编. 21 世纪的心理科学与脑科学. 北京：北京大学出版社，2002

2. [美] Raymond G. Miltenberger. 行为矫正：原理与方法. 北京：中国轻工业出版社，2004

3. [美] M. 艾森克. 心理学——一条整合的途径. 上海：华东师范大学出版社，2000

4. [日] 大桥正夫. 教育心理学. 上海：上海教育出版社，1980

5. [美] R. M. 加涅，L. J. 布里格斯，W. W. 韦杰. 教学设计原理. 上海：华东师范大学出版社，1999

6. [美] 马丁·L·霍夫曼. 移情与道德发展. 哈尔滨：黑龙江人民出版社，2003

7. [美] 罗伯特·斯莱文. 教育心理学：理论与实践. 北京：人民邮电出版社，2004

8. [美] 劳拉·E·贝克. 儿童发展（第 5 版）. 南京：江苏教育出版社，2002

9. [美] 马克林，G. T. 诺尔士. 道德发展心理学. 台北：商务印书馆，1993

10. [美] 马丁·里奇等. 道德发展的理论. 哈尔滨：黑龙江人民出版社，2003

11. [美] 拉瑞·纳希. 道德领域中的教育. 哈尔滨：黑龙江人民出版社，2003

12. [美] K. T. 斯托曼. 情绪心理学. 沈阳：辽宁人民出版社，1986

13. [美] 伯纳德·韦纳. 人类动机：比喻、理论和研究. 杭州：浙江教育

出版社，1999

14. Willian Damon，Richard M. Lerner. 儿童心理学（第6版）。上海：华东师范大学出版社，2009

15. 岑国桢．行为矫正．上海：华东理工大学出版社，1996

16. 岑国桢．论道德习惯及其培养．上海师范大学学报，1986（3）：143-147

17. 岑国桢．从公正到关爱、宽恕：道德心理研究三主题略述．心理科学，1998.21（2）：163-166

18. 岑国桢，顾海根，李伯黍．品德心理研究新进展．上海：学林出版社，1999

19. 岑国桢，李正云．学校心理干预的技术与应用．南宁：广西教育出版社，1999

20. 岑国桢，王丽，李胜男．6～12岁儿童道德移情、助人行为倾向及其关系的研究．心理科学，2004.27（4）：781-785

21. 岑国桢．青少年主流价值观：心理学的探索．上海：上海教育出版社，2007

22. 常宇秋，岑国桢．6～10岁儿童道德移情特点．心理科学，2003（2）：219-223

23. 陈会昌．道德发展心理学．合肥：安徽教育出版社，2004

24. 陈龙安．创造性思维与教学．北京：中国轻工业出版社，1999

25. 陈琦，刘儒德．当代教育心理学．北京：北京师范大学出版社，1997

26. 陈琦，刘儒德．教育心理学．北京：高等教育出版社，2005

27. 陈永胜．引导人生——心理卫生学．济南：山东教育出版社，1992

28. 段继扬．创造性教学通论．长春：吉林人民出版社，1999

29. 丁家勇．现代教育心理学．广州：广东高等教育出版社，2004

30. 董奇．儿童创造力发展心理．杭州：浙江教育出版社，1993

31. 董妍等．小学生应用题表征的类型和特点．心理科学，2005.27（6）：1352-1355

32. 傅宏．宽恕心理学理论蕴涵与发展前瞻．南京师大学报（社会科学版），2003（6）：92-97

33. 冯忠良．教育心理学．北京：人民教育出版社，2000

34. 郭黎岩．心理学．南京：南京大学出版社，2002

35. 郭本禹．道德认知发展与道德教育．福州：福建教育出版社，1999

36. 郭成．试论课堂教学环境及其设计的策略．西南师范大学学报，2001

(2)：75－80

37. 郭思，钟建安．职业倦怠的干预研究述评．心理科学，2004.27（4）：931－933

38. 韩进之．教育心理学纲要．北京：人民教育出版社，1989

39. 黄希庭．心理学．上海：上海教育出版社，1997

40. 黄希庭．简明心理学辞典．合肥：安徽人民出版社，2004

41. 鞠献利．教师素质论．济南：山东教育出版社，1999

42. 蒯超英．学习策略．武汉：湖北教育出版社，1999

43. 李伯黍，岑国桢．道德发展与德育模式．上海：华东师范大学出版社，1999

44. 李伯黍，燕国材．教育心理学．上海：华东师范大学出版社，1993

45. 李伯黍，燕国材．教育心理学（第2版）．上海：华东师范大学出版社，2001

46. 李晓文，王莹．教学策略．北京：高等教育出版社，2000

47. 李蔚，祖晶．课堂教学心理学．北京：中国科学技术出版社，1999

48. 林崇德．品德发展心理学．上海：上海教育出版社，1989

49. 林崇德等．教师素质的构成及其培养途径．中国教育学刊，1996（6）：16－22

50. 李寿欣，张秀敏．中西方关于心理健康标准问题的探讨及对我们的启示．心理学探新，2001（3）：47－50

51. 刘电芝，黄希庭．学习策略研究概述．教育研究，2002.23（2）：78－82

52. 刘电芝，黄希庭．小学生数学学习策略的运用与发展特点．心理科学，2005.28（2）：272－276

53. 刘华山．心理健康概念与标准的再认识．心理科学，2001.24（4）：480－481

54. 刘维良．教师心理卫生．北京：知识产权出版社，1999

55. 刘晓明，周楚．元记忆监控研究的新进展．心理科学，2004.27（3）：694－695

56. 路海东．学校教育心理学．长春：东北师范大学出版社，2000

57. 路海东．教育心理学．长春：东北师范大学出版社，2002

58. 马建青．心理卫生与心理咨询论丛．杭州：浙江大学出版社，2004

59. 明庆华．试析教师的心理角色及其冲突．湖北大学学报（哲学社会科学版），1998（2）：84－89

60. 莫雷．教育心理学．广州：广东高等教育出版社，2002

61. 孟昭兰．人类情绪．上海：上海人民出版社，1989

62. 倪伟．中学生宽恕风格的发展及其与道德判断能力的相关研究．南京师范大学报（社会科学版），2001.3（2）：98－104

63. 皮连生．教育心理学（第3版）．上海：上海教育出版社，2004

64. 皮连生．教学设计——心理学的理论与技术．北京：高等教育出版社，2000

65. 乔建中，王蓓．霍夫曼虚拟内疚理论述评．心理学探新，2003.23（3）：25－28

66. 钱铭怡，戚健俐．大学生羞耻和内疚差异的对比研究．心理学报，2002.34（6）：626－633

67. 桑标．儿童发展心理学．北京：高等教育出版社，2009

68. 邵瑞珍．教育心理学．北京：人民教育出版社，1995

69. 沈德立．基础心理学．上海：华东师范大学出版社，2003

70. 申继亮等．当代儿童青少年心理学的进展．杭州：浙江教育出版社，1993

71. 施承孙，钱铭怡．羞耻和内疚的差异．心理学动态，1999.7（1）：35－38

72. 史耀芳．二十世纪国内外学习策略研究概述．心理科学，2001.24（5）：586－590

73. 田慧生．教学环境论．南昌：江西教育出版社，1996

74. 王文静．促进学习迁移的策略研究．教育科学，2004（2）：26－29

75. 王以仁，陈芳玲，林木乔．教师心理卫生．北京：中国轻工业出版社，1999

76. 文萍．心理学理论与教育．桂林：广西师范大学出版社，1999

77. 吴庆麟．认知教学心理学．上海：上海科学技术出版社，2000

78. 吴庆麟．教育心理学：献给教师的书．上海：华东师范大学出版社，2003

79. 伍新春．儿童发展与教育心理学．北京：高等教育出版社，2004

80. 谢利明．课堂教学环境的创建与优化．集美大学学报，2001.2（3）：15－19

81. 邬志辉．关于教学环境的几个理论问题的思考．东北师范大学报，1995（3）：90－94

82. 谢波，钱铭怡．中国大学生羞耻和内疚的现象学差异．心理学报，2000.32（1）：105－109

83. 徐琴美，翟春艳．羞愧研究综述．心理科学，2004.27（1）：175－176

84. 杨红．影响学习迁移的因素分析及促进积极迁移的策略探讨．教育改革，1997（4）：14－16

85. 姚梅林．学习迁移研究的新进展．北京师范大学学报（社会科学版），1994（5）：99－104

86. 叶澜等．教师角色与教师发展新探．北京：教育科学出版社，2002

87. 叶奕乾，祝蓓里．心理学．上海：华东师范大学出版社，1996

88. 张爱卿．现代教育心理学．合肥：安徽人民出版社，2001

89. 张承芬．教育心理学．济南：山东教育出版社，2000

90. 张春莉．学习的迁移理论新探．电子科技大学学报（社科版），2000（1）：7－98

91. 张春兴．教育心理学——三化取向的理论与实践．杭州：浙江教育出版社，1998

92. 张春兴．现代心理学．上海：上海人民出版社，1994

93. 张春兴．张氏心理学辞典．上海：上海辞书出版社，1992

94. 张大均．教育心理学．北京：人民教育出版社，1999

95. 张大均．教育心理学（第2版）．北京：人民教育出版社，2004

96. 张海钟．心理健康标准研究的争鸣综述及其进一步的思辨．心理学探新，2001（3）：42－46

97. 张劲松．儿童早期的自我调控发展．心理科学，2004.27（3）：687－690

98. 张庆林．当代认知心理学在教学中的应用．重庆：西南师范大学出版社，1995

99. 张庆林，L. J. Sternberg. 创造性研究手册．成都：四川教育出版社，2002

100. 章永生．教育心理学．石家庄：河北教育出版社，1999

101. 章志光．学生品德形成新探．北京：北京师范大学出版社，1993

102. 赵为华．表象表征的若干问题．北京师范大学学报（社会科学版），1994（1）：15－22

103. 赵玉芳，毕重增．中学教师职业倦怠状况及影响因素的研究．心理发展与教育，2003（1）：80－84

104. 佐斌．师生互动论．武汉：华中师范大学出版社，2002

105. 朱辉宇．关于大学生宽恕心理的调查报告．教育探索，2002（12）：72-74

106. 朱仁宝．现代教师素质论．杭州：浙江大学出版社，2004

107. 朱小蔓，梅仲荪．道德情感教育初论．探索与争鸣，2001（10）：28-32

英文

108. Arnold,M. L.. Stage, sequence, and sequels: Changing conceptions of morality, post-Kohlberg. Educationl Psychology Review,2000,12(4),165-183

109. Arsenio,W. F. & Lemerise,E. A.. Aggression and Moral Development: Integrating Social Information Processing and Moral Domain Models. Child Development,2004,75, 987-1002

110. Bandura, A.. Social foundations of thought and action: A social cognitive theory. Englewood Cliffs, NJ: Prentice-Hall,1986

111. Bandura, A.. Social cognitive theory of moral thought and action. In Kurtines, W. M., & Gerwirtz, J. L. (Eds.), Handbook of moral behavior and development (Vol. 1, pp. 45-103). Hillsdale, NJ: Erlbaum,1991

112. Blasi, A.. Kohlberg's theory and moral motivation. In D. Schrader (Ed.), New directions for child development (No. 47, pp. 51-57). San Francisco: Jossey-Bass,1990

113. Burden, P. R.. Classroom management and discipline: Methods to facilitate cooperation and instruction. Whit Plains, NY: Longman,1995

114. Carlo,G., Eisenberg, N. & Knight, G.. An Objective Measure of Adolescents' Prosocial Moral Reasoning, Journal of Research on Adolescence,1992, Volume 2, Issue 4, pp. 331-349

115. Colby,A. & Kohlberg, L.. The measurement of moral judgment: Vol. 1. Theoretical foundation and research validation. Cambridge. Cambridge University Press,1987

116. Damon,A. & Hart,R.. Self-understanding and its role in social and moral development. In M. H. Bornstein & M. E. Lamb (Eds.). Developmental psychology: An advanced textbook. Hillsdale, NJ: Erlbaum,1992

117. Eggen. P. D. & Kauchak, D. P.. Educational psychology: windows on classroom. Upper Saddle River, N. J.: Merrill Prentice Hall,2001

118. Eisenberg, N.. Altruistic emotion, cognition and behavior. Hillsdale, NJ: Erlbaum, 1986

119. Gibbs, J. C., Basinger, K. S., & Fuller, R.. Moral maturity: Measuring the development of sociomoral reflection. Hillsdale, NJ: Erlbaum, 1992

120. Gilligan, C.. The Centrality of Relationship in Human Development: A puzzle, some evidence, and a theory. In: K. Fischer & G. Noam (Eds.), Development and vulnerability in close relationships. Lawrence Erlbaum, 1996

121. Gilligan, C.. In a different voice: Psychological theory and women's development. Cambridge, MA: Harvard University Press, 1982

122. Haan, N., Aerts, E. & Cooper, B. A. B.. On moral grounds: The search for practical morality. New York: New York University Press, 1985

123. Hallahan, D. P. & Kauffman, J. M.. Exceptional learner: Introduction to special education (9th ed.). Boston: Ally and Bacon, 2003

124. Harkness, S., Edwards, C. P. & Super, C. M.. Social roles and moral reasoning: A case study in a rural African community. Developmental Psychology, 1981, 17, 595-603

125. Hart, R. & Chmiel. Influence of defense mechanisms on moral judgment development: A longitudinal study. Developmental Psychology, 1992, 28, 722-730

126. Smetana, J.. Preschool children's conception of moral and social rules. Child Development. 1981, 52, 1333-1336

127. Hartshorne, H. & May, M. S.. Studies in the nature of character: Vol. 1. Studies in deceit. Vol. 2. Studies in self control. Vol. 3. Studies in the organization of character. New York: Macmillan, 1928-1930

128. Hoffman, M. L.. Moral development. In M. H. Bornstein & M. E. Lamb (Eds.), Developmental psychology: A advanced textbook (2nd ed., pp. 497-548). Hillsdale, NJ: Erlbaum, 1988

129. Jose, P. M.. Just world reasoning in children's immanent justice arguments. Child Development. 1990, 61, 1024-1033

130. Kochanska & Murray. Mother-child mutually responsive orientation and conscience development: From toddler to early school age. Child Development. 2000, 71, 417-431

131. Kohlberg, L.. Essays in Moral development. Volume 1: the philosophy

of moral development: moral stage and the idea of justice. San Franscisco: Harper & Row Publishers, 1981

132. Kohlberg, L.. Essays on moral development: Vol. 2. The psychology of moral development. San Francisco: Harper & Row, 1984

133. Lapsley, D. K.. Moral psychology. Boulder, CO: Westview, 1996

134. Miller, P. H.. Theories of developmental psychology (4th ed.). New York: Worth, 2002

135. Mischel, W.. Process in the delay of gratification. In Berkwitz (Ed.), Advances in experimental social psychology (Vol. 7). New York: Academic, 1974

136. Narvaez, D. & Rest, J.. The four components of acting morally. In W. M. Kurtines & J. L. Gewirtz (Eds.), Moral development: An introduction (pp. 385-399). Boston: Allyn & Bacon Press, 1995

137. Nucci, L. & Weber, E.. The domain approach to values education: From theory to practice. In Kurtines, W. & Gewirtz, J. (Eds.) Handbook of Moral Behavior and Development 1991, Volume 3: Applications pp. 251-266

138. Nucci, L.. Education in the moral domain. New York: Cambridge University Press, 2001

139. Perry, D. J., Perry, L. C., Bussey, K., English, D. & Arnold, G.. Processes of attribution and children's self-punishment following misbehavior. Child Development, 1980, 51, 545-551

140. Piaget, J. (1932/1965). The Moral Judgment of the Child.. New York: The Free Press. Original work published 1932

141. Rest, J. R. & Narvaez, D.. Moral development in the professions, Hillsdale, NJ: Erlbaum Associates, Publishers, 1994

142. Rest, J. R.. Development in judging moral issues. Minneapolis, MN, University of Minnesota Press, 1979

143. Rushton, J. P.. Altruism, socialization, and society. Englewood Cliffs, NJ: Prentice-Hall, 1980

144. Shaffer, D. R.. Developmental psychology: Childhood and adolescence (6th Ed.) Belmont, CA: Wadsworth, 2002

145. Skinner, B. F.. Science and human behavior. New York: Macmillan, 1953

146. Speicher, B.. Family patterns of moral judgment during adolescence

and early adulthood. Developmental Psychology,1994,30, 624 - 632

147. Thomas,R. M.. Moral development theories: Secular and religious, a comparative study, Greenwood Press,1997

148. Tisak, M.. Domains of social reasoning and beyond, In: R. VASTA (Ed.), Annals of child development, 1995,Vol. 11, pp. 95 - 130 (London, Jessica Kingsley)

149. Turiel, E.. The development of social knowledge: morality and convention, Cambridge, England: Cambridge University Press,1983

150. Turiel,E.. Moral development, in: W. Damon (Ed.), Handbook of Child Psychology, 5th Edition, Volume 3: N. Eisenberg (Ed.), Social, Emotional, and Personality Development, 1998,pp. 863 - 932 (New York: Wiley)

151. Walker, L. J.. Cognitive and perspective-taking prerequisites for moral development. Child Development, 1980,51, 131 - 139

152. Watson, J. B.. Psychology as the behaviorist views it. Psychological Review, 1993,20, 158 - 177

第一版后记

本书自2004年10月开始编拟大纲至2006年3月脱稿历时16个月，提纲斟酌多次、文稿修改再三，最后由主编岑国桢教授定稿。

本书各章的执笔者为：第1章 绪论，岑国桢；第2章 心理发展与教育，岑国桢；第3章 学习的心理学理论观，岑国桢；第4章 学习迁移，李伟强；第5章 学习动机，岑国桢、杜卫；第6章 道德认识的发展与教育，岑国桢、余骏；第7章 道德情感发展、价值观形成与教育，岑国桢、宋园艺；第8章 道德行为的发展与教育，岑国桢、余骏；第9章 陈述性知识的学习，吴晓冬；第10章 程序性知识的学习，岑国桢、戴建华；第11章 问题解决与创造力培养，岑国桢、戴建华；第12章 学习策略，吴晓冬；第13章 教学设计的心理学问题，岑国桢、吕槟；第14章 教学环境，岑国桢、吕槟；第15章 个别差异与因材施教，岑国桢、杜卫；第16章 教师角色与人际关系，岑国桢、李伟强；第17章 教师心理素质与心理卫生，岑国桢、李伟强、宋园艺；第18章 教师发展，岑国桢。

本书是“21世纪小学教师教育系列教材”之一，由衷感谢系列教材主编张民选教授、惠中教授的精心筹划，也要真诚感谢中国人民大学出版社的编辑对我们编写工作的大力支持。

由于编写者水平有限，资料掌握不足，缺点和错误在所难免，希望同行专家和广大读者批评指正，以便再版时弥补。

第二版后记

本书的酝酿自 2008 年年底始，至 2009 年 10 月完成文稿，历时 10 个月有余。本书的参与者是岑国桢、李伟强、吴晓冬、杜卫、余骏、宋园艺、吕槟、戴建华，全书最后由岑国桢教授定稿。

本书各章的执笔者顺序如下：第 1 章至第 3 章，岑国桢；第 4 章，李伟强；第 5 章，岑国桢、杜卫；第 6 章，岑国桢、余骏；第 7 章，岑国桢、宋园艺；第 8 章至第 9 章，岑国桢；第 10 章，吴晓冬；第 11 章，岑国桢、戴建华；第 12 章，岑国桢；第 13 章，吴晓冬；第 14 章，岑国桢；第 15 章，岑国桢、吕槟；第 16 章至第 17 章，岑国桢；第 18 章，岑国桢、李伟强；第 19 章，岑国桢。

本书是“21 世纪小学教师教育系列教材”之一，感谢系列教材总主编张民选教授、惠中教授的精心筹划。同时，也要真诚感谢中国人民大学出版社对我们编撰工作的大力支持。

本书为上海市重点学科建设项目 S3040 之一。

由于编撰者水平有限，资料掌握不足，书稿中的缺点和错误仍在所难免，谨希同行专家和广大读者批评指正。

岑国桢

2009 年 10 月